복 있는 사람

오직 여호와의 율법을 즐거워하여 그 율법을 주야로 묵상하는 자로다.
저는 시냇가에 심은 나무가 시절을 좇아 과실을 맺으며 그 잎사귀가 마르지 아니함 같으니
그 행사가 다 형통하리로다. (시편 1:2-3)

시간 속에서 일하시는 하나님

박영선 목사
대담집

대담 조주석

시간 속에서
일하시는
하나님

복 있는 사람

시간 속에서 일하시는 하나님

2011년 1월 6일 초판 1쇄 발행
2023년 9월 15일 개정증보판 1쇄 인쇄
2023년 9월 22일 개정증보판 1쇄 발행

지은이 박영선·조주석
펴낸이 박종현

(주) 복 있는 사람
주소 서울특별시 마포구 연남동 246-21
전화 02-723-7183, 7734(영업·마케팅) 팩스 02-723-7184
이메일 hismessage@naver.com
등록 1998년 1월 19일 제1-2280호

ISBN 979-11-7083-016-0 03230

개정증보판 서문

기독교 신앙이란 하나님이 그 아들 예수 안에서 인류를 구원하시겠다는 약속을 납득하고 현실 속에서 존재론적인 증인이 되는 일입니다. 구원의 약속은 형벌로부터의 사면을 넘어섭니다. 예수 그리스도로 본을 삼는 자리, 곧 그리스도의 충만에 참여하는 성숙으로 나아갑니다. 구원은 하나님의 사랑과 믿음에 참여하는 명예와 영광에 관한 것으로, 도덕적·윤리적 차원의 보상 정도로 그 내용을 다 담을 수 없습니다.

사랑과 믿음은 가장 긴밀한 상태의 관계, 곧 연합을 말합니다. 강요나 이해관계 같은 것으로 강화되거나 약화되는 것이 아닙니다. 이런 면에서 신앙의 귀결점은 완벽함이 아니라 거룩함입니다. 거룩함이란 하나님과의 연합에서 비롯되는 일체성을 말합니다.

예수를 믿어 성숙해지는 과정은 죄와 사망이 왕 노릇하는 현실 세상에서 이루어집니다. 도덕적·윤리적 신앙관에서는 잘못을 면죄받는 회개가 가장 중시되지만, 하나님과의 연합이라는 관계 차원의 신앙관에서는 자라남이 더 중요합니다. 자라남은 시행착오와 반복되는 훈련 속에서 성숙을 열매로 맺습니다.

기독교 신앙에서 성숙은 하나님의 아들 예수 그리스도를 통해 하나님과 성도가 하나로 묶이는 친교와 연합의 신비입니다. 권력이나 보상의 차원이 아니라, 명예와 충만에 관한 것입니다. 감사와 찬송이 그 반응입니다. 공포나 두려움과 대조되는 사랑의 영광이 여기에 있습니다.

예수의 모범을 따라 하나님의 성품과 능력을 이해하고 그 길을 따라갈 때, 신자는 사망의 두려움과 공포를 넘어서서 믿음과 순종과 사랑과 영광에 참여합니다. 하나님은 성육신하신 예수에게서 당신을 보이셨습니다. 우리의 성숙도 예수님처럼 시험과 유혹의 현실 속에서 이루어집니다. 그 고된 현장 한가운데서 진정한 가치와 선택을 요구받는 것입니다.

절망, 분노, 변명, 외면, 자폭은 현실의 어려움을 하나님께 돌리는 비겁함입니다. 우리의 목표는 이러한 불만이 사라지는 환경이 아닙니다. 이런 불만의 상황이야말로 우리의 실력이 쌓이는 현장입니다. 바로 거기서 의, 진리, 생명, 용서, 관용, 명예, 영광과 같은 성도의 존재가 형성됩니다. 소원과 각오로 이 일을 얼버무릴 수 없습니다. 우리가 직접 그 과정을 통과해 그런 존재가 되어야 합니다.

각오하고 도전받고 실패하고 다시 도전하며 실력으로 커 가는 과정이 성화입니다. 이 성화가 시간과 공간이라는 구체적 현실 속에서 만들어지고 있는 것입니다. 울고불고 본인의 진심을 치열하게 확인받는 식이 아니라, 길고 고단한 싸움 속에서 부끄러움과 못난 것을 알게 되는 과정을 통해 인내, 용기, 분별, 지혜에 이르는 것입니다. 신앙의 어른이 된다는 것은 이런 과정을 거쳐 이웃과 시대 앞에 신앙의 증인이 되고 자신이 속한 사회에서 빛과 소망이 되는 것입니다.

이것이 이 책 곧 저의 설교에 대한 고백이자 도전이며, 지금까지 저의 삶과 신앙 그리고 40여 년 동안 설교자로서의 여정에서 깊이 깨달은 것들입니다.

여러 차례의 추가 대담을 통해 이 책의 개정증보판이 출간되기까지, 저를 잘 이해하고 격려하여 부족함을 채우고 견디게 한 조주석 목사에게

무한한 감사를 드립니다. '복 있는 사람' 출판사 박종현 대표의 끊임없는
기대와 위로에도 많은 감사를 드립니다.

2023년 9월

박영선 목사

초판 서문

이 책은 제가 걸어온 신앙 행로와 그 길에서 발견한 신앙의 내용에 관한 것입니다. 모태 신앙으로 태어나 교회 안에서 자랐지만 교회에서 가르치던 너무나 당연하고도 쉬운(?) 신앙생활이 납득되지도 않고 잘 실천되지도 않아서 시작된 갈등과 고민, 그리고 그 과정을 통해 깨닫게 된 하나님의 신실한 은혜에 관한 내용이 담겨 있습니다.

교회 안에서 통용되는 신앙적 요구와 모범을 잣대로 하면, 저는 그로부터 조금 벗어나 있었습니다. 신앙을 버리거나 신앙생활을 소홀히 하지 않았음에도, 좋은 신앙이라고 흔히 인정되는 표준적 모습이 제게는 없었습니다. 단순하고 확실한 신앙, 성실한 실천과 그로부터 얻게 되는 기쁨과 평안이 없었던 것입니다.

그래서 제 젊은 날은 '이것이 신앙이 맞는가' 하는 물음과 외침으로 가득했습니다. 교회의 기준에는 잘 들어맞지 않았으나 그래도 제게는 마음속 깊이 간절한 신앙적 욕구가 있었기 때문입니다. 이제 되돌아보니, 하나님의 인도하심은 사람마다 다르게 그러나 당신의 동일한 목적을 그 백성들의 삶에서 결실케 하신다는 점을 깨닫게 됩니다.

하나님께서 한 사람을 빚어 가시는 과정은 사람마다 다르다고 하겠습니다. 어떤 이에게서는 긍정과 꿈, 성실과 헌신을 통해서 당신의 뜻을 이루어 가신다면, 다른 이에게서는 부정과 의혹, 갈등과 절망의 몸부림을 통해서 당신의 목적을 이루어 내십니다. 저는 후자에 속한 사람이었고, 그래서 이제까지 한국교회의 신앙적 평가로는 점수를 얻을 수 없는 길을 걸어왔습니다. 그러나 그런 길도 하나님의 은혜의 길이었음을 지나온 삶을 통해 깨닫습니다. 하나님의 깊으심이 어떠한 것인지 실감하게 됩니다. 부요함과 승리의 길로 가든 곤고함과 의혹의 길로 가든, 그것은 옳고 그름의 문제도 어떤 운명의 장난도 아닌 하나님의 부요하심과 신비로우심에 속하는 문제였습니다. 그 모든 길이 결국에는 하나님의 영광을 드러내는 길입니다.

저는 이 책이 우리의 신앙 여정에서 하나님이 만들어 내시는 너비와 깊이에 대한 증언이라고 생각합니다. 저는 분명히 제가 커 온 당대 한국교회의 보편적 신앙과 일치하지 않는 길을 걸어왔습니다. 제가 교회에서 배운 신앙은 확신과 모범의 길이었으나, 저는 고민하고 생각하는 길로 인도되었습니다. 거부하고 의심하는 것 또한 신앙에서 중요한 과정이며 내용임을 깨닫습니다. 그런 일 역시 하나님과 기독교 신앙과 신자라는 존재가 우리의 생각보다 크고 깊기 때문에 생기는 것이었습니다. 그렇기에 분명한 신앙뿐 아니라 모호함과 의혹 또한 하나님이 통치하시며 자신을 알리시는 영역이었습니다. 고민과 고통, 절망을 통해 하나님께서는 더 깊은 신앙의 내용을 깨닫게 하시기 때문입니다.

이제까지 한국교회에서 통용되어 온 적극적인 기준들, 너무나 쉽게 정의된 기독교 신앙과 인생에 대한 기준들 밖에 서서 서성거려 온 적지 않은 신앙인들에게 도움이 되지 않을까 하여 이 책을 내놓습니다. 조금 먼저 걸어간 동료로서 그들의 신앙 현실에 담겨 있는 하나님의 깊은 은혜를 나눠 보고 싶었습니다. 하나님으로부터 경이로운 복을 받은 한국교회를 향해, 그 복의 어느 한 구석에 저 같은 사람도 포함되어 있음을 나누고 싶었습니다.

이 책을 낼 수 있도록 용기를 주고 끈질기게 붙들어 준 합신대학교 출판부 조주석 목사와 '복 있는 사람' 출판사 박종현 대표에게 깊은 감사를 표합니다.

2010년 11월
박영선 목사

일러두기

이 책은 2011년 출간된 『시간 속에서 일하시는 하나님』의 개정증보판이다. 1부 '은혜와 믿음'은 2009년 1월부터 2010년 4월까지 총 14차례에 걸쳐 대담한 것으로 박영선 목사의 전반기 설교 사역을 다루고 있다. 2부 '자유와 사랑'은 2021년 11월부터 2022년 1월까지 총 8차례에 걸쳐 대담한 것으로 그의 후반기 설교 사역을 다루고 있다.

1부

은혜와 믿음

01
하나님은 시간 속에서 일하십니다

———

박영선 목사는 30여 년 목회생활 속에서 크게 배운 바를 시간이라고 회고한다. 그 시간이란 아무 목적 없이 그냥 흘러가는 물과 같은 것이 아니다. 하나님의 위대하심을 알게 하는 신비였다. 그는 이러한 사실을 때가 찼다는 말로 설명한다. "때가 찼다는 것은 하나님이 하루하루 일하셔서 결국 차고 넘침이 공간적 개념을 넘어 시간 속에 누적되고 쌓이는 결과를 갖게 하신다는 이해입니다." 이러한 시간 이해는 그의 설교의 중요한 토대가 된 하나님의 주권 사상을 고스란히 반영한다.

그는 신앙의 균형이나 종합은 신앙의 시작 순간부터 생겨날 수 없다고 한다. 시간과 더불어 형성되어 나가는 것이라고 말한다. 이런 이유로 하나님께서 한 개인에게 믿음을 주셨을지라도 자신의 신앙에 대하여 불안해하고 의문을 가질 수밖에 없는 게 사실이다. 종합이나 균형이 없으니 울부짖기도 하고 몸부림도 쳐야 하고 다듬기도 해야 하고 채워도 나가야 한다. 신앙이 이런 특성을 가지는 까닭에 사람마다 신앙의 출발점은 다 같을 수가 없다. 긍정적인 자리이든 부정적인 자리이든 어느 한 지점에서 출발할 수밖에 없다. 그는 자신의 출발점이 부정적인 자리였다고 밝힌다.

그가 왜 부정적인 자리에서 출발했느냐 하는 것은 그가 속했던 시대를 떠나서는 결코 이해될 수 없다. 청년기를 보냈던 한국교회는 핍박의 시대를 지나 부흥의 시대로 접어드는 전환기였다. 70년대가 그런 시기였다. 어느 누구든 믿고 하나님께로 돌아오게 하는 것이 교회의 가장 중요한 내용이었다. 복음 전도가 아주 중요했다. 그는 이러한 교회 현실을 그대로 따라갈 수가 없었다. 한 개인이 이 세상에서 믿음으로 어떻게 살 것이냐 하는 문제에 대한 속 시원한 대답이 없기 때문이었다.

교회가 그런 문제에 대한 답을 가지고 있지 못했다.

"'세상을 어떻게 살도록 요구하시느냐'에 대해서는 사실 한국교회가 답을 못 내놓고 있습니다. 그냥 감격에서 갑자기 다 끝난 것처럼 생각하고 이제 다른 사람에게 전하는 일만 남았다는 식입니다." 기독교 신앙에서 복음 전도가 중요한 것이지만 전부일 수는 없다. 한 인간으로서 일상생활을 어떻게 믿음으로 사느냐 하는 것은 죽는 날까지 외면할 수 없기 때문이다. 그래서 그는 신앙에 대해서도 "죽어서 천당 가는 거라면 차라리 일찍 죽어서 가겠다"는 극단까지 밀고 나간 적도 있었다. 이러한 마음의 숙제들을 외면하지 못해 많이 고민하고 많이 아우성칠 수밖에 없는 그였다. 이런 것이 다 그가 말하는 시간의 문제에 속하는 것들이었다.

부흥의 시대를 맞이한 한국교회를 그는 어떻게 바라보고 있는가? 과거의 젊은 날처럼 한국교회를 부정의 눈으로 바라보고 비판하고 밀어내고만 있는가? 아니다. "어느 날 보니, 한국교회가 꿈을 꿀 수 있게 되었습니다. 참 놀라운 한국교회의 경험입니다. '하면 된다'는 생각은 비판받아야 할 내용이기는 하지만 복입니다. '하면 된다'는 것이 우리가 가진 것으로 했다는 식으로 가는 것은 잘못이지만, 이제 우리에게 그만큼 자신이 생긴 겁니다. 옛날에는 일사각오밖에 할 것이 없었는데, 이제는 우리가 자신감과 꿈을 가질 수 있게 된 겁니다. 큰 긍정적인 변화를 맞게 된 겁니다."

부흥의 시대를 맞이한 한국교회에 대한 그의 평가는 아주 독특하며 역사적이다. "어떤 지적을 하려면 우리의 수위가 이만큼인데 그 지점보다 아래로 내려갔다고 평가할 그런 평균 기준이 있어야 합니다. 부흥이라는 것 하나를 놓고 한국교회의 수위가 여기인데 윤리적 타락은 여기까지 내려왔다고 비교하는 건 사실 난센스입니다." 역사를 시간의 흐름 속에서 살펴야지 어느 한 가지 사항만 똑 떼어 놓고 평하는 것은 역사적 안목의 결여라고 생각한다.

하나님은 시간 속에서 일하신다

조주석 목사님께서는 25년 넘게 목회를 해오셨습니다. 돌아보면 여러 가지 소회가 많으시겠지만, 우선 간단히 말씀해 주신다면…….

박영선 우리는 하나님이 일하신다는 것, 다시 말해 '초월'이라는 것을 공간적으로 기대합니다. 그러나 저는 하나님의 위대함을 시간 속에서 더 많이 알게 되었습니다. 우리 교회에서 지금까지 신앙생활을 20년 넘게 해오신 분이 있는데, 그분이 초창기에 어떠했었냐 하면, 부인의 강청에 못 이겨 교회에 나와서 성경공부를 하는데 세로쓰기로 인쇄된 성경을 가로로 읽었어요. (웃음) 그분이 지금은 아주 열심히 봉사하는 신앙인이 됐습니다. 놀랍죠. '특별한 은혜를 받았다'고 할 만한 사건 없이 20년이라는 시간 속에서 좋은 신자로 자란 겁니다. 말하자면 '미국 가서 20년 이상 사니까 영어가 되더라' 하는 식으로 말이죠. 시간이란 참 놀랍다는 것을 그렇게 배웠습니다. 성경에서 말하는 "때가 찼다"는 표현이지요. "때가 찼다"는 것은 하나님이 하루하루 일하셔서 결국 차고 넘침이 공간적 개념을 넘어 시간 속에 누적되고 쌓이는 결과를 갖게 하신다는 이해입니다. 하나님은 하루도 쉬지 않으시며 타협과 후회가 없는 신실하신 분임을 시간으로도 이해하게 되었습니다.

조주석 "신앙이란 시간 속에서 형성된다"는 한 실례를 말씀하셨는데, 목사님도 그런 경험이 있으셨을 것 같습니다.

박영선 신앙이 삶 전체에 미칠 수 있는 균형 잡힌 신앙을 가졌다거나 기독교 세계관을 풍부히 갖춰 통찰과 분별력을 가지고 시작하는 목사는 소수일 수밖에 없다고 생각합니다. 한 개인으로서 목회는 어쨌든 초짜에서부터 시작해야 합니다. 그렇게 어느 한 지점에서 시작할 수밖에 없지요. 처음부터 종합이나 균형을 갖고 시작할 수는 없으니까. 긍정적인 자리였든 부정적인 자리였든, 하나의 출발점을 가질 수밖에 없습니다. 나는 부정적으로 출발한 것 같아요. 그때까지 제시된 기독교 신앙에 대한 설명이 흡족하지 않았기 때문입니다. 그래서 "이게 뭔가? 이게 전부인가?" 하는 갈증을 해결해야 했습니다. 그런데 지금에 이르고 보니, 기독교 신앙의 놀라움은 결국 예수 안에 들어오는 것이고, 그것이 하나님을 아는 일이 되는 까닭에 결국 귀착점은 다 같다고 생각합니다. 이처럼 신앙이란 추구하는 과정으로서의 시간을 인정해야 하기 때문에 긍정적으로 시작하든 부정적으로 시작하든 마지막에는 모두 예수 그리스도로 답을 얻게 됩니다. 결론적으로 출발점의 차이는 큰 문제가 안 됩니다.

조주석 신앙을 추구해 나갈 때 긍정적으로 시작하기보다는 부정적으로 시작했다고 하셨는데, 그런 방식에 대해 어떤 한계를 느끼지는 않으셨습니까?

박영선 목회를 하면서 저는 교인들에게 부정적인 이야기를 참 많이 했습니다. "기독교란 이런 정도가 아니다"라고는 말했지만 "기독교는 이거다"라고는 못했어요. 긍정적인 답을 갖고 있지 못했습니다. 그러니 싸움꾼이 됐죠. "그게 아니라면 기독교란 뭔가?"라는 도전과 아우성에 대해 하나님께서 그때그때 만족할 만한 답을 주신 것도 아니었고, 또 답을 얻을 때까지 기다릴 만한 인격과 믿음을 제가 갖고 있지도 못했습니다. 그렇지만 시간이 지나면서 하나님은 목회자로서 내 사역에 내용을 가질 수 있게 해주셨어요. 이에 대해서는 "하나님의 인도하심이 위대하시다"라고밖에 달리 표현할 방법이 없습니다.

조주석 목사님은 '신앙이란 무엇인가'에 대해서 오랫동안 생각해 오셨잖아요. 시간 속에서 신앙이라는 게 어떤 것이었는지 좀 더 말씀해 주세요.

박영선 신앙이라는 건 신비한 거예요. 하나님이 놔두지 않는 거예요. 저는 이런 면에서 하나님의 주권과 하나님의 은혜를 굉장히 강조하는데, 아마 하나님이 저를 그렇게 준비시키셔서 그렇게 된 거예요. 만일 내게 조금만 여유가 있었어도, 정신적으로나 다른 방면으로 조금만 여유가 있었어도 이렇게 끝까지 못 싸웠을 겁니다. 그래요, 하나님이 붙잡고 놔두지 않아서 인생이 고달팠죠. 햄릿의 대사에 나오는 것처럼 "사느냐 죽느냐, 그것이 문제로다"였어요. '이러고도 살아야 되나' 하는 것에 늘 걸렸어요. 건강도 걸리고 다른 문제도 걸렸어요. 신학교 다닐 때 동료 셋이서 함께 스터디도 하고 기도도 했는데, 나는 잊었지만 그중 하나였던 김정우 교수가 그러더라고요. "박 형은 그때부터 '침 삼킬 동안도 놔두지 않으시는 하나님'이라고 하며 밤낮 기도했다"는 거예요. 물론 난 잊었는데 말입니다. 정말 하나님이 나를 그냥 놔두지 않으셨어요. 욥은 자신이 겪는 고통의 현실을 잊을 수가 없었잖아요. 육체적으로든 정신적으로든 그의 고통을 잊을 만한 아무런 틈도 하나님은 주지 않았어요. 저도 사실 그렇게 지내 왔어요. 믿음이 뭐냐고요? 하나님이 붙잡고 놔두시지 않는 겁니다.

조주석 믿음이란 "하나님이 그냥 놔두시지 않는 것"이라고 하셨는데, 그게 성화와도 밀접한 관계가 있지 않겠어요? 그 관계를 어떻게 말씀하실 수 있겠습니까?

박영선 "믿음으로 내가 하나님을 붙잡는 것"이 아니라, "하나님이 나를 붙잡고 놓지 않는 것"이라고 생각합니다. 로마서 6장에 나오는 그리스도와 성도의 연합이 가장 좋은 성경적 근거입니다. 성도의 성화는 신자 개인의 책임과 노력이라는 차원보다 한 차원 높은 그리스도와 신자의 신비한 연합이라는 구속의 경륜 안에서 완성되고 말 것입니다.

복음이 지식으로 밀려날 위험이 있다

조주석 신앙이란 시간 속에서 형성된다고 하셨는데 그런 시각에서 한국교회가 놓친 게 있다면 무엇을 지적할 수 있겠습니까?

박영선 한국교회에서는 복음이 분명히 인식론 쪽으로 기울어져 있습니다.

시간 속에서 일하시는 하나님

"복음은 감격적이고 평안을 가져오고 넘치고……" 하는 식으로만 표현이 되니까 내가 어떤 일로 의기소침해지거나 좌절을 겪게 되면 기독교 신앙 자체가 쪼그라들게 돼요. 내 기분과 내 확신, 내 의지가 근거처럼 자리해 버렸습니다. 처음에는 그것들이 열매로 고백되었는데 나중에는 열매가 아니라 근거가 된 겁니다. 사실 복음이라는 것은 "하나님이 계시다, 하나님이 창조주시다, 하나님이 심판자시다, 하나님이 우리를 사랑하신다. 그분이 이 땅을 만드셨고 날 만드셨으며, 그분은 선하고 불변하시다"는 것으로서, 이것은 기독교 신자만이 가질 수 있는 유일한 낙관적 근거거든요. 그런데 한국교회는 이 부분이 부족하죠. 기독교 신앙으로 말미암는 복음의 감격 이 삶 전체를 형통하게 만들 수 있다고 너무들 쉽게 이야기합니다. "복음이 감격스럽다"고 이야기하는 것은 100퍼센트 옳습니다. 그러나 "하나님께서 세상을 어떻게 살도록 요구하시느냐"에 대해서는 사실 한국교회가 답을 못 내놓고 있습니다. 그냥 감격에서 갑자기 다 끝난 것처럼 생각하고 이제 다른 사람에게 전하는 일만 남았다는 식입니다. 그래서 복음 전도가 아주 중요한 신앙 내용이 되었습니다. 그러나 기독교 신앙의 부요함과 승리할 수밖에 없는 확실함이 복음 자체의 근거인 것입니다. 그것은 하나님의 하나님 되심 안에 전제되어 있는 것으로, 이를 아는 것이 기독교 신앙의 부요함이라는 말씀입니다. 사실은 하나님을 알아야 하는 것입니다. 하나님과 동행해 가야 하는 것입니다. 종교 개혁가들이 주장한 대로 '코람 데오', 곧 '하나님 앞에'서는 것이라는 말입니다. 그게 기쁨이요 영광이죠. 하나님의 부르심에 따른 영광입니다. 군대에서 호된 훈련을 받으면서 정말 힘들고 괴로울 때, 물론 각오하고 오기는 했지만 그래도 누군가 나를 알아주는 사람이 밖에 있어서 나를 쳐다보고 있다고 생각하면 견딜 수 있을 것 같은데, 내가 쩔쩔매고 있을 때 교관이나 장교들이 뭐라고 하냐면 "너희 훈련받는 건 우리 때 비하면 반도 안 된다"고 합니다. 이런 말을 들으면 아주 낙심이 됩니다. 사실 기독교의 부요함이란 이런 것과 비슷합니다. "하나님이 나를 지켜보신다"는 것이죠. 저는 결혼식 주례를 할 때면 마지막 축도는 항상 하나님이 아브라함에게 하신 축도(창 12:3)로 해줍니다. "너를 축복하는 사람에게는 내가 복을 베풀고, 너를 저주하는 사람에게는 내가 저주를 내릴 것이다." 정말 굉장한 말이거든요. 나는 하나님이 편드는 사람이기에 나를 반대하는 자는 하나님을 반대하는 자가 됩니다. 나를 위하면 하나님이 기뻐하는 존재가 되고요. 이 부요함이 한국교회에는 상대적으로 덜 있습니다.

조주석 아주 적절한 지적입니다. 복음의 감격에만 사로잡히면 '신자가 세상에서 어떻게 살아야 하는가' 하는 문제는 뒷전으로 밀려나고 복음 전도만이 중요한 신앙 내용을 차지하게 되겠지요. 그렇게 되면 새로운 삶을 시작하게 할 뿐 아니라 그 삶을 계속 형성해 갈 복음의 내용이 그저 지식으로만 남게 될 위험이 있을 것입니다. 그런 위험성을 어떻게 알게 되셨습니까?
박영선 첫째는, 진심과 실천의 괴리에서 생각해 보게 됐습니다. 진실한 신앙을 소원하고 약속했으나 실천은 또 다른 문제더라고요. 둘째는, 실천은 어떤 임무여야 한다고 생각했습니다. "진심이 어떻게 실천으로 이행되는가?" "실천의 유무는 임무와만 연결되는가?" 이런 의문 가운데 결국 신앙과 그 실천에서 인격과 성품이라는 존재의 문제가 본질적인 것임을 알게 되었죠.

조주석 시간이라는 게 뭔지 모를 때 범한 큰 실수로는 어떤 것이 있으십니까? 특히 십대와 이십대 시절을 보내면서 말입니다.
박영선 그때는 사회가 전반적으로 가난했어요. 물질적으로뿐 아니라 정신적으로도 신앙적으로도 가난했기 때문에 대부분은 다 그러려니 하고 살았죠. 제가 기억하는 것은 "난 그런 식으로는 안 살겠다"는 거였던 것 같아요. "이렇게 정말 목숨을 연명하는 정도로는 안 살겠다"고 생각했죠. 그만큼 하나님이 나를 강하게 미셨던 것 같아요. 신앙에 대해서도 "죽어서 천당 가는 거라면 차라리 일찍 죽어서 가겠다"고 생각했어요. 그처럼 마음의 숙제를 외면하지 못했습니다. 많이 고민하고 많이 아우성쳤어요.

전체적인 시각에서 보면, 나라 전체와 시대 전체가 함께 발전해 가고 커 나가는 것이지, 어느 한 사람이 시대와 역사와 전통이라는 것과 단절된 상태에서 툭 튀어나오는 것은 아니더라는 겁니다. 예전에 그것을 모를 때는 공간적인 차이인 줄로만 알았습니다. 그래서 "미국은 되는데 우리는 왜 안 돼?" 그랬죠. 그런데 제일 잘하는 나라와 우리를 비교해서 비판하는 게 말이 됩니까? 더 나아가, 도덕성은 이 나라와 비교하고 지성은 저 나라와 비교하는 식의 부정적인 비평은 더욱 말이 안 되죠. 그래서 답은 없고 목은 마르니까 울분이 터진 겁니다. 그러고는 나중에는 답이 없으니까, 순전히 그것으로 책임 회피를 한 겁니다. 그런 것들에 대해서 하나님이 시간 속에서 꾸준히 답을 주셨다는 게 제일 고맙습니다.

설교자로서 목사는 부축하는 자

조주석 복음이 일상생활에 영향을 미쳐야 한다고 생각하신 까닭에 목사님은 남포교회뿐 아니라 한국교회에서도 설교자로서 위치가 남다르다는 생각이 듭니다. 일반적으로 설교자로서 목사는 어떤 존재일까요?
박영선 설교자로서 목사는 의사이기보다 '부축하는 자'입니다. 그래서 주일에 교인들이 교회에 와서 설교 들으면서 내용 하나 못 알아들어도 격려를 받고 부축을 받아요. 그런데 설교자인 우리가 잘못해서 자신이 의사인 줄 알고 그날 하루에 확 고쳐서 "다시는 내 부축을 요구하지 마라" 하는 식으로 서두르죠.

조주석 대개 목사를 의사와 비교해서 많이들 설명하지 않습니까? 의사는 이만큼 했으니 목사도 이만큼은 해야 하지 않느냐는 식으로 말하는데, 그 지점에 어떤 오해가 있는 것 같습니다.

박영선 좋은 의미로는 비교할 수 있습니다. 그런데 사실 하는 일이 본질적으로 다르지요. 같은 하나님의 은총 아래서 하는 일이지만, 그쪽은 일반 은총을 다루고 있고 우리는 특별 은총을 다루잖아요. 그렇지만 사실은 특별 은총 부분에서 우리가 하는 일이란 없습니다. 결국 하나님의 손길인데, 하나님께서 당신의 손길로 어떻게 하시는지는 잘 모르겠어요. 의사가 수술할 때는 메스로 수술할 부위를 절개하는데, 우리 목사들은 설교로 누구를 절개했다고 생각할 때도 있지만 나중에 보면 그게 절개가 아니라 그 사람을 손으로 밀었다는 식으로 결과가 전혀 다르게 나오더라고요. 설교하고 나중에 시간이 지난 뒤에 보면, "그때 목사님 설교에 은혜 받았습니다"라고 하는데, 들어 보면 엉뚱한 이야기들을 해요. 목사는 자신이 한 설교에서 자기 의도를 너무 고집하면 안 됩니다. 로이드 존스 같은 설교자는 그걸 굉장히 중시했습니다. 성령께서 하시는 거라고 말입니다. 저는 후배 목사들에게 말할 때 청중들이 내가 하는 설교의 의도에까지 왔나 안 왔나 하는 것에 너무 연연하지 말라고 합니다. "그냥 준비한 거 하고 내려와!" 그래요.

조주석 어떤 면에서는 그 지점이 의사와 목사의 차이점일 수 있겠습니다. 내 설교로 사람들이 확 변해야 한다고 생각한다면 그건 목사의 조급증일 수 있겠지요. 의사는 사실 자기가 수술해서 확 나아야지, 그렇지 않으면 큰일 나잖아요?

박영선 네, 그 지점이 정말 다르네요. 한쪽은 물리적이고 신체적인 반면에 다른 쪽은 영적이고 총체적이잖아요. 의사는 실력의 책임을, 목사는 순종의 책임을 지죠.

조주석 성도들은 자신들이 살면서 만나는 여러 가지 문제를 설교를 통해서 해결하고 싶어 합니다. 이러한 갈망에 목사님의 설교가 어느 정도 부응했다고 생각하십니까?

박영선 그 문제는 조금 복잡하고 깊이 생각해야 돼요. 일반 성도들은 보통 두 걸음 앞은 안 보고 한 걸음 앞만 봅니다. 지금 당면한 문제를 가지고 와서 물어요. 그런데 세상의 와글와글하는 소리를 듣다가 하나님의 말씀을 들으면 바로잡히게 됩니다. 부축을 받는 것 같아요. 그러고 나서 세상에 나가 또 한 주를 살면서 세상 흘러가는 대로 기우뚱하며 흔들리다가 다시 주일이 오면 교회 와서 부축을 받는 것 같아요. 성도들이 "아, 이거구나!" 하는 경우는 굉장히 드뭅니다. 그런데 뭐가 그런 걸 만들어 내냐 하면, '시간'이 만들어 냅니다. 사람이 늙으면 드디어 세상이라는 것에 대해 궁극적인 소망을 포기하더라고요. 그러면 비로소 기독교가 말하는 대로 "나를 맡기자"로 돌아서게 됩니다. 사실 보통 "어느 목사의 설교에 감동했다"는 경우는 굉장히 드뭅니다. 기독교 신앙을 놓지 않을 만큼 일 년에 한 번이나 이삼 년에 한 번쯤 감동을 받고 "맞아, 맞아!" 이러는 겁니다. 그렇게 그냥 붙들려만 있으면 십 년 이십 년이 흘러서 사오십이 되면 다 돌아옵니다. 그게 하나님이 하시는 일의 위대함이요 인생의 신비 같아요.

설교자는 신학이 튼튼하고 삶의 폭이 넓어야 한다

조주석 설교자로서 목사는 '부축하는 자'라고 하셨는데, 목사님의 경험으로 볼 때 그런 설교는 어디에서 나온다고 보십니까?

박영선 신학이 튼튼해야 됩니다. 그리고 삶의 폭이 넓어야 돼요. 알다시피, 신학을 하면 넓어질 수 없어요. 전문성을 요구하니 말입니다. 그게 뭐 일종의 딜레마죠. 깊이와 넓이, 이 둘을 어떻게 조화시키느냐 하는 겁니다.

책을 많이 봐야죠. 신학서적만 많이 봐서 되는 게 아니라 신앙서적과 설교집도 봐야 합니다. 설교집으로 치면 우리나라 저자들의 책은 내용상 읽을 만한 것이 좀 부족한 게 현실입니다. 설교집에는 설교자 자신이 살아온 삶의 내용들이 배어 있습니다. 그게 굉장히 중요합니다. 그걸 우리가 너무 무시했어요.

조주석 신학이 중요하다고 하셨잖아요. 사람마다 자신이 갖는 신학 체계라는 것이 다 있는데, 이야기를 나누다 보면 신학적 사고가 파편적이거나 편협하다는 걸 발견하곤 합니다. 아마도 꾸준히 쌓아 가지 않고 그냥 놔 버려서 그런 것 같아요.

박영선 학교 다닐 때 공부 잘하는 사람들을 보면 하나같이 공부를 재미있어 해요. 또 공부 이외의 것에는 잘 유혹을 안 받아요. 그런데 삶에 대해서도 공부하는 것과 같이 자신의 삶을 늘 진지하게 갈등하고 고민하는 것도 큰 은사더라고요. 가까운 친구 목사만 해도, 자기는 예전에 어렵게 생활한 적이 여러 번 있는데 상처가 전혀 없대요. 굶은 적도 여러 번 있는데 상처가 안 되었대요. 할 말이 없어요. 전 그보다 훨씬 사소한 것으로도 상처를 받았거든요. 상처가 되면 자꾸 상처를 핥잖아요. 그러다 보니 더 생각하게 됐죠. 주관적인 평가지만, 저는 다른 사람들보다 더 힘들게 살았고 더 많이 좌절했고 더 많이 아우성을 쳤다고 생각하는데, 그래서 하나님이 인도하신 자리가 여기입니다. 물론 쉽게 산 사람들의 장점도 있습니다. 그게 뭐냐면, 전쟁을 할 때 가장 중요한 지휘관의 덕목은 '무디다'는 것이라죠? 예민하면 전투에서 져요. 피해에 무뎌야 합니다. (웃음) 예민한 사람들이 전투하면 총소리에 다 도망가고 그러죠.

조주석 독서 이야기도 하셨고 해서 여담으로 여쭤 보겠습니다. 보통 일 년에 책을 몇 권이나 읽으세요?

박영선 목 디스크가 오기 전에는 한 주에 두 권은 읽었어요. 글쎄요, 게으름 떨고 그런 거 빼면 일 년에 한 삼십 권 정도 볼까요?

조주석 신학서적, 설교집, 일반서적 비율이 어떻게 되나요?

박영선 신학서적이 압도적이에요. 비율로 치면, 신앙서적 대 일반서적이 4대 1 정도 돼요. 일반서적은, 제1차 세계대전사니 링컨에 관한 것이니 하는 식으로 보죠. 다른 건 재미가 없어요. 예전에는 소설도 꽤 보고 영화도 꽤 봤는데, 다 시들해졌어요. 그게 가치가 없어서가 아니라 더 이상 그렇게 할 시간이 없더라고요.

조주석 젊은 날에는 독서를 어떻게 하신 거예요?

박영선 닥치는 대로 봤죠. 체계도 없고 일관성도 없고 갈증만 있었다는 뜻입니다.

조주석 그러면 이제 후배들을 위해서 독서는 이렇게 하면 좋겠다 하는 어떤 방법론이 있으면 좀 소개해 주시죠. 독서란 결국은 자기가 알아서 해야 할 부분이지만, 그래도 목사님의 비결이 있다면……. (웃음)

박영선 한국교회에서는 저만큼만 읽어도 소위 학자라고요. 대부분은 저만큼도 안 보죠. 그렇더라도 "이렇게 해야 한다"는 말은 못 하겠어요. 굳이 말하라면, "책은 궁금해야 봐지더라"고 할 수는 있겠어요. 제가 책을 좀 내야 돼요. (웃음) 책이란 평생 살면서 몇 권 쓰는 것이라지요. 그동안은 조금 물 탄 책을 썼다고 생각해요. 저는 책 보는 건 몰라도 쓰는 쪽에 서 있는 목회자입니다. 그래도 생각하는 목회자였다고 말할 수 있습니다. 그런 의미에서 제가 쉽게 볼 책을 낸 겁니다. 대부분은 설교집이죠. 저의 설교는 진지함이나 인격성을 가지고 한 설교라서 그 설교 상황을 떠나 활자화되면 그게 잘 안 살아나요.

설교가 활자화될 때는 내용이 있어야 합니다. 신학적이라고 하면 다들 오해하는 경향이 있기는 하지만 설교에는 내용이 있어야 합니다. 그게 바로 신학이거든요. 그 전까지는 증언이고 선동적이었어요. 좋은 의미의 선동 말입니다. 그러니까 목청과 진지함으로 전달됐지 내용으로는 전달이 잘 안 됐습니다. 이제 우리가 해야 하는 것은 설교를 "아, 이 본문은 이런 내용을 갖는구나"라고 신학적으로 풀어내는 겁니다. 그런데 그건 훨씬 어려운 문제입니다. 나는 그렇게는 못해요. 어느 본문을 꺼내 고함지르는 것 이상의 것, 다시 말해 거기서 하나만 더 나가자 한 게 내 책입니다. 그래서 이 시대의 책이라고 규정합니다. 저는 마태복음을 하면서 개관을 갖고 하지 못했거든요. 그건 물려받지 못했어요. 우리 시대의 신학은 소위 자유주의 영향 때문에 성경의 저자가 누구냐 하는 저작권 문제에 매달려 있었지 본격적으로 긍정적으로 설명해 주지 않았습니다. 신학이라는 것은 그것보다 더 중요한 내용 싸움인데 말입니다. 우리 시대에 마태복음 하면 "어느 목사님 설교집 읽어라. 이렇게 만들어 줘야 한다"는 게 전부였죠.

조주석 "책은 궁금해야 봐지더라" 하는 것과, "신학적 내용이 들어 있는 설교집을 읽어라" 하는 게 목사님의 독서 비결 같습니다. 이야기를 좀 돌려서 지금의 한국교회 강단을 잠시 이야기해 보죠. 우리의 강단은 과거로부터 이어져 내려온 것의 축적이라고 볼 수 있습니다. 자생적인 것이든 선교사들의 영향이든 책이든, 그런 것들로 인해 지금의 강단이 존재한다고 봅니다. 그런데 오늘날은 미국교회의 영향을 너무 지나치게 받지 않나 하는 염려가 듭니다.

박영선 외부의 영향이라는 게 언제나 세상의 영향인데, 근본적으로 우리는 특별한 나라나 특별한 시대의 영향을 받는 것이 아니라, 언제나 있는 세상의 원리와 그 세상의 속성과 도전 앞에 서 있는 것입니다. 즉 죄의 도전 앞에 늘 서 있는 겁니다. 그리고 그 도전은 언제나 기독교 신앙 자체를 거부하게 만드는 것보다 복음을 축소시키는 경우가 더 많습니다. 복음이라는 것을 내세로 축소시킨다거나 내적 평안 정도로 축소시키는 것 말입니다. 그렇게 축소시키면, 예수 믿는 영역은 주일날에 한정되고 종교적 행사에 국한되고 맙니다. 그래서 세상을 사는 건 세상 방식을 따르는 게 아주 자연스런 일이 되지 않았나 싶어요. 그게 어느 시대든 최대의 유혹이요 시험이 아닐까요? 나는 미국 때문이라고 말하는 건 변명 같아요.

조주석 일 년 동안 기독교 서적이 천육백 종이 넘게 출판된다고 합니다. 이러한 출판물의 대다수가 미국 서적의 번역본인데, 강단에 긍정적인 영향을 주기보다는 부정적인 영향을 더 끼치는 것 같은데요.

박영선 사실 예수를 믿는다는 건 세상이 부추기는 바는 아니잖아요. 예수를 믿는다는 것은 세상을 거스르고 세상과 정반대 입장을 취하는 것이죠. 우리의 본성상 세상과 타협하는 것을 "범람하는 나쁜 책 때문이다", "시대의 풍조 때문이다"라고 말하는 건, 나는 조금 책임 회피 같아 보여요. 현상적으로 우리가 미국의 영향을 받았다고 말할 수는 있겠지만, 거기나 여기나 동일한 죄인들이 사는데, 예수 믿는 우리가 세상의 유혹을 받아 자꾸 타협하는 것은 결국 우리의 책임이라고 봐야죠. "미국이 잘못해서 우리가 잘못됐다"고 말하는 것은 말이 안 된다고 봐요.

조주석 『하나님의 열심』에서도 목사님은 비슷한 이야기를 하시거든요. 언제나 결론은 같아요.

박영선 저도 놀라워요. 그런 결론을 내가 그 나이에 갖고 있었을 리 없다고 생각하는데, 그런 말을 했다는 것을 보면 놀라워요.

한국교회는 꿈을 꿀 수 있게 되었다

조주석 이야기를 시작할 때 시간 속에서 개인의 신앙이 형성되는 것에 대해 말씀해 주셨는데, 시간의 관점에서 보자면 지금의 한국교회는 과거와 비교할 때 어떤 변화가 있었다고 할 수 있을까요?

박영선 아주 좋은 긍정적인 변화가 있습니다. 하나님의 은혜가 굉장하다는 것을 알았죠. 사실 우리는 예전에 지금과 같은 모습의 한국교회는 꿈도 꾸지 못했어요. 아무도 한국교회의 부흥을 꿈꾸지 않았습니다. 처음 부흥이 일어났을 때도 지금처럼 숫자적인 개념을 갖고 있지 않았고 회심에만 초점이 맞춰져 있었지요. 당시의 초점은 회심에 있었는데 지금 부흥 운동의 초점은 회심에 있지 않고 양적 증가에 있어요. 그것은 한국교회가 양적인 데로 초점을 옮겨 갈 만큼 자신감이 생겼다는 뜻입니다. 그래서 사실은 너무 쉽게 비전이라는 이야기를 하거든요. 그런데 우리 때에는 비전이 없었어요. 꿈을 꾼다는 자체를 상상하지 못했어요. 하지만 이제는 제일 먼저 "꿈을 꿔라"라고 요구하거든요. "그 꿈을 놓고 기도해라" 그러거든요. 어느 날 보니, 한국교회가 꿈을 꿀 수 있게 되었습니다. 참 놀라운 한국교회의 경험입니다. '하면 된다'는 생각은 비판받아야 할 내용이기는 하지만 복입니다. '하면 된다'는 것이 우리가 가진 것으로 했다는 식으로 가는 것은 잘못이지만, 이제 우리에게 그만큼 자신이 생긴 겁니다. 옛날에는 일사각오밖에 할 것이 없었는데, 이제는 우리가 자신감과 꿈을 가질 수 있게 된 겁니다. 큰 긍정적인 변화를 맞게 된 겁니다.

조주석 한국교회의 양적 성장을 관찰하실 때 여러 가지 요소가 내재되어 있기는 하지만, 큰 방향에서는 긍정하신다는 거로군요.

박영선 긍정해야 됩니다. 우리가 부흥을 논할 때 소위 말하는 공로주의가 되거나 인간적인 조건들이 자꾸 우세해지는 것은 경계해야 하겠지만, 부흥은 우리가 가진 큰 신앙적인 경험이 되었거든요. 이스라엘 백성이 출애굽 경험을 가지고 있다든지 에벤에셀의 전투 경험을 갖고 있다든지 나중에 다 포로가 되었다든지 하는 게 지금의 현실에 무슨 소용이냐고 말할 수 있겠지만, 교회의 경험들은 하나님의 신실하심을 하나의 역사로, 그래서 바꿀 수 없는 진실로 증언하는 효과를 가질 수 있습니다.

조주석 아마 60-70년대에는 이런 말씀을 하기가 어려웠을 것 같아요.

박영선 그렇죠. 아까 말한 대로 내가 발견한 가장 중요한 깨우침은 시간입니다. 시간 속에서 일하시는 하나님입니다. 시간과 공간이 제약이라고 생각했었는데, 아니더라고요. 그게 하나님이 충만하게 일하시는 수단이더라고요.

조주석 우리의 허물과 부족 같은 것이 있을지라도, 그것들을 넘어 하나님께서 우리를 찾아오셔서 은혜를 베푸신다는 거지요?

박영선 부정하고 비판할 때조차도 궁극적으로는 긍정하는 것이어야 된다는 생각이 들었습니다. "긍정의 힘이라는 것으로 사람을 부추기자"는 게 아니라, "하나님의 일하심에서 진실하심과 지속성, 기어코 승리하실 수밖에 없는 진실성을 보자" 이렇게 된 겁니다. 우리는 현상과 요인들을 방법론적으로 비판하고 주장하게 되는 까닭에, 한 걸음 더 들어가서 "합력하여 선을 이루시는 하나님을 보자"는 것이 '긍정'이라는 겁니다.

조주석 70-80년대에 아우성치셨던 것과는 달리 한국교회 안에서 기독교의 풍요함을 찾아내셨다는 이야기인가요?

박영선 신학적인 논쟁을 하고 있는데 실은 같은 편이잖아요. 근데 싸우니까 서로 적인 줄 알았죠. 그겁니다. 본인이 가진 신앙을 은혜보다 책임으로 더 많이 느끼고 그것으로 분발하는 사람들이 있더라고요. 한국교회가 그런 것에 더 많이 집중하고 있는데 늘 경계해야 할 문제라고는 생각합니다. 선교사이자 선교학자인 레슬리 뉴비긴(Leslie Newbigin)의 말처럼, 우리는 같은 신앙고백과 성만찬을 베풀면서도 사소한 것으로 싸우고 있습니다. 우리는 각 교파의 교리의 장점을 인정해야 합니다. 기독교라는 더 큰 틀에서의 포용이 중요합니다.

우리가 하는 것보다 하나님이 더 크게 일하신다

조주석 시간의 문제와 관련해서 포용의 문제도 생각해 볼 수 있겠습니다. 특히 신학적 입장이 나와 다른 사람들에 대해 취해야 하는 태도 문제 말입니다.

박영선 저는 칼빈주의자입니다. 그런데 누구를 이해하고 포용한다는 것이 예전에는 그게 타협인 줄 알았어요. 동화되는 것인 줄 알았어요. 그게 아니라, 이해를 한다는 것은 내가 내 자리를 먼저 지킬 뿐 아니라 상대방의 자리를 인정할 때에만 허락되는 것이더라고요. 그런데 우리의 현실을 보면 너무 소모전을 많이 치르고 있는 게 아닌가 하는 생각이 든 겁니다. 그런데 어느 날 보니, 원하든 원치 않든 이제 내가 한 시대의 어른이 되어 있는 겁니다. 나이가 들어 어른이 되어 있으니까, 이제 끌어안아야지 내뱉는 건 내가 할 바가 아니라는 것을 알게 된 겁니다.

조주석 프랜시스 쉐퍼(Francis Schaeffer)도 처음엔 근본주의 입장에 서서 거의 투쟁적이었습니다. 그런데 나중에 세월이 지나 스위스 라브리에서 활동하면서 굉장히 많이 변합니다. 자기의 신학 자체를 버리는 것은 아니지만 투쟁적이고 비판하는 차원에서 벗어나 포용적이 되고 사역도 굉장히 풍요로워집니다. 그게 라브리 사역이었습니다.

박영선 영국의 복음주의권에서는 로이드 존스(Martyn Lloyd-Jones)하고 존 스토트(John Stott)가 서로 갈라선 일이 있습니다. "그때 누가 옳았다"라는 이야기를 우린 할 수 없습니다. 다 자기 몫이 있습니다. 누군가는 분명한 걸 해야 합니다. 우리는 신학적 차원에서는 거의 분리주의적 입장을 고수해야 합니다. 그러나 실천하는 면에서는 그보다는 더 넓어야 됩니다. 그렇다고 같은 편끼리 싸우지 말자 하니까 복음을 희석시켜도 된다는 말은 결코 아닙니다. 우리가 누굴 포용한다고 할 때 내 자리가 없으면 이해든 포용이든 없는 겁니다. 바람에 나는 겨와 같아요. 시류나 조류에 흔들릴 뿐이죠.

조주석 제임스 패커(J. I. Packer)도 굉장히 포용적인 인물인 것으로 생각납니다. 그러나 자신의 신앙은 굉장히 선명히 지켜 냅니다. 그걸 보면서 이런 분이 굉장히 성숙한 신자구나 하는 생각이 들었습니다.

박영선 맥그래스(Alister McGrath)가 그래요. 자기는 패커 편이라고 하지요. 데이비드 웰스(David Wells)는 로이드 존스 편이죠. 웰스는 신학적 입장에서 복음주의를 굉장히 부정적으로 표현하지만 맥그래스는 복음주의를 끌어안는데, 둘이 다 같은 편입니다. 학교 강의 시간에 그렇게 가르쳤어요. 한쪽은 신학적 입장에 서고 다른 한쪽은 목회적 입장에 서 있다고. 그렇게 이야기를 했는데 지금 학생들은 아마 못 알아들을 겁니다.

조주석 사실 그게 굉장히 어려워요. 시간이 흘러야 하고, 하나님 말씀과 하나님과의 관계, 나와 다른 신자와의 관계 등이 자꾸 쌓여야 그것이 보이지,

말로 해서는 안 보입니다. 그래서 어려운 것 같아요. 나이가 들면 타협적이지 않느냐 하는 지점은 분명 있습니다. 부드러워지고 따뜻해지는 것이 나이 들면 반드시 있어야 하는데, 잘못하면 시간만 흘러갔을 뿐이지 굳어버리는 수가 있어요. 그렇게 되지 않으면서 포용적인 자세를 갖는다면 굉장히 좋은 건데 사람이 그렇게 되기가 쉽지 않다고 봅니다.

박영선 어렵죠. 한국적 정서는 "이게 정답이다"라고 이야기해야 합니다. "모두가 이래야 한다"고 말입니다. 하지만 제 이야기는 그게 아니라 "각자의 역할이 다르다", "각자의 역할을 다 묶어도 그보다 더 넓게 하나님이 일하신다고 믿자"는 겁니다. 신학자는 신학자 노릇하고 목회자는 목회자 노릇하면서 서로 보완적이고 서로 도움을 받는다는 것을 잊지 말자는 겁니다. 우리가 하는 것보다 하나님이 더 크게 일하신다는 것을 기억해야 합니다. 예수님 말씀처럼, "우리를 반대하지 않는 자는 우리를 위하는 자니라"(막 9:40). 이거 얼마나 놀라운 말씀입니까? 설교할 때 그렇게 하는 사람 봤어요? (웃음) 다들 그렇게 안 하잖아요.

조주석 그랬다간 교단에서 쫓겨나겠죠.

박영선 그런 면에서 보면 교단에도 어른이 있어야 합니다.

역사를 놓고 수직적으로만 평가하는 것은 짧은 안목이다

조주석 아까 한국교회가 꿈을 꿀 수 있게 되었다고 하셨는데, 이제 갓 한 세기를 넘긴 한국 기독교를 역사적으로 어떻게 봐야 할까요.

박영선 현재란 독립된 공간이 아니라 연속되는 시간 속의 한 장면입니다. 이 장면이 평면의 사진에서 시간으로 인해 폭을 갖게 되는 겁니다. 역사란 정지된 피사체가 정물이 아니라 동작하는 생명임을 보여줍니다.

조주석 그러니까 역사를 살펴려고 할 때 독립된 공간으로만 보지 말고 시간 속에서 보자는 거지요?

박영선 그렇지요. 지난번에 김영재 교수의 책을 읽었어요. 『되돌아보는 한국 기독교』라는 책인데, 저한테 참으로 유익했어요. '역사의 의미', '전통과 신앙', '연합과 분열', '신학과 쟁점' 이런 관점에서 읽었어요. 전에 봤으면 무슨 소린지 몰랐을 거예요. 시간이 하는 일을 몰랐으니까요. 시간이란 하나님이 작정하신 뜻을 이루어 가시는 성실하심 같은 것이지요.

조주석 김영재 교수가 사관을 이야기하면서 굉장히 재밌는 이야기를 하셨어요.

박영선 역사관에 대해서 무슨 이야기를 했죠? 아, 나선형적 직선사관 이야기 말입니까?

조주석 네, 나선형적 직선사관도 반대하시거든요.

박영선 아, 그거 참 좋았어요. 역사 진행의 어떤 모형을 찾거나 가설을 세우려 하는 것은 천지를 창조하신 하나님을 세계를 운행하시고 역사를 주관하시는 인격적인 하나님으로 믿지 않을 때나 할 수 있는 일이라고 했지요. 인격을 가진 인간의 역사를 무인격의 자연 변화 현상에서 터득한 원리로는 설명할 수 없다는 거였습니다.

조주석 좀 전에 현재의 한국교회를 시간 속에서 봐야 한다고 하셨는데 좀 더 설명을 덧붙여서 말씀해 주시죠.

박영선 어떤 분은 "한국교회가 부흥했는지는 몰라도 얼마나 많은 윤리적 타락이 있는가 보라" 이렇게 말합니다. 참 맞는 지적이죠. 그러나 정작 문제는 역사적 통찰이 없는 겁니다. 그게 뭐냐면, 한국 기독교는 역사와 전통

이라고 내세울 만한 자리, 경험을 성찰하고 비평한 종합의 자리에는 아직
와 있지 못합니다. 한국교회는 자신의 역사와 경험을 아직 정리하지 못한
자리에 있습니다. 지금까지는 다 처음 해보는 겁니다. 현실을 과정이 아니
라 완성으로 보는 데서 오는 오해입니다. 무슨 이야기냐 하면, 한국 기독교
라는 것이 순교의 시대를 지나서 부흥의 시대를 맞이하여 꿈을 갖고 자신
감을 가질 수 있게 되었습니다. 그러면 부흥이라는 이만한 높이가 한국교
회 또는 한국교회가 자리한 한국이라는 나라의 전체 수준이냐? 그렇지 않
거든요. 그것만 이렇게 우뚝 솟아 있는 겁니다. 그럼 시간이라는 것이 뭘
하는 거냐 하면 우뚝 솟은 한국교회의 부흥이 점차 전체적 수준을 만들어
가는 겁니다. "물이 바다를 덮음같이"(합 2:14)라는 표현이 지시하듯, 이 물
기둥이 전체에 스며들어 전체 수위를 만들어 갑니다. 이 수위가 높아져야
합니다. 수위가 높아진다는 건 시간 속에서 하나님이 하시는 일로서, 출애
굽 사건도 있고 에벤에셀 사건도 있고 성전도 짓고 하면서 이 수위가 전체
적으로 높아지는 겁니다. 그러니까 어떤 지적을 하려면 우리의 수위가 이
만큼인데 그 지점보다 아래로 내려갔다고 평가할 그런 평균 기준이 있어
야 합니다. 부흥이라는 것 하나를 놓고 한국교회의 수위가 여기인데 윤리
적 타락은 여기까지 내려왔다고 비교하는 건 사실 난센스입니다. 회개하
는 것 하나로 모든 기독교 신앙이 해결될 수는 없습니다. 정치를 비판하고
사회를 비판하고 또 경제의 회복을 요구하고 하는 것이 신앙이라는 이름
으로 간단히 해결될 수는 없습니다. 그러나 한국교회는 부흥의 자신감으
로 이제 사회적·현실적 책임을 다루기 시작하는 것일 겁니다. 이 일에는
한국교회가 조심할 부분이 있습니다. 우리의 신앙은 확신과 감동만큼 균
형과 종합이 필요합니다. 그리고 이 종합과 균형은 전문적인 신학의 도움
을 받아야 합니다. 지금은 아직 부흥의 감격이 한국교회를 주도하고 있어
서 목회자들이 간혹 신학이 무슨 소용이 있냐고 큰소리를 치기도 하고 또

는 신학교수가 자신의 전문적 책임을 넘어서 부흥사가 되기를 소원하기도 합니다. 우리는 지금 시간의 개념, 곧 시간 속에서 일한다는 개념도 없고 또 우리가 갖고 있는 것에 수직성과 수평성의 관계도 아직 못 만들고 있습니다.

조주석 그렇다면 한국교회가 전체적인 수준이라는 역사적 차원을 놓치는 이유가 주로 어디에 있는 것 같습니까?

박영선 물론 하나님과 신자의 관계라는 수직성의 차원이 중요하고 또 신앙이 그렇게 시작되는 건 사실이지만, 신자 개인의 믿음과 경건이라는 것이 시간 속에 차곡차곡 쌓여 역사를 만들어 내잖아요. 우리는 이런 역사라는 시간적인 차원을 많이 간과해 왔어요. 아마 우리의 신앙이 개인적 차원만 생각하는 데 익숙해 있어서 그럴 겁니다. 우리가 그렇게 가르침을 받아왔을 뿐 아니라 아직도 복음 전도에 주력하는 경건주의나 복음주의에서 한 발 더 나아간 진전된 내용이 많지 않아서 그럴 겁니다.

02
성화가 설교의 중심이 되었습니다

———

"나는 모태신앙입니다." 박영선 목사는 자신의 신앙을 그렇게 표현한다. 이 말은 통
속어이긴 하지만 믿는 가정에서 태어나 자랐다는 뜻으로 회자되는 말이다. 이처
럼 하나님의 은혜 아래 태어났다는 뜻으로 쓰이는 까닭에 굳이 폐기해야 할 말은
아닌 것 같다.

　믿음의 가정에서 태어났고 교회 안에서 자라나 청년 시절까지 보낸 그는 한 가
지 큰 의문이 있었다. 기독교가 내일에 대한 소망을 강조하고 그것을 확신시키고
는 있지만 "지금 당장 현실에서의 '발언권'이 없다"는 문제였다. 이 의문은 두 가지
로 나타났다. '현실의 삶에 대하여 뭔가 대답할 수 없는 가난한 것이 기독교가 아닌
가?' 아니면 '그 내용을 밝혀 주셔야 할 분들의 무능으로 정확한 전달이 없었던 것
인가?'

　이러한 의문들이 일반 학문과는 달리 하나님의 은혜로 깨닫는 것이어서 그는 오
랫동안 방황하고 또 성경과 씨름할 수밖에 없었다. 그 실마리를 풀리게 한 것은 존
헌터가 쓴 Let Us Go on to Maturity(성숙으로 나아가자)였다. 이 책에 미친 듯이 몰
입한 그는 자신의 소명이 설교에 있다는 사실을 굳게 확신한 후 미국의 리버티 신학
대학원을 그만두고 귀국한다.

　그가 성화, 곧 신앙의 성숙을 들고 나온 것은 그가 처했던 육칠십 년대 교회의
상황과 맞물려 있다. 그 시기는 자신의 믿음을 지키느냐 못 지키느냐 하는 결사각
오로 표현된 핍박의 시기가 아니었다. 이제 현실을 어떻게 믿음으로 살아가야 하
냐 하는 평화의 시기였다. 다시 말해, "일상 속에서 순종과 인내로 그 신앙을 실천
하는 것에는 순교의 비장함이 없다"는 게 그의 인식이다. 그래서 그 비장함을 깨려

고 서슴없이 고함도 치고 거친 말도 했다고 회고한다.

그는 한국교회 앞에 신앙 성숙의 문제라는 하나 더 나간 성경 설명을 하고 싶어 했다. 앞선 어른들한테 생명의 복음을 전수는 받았지만 일상을 어떻게 믿음으로 살아갈 것인가에 대한 답은 받지 못했다는 것이다. 그래서 성경의 내용을 한번 제대로 읽어 보자고 시작한 것이 자신의 강해 설교라고 한다. 이러한 설교들이 조감도가 없이 들어가서 마치 "해병대 상륙작전을 한 것처럼 돼버렸"고 자신은 마치 "밀림을 뚫고 나가는 사람" 같았다고 비유한다.

그는 자신의 성화 설교를 하나 더 나간 성경 설명이라고 말한다. 왜 그런 것인가? 한국교회는 이전에 "예수 천당"에서 막혀 버렸는데, 그가 처한 한국교회는 또 다시 '전도'나 '선교'라는 현실적인 미션을 만들어 막혀 버렸다는 것이다. 이를 가리켜 "다람쥐 쳇바퀴"가 되고 만 상태라고 비유한다. 내용으로 볼 때는 '예수 천당'이나 '전도'라는 말은 크게 다르지 않기 때문이라고 한다.

신앙의 성숙을 다루는 그의 성화 설교에는 여러 가지 내용이 들어 있다. '신앙인에게는 의심과 갈등이란 것이 하나도 없어야 하는 것인가?', '신앙생활을 하다 보면 하나님께 순종하기보다는 실패할 때가 더 많은데 그 실패란 무엇을 말하는 것인가?', '그 실패란 아무 쓸모도 없는 것인가?', '우리가 은혜로 구원을 받게 되는데 그 은혜가 우리의 삶에서 무엇을 만들어 내는 것인가?' 그는 이십 년이 넘는 설교 사역을 통해 이러한 물음들에 대한 답을 제시해 오고 있다.

신앙의 성숙을 다루는 성화 문제는 구원의 확신을 전제하지 않고서는 다룰 수가 없다. 성화를 '구원 그 이후', '구원의 점진성', '수준의 구원'이라는 말로 다르게 표현한 데서 그것을 읽어 낼 수 있다. 그가 설교의 중심에 가져다 놓은 이 성화의 문제는 그가 평생 과제로 삼은 신앙이라는 개념보다는 더 포괄적이지 아니하다. 하나님의 은혜로 구원의 확신을 갖게 된 것도 신앙이요 성화를 이루어 가는 것도 신앙에 속하는 것이라고 설교하기 때문이다.

성화를 들고 나온 이유

조주석 목사님의 설교는 '성화의 설교', '믿음의 설교'라고 말할 수 있겠는데, 그 둘은 어찌 보면 서로 같다는 생각이 듭니다. 둘 다 신앙생활에서 성숙의 문제를 다루고 있기 때문입니다. 왜 성화를 들고 나오셨는지 그 이유와 배경이 궁금합니다.

박영선 우리가 알다시피 지난 20년간 한국교회가 가졌던 신앙의 내용은 유용성(有用性), 곧 능력에 관한 것이었어요. 성경이 그렇게 이야기한다기보다는 아마 우리의 자연스러운 종교성이었을 거예요. "은혜를 입고 구원을 받았으니 하나님의 백성으로 쓸모 있어야 된다. 그리고 그 쓸모 있는 일에서 가장 중요한 것은 헌신이다." 이렇게 배웠죠. 주로 그런 설교를 들었죠. "누구는 이렇게 살았는데, 뭐하고 있냐" 하는 것이었죠. 그런 설교가 무가치하다는 게 아니라 그렇게만 듣다 보니 "자존(自存)하시는 하나님이 우리를 데려다가 필요로 하는 일이 있단 말인가?", "구원은 하나님이 필요해서 베푸시는 것인가?", "하나님에게 필요한 일이 남아 있단 말인가?" 하는 복음의 핵심에 대한 의문이 들었어요. 제가 자라면서 고등학교 때 가졌던 대표적인 의문이 있었는데, "기독교는 죽은 다음에나 쓸모 있는 것인가? 아니면 가르치는 사람들이 실력이 없는 것인가?" 하는 문제였어요. 알고 보니, 당시 한국교회의 수준 문제였지요. 당시 한국교회가 진실했다는 사실은 큰 자랑입니다. 그러나 신앙과 성경 자체의 내용에 대해 충분할 수 없었던 것도 사실입니다.

조주석 목회 초기부터 상당히 오랫동안 개인의 문제에 몰두해 오셨어요. 초창기에 낸 『하나님의 설복』(1984)이나 『구원 그 이후』(1984)나 『하나님의 열심』(1985)이 그렇고, 그로부터 한 십 년 지난 다음에 낸 『구원 그 즉각성과 점진성』(1992)도 마찬가지고, 또 한 십 년 지나서 낸 『믿음의 본질』(2001)과 최근에 낸 『성화의 신비』(2006)까지 모두 개인의 문제를 다루고 있습니다. 신앙에서 개인의 문제가 왜 그토록 중요한 것이었습니까?

박영선 신앙에서 제일 큰 문제란 실은 한 개인이 은혜를 제대로 아느냐 하는 것입니다. 이 은혜와 관련해서 기독교 교회사의 양대 흐름은 '하나님의 주권'과 '인간의 책임'이라는 문제로 나뉘는데, 개혁주의 신앙의 만족이라는 것은 하나님이 약속하신 것이 사람이 자신을 근거로 해서 갈 수 있는 것보다 훨씬 크고 영광스럽다는 것입니다. 인간의 책임을 강조하는 것에 대해서 하나도 나무랄 필요는 없습니다. 그러니까 우리가 보통 이야기하는 책임을 강조하는 식의 공로주의적 이해를 가지고 신앙생활을 하는 것도 훌륭한 신앙을 만들어 냅니다. 그러나 저는 인간이 상상하고 소원하는 것으로 목표를 삼는 신앙으로는 만족을 못 하겠더라고요. 왜 만족 못 하게 됐는지는 저도 모릅니다. 하나님이 저를 그렇게 준비시키신 거겠죠. 책임진다고 하는 신앙, 곧 "헌신과 소원의 자리 정도로는 난 만족 못 하겠다"가 된 겁니다. 이건 개인적인 소명일 겁니다. 그런 면에서 모든 사람이 다 나와 같아야 한다고는 생각하지 않습니다. 부정적인 출발점을 가졌던 만큼, 내가 인간의 의지와 열정을 부정한 것은 하나님은 우리 인간의 소원과 능력보다 훨씬 커야 되지 않느냐 하는 생각 때문이었죠.

조주석 인간이 책임진다는 것에서 한계를 발견했다는 말씀인가요?
박영선 "답이 안 됐습니다"라는 말은 굉장히 미묘한 표현입니다. 인간이 책임지는 신앙, 인간이 노력해서 보상받는 정도로는 제 영혼에 답이 안 됐습니다. 무서운 부름이었습니다.

조주석 그래서 "죄 사함을 받고 구원의 확신이 있으면 전도해라" 하는 것에 대해 강하게 반발하고 나오신 것 같군요.
박영선 나는 현실 속에 있는데 기독교 신앙의 실천을 너무 명분으로 요구해 왔어요. 그러니까 명분은 저 멀리 너무 앞에 있었습니다. 오늘을 신자로 산다는 것조차 내게는 충분치 않은데 그 명분까지 갈 수가 없더라고요.

저 산을 올라가자 하면 산 밑에까지 가야 하는데 산 밑에까지 가지 못하겠더라고요. 그래서 "명분을 외치는 사람들은 그 산을 올라간 게 아니라 사진만 갖고 있는 게 아닌가" 이렇게 생각했지요. 산 밑에 간 이야기는 아무도 안 해주었어요. 몇 번 버스를 타고 어디에서 내려서 산 밑에까지 어떻게 가야 하는지는 아무도 안 가르쳐 주고 그저 산에 올라가자는 이야기만 하더라고요. "그래, 당신 산에 올라갔어?" 하고 물으면 사진만 보여주더라고요. (웃음)

조주석 비유가 굉장히 재밌습니다. 중생도 있고 구원의 확신도 있지만 이것만은 아니지 않느냐. 그런 것으로는 구원의 현실이 다 설명이 안 되어서 고민도 하고 불만도 갖고 어떻게든 풀어야 하지 않겠느냐 생각을 하신 거로군요.

박영선 내가 오죽하면 '신분의 구원'과 '수준의 구원'이라는 말을 만들어 냈겠습니까?

조주석 칭의와 성화를 그런 식으로 표현하니까 너무 신선했습니다. 신학 용어를 목회적 차원에서 좀 더 친근하게 풀어낸 것이 아닌가 생각됩니다.
박영선 칭의, 성화 이렇게 말하면, 그 둘이 서로 다른 것으로 보이잖아요. 칭의가 있고 성화라는 다른 구원이 있는 것처럼 보일 수 있잖아요. 그러면 어렵죠.

결사각오로는 현실을 풀어 줄 답을 찾을 수 없었다

조주석 목사님이 몸담고 있던 60-70년대의 한국교회에는 어떤 결핍이 있었다고 보십니까?

박영선 우리가 어떤 영향을 받아서 그랬는지는 구체적으로 전문적으로 지적해 내기는 어렵지만, 한국교회가 신앙의 문제를 너무 이상화했던 것 같아요. 신앙을 현실과 접목시키는 일에 한국교회가 크게 성공을 못했어요. 일단 시작은 순교로 했습니다. 순교라는 것은 극단적인 결정만 남는 것이어서 현실성이 부족합니다. 현실성이 부족했다는 것은 이념으로만 그랬다는 게 아닙니다. 한 번 올인 해서 그만한 신앙이 된 것을 말합니다. 그래서 신앙의 과정을 다룰 수 없었습니다. 한 신자가 인격적으로 성숙하는 데 얼마나 많은 과정과 우여곡절이 있겠는가 하는 것은 다루지 못한 겁니다. 한국교회가 제시했던 결사각오를 이어받으려고 했지만 내가 처한 현실은 그런 각오를 내게 물어오지 않았어요. 죽을 각오는 돼 있었는데, 기회가 오늘도 안 오고 내일도 안 오는 겁니다. 살아 있는데 죽을 기회를 안 주는 거였어요. 죽음까지는 긴 과정이 남아 있고 현실은 우리 앞에서 도전하고 있는데, 답이 없었습니다. 현실은 죽는 문제가 아니라 사는 문제였거든요. 죽을 각오는 되어 있었지만 사는 문제는 답이 없었습니다.

조주석 그런 현실 속에서 목사님은 어떤 태도를 취하셨습니까?

박영선 나도 한국교회의 신앙을 유산으로 물려받은 사람입니다. 그러나 "우리 선조들의 신앙이 결사각오로 실천되었는가?" 하는 것은 당시의 역사적 상황에서 이해해야 합니다. 결사각오는 정치사회적 핍박의 때에 요청되는 신앙이라고 생각합니다. 그 싸움은 사실 매일의 일상 속에서는 반복적으로 맞닥뜨릴 수 없는 거였습니다. 일상 속에서 순종과 인내로 그 신앙을 실천하는 것에는 순교의 비장함이 없다는 뜻입니다. 순교가 가졌던 지켜야 할 신앙을 회복하고 이어가려면 비장함을 깨야 했습니다. 그 작업이 고함이나 거친 말 같은 것으로 표현되었다고 생각합니다.

조주석 그런 고민 속에서 성화의 설교를 시작하실 때 만난 설교자들로는 어떤 분들이 계십니까?

박영선 로이드 존스와 존 헌터(John Hunter)를 만났습니다. 로이드 존스한 테는 두 가지 큰 기둥이 있어요. 하나는 하나님의 주권이요, 다른 하나는 인간의 전적 타락이지요. 이 두 주제를 주로 설교하신 분이지만 20세기 최고의 설교가라고 합니다.

조주석 왜 그렇죠?

박영선 로이드 존스 목사를 왜 20세기 최고의 설교가라고 하냐면 하나님의 주권과 전적 타락이라는 주제로 자유주의를 막았기 때문입니다. 그게 굉장한 겁니다. 그다음에 내게 중요했던 사람이 존 헌터입니다. 이 사람의 책 가운데 *Let Us Go on to Maturity*라는 책을 만났는데, 그 책을 번안 번역한 설교로 『구원 그 이후』를 썼습니다.

조주석 그 두 분에게서 영향을 받고 성화의 설교를 어떻게 해나가셨습니까?

박영선 존 헌터는 성화에 관심을 가진 사람이거든요. 한국에서는 이 사람의 이름이 별로 알려지지 않았어요. 로이드 존스와 헌터라는 두 사람을 통해서 나는 정신이 바짝 들었어요. 그래서 일단 성경이 뭐라고 말하는지를 보자고 들어갔는데, 제일 안타까웠던 건 조감도를 갖고 들어가지 못했다는 겁니다. 그게 나의 시대적인 한계입니다. 내가 앞선 어른들한테 생명의 복음은 전수받았지만 그분들이 성화를 풀어 주진 못했어요. 그래서 이제 성경의 내용을 어쨌든 한 번 제대로 읽어 보자, 제대로 풀어 보자고 들어갔으니, 밀림을 뚫고 나가는 사람이 된 겁니다. 그러니까 내 위치를 알아야 해요. 내가 한 설교들은 조감도가 부족해요. 해병대 상륙작전을 한 것처럼 돼 버렸어요. 내가 밀림을 뚫고 나왔거든요. 예를 들어, 마태복음을 하고

시간 속에서 일하시는 하나님

요한복음을 하고 사도행전을 설교했는데, 나중에 보니까 그것들에 관한 신학적인 조감 같은 게 결여되어 있어서 전체적인 구성은 엉터리에요. 그냥 뚫고 갔을 뿐입니다. 그래서 사실은 비뚤비뚤 지나왔을 겁니다.

조주석 그러니까 목사님의 설교를 읽으려면 그런 배경을 알아야 오해가 없겠군요. 그러면 그런 책들 말고 다른 책들에 대해서도 뭔가 말씀할 게 있을 것 같은데요.

박영선 내가 초창기에 이런 책도 냈어요. 『성령론』도 냈고 『교회론』도 냈어요. 그때 그건 왜 썼냐 하면, 잘못된 것을 비판하느라고 썼어요. 그게 무슨 '론'자를 붙일 수가 없는 건데, 그때만 해도 그걸 내야 하는 입장이었어요. 너무 뭐가 없으니까. 그때는 성령론이 은사론하고 막 혼동되어 있었어요. 성령론을 은사론으로 다 설명할 수 없잖아요. 성령론을 바로 다루려면 삼위일체론 속에서 성령론을 다루어야 하잖아요. 그게 성령론을 낸 가장 큰 이유입니다. 또 교회론 같은 것도 자꾸 교회가 기능적으로 소개되니까 "교회는 기능적인 것 이상이다"라는 이야기를 해야 했어요. 지금 이야기해 보라면 "교회는 신앙 공동체다, 세상 앞에서 하나님 나라를 증언하는 기관이다"라고 말하겠지만, 그때는 뭐랄까 하나님의 기관으로 서 있는 이런 관점이 전혀 없었어요. 교회가 자꾸 기능화되어 가면, 용서해 주고 기다려 주고 따뜻하게 품어 주는 것이 없잖아요.

한 발 더 나간 설명

조주석 남포교회가 오늘날 무시할 수 없을 만한 크기가 되니까 사람들이 목사님의 설교에 대해 오해하는 경향이 있는 것 같습니다.

박영선 그렇지요. 많은 사람들이 우리 교회를 설교만으로 목회를 하는 특별한 목회방법론으로 추적하는 경우가 많아요.

조주석 이대원 목사의 논문에도 그런 언급이 나오더군요.

박영선 그러나 사실 우리 교회에 들어와서 보면 목회방법론을 만나지는 못해요. 내 설교를 만나지. '하나님이 한국교회 앞에 어쨌든 하나 더 나간 성경 설명을 나한테 시키셨고, 한국교회에 듣게 하시려고 그랬다'라고 믿어요. 이게 나에 대한 내 자신의 평가입니다. 그래서 나 다음에 누군가 나타나서 "박영선 목사의 설교가 어쩌면 이리도 평면적이냐"고 비평하고 입체화시켜야 한다고 생각합니다.

조주석 목사님의 설교를 대하다 보면 궁금증이 하나 생길 수 있습니다. 그게 뭐냐면 어느 본문을 택하든 대체로 하나님의 은혜와 복음의 소중함을 굉장히 많이 강조하신다는 겁니다. 수많은 본문을 왜 언제나 그런 식으로 다루는지 사실 궁금했습니다. 본문이란 굉장히 디테일한 것이잖아요. 큰 구도 속에 있는 디테일한 건데, 이 디테일한 것을 어쨌든 많이 숨긴다 할까요. 밝혀내지 못한다 할까요.

박영선 건너뛰는 거지요.

조주석 맞아요, 건너뛰시더라고요. 그래서 저는 이런 생각을 했어요. "이런 것을 좀 더 다루어야, 더 디테일한 문제를 다루어야 일상에 관한 깊이로 더 들어갈 수 있겠다"고 한 겁니다. 그런 점에서 목사님의 설교가 걸린 겁니다. 그런데 나중에 생각한 게 뭐냐 하면, 그럼에도 불구하고 목사님의 설교를 통해서 제가 훨씬 깊게 다시 본 게 있는데 복음이라든가 믿음이라든가 은혜라든가 하는 가장 기본적인 것이 어떻게 본문 속에서 흘러나와야 하는지를 더 확실하게 이해하게 된 겁니다. 그런 것들이 목사님의 설교를 통해서 제가 받은 은혜라고 할 수 있어요. 큰 구도를 더 받쳐 줬죠. 그러면서 상당히 균형을 잡게 되었습니다.

박영선 목사님이 지금 요구하시는 것은 다음 세대가 이루어야 해요. 내 후배가 그렇게 해야 해요. 예를 들어, 색깔이 빨강, 파랑, 노랑밖에 없었을 때는 섞어서 주황도 만들고, 보라도 만들고 하는 겁니다. 더 디테일한 것은 다른 누군가가 해야 합니다. 그러나 나로서는 어쨌든 평면적으로 뚫고 나가는 것이 가장 급했어요. 나는 보병이었죠. 나는 그랬지만 누군가는 조종사로 나가야 해요. 누군가는 비행기를 타고 하늘에서 내려다봐야 합니다.

어두운 쪽에 서서 신앙을 점검한 까닭에 하나님의 일하심이 보였다

조주석 목회자도 신앙인인 까닭에 신앙적으로든 신학적으로든 갈등이나 고민이 분명 생깁니다. 어떤 갈등이나 고민이 있으셨는지요?

박영선 로이드 존스가 성령론에 대해서 쓴 글이 있어요. 그것을 읽고 성령론을 쓸 마음이 생겼어요. 그 책에서 내가 뭐라고 했냐면 "성령의 체험을 하자"라고 썼어요. 로이드 존스가 이렇게 이야기했어요. "자, 이제 솔직하게 이야기하자. 너희 오순절파는 신학이 약하지 않느냐. 그리고 우리는 사랑이 없고, 열정이 없다. 서로 인정하자." 아니, 깜짝 놀랐어요. 대가가 되면 그렇게 넘어가요. 나도 이제 그런 면에서 편견이 없어요. 요즘에 읽은 책 중에 모어랜드(J. P. Moreland)가 쓴 『하나님 나라의 삼각구도』라는 책이 있는데, 거기 보면 로이드 존스처럼 이야기해요. 이 저자도 우리 세대랑 같이 큰 사람입니다. 그 사람도 젊은 시절에 성령의 은사가 중지되었다는 가르침을 받고 자랐는데, 보니까 문제가 있더라는 겁니다. 무슨 소리냐 하면, 서구 사회에서는 멈춰 버리고 파괴된 영성과 기독교의 부흥이 제3세계에서 일어나고 있더라는 겁니다. 우리가 마음을 더 열어야 한다고 생각합니다. 다만 하나님이 나를 그쪽으로는 안 세웠다는 걸 알아요. 이런 방면에서 나한테 제일 도움을 준 사람이 테레사입니다. 그 책 봤어요?

조주석 어떤 책인데요?

박영선 『마더 데레사, 나의 빛이 되어라』라는 책입니다. 그 사람은 극심하게 하나님과 단절을 느꼈어요.

조주석 자서전인가요?

박영선 자서전 아니에요. 나중에 그 사람 죽은 후에 그의 편지를 공개한 겁니다. 그 책을 읽으면서 "나 같은 사람이 여기도 있구나"라고 생각했어요. 그게 뭐냐 하면, 하나님이 평생 그에게 답을 안 주시는 겁니다. 이 사람이 하도 하나님과의 단절감이 커서, 신문에도 났듯이, 기도도 못 하겠고 믿음도 없고 기쁨도 없었어요. 가톨릭의 좋은 점은 하나의 교회가 전통으로 남아 있어서 누적된 경험과 지혜가 많다는 겁니다. 주임신부나 대주교가 한 위로가 뭐냐면 "당신만 그런 게 아니라 성자들 중에도 그랬던 사람들이 있었다"고 위로합니다. 이 사람이 무엇으로 신앙을 확인하냐면 "자기 신앙을 회의하지만 그럴지라도 하나님에 대해 갈망은 멈출 수 없다"에요. 그걸 보고 확인하게 돼요. "자신이 슬프고 망해도 가난한 자들에게 주님의 기쁨이 전해진다면 그것이 내 길이지 않느냐." 그가 그것을 받아들여요. 난 늘 갑갑함 속에서 산 사람입니다. 그런데 테레사 수녀한테 도움을 받았어요. "당신이 나를 살렸습니다." 뭐냐 하면 우리는 모든 의심과 갈등이 없어져야 최선의 신앙 상태라고 생각하잖아요. 그게 아니에요. 이 치열함이란 좀 다른 겁니다. 이 얼마나 소극적이고 부정적이고 근본적인 치열함이에요. "내가 신자라는 게 맞나, 내 신앙생활이 맞나" 하는 자기 점검과 안타까움이라는 게 어떤 사람한테는 필요합니다. 가만히 보니 이 사람은 왜 필요했냐 하면, 자신이 하는 힘든 것보다 더 많은 영광을 받아요. 유혹도 받고 그런 게 없었으면 이 사람은 넘어갔을 겁니다. 그래서 어디 상 받으러 와라 그러면 그가 어떻게 한 줄 알아요? 안 가요. 그것을 영광으로 알지 않아요. 왜 그랬냐면, 그 책에 안 나와 있지만 내 경험에 의한 추측으로는, 본인 자신에게 전혀 여유가 없는 겁니다. 마음이 참담하거든요.

조주석 정말로 실존의 맨 밑바닥으로 내려갔군요.

박영선 이 사람이 자신의 편지를 영적으로 아주 가까운 사람들한테만 해요. 지도자들한테만 써요. 그리고 나중에 죽기 전에 내 편지를 다 없애 달라고 부탁해요. 누가 보고 오해할까 봐 없애 달라고 합니다. 그런데 그 사람들이 "아니다" 생각하고 남긴 겁니다. 그 사람들이 훌륭한 겁니다. 이런게 다 필요합니다. 왜요? 실은 이게 양면성이 있거든요. 밝고 확인되는 부분 이상으로 이렇게 무너지는, 의심되고 참담한 게 있어요. 한쪽이 너무 밝아서 다른 쪽이 상대적으로 너무 적어 보이는지도 몰라요. 물론 테레사 수녀와는 달리 밝은 쪽을 강조하는 사람도 있어요. 어느 책에도 그 이야기가 나오는데, 믿음은 의심을 전제로 한다고 했어요. 그래서 밤낮 그 이야기를 하잖아요. 믿음의 본질적 현상은 의심이라고 말입니다. 왜냐하면 믿음은 대상과 그 대상의 신실성에 근거하는 것이기 때문에 현실도 아니고 결과를 지금 확인할 수 있는 것도 아닙니다. 그것은 약속된 거니까 말입니다. 믿음의 본질적 요소라고 하는 의심은, 믿을까 말까 하는 개념이 아니라 상대방이 한 약속에 대한 신뢰를 내가 장악하거나 조작할 수 없다는 차원입니다. 그래서 기본적으로 불안할 수밖에 없고, 믿음에는 이 의심이라는 요소가 있는 겁니다. 만약 그렇지 않다면, 그건 이미 믿음이 아니라 그냥 확인에 불과한 거겠지요.

조주석 목사님은 밝은 쪽보다는 어두운 쪽에 서서 신앙생활을 점검해 오신 것으로 보이는데, 그것이 설교에 어떤 영향을 주었다고 생각하시는지요?

박영선 신앙생활에서 밝은 쪽에 서 있으면 은혜의 필요성이 상대적으로 적어집니다. 본인이 의도하지 않아도 '하면 된다'가 되더라고요. 실패를 자꾸 경험하고 절망을 경험하게 되면 은혜의 필요성을 본인 스스로 알게 되므로 복음의 진정한 핵심에 다가가는 데 더 좋습니다. 은혜의 필요성이란 필립 얀시(Philip Yancey)가 내세우는 아주 핵심 되는 내용입니다. 율법은 다른 게 아니라 '하면 된다'입니다. 그리스도의 필요성이 없어집니다. 예수를 믿는다는 말을 자신의 종교성과 도덕성을 확인하는 것으로밖에는 이해를 못 하는 것 같아요. '자신의 절망을 확인한 사람만이 예수를 믿는다'는 말이 은혜를 제대로 이해한다고 생각합니다.

조주석 그러니까 그런 내용이 설교에 영향을 준 거지요.

박영선 일반적으로 사람은 절망과 한계를 깨우치지 않으면 규범적인 메시지를 만들어요. "이 사람을 봐라", "이렇게 해라" 하는 거죠. 그런데 이제 그렇지 않으면 "이 사람은 어떻게 이런 일을 해냈을까", "인간 자체에서 나왔을 리는 없는데" 하게 되죠. 그렇게 들어가니까 우리가 잘 아는 성경의 영웅들은 본인들의 실력에 의해서가 아니라 하나님의 강권하심으로 되었다, 하나님이 저들 스스로 만들어 낼 수 없는 것을 만들어 내셨다는 하나님의 일하심이 보이는 겁니다.

조주석 『하나님의 열심』이라는 책도 그런 배경에서 나왔겠군요.

박영선 그렇지 않았으면 하나님이 일하셨다는 것은 안 보이고 영웅들만 보였을 겁니다.

조주석 그런 시각이 성경을 보는 데 크게 작용을 한 것으로 이해할 수 있겠습니다.

박영선 누군가는 내 설교를 말할 때 성경을 거꾸로 본다고 해요. (웃음)

조주석 어떤 면에서는 맞는 말입니다. 왜냐하면 한국교회의 설교는 대체로 도덕적인 설교였으니 말입니다.

박영선 도덕적인 설교라는 게 도덕성을 인간이 만들어 낼 수 있다고 보면 그것은 율법주의가 됩니다. 인간이 할 수 있다고 이야기하면 은혜는 설 자리가 없어지고 맙니다.

조주석 저도 누굴 본받아라 하는 설교를 어렸을 때 오랫동안 많이 들었습니다. 본받으려면 열심을 내야 합니다. 열심을 내다 보면 안 된다는 어떤 한계에 부딪히게 됩니다.

박영선 안 되는데 마치 된 것처럼 하거나 아니면 아예 외면하게 됩니다. 그 둘 중에 하나가 되고 말죠.

조주석 그러면 자신의 삶에 간격이 생기고 맙니다. 그런 면에서 은혜라는 것이 우리에게 필요합니다. 이런 것들이 굉장히 중요한데 우리는 사실 이런 것들을 많이 놓쳤습니다.

박영선 '은혜'가 필요한 게 현실인데, '하면 된다'가 현실이 되고 말았지요.

실패할 때마다 예수 그리스도가 필요하다

조주석 현실을 담아내는 게 성화라면 과연 어떻게 해야 담아낼 수 있겠습니까.

박영선 현실을 담아내는 문제로 싸워 보니, 자칫하면 자기 의나 의지의 싸움으로 가겠더라고요. 그러니 늘 지는 거예요. 의지력의 싸움에서 지더라고요. 의지로 신앙생활을 해보니까 결국은 의지로는 죄를 이길 힘이 안 나오더라는 거죠. 우리가 일반적으로 은혜의 필요성이라는 말로 답을 하는데, '은혜의 필요성이라는 게 뭐냐' 하는 것이 문제가 됐죠. 은혜의 필요성이라고 해서 그걸 답이라고 하면 실제로는 사용할 수 없더라고요. 맨날 기도원 가서 앉아 있어야 하는지, 울어야 되는 것인지 그런 것은 아니죠. 『성화의 신비』라는 책을 내면서 답을 하나 얻었습니다. '예수 그리스도의 필요성을 인정하는 의존성을 가지고 사는 것'이라는 답이었죠. 그러니까 삶의 길목마다 신자로서 승리하지 못하는 자신을 인정하고 도우심을 구하면서, 실패를 절망으로 끌고 가지 않기로 하는 것이었죠. 실패할 때마다 이제 은혜의 필요성, 예수 그리스도의 도우심을 구하고 항복을 하고 패배를 인정함으로써 의존성을 높이게 되니까 내 힘으로 싸우려 하던 것들을 못 하게 되는 거죠. 그래서 이기게 됐냐고 물으면 답은 반반입니다. 왜냐하면 처음에는 이기는 것을 어떻게 이해했냐 하면, 악하게 살다가 선하게 되고, 거짓말하다가 정직하게 되고, 잘못된 세상적인 욕심이 전부 없어지는 희열에 차는 것으로 알았어요. 그런데 실제 싸움은 그렇게 되는 것이 아니라 일단 성질을 내지 않는 것으로, 책임을 누구에게 전가하지 않는 것으로, 비겁하게 구는 것과 무모하게 구는 것을 중단하는 것으로 먼저 나타나더라고요.

조주석 그러면 그리스도가 필요하다고 할 때 '개인적으로 실존적으로 나는 그 문제에 관해서 무엇을 생각하고 나가야 할까' 하는 문제가 있을 것 같습니다. 다시 말하면 그리스도가 필요하다고 할 때 '은혜가 보이는 것도 아닌데 나는 어떻게 해야 할 것인가' 하는 문제가 남는다는 것이죠.

박영선 그게 아주 중요한 문제입니다. 우리는 살면서 아주 어려운 일들을 만납니다. 그 어려움들이란 우정 문제일 수도 있고 학업 문제일 수도 있고 경제적인 문제일 수도 있고 육체적인 문제일 수도 있습니다. 우리는 이런 것들이 어렵다는 걸 알고 있으니까 그 현실을 붙잡고 씨름하기보다는 그런 것들을 하나님께 해결해 달라고 해요. "저는 더 좋은 신앙을 가지려고 이러는 겁니다. 은혜를 베푸십쇼. 제가 진심으로 하나님의 사람으로 살고 싶습니다"라고 떼를 쓰는 겁니다. 답을 주셔야 한다고, 그래서 내가 아무런 두려움과 걱정 없이도 이길 수 있는 답을 받고 앞으로 나가야겠다고 하는 겁니다. 그런데 보니까, 이렇게 답을 달라고 하는 것으로 실제적인 문제를 외면하더라고요. 하나님 앞에 가서 떼를 쓰고 우기는 것이 실제로 생활을 하는 것보다 더 쉽기 때문이죠. 이러한 외면이, 현실을 담아내지 못한다는 내 말이 갖는 특징의 하나입니다. 내 편견일 수 있겠지만 현실을 사는 거보다는 떼쓰는 게 더 쉬울 수 있어요. 명분 있는 전도나 선교가 더 쉬울 수 있어요. 아까 말한 의존성, 곧 성화가 진행되는 과정이란 내가 경험한 바로는 지고 가는 것이요, 고통스럽고 답이 없는 현실, 오해받고 수치스러울 수 있는 현실로 들어가는 겁니다. 나는 그것을 성화라고 봅니다. 어떻게 이기느냐 하는 것은 그다음 문제라고 생각한 겁니다. 들어가면 이기는 길에 대해서도 조금씩 답을 주십니다.

은혜는 사랑을 목적으로 삼는다

조주석 그러면 은혜를 받아 누리게 되면 그게 신앙의 실력과 능력이 될 수 있는데 그렇게 확인을 해나가려고 할 때 은혜와 책임 사이에는 간격이 생길 수밖에 없습니다. 그걸 극복하려면 어떻게 해야 합니까?
박영선 은혜는 책임과 능력을 목적으로 하지 않고 사랑을 만들어 냅니다.

" 성화가 진행되는 과정이란
  내가 경험한 바로는 지고 가는 것이요,
  고통스럽고 답이 없는 현실,
  오해받고 수치스러울 수 있는 현실로 들어가는 것입니다.
  나는 그것을 성화라고 봅니다.
  어떻게 이기느냐 하는 것은
  그다음 문제라고 생각합니다. "

그래서 기꺼이 예수님이 우리의 인생과 실존에 찾아오신 것처럼, 나에게 요구하는 현실을, 성육신의 길을 뒤쫓겠다고 만드는 게 은혜더라고요. 조금 전에 이야기한 것과 같이, 예수 그리스도로 말미암는 구원이 목적으로 삼는 것이 무엇인가 묻고, 그것이 나 자신이었다는 것을 알고, 나 자신에게 주어진 삶에 하나님이 목적하신 바를 현실 속에서, 시공간과 삶의 정황 속에서 구체화해야 한다는 겁니다. 이것이 성화에서 큰 과정에 속하는 것이더라고요. 그렇게 갈 때 내가 비로소 나이더라고요. 성육신의 길을 뒤쫓는 삶으로 들어가는 것이 은혜가 목적하는 것이고 성화라고 이야기할 수 있는 과정이 됩니다.

조주석 하나님께서 나에게 찾아오시고 내가 만났어요. 그렇다면 그것을 말로 표현해 보라고 하면 사실 쉽지 않습니다. 이어령 교수가 자신의 딸로 인해 예수를 믿게 됐는데, 그에게 가장 크게 다가왔던 게 있습니다. 사랑하는 딸인데 자신이 해줄 건 아무것도 없다는 거였어요. 거기서 사람은 자신이 해줄 수 없다는 그 사실 때문에 자책감에 크게 사로잡힐 수 있어요. 그때 하늘의 빛을 보는 거지요. "나는 참으로 절망적이다. 내가 할 수 있는 건 아무것도 없다. 그러니까 하늘의 아버지여, 은혜를 베풀어 주소서, 내가 할 수 없는 것을 베풀어 주소서." 이런 자리로 들어가더라고요. 그러나 자신이 그렇게 간구했을지라도 그것을 확인할 수 있어야 하잖아요. 확인이 안 되면 공허하게 되잖아요.

박영선 현실 이야기인데, 신앙 실천의 현실이라는 시공간의 무대가 왜 필요하냐 하면, 우리가 이론으로 준비되거나 무장이 되어 뛰어 들어가는 데만 하나님의 인도하심이 있는 게 아니기 때문이에요. 우리는 고통과 고민이라는 현실이 없었으면 인도함을 받지 못할 수도 있었다는 겁니다. 사변으로 참여하지 못할 때 현실은 우리를 삼키더라고요.

조주석 그렇죠. 그 부분이 분명했습니다. 그 책에 보면, 이어령 교수는 교회 갔다가 돌아옵니다. 한 달 후에 딸이 수술을 받으려고 병원에 갔는데 검사를 해보니 눈이 깨끗하게 다 나은 거예요. 그러고는 "이것이 내가 하나님께 구함으로 받은 은혜이긴 은혜지만 그리스도의 부활보다도 큰 것은 아니다. 진짜 기적은 그리스도의 부활"이라고 이어령 교수는 고백합니다. 굉장한 이야기였습니다. 보통 사람들은 그것의 유용성만 생각하고 말지 참으로 하나님이 계시다는 것, 예수 그리스도가 어떤 분이시라는 것까지 가지 못하는 경우가 허다하거든요. 그러면 이적 신앙으로 끝나 버릴 수 있는데, 그는 거기서 끝나지 않고 더 나아가더라고요. 그게 상당히 인상적이었습니다.

박영선 맞습니다. 내 개인 경험으로 하나님은 나에게 특별한 체험을 안 주셨는데 내 기억에 세 번쯤 그래도 응답을 주셨어요. "예수님을 한 번 만나게 해주십시오"라는 기도에 응답을 해주셨는데, 이런 현실을 믿음으로 받아들이고 살기로 하자 거기에 예수님이 서 계시더라고요. 그렇게 만나 주시더라고요. 미리 만나 주시지 않고, 내가 들어가자 거기 서 계시더라고요.

조주석 이건 굉장히 개인적인 비화인데요.

박영선 하나님이 저를 이쪽으로 쓰셨어요.

조주석 은혜와 책임 사이에는 늘 간격이 있고 사람은 거기서 늘 헤맬 수 있다고 생각합니다.

박영선 하나님은 생각과 고민을 요구하십니다.

조주석 조금 더 구체적으로 이야기해 주세요.

박영선 아까 이야기한 것같이 은혜가 하나님 쪽에 속한 것이라면 왜 고민

55

하고 실패하게 하시는가 하는 것과, 우리가 책임을 져야 한다면 그게 무슨 은혜인가 하는 것이죠. 은혜는 책임과 능력을 목적으로 삼지 않고 사랑을 목적으로 삼습니다. 하나님이 누구신가에 대해 더 많이 알게 되는 과정이 성화입니다. 그걸 어디에서 알게 하시느냐 하면 일상에서 알게 하십니다. 일상을 살아가면서 부단히 이 질문이 나오거든요. "하나님, 오늘도 이 뻔한 삶을 반복해야 합니까? 이 실패와 고민과 불안을 반복해야 합니까?" 이래서 우리는 거듭 답이 없는 길을 가는 것 같거든요. 반발도 있고 체념도 있고 투정도 있습니다. 그러나 그 나날들 속에서 하나님이 당신을 나타내심으로 하나하나 누적되더라고요.

조주석 은혜가 사랑으로 표현된다고 하신 건 목사님의 설교 가운데 한층 더 진전된 내용으로 보입니다. 요한일서를 설교한 것을 책으로 내셨는데 『진리의 영과 미혹의 영』이라는 책에서 그런 내용을 굉장히 많이 다루셨더라고요.

박영선 그동안 그렇게 쭉 해온 것이 아니라 과정 속에서 나온 겁니다. 그래서 여기까지 온 겁니다. 그게 어둠 속에서 헤매는 사람에게 도움이 되겠지요.

성화의 두 차원

조주석 목사님은 성화를 두 가지 차원으로 말씀했어요. '온전한 성화'와 '과정적 성화'로 나눠서 말입니다.

박영선 성화를 이야기할 때 '온전한 성화가 무엇인가?, 온전한 성화를 영화로 보아야 하는가' 하는 문제가 있어요. 저는 그렇게 말하는 건 아닙니다. 아무리 어린 믿음이라도 믿음은 믿음이잖아요. 사실 예수를 믿고 나면 하나님을 아는 것을 부정할 수 없듯이 신자인 것을 중단할 수 없잖아요. 신자로서의 실천과 모범에서는 실패할 수 있어도 신자인 것을 중단할 수는 없습니다. 이렇듯 성화에도 그와 같이 부정할 수 없는 온전한 성화가 있다고 생각합니다. 물론 과정을 통해 이루어 가는 성화도 있는 거고요.

조주석 그 온전한 성화라는 말에 사람들이 아주 생소했을 텐데, 어떤 반응을 보였습니까?

박영선 통상적으로 성화를 논할 때 대부분 어떤 반발을 하냐면 완전한 성화를 추구한다고 자꾸 반발을 했어요. 할 수 없는 것을 왜 자꾸 하냐고 반발했지요.

조주석 그러니까 목사님이 뜻하신 온전한 성화란 성화의 출발점으로서의 성화를 말씀하신 게 아닌가요?

박영선 그렇습니다. 그러나 성화가 이루어지고 있는 과정의 어느 한 지점을 가리켜 온전한 성화라고 한다면 그것은 신학적으로 오해를 받을 여지가 충분합니다. 왜냐하면 그건 과정으로서의 성화의 일부이기 때문이죠. 그러나 성화의 출발로서 성화, 곧 그리스도 안에서 성령으로 말미암아 내게 이루어진 성화의 출발점을 온전한 성화라고 한다면 신학적으로 가능하다고 봅니다.

조주석 아까 말씀하신 '온전한 성화'란 신학적인 용어로 이런 걸 말씀하신 것 같습니다. 조직신학에서 성화를 '결정적인 성화'(Definitive Sanctification)와 '점진적인 성화'(Progressive Sanctification)로 나누어 이야기합니다. 그러니까 목사님이 말씀하는 '온전한 성화'란 '결정적인 성화'를 말씀하는 것으로 보입니다. "내가 믿음을 버릴 수 없다" 하는 그런 차원과 같은 것 말입니다.

박영선 그런 신학적인 전문 용어가 있었군요. 그런데 내가 만난 책들에서는 그 이야기가 없었단 말입니다. 그 발언이 없었어요. 점진적인 성화밖에는 성화를 논할 줄 몰랐어요. 또한 믿음이라는 것도 '결정적인 성화'처럼 '결정적 믿음'이라는 말도 없어요. 사람들은 자기의 믿음생활에서 모범을 보이거나 실천하지 않으면 그 순간만큼은 믿음이 없어졌다고 생각합니다. 그게 굉장히 큽니다. 내가 목회하면서 배운 것은, 신자들의 신앙생활에서 제일 무서운 것이 체념으로 보였습니다. "나는 할 수 없어요"라는 것, 작심삼일, 의도는 가지고 있으나 안 되는 것, 늘 번번이 실패하는 것입니다. 그런데 그 실패가 어떤 것인지 이해시켜 주지 않으면, 그 실패가 실패가 아니라는 걸 말해 주지 않으면, 신자들은 전부 방관자가 돼 버리고 맙니다. 자신의 삶을 포기하고 자꾸 "옆에 있는 사람이 언제 넘어지나" 하는 것만 지켜보고 있는 것 같은 생각이 들어서, 나는 그게 현실적으로 더 무서운 일이라고 생각합니다.

자기 시대에서 무슨 역할을 했는가

조주석 그러니까 성화에 대해서 전한 목사님의 설교는 한국교회에 필요했던 메시지라는 생각이 듭니다. 여기에 목사님의 사명감이랄까 소명 의식에 대한 구체성이 있었다고 생각할 수 있겠습니다.

박영선 내가 자라난 한국교회는 상당히 폐쇄적이었어요. 옛날의 '예수 천당'에서 막혀 버린 데서 이제 전도라는 현실적인 미션을 만들어 내기는 했지만 다람쥐 쳇바퀴가 되고 말았어요. '예수 천당'이나 '전도'라는 말은 용어는 다르지만 내용으로 보면 크게 다르지 않아요. 이렇게 내용으로 막히면 차별화밖에 남는 게 없어요. 그게 이미 부작용으로 일어나고 있잖아요. "나 어느 교회 다닌다" 하는 걸로 확인할 게 아니라 존재가 달라져야 해요.

시간 속에서 일하시는 하나님

신앙적으로 매우 깊은 경지에 있다고 평가받는 사람들이 놀이 문화도 제대로 소화 못해요. 기술적으로 말고 인격적으로 멋있게 못 져요. 바둑 같은 걸 두면 어떻게 되지요? 바둑을 두면서 왜 자존심 상하는 줄 아세요? 그게 지능 싸움이라고 생각하거든요. 머리가 나빠서 지는 것으로 압니다. 그러니 바둑을 두고 지고 나서 "잘 뒀습니다. 많이 배웠습니다" 이 말을 못해요. 그걸 가르치자는 겁니다. 아니, 우리가 가지고 있는 게 얼마나 크고 넉넉한 것인데, 그게 잘 안 나와요. 결사각오라는 치열함은 확보했지만, 그 넉넉함이라는 것은 전혀 훈련이 안 되어 있어요.

조주석 제가 어느 목사님을 통해서 들은 이야기인데, 그분은 로이드 존스보다는 캠벨 모건(Campbell Morgan)을 더 훌륭한 설교자로 보더군요. 그분이 왜 그렇게 말했는지 궁금했는데, 방금 말씀하신 걸 들으니 조금은 풀리는 구석이 있습니다. 로이드 존스는 자유주의 신학에 대항하기 위해 하나님의 주권을 확 들고 나온 까닭에 어찌 보면 시대적 사명을 한 것이죠. 그러나 분명히 전체의 큰 신학이라는 틀 속에서 보았을 때는 그가 놓친 점이 있었다는 걸 그렇게 지적하신 건 아닌지, 내 나름으로 짐작해 봅니다.

박영선 웨스트민스터 신학교의 클라우니 교수가 이야기한 걸로 기억하는데, 자신은 없지만 맞을 거예요. 그가 영국에 가서 1년인가 공부할 기회가 있었나 봅니다. 자신의 책에다 이렇게 썼어요. "설교자는 만들어지지 않는다. 설교자는 타고난다." 그렇게 이야기했어요. 로이드 존스는 타고난 설교자입니다. 그럼 타고났다는 게 무슨 이야기냐면 내용이 좋다는 이야기가 아닙니다. 이상한 힘이 있다는 겁니다. 이상한 영력이 있다는 겁니다. 같은 말을 하는데 무게가 다른 거지요. 당시 인기 있는 어느 무신론자와 방송 토론을 할 기회가 있었는데 로이드 존스가 거절했어요. 다들 왜 그런 좋은 기회를 거절하냐고 물었어요. 사실 거절하면 지는 것 같잖아요. 그때 로이드 존스가 이런 말을 했어요. "하나님은 토론의 대상이 아니다." 그는 그런 사람입니다. 그게 중요해요. 그러니까 이제 그 시대를 버틴 사람하고 다음 세대까지 영향을 주는 내용을 주는 사람과는 역할이 다른 겁니다. 우리는 한 사람이 다해야 한다고 생각할 수 있어요. 내가 감히 로이드 존스에 대해서 교회론이 부족하다고 이야기해도 그 사람의 사역이나 위대함이 부정되는 건 아닙니다. 우리 어른들에 대해서도 마찬가집니다. 복음주의와 구원의 감격으로 한국교회에 부흥을 이끈 분들이 이런 면을 모르고 있고 이런 부분이 약했다고 해서 그분들이 폄하되는 건 아닙니다.

조주석 설교자가 됐든 목사가 됐든 교인이 됐든 간에 어느 한 사람을 이해한다는 건 쉬운 일이 아닌 것 같습니다. 굉장히 어려워요.

박영선 우리는 어떤 사람이 자신의 시대에 무슨 역할을 했는지, 어떤 유익을 남겼는지, 후대에 어떤 유익을 남겼는지, 그런 이야기를 해야지 그 밖의 것은 이야기할 필요가 없는 겁니다. 그 이상의 판단은 해로운 겁니다.

가장 인간론적 고민이 신론적 설교를 하게 했다

조주석 성화 설교를 하시는 설교자로서 박 목사님에 대하여 '신론적 설교자'라고 평하신 분이 있었다고 말씀드린 적이 있었는데…….

박영선 저를 '신론적 설교자'라고 했다고 하셨죠.

조주석 예, 신복윤 목사가…….

박영선 그 말을 듣고 왜 그랬을까 생각해 봤어요. 일반적으로 사람은 자기가 하는 것에 대해서 스스로 설명을 못 하는 경우가 많잖아요. 신 목사님이 나의 설교를 가리켜 '신론적 설교'를 한다고 하셨는데 제가 가장 '인간론적 고민'을 하기 때문에 신론적 설교를 하게 되는 것 같아요.

조주석 칼빈이 『기독교 강요』 1권에서 하나님을 알아야 사람을 알고 사람을 알아야 하나님을 안다고 설명한 것과 비슷한 것 같습니다.

박영선 나는 그런 게 다 섞여서 누가 한 말인지 기억이 안 나는데, 이런 생각이 들어요. 앞에서도 이야기했지만 로이드 존스 목사님께 진 빚이 뭔가 하면, 하나님의 주권과 인간의 전적 타락이 얼마나 중요한 기초인가 하는 걸 깨달은 점입니다. 그런 이해가 굉장히 넓고 풍부해진 건 아니더라도 그때 기초는 제대로 놓았습니다. 뭘 할 때 보면 다 만나요. 존 머레이(John Murray)를 만나든 패커를 만나든, 서로 같은 시각을 가지고 있는 것에 대해 깜짝 놀랍니다. 가장 신론적인 것이 가장 인간론적이라는 생각이 드는군요. 하나님은 정말 침 삼킬 동안도 가만 놓아두지 않으시는 하나님이라고 말한 욥의 고백을 내가 달고 다녔지요. 내가 기도할 때마다 그 말을 즐겨 사용했어요. "왜 이 꼴인가, 인간이 왜 이 꼴인가?" 그 답을 얻으려니까 하나님한테 나아간 겁니다.

조주석 목사님은 성화를 한마디로 뭐라고 말씀하실 수 있겠어요?
박영선 '하나님을 알아가는 것'입니다. 하나님께 더 많이 의존적으로 되는 것입니다.

03

믿음은 인과율이 아닙니다

1982년 남서울교회(신반포 소재) 부목사로 부임한 이듬해 가을에 그는 교회 안에서 아주 중요한 강의를 하게 된다. 로마서 강의였는데 이는 나중에 『하나님의 설복』(1984)이라는 책으로 나왔다. 인터뷰를 다 끝내고 생각해 보니 그의 설교의 중요한 모티브들이 이 책에 거의 다 들어 있다는 것을 알게 되었다.

그가 그 책에서 다룬 '믿음'과 '예정론'은 그 당시 한국교회가 보편적으로 알고 싶어 하는 것들이었다. 하지만 속 시원하게 풀어내는 설교나 성경공부가 별로 없던 시절이었고, 믿음을 구원의 조건으로 풀어내거나 예정론을 결정론처럼 오해하던 때였다. 그러나 이 두 문제는 인간의 책임이 아닌 하나님의 주권에 달린 문제라 생각하고 접근했다는 것이다.

믿음의 문제와 관련해서 그는 자신의 경험을 이렇게 고백한다. "책임을 지지 않아도 믿음이 없어지지 않았다." 이 '없어지지 아니하는 믿음'이란 어떤 것인가? 자신의 성실치 못한 삶에도 불구하고 믿음은 없어지지 않더라는 것이다. 그래서 그가 깨닫게 된 유명한 명제가 있다. "믿음은 인과율이 아니다." 즉 예수를 믿는 것을 조건으로 삼아 구원의 확신에 이르는 것이 아니라는 뜻이다. 믿음이란 그런 인과관계를 성립시키는 말이 아니라, 전적으로 하나님께로부터 오는 은혜를 지칭하는 말인 것이다. 믿음이란 은혜라는 뜻이다. 이러한 자신의 신앙을 설명하고 또 성경에서 그 증인을 찾아내려고 "아브라함을 불러냈다"고 한다. 이러한 배경 속에서 나온 설교집이 『하나님의 열심』(1985)이다.

신앙이란 소망을 갖기 마련이다. 왜냐하면 소망이란 자신을 근거로 해서 자신과 운명을 이해하는 것이 아니기 때문이다. "기독교의 소망은 '나'라는 존재와 운명에 대해서 내 책임과 내 능력의 범위를 벗어난다고 믿는 겁니다." 그렇다면 소망도 믿음과 마찬가지로 인과법칙에 속하지 아니한다. 자기가 행한 것을 근거로 소망이 완성되지 않기 때문이다. "기독교의 소망이란 내 안에 있는 어떤 것을 근거로 해서 차곡차곡 뭔가 쌓아서 그것의 결과로 미래의 영광이 내게 오는 게 아니니 인과법칙을 벗어나는" 것이다.

여기서 그가 던지는 한 가지 질문이 있다. '신앙의 출발점으로부터 약속된 완성의 지점까지 어떤 상승곡선을 그릴 수 있는 것인가?' 그럴 수 없다는 것이다. 그러한 예를 자신의 설교 사역과 관련시켜 성령 충만을 들어 이렇게 설명한다. "성령 충만이 신앙적으로 더 깊은 하나님과의 교제이기보다는 마음의 평안을 얻어서 이 짐뿐 아니라 약속의 확인을 받고 싶은 겁니다. 내가 보기에 짐과 고통을 벗어 던지자고 더 많이 요구하는 것 같습니다. 하나님께서 내게 절대 안 주셔서 할 수 없이 얻은 답이 뭐냐면 '그럼 내가 이 짐을 벗겨 주면 나랑 관계를 유지할 거고, 이 짐을 안 벗겨 주면 나랑 관계를 깰 거냐?'라는 지점까지 온 겁니다. '그렇진 않습니다'라고 했더니 '그럼, 너 지고 가라' 이겁니다. 하나님이 나보고 적극적으로 지고 가라는 말이 아니라, '다른 방법이 없지 않느냐? 주일마다 네가 설교해야 되지 않느냐?' 하시는 겁니다. 사실 어느 한 주일도 내가 마음 평안했던 적이 없었어요. 늘 쩔쩔맵니다. 왜냐하면 하나님이 계속 누르세요. 계속 나를 누르셔서 다른 사람보다 더 예민하게 못난 짓 한 것, 못된 생각한 것, 이런 것에 대해 정말 하나님이 알알이 드러내면 정말 죽겠는 겁니다." 이것이 그에게 있어서 절망인 것이다.

그에게 있어서는 이런 절망의 고통을 지는 것이 중요하다. 그래서 "멋있는 신자란 현 시대가 요구하듯이 유능하거나 업적을 가지고 있는 사람이 아니라, 자신의 고통을 지는 사람입니다"라고 이해한다. 자신의 못남에도 여전히 하나님은 하나님이시라고 인정하는 사람이다. 하나님이 나에게 요구하는 것을 온전히 다 행하지 못하는 자신의 무능을 인정하고 사는 게 "신앙의 승리요 위대함"이라고 잠실벌에서 외쳐 온 것이다.

부흥의 시대에서 그는 다수의 쪽을 쫓아가지 못하고 소수로 남아 고민한 신앙인이요 설교자다. 주변의 친구들이 그에게 구원의 확신이 있느냐, 언제, 어디서, 어떻게 생긴 것이냐고 물어오면 그의 답은 "없다"였다. 나는 있다고 믿는데 왜 네가 아니라고 하느냐 하는 것이 그에게 있어서 "굉장히 외로웠던 부분"이었다고 회고한다. 그래서 전에는 뻔뻔함으로 나갔지만 이제는 짐을 지고 간다는 식으로 바꿔 표현한다. 그에게 있어서 소수라는 것은 "외로울 뿐만 아니라 틀렸을 수도 있다는 것을 늘 점검"해야 한다는 뜻이었다. "소수가 되면 틀렸을 수 있다는 것과 외롭다는 것으로 겸손을 만들어야" 한다는 그의 말에는 좁은 길의 특징이 무엇인지 드러나 보인다.

믿음과 예정론

조주석 목사님께서 내신 첫 책은『하나님의 설복』이라는 책인데 그게 1984년의 일입니다. 이 책은 출간되기 한 해 전에 남서울교회에서 로마서 1장부터 8장을 본문으로 강의한 내용이 토대를 이룬다고 서문에서 밝히셨어요. 당시의 교회 형편이나 교인들의 형편에 대한 목사님의 문제의식이 강하게 배어 있는 것으로 보이는데 먼저 그 이야기부터 해주시죠.

박영선 그 책은 그 시대와 한국교회를 향한 발언이었어요. 그러나 뭐 거창한 건 아니었습니다. 사실 시대와 교회를 향해서 했다면 거창해 보이잖아요. 그게 아니라, 나 같은 사람을 위해서 숨 쉴 공간을 만들고 싶었던 겁니다. 내가 못 살겠으니까 그 돌파구를 만들고 싶었던 겁니다. 한국교회가 요구하는 보편적인, 통상적인 요구가 뭐였나 하면, 가장 대표적인 게 "믿음이 뭐냐" 하는 문제와 "예정론이 뭐냐" 하는 문제였습니다. 그때는 신학적으로 그 둘 다 명확한 건 아니었지만 내 경험상 하나님의 주권이라는 문제와 걸려 있다고 생각했어요. 그 문제가 기초로서 튼튼히 세워져 있지 않고는 기독교가 성립될 수 없다고 본 겁니다. 하나님의 주권이라는 문제가 튼튼히 서면 인간의 책임이라는 것은 운명이라는 차원에서 어떤 공간이 생기더라고요. 만약 인간의 책임이 운명을 결정한다면 난 질식했을 거예요. 그런 차원에서 숨 쉴 여지가 생기더라고요. 한국교회의 구원관이나 믿음은 우리가 자신의 운명을 좌우하는 것같이 되어 버려서 율법주의적이었던 겁니다. 그때는 주변이 다 부흥 시대였고 본인들의 헌신이 열매를 맺는 시대였기 때문에 나처럼 고민하고 방황하는 사람은 역적이었지요.

조주석 수에 안 쳐줬죠.

박영선 수에 안 쳐준 정도가 아니라, 이단아 취급을 하거나 고민하는 것 자체를 정죄했어요. "믿지 않는다" 하고 "믿음이 없다" 하며 정죄했어요. 그런 고민을 갖고서 무릎 꿇고 기도하는 사람이 없는 것 같았어요. 물론 있긴 있었겠지요. 다들 말하기를 믿음이 흔들리면 기도하라고 했잖아요. 나는 그게 순환논리로 보였는데, 나와서 기도하는 사람은 믿음 좋은 사람이었지요. 내가 고민해 보니까 아무것도 손에 잡을 수가 없고 집중할 수 없었어요. 고민하고 절망할 때 아무것도 할 수가 없어 계속 도망 다니고 방황하고 체념하고, 여유가 생기면 다시 그 고민에 빠져들지만 답은 여전히 없고……. 주변에서는 답이 안 나오니까, 주변에서 요구하는 정답을 아는데 난 그게 답이 안 되니까 고민만 했지요.

조주석 저는 목사님과 달리 한 분야로만 몰두하는 편이었다고 생각합니다. 성격적으로도 그냥 차분하게 밀고 가는 그런 고민은 했지만 목사님과 같은 방황은 없었어요. 대학교 2학년 때 왜 나는 연애를 못할까라는 고민은 해봤어요. 그런 것 가지고 삶에 굉장히 부딪히면서 왜 나는 이럴까 하면서 툭 튀어나와서 다른 걸 해본다든가 하는 건 난 못해 봤어요.

박영선 툭 튀어나갔다? 우리 사회에서는 학생들이 공부하는 것 외에는 도망갈 데가 없어요. 어디를 가든 공부가 쫓아와요. 내가 놀고 있어도 공부를 안 했다는 죄책감이 쫓아옵니다. 그러니까 뭔가 난폭하게 굴어야 돼요. 지금 하는 고민을 혹은 죄책을 가리기 위해서 다른 걸 해야 돼요. 그 죄책을 가리기 위해서 다른……뭐라고 그래요?

조주석 자기를 감추기 위해 다른 방향으로 돌리는 것, 은폐…….

박영선 자기변명일 수도 있고 초점을 흐리는 거지요. 공부에 대해서 고민을 하면 공부 안 하는 걸 다른 데 핑계를 대잖아요. 가정 형편이 안 좋다든가, 선생님이 잘못 가르친다든가 하는 이런 핑계를 대듯이 신앙에 대해서도 집중하지 못하면 내 신앙이 나쁘다는 것을 어디에다 핑계를 대야 하잖아요. 그런 핑계를 찾으려 할 때 먼저 '나는 성실치 못하다'는 자책감에 빠져들게 됩니다. 그래서 신앙의 문제가 '나는 왜 못할까'라는 의지의 문제가 되고 신실함의 문제가 되고 맙니다. 그러면 그게 신앙의 문제에서 끝나는 게 아니라 다른 모든 문제에 영향을 미치게 됩니다. 공부를 못하게 된다든가, 신실할 수 없는 사람이나 집중할 수 없는 사람으로 도망을 가야 합니다. '나는 결함이 있다', '나는 성실하지 못하고 집중력이 없다'라고 답을 만들어 내야지, 안 그러면 사람 돌아 버려요.

조주석 그렇게 삶을 외면해 왔으면서도 무엇으로 신앙의 근거를 세우셨습니까?

박영선 이스라엘 역사를 보면 이스라엘이 복을 받는 시대와 실패한 시대가 있습니다. 그런데 중요한 문제가 뭐냐면 이스라엘이 하나님의 복을 받는 증거로 올라오는 것과 실패해서 내려가는 것, 올라오고 내려가고 하는 부침(浮沈)이 있는 것 같지만 여기에 일관되게 하나님의 신실함이 있어요. 올라갔다 내려갔다 하니까 어떤 선이 보여요. 물론 반듯하게 쭉 갔어도 그 선이 제시되어 나타났겠지만 인간의 부침이란 어떤 걸 기준으로 해서 올라갔다 내려갔다가 하면서 성립하잖아요. 이스라엘의 성공과 실패라는 것은 어느 기준점에서 올라가는 것과 그 기준점에서 내려가는 것이기 때문에, 구약에는 일관되게 흘러나오는 기준점이 있어요. 그게 '하나님의 신실하심'이라는 것입니다. 그게 신앙의 메인스트림일 겁니다. 신앙 문제를 논해

보자면, 우리의 씨름은 이 하나님의 찾아오심을 내가 확인하고 확보하려는 방법으로 가다가 자기가 기대한 것만큼 되지 않기 때문에 스스로 절망하고 자책에 빠져들어요. 그래서 나중에 뭐가 남느냐면, 그 선이 분명해지는 겁니다. 이 선에 자신을 맡기게 되면 올라가는 것이고 내려가더라도 줄이 끊어지는 게 아니라는 걸 배웁니다. 그게 뭘로 나왔냐면 '믿음'하고 '예정론'으로 나온 겁니다. 그걸로 싸움을 건 겁니다. 교리적인 차원이나 신학적인 차원에서 예정론이나 믿음을 다룬 게 아닙니다. 그때 구원에 관한 믿음에서 일차적으로 "믿음은 인과율이 아니다"라는 이야기가 나오고, 기독교 신앙이라는 것과 믿음은 우리에게 허락한 조건이 아니라 "하나님이 우리를 찾아오셨고 붙드시는 하나님의 약속이요 그 신실함과 능력에 관한 문제"라는 것이 예정론으로 나온 겁니다.

책임지지 않더라도 믿음은 없어지지 않는다

조주석 『하나님의 설복』을 읽으면서 굉장히 놀랐던 문장이 하나 있습니다. "믿음은 인과율이 아니다"라고 한 말이지요. 인과율이란 과학적 개념입니다. 물론 과학이 아니더라도 사람의 삶에서 어떤 것들을 보면 원인이 있고 결과가 있는 것이기는 하나, 근대적 표현으로 말하자면 그것은 과학적 이론이거든요. "믿음은 인과율이 아니다"라고 하신 성찰은 어디서 얻으셨어요.

박영선 우리가 은혜로 믿음을 갖게 되잖아요. 하나님을 알게 되고 구원을 확인하고, 외면할 수 없고 부정할 수 없게 되거든요. 그런데 거기에 걸맞지 않잖아요. 믿음이란 게 어떻게 생겼냐 하면 사실 잘 모르겠거든요. 우리가 믿음대로 사느냐? 아니, 사실은 잘 못 살아요. 믿음대로 못 사는데도 그 믿음이 안 없어져요. 그러니까 거기서부터 역으로 추적한 겁니다. 주변에서는 다 믿음의 근거를 갖고 있고 조건을 갖고 있고 거기에 대해 책임을 지고 있는데, 나는 "근거와 조건 없이 받아서 은혜다" 이러면 말은 되지만 "책임을 지지 못하는 것은 뭔가?" 하는 문제가 있었어요. 그런데 책임을 지지 않아도 믿음이 없어지지 않더라고요. 그러니까 굉장한 낙관론이라고 하면 우습지만 그걸 피력해야 했어요.

조주석 그 책을 읽으면서 이 지점에서 "아, 이거 굉장한 통찰력이다"라고 생각을 했거든요. 왜냐하면 사람이 일반적으로 그 지점을 생각하기 어렵거든요. 목사님이 그때 50대였다면 그렇게 보지 않았을 텐데 30대 중반의 나이에 불과했거든요.

박영선 난 이렇게 생각해요. 하나님이 한국교회에 부흥을 주시고 성실함을 주신 것만큼 은혜를 은혜 되게 하는 부분을 누구에겐가 맡겼다고. 젊은이들 많이 찾아가는 어느 교회 목사님이 그런 말을 했대요. 자기는 『하나님의 열심』이 계기가 됐는데 "박영선 목사님은 그때 그거 알아내고 꽝이다" 했다는 겁니다. "30대에 저걸 알아낸 사람이 왜 아직도 저러고 있냐" 이러더래요. 그러니 그 말이 일리가 있지요.

조주석 그런 에피소드도 있었군요.
박영선 난 그 이후에도 쌓는 작업은 못 해온 것 같아요. 폭을 넓힌다든가 용납하는 작업은 계속 해온 것 같지만 말입니다.

조주석 『하나님의 열심』 이후로 없다 했는데, 믿음이라는 것은 어떤 공적이라든가 행함이라든가 이런 것으로 표현이 될 수 있죠. 그런데 그런 것들로 믿음이라는 것을 바꾸어 버린다면 결국 그것이 과연 믿음이겠느냐 하는 문제가 있거든요. 실적이라는 것을 내놔야 믿음이 표가 있다고 말한다면, 믿음의 층이 더 넓어지고 부요해지는 그런 측면은 사라질 수 있겠지요. 그런 차이가 아닐까요?

박영선 그러니까 시대적이에요. 우리는 그 시대의 산물이잖아요. 산물이라는 것은 양 측면이 있습니다. 그 시대로 인하여 같은 사조와 같은 내용을 가지는 것이 있는가 하면 또 반발하는 게 있습니다. 그것도 시대의 산물입니다. 나도 이 시대의 산물이니까 한국교회가 가지는 율법성, 윤리성 이런 게 있어요. 그런데 어떻게 스스로 안 되니까 도망갈 수는 없어서 학생 시절부터 그 문제로 고민하기 시작했어요. 그래서 계속 그 문제로 굉장히 깊이 고민했어요. 정말 목숨을 걸고 고민했어요. 그 소소한 것들을 다 이야기할 수는 없어요. 그래서 하나님이 답을 주시려고 그 길을 걷게 하셨을 겁니다. 남들은 다 답을 얻는데 나만 못 얻은 겁니다. 나는 성실한 사람들 속에서 컸고, 그 사람들은 다 답을 얻었는데 나만 안 되었던 겁니다. 그러나 결국 성실한 사람들에게 주신 하나님의 은혜가 불성실한 사람인 나에게도 주어졌음을 알게 되었고 믿음의 폭이 두 배로 늘어난 셈이 되었죠.

내 문제를 풀기 위해 아브라함을 불러냈다

조주석 『하나님의 설복』에서 로마서 4장을 강해하면서 "아브라함을 믿음의 조상이라고 하신 것은 믿음으로 구원을 얻은 최초의 사람이라는 뜻이 아니라 '믿음이라는 것은 바로 이러한 것이다'라고 보여주는 사례"라고 이야기하셨어요. 이런 해석이 굉장히 좋았습니다. 그걸 다르게 표현하자면, 아브라함을 구원사적인 차원에서 풀어낸 것으로 이해되었어요. 아브라함의 믿음도 굉장히 오랜 세월을 보내면서 그 지점에서 생겼다고 본 거죠. 하지만 처음에 하나님께서 아브라함을 부르셨을 때 그런 것이 없었겠는가, 과연 그의 믿음이 없었겠는가 하는 질문이 생겨났습니다.

박영선 "없다"라고 쓴 게 『하나님의 열심』이죠. 그것을 먼저 『하나님의 설복』에서 이야기했습니다. 그런데 많은 질문을 받았어요. 아브라함이 믿음을 갖고 출발한 거라면 다시 인과율로 돌아가니까 난 그럴 리가 없다고 본 겁니다. 있다고 보나 없다고 보나, 결국 신앙이라는 게 인격과 삶에서 하나님을 얼마나 잘 모시느냐의 싸움이잖아요? 우리가 알다시피, 우리 개혁주의 신학이 제일 낮잖아요. 왜 제일 낮냐면 인간이 믿을 만한 존재가 못 된다고 말하기 때문입니다. 대신 하나님은 분명하게 믿을 수 있다, 이게 개혁신학이에요. 그러나 현실적으로 개혁신앙을 가진 사람들이 인간의 책임을 강조하는 교리에 선 사람들만큼 신앙생활을 못하잖아요. 그때 우리가 그 사람을 "당신네 교리가 우리만 못하니, 당신은 우리보다 못한 사람이요"라고는 말 못합니다. 그래서 실제적인 신앙 실천과 신자들의 신앙을 격려하는 차원에서는 논쟁을 할 마음이 전혀 없습니다.

조주석 제 생각에는 믿음이 인과율은 아니라 하더라도, 하나님께서 아브라함에게 믿음을 주셨는데 정작 본인은 모를 수도 있었다는 겁니다. 목사님처럼 "나는 있는가, 없는가"라는 의심 속에서 가다가 어느 순간에 "나는 있다, 보인다" 그런 식이 아니겠는가 하는 생각도 듭니다.

박영선 그러나 나는 그때 강하게 반발할 수밖에 없는 입장이었어요. 그래서 훨씬 더 과격하게 표현할 수밖에 없었어요. 왜냐하면 모태 신앙이니까 내 믿음이 언제 생겼는지 모릅니다. 내 기억의 저 끝까지 가 봐도 그때는 아니었고, 중간 어느 때 개인적으로 동의했다 하는 이런 게 없어요. 다른 사람은 모태 신앙이라도 중간에 그게 있었다고 합니다. 그런데 난 그게 없어요. "신자인데 이 꼴이 뭐냐" 이런 건 있었어요. 내 신앙이란 있는 신앙을 확인하는 작업이었지 없는 게 생기는 과정은 아니었어요. 아브라함도 그럴 수 있다고 이야기는 할 수 있습니다. 그렇지만 아브라함의 출발을 책임질 신앙으로 세워 놓으면 안 되잖아요. "믿음으로 떠났다, 그가 그렇게 반

시간 속에서 일하시는 하나님

응을 했다"라고 보지는 말자는 겁니다. 하나님이 주도해서 잡혀 나왔다고 하는 것이 성경의 주장이라고 생각합니다.

조주석 그렇게 한다면 설명이 조금 부드러워질 것 같아요.

박영선 그러나 그때는 내가 강하게 이야기할 수밖에 없었어요. 내 주변에서 보는 인과율적이고 율법주의적인 것이 워낙 강해서 그랬어요.

조주석 그러니까 반작용이었다는 거지요.

박영선 내가 살아야만 했거든요. 나는 신앙이 있다고 하는데 주변에서는 자꾸 아니라잖아요. 그래서 성경에서 증인을 찾아야 되지 않겠어요? 그래서 아브라함을 불러냈지요.

조주석 아, 그러니 더 이해가 됩니다. 설교하실 때 그러잖아요. "나는 내 문제가 궁금해서 성경을 읽는다. 그래서 설교도 한다"라고 하셨잖아요. 그게 이해가 됩니다.

박영선 그럼, 물론이지요. 나는 교인을 위해서보다는 자신을 위해서 설교했어요.

조주석 아브라함을 불러내어 목사님 개인의 신앙을 설명하는 데 성공하셨지만, 신앙이란 한 개인의 것만이 아니라 그가 터를 두고 있는 신앙 공동체의 신앙과 관련이 있습니다. 그게 감리교가 될 수도 있겠고, 루터교가 될 수도 있겠고, 장로교가 될 수도 있겠습니다. 더 범주를 크게 넓히면 천주교나 개신교 신앙이라는 것으로도 말할 수 있겠습니다. 이런 울타리 안에서 우리는 자신의 신앙을 이야기하게 되는데, 이런 기독교 신앙에서 핵심 같은 것은 뭘까요? 그런 것이 있어야 서로 기독교 신앙을 이야기할 수 있지 않겠어요?

박영선 기독교 신앙이 성립하고 근거하는 유일한 조건은 하나님입니다. 그 하나님이 누구시며 우리에게 약속한 것이 무엇이며 그것이 예수 안에서만 설명된다는 것이 복음의 핵심이요 믿음의 근거라고 생각합니다. 대개 하나님에 의해서만 근거하고 성립한다는 것을 놓쳐요. 내용은 예수 안에서 하나님이 보여준 것들, 약속한 것들이라고 다 접수하는데 하나님에 의해서 성립하고 근거한다는 것을 놓치면 믿음이 자꾸 우리의 책임이 되고 수단이 되고 조건이 됩니다. 그럼에도 불구하고 그렇게 한다고 해서 그 사람이 믿음이 없다고는 이야기 못합니다.

소망이란 자신을 근거로 하지 않는다

조주석 믿음을 조건이라는 차원과 연결시켜 생각해 보았는데 이제 다른 것과 연결시켜서 생각해 보죠. 소망과 연결시켜 본다면 소망의 반대는 절망 아니겠어요? 그런데 그 절망이라는 것도 그 층이 굉장히 다양하다고 생각합니다. 사람마다 느끼는 절망감이라는 게 아주 다양하니 말입니다. 자기가 바라는 믿음의 차원에 이르지 못해서, 그것이 이루어지지 않으니까 느끼는 절망감도 다를 수밖에 없을 겁니다. 그것을 수치로 말할 수는 없지만 이해를 위해서 수치로 말해 보자면 어떤 사람은 30이 될 수 있겠고 40, 50, 60, 70이 될 수도 있을 겁니다. 절망감의 강도가 다를 수 있다는 겁니다. 이처럼 신앙과 관련해서 본인이 갖는 절망의 층도 너무 다양해서 한 가지로 규정하기 어려울 것입니다. 그러니까 아무런 소망도 없는 무망(無望)과 같은 것이나 완전한 절망 같은 것은 아니고 자신이 원하기는 하지만 거기에 다다를 수 없는 그런 절망, 그런 체념이 아닐까요?

박영선 그런 절망, 자기 기대에 못 미치는 절망, 존재론적인 절망이 되겠지요.

조주석 그렇겠죠.

박영선 기독교 신앙을 다루다 보면 믿음이 인과관계 속에서 일어난다고 생각들을 합니다. 자기 신앙을 확인하는 것도 결과가 일어나지 않았을 때는 자기 존재에 대하여 절망하는 겁니다. 사실 복음이니 믿음이니 은혜니 지금 말하는 소망이니 하는 것들은 다 인과관계를 벗어나는 것 아니겠어요?

조주석 그렇다면 소망이라는 게 왜 인과관계를 벗어나는 것일까요?

박영선 밖에서 나를 볼 때는 유능한 사람으로 볼 겁니다. 특히 설교에 관해서 말입니다. 그런데 난 전혀 그렇지 않아요. 내 설교는 거의 절규였어요. 아까도 이야기했듯이 기독교가 너무 값싸게 소개되어서 악썼다고 했잖아요. 그때도 기독교를 적극적으로 이해해서 그런 게 아니라 최소한 악쓰는 것이요 절규요 성질 부리기였습니다. 이렇게는 하지 말자는 것이었습니다. 하나님이 나에게 경험시키고 증언시키는 부분은 설교에 있습니다. 내가 항상 이야기하듯이, 무엇을 하자든가 할 수 있다든가 하는 쪽은 나한테는 없어요. 쭉 듣다시피 난 언제나 실패한 이야기를 합니다. 그리고 안 되는 이야기를 합니다. 그럼, 기독교에서 소망이란 뭡니까? 기독교에서 소망이란 자신을 근거로 해서만 자신과 운명을 이해하지 않기로 하는 것 아닙니까? 구체적으로 '천국을 간다', '승리할 것이다', '성공할 것이다', 이렇게 붙이는 것은 싫어요. 그건 너무 단순한 차원으로 내려오는 것이라고 봅니다. 기독교의 소망은 '나'라는 존재와 운명에 대해서 내 책임과 내 능력의 범위를 벗어난다고 믿는 겁니다. 이처럼 기독교의 소망이란 내 안에 있는 어떤 것을 근거로 해서 차곡차곡 뭔가 쌓아서 그것의 결과로 미래의 영광이 내게 오는 게 아니니 인과법칙을 벗어나는 겁니다. 우리가 신앙생활을 해보면 사실 여러 가지 일로 신앙인답지 않게 사는 까닭에 절망할 수밖에 없습니다. 이렇게 절망 가운데 처해 있을지라도 하나님은 우리를 찾아오서서 붙들고 계신다는 것을 깨닫게 하심으로 포기할 수 없는 자신의 믿음을 알게 해주십니다. 그러니 믿음 안에 있을 때 우리가 만나는 절망이란 절망으로 끝나지 않고 소망으로 인도하는 문이 되지 않겠어요? 우리에게 주신 소망이라는 것은 사실 영광이요 승리요 자랑스러운 영광입니다. 우리의 인과관계 확인법으로 한다면, 지금의 나로부터 저 약속된 지점까지 상승곡선을 그려야 할 겁니다. 물론 우리의 인생 속에서 들쭉날쭉하는 게 있다 하더라도, 업 다운이 있다 하더라도 상승곡선을 그려야 하는데 그게 없더라는 겁니다.

조주석 그거 참 너무 어렵죠.

박영선 상승곡선을 그리는 게 아니라 밤낮 하향곡선을 그리든가 아니면 맴돌고 있다는 말입니다. 이게 절망입니다. 그러니까 절망이란 하나님의 약속과 믿음을 인과관계에서 보려는 의심이라고 생각합니다. 그러니까 자꾸 뭘 확인해 달라고 하는 것 아닙니까? 성령 충만을 요구하는 겁니다. 그 첫째 이유가 뭐냐면 자신이 편해지려고 하는 겁니다. 성령 충만이 신앙적으로 더 깊은 하나님과의 교제이기보다는 마음의 평안을 얻어서 이 짐뿐 아니라 약속의 확인을 받고 싶은 겁니다. 내가 보기에 짐과 고통을 벗어 던지자고 더 많이 요구하는 것 같습니다. 하나님께서 내게 절대 안 주셔서 할 수 없이 얻은 답이 뭐냐면, "그럼 내가 이 짐을 벗겨 주면 나랑 관계를 유지할 거고, 이 짐을 안 벗겨 주면 나랑 관계를 깰 거냐?"라는 지점까지 온 겁니다. "그렇진 않습니다"라고 했더니 "그럼, 너 지고 가라" 이겁니다. 하나님이 나보고 적극적으로 지고 가라는 말이 아니라, "다른 방법이 없지 않느냐? 주일마다 네가 설교해야 되지 않느냐?" 하시는 겁니다. 사실 어느 한 주일도 내가 마음 평안했던 적이 없었어요. 늘 쩔쩔맵니다. 왜냐하면 하나님이 계속 누르세요. 계속 나를 눌러서 다른 사람보다 더 예민하게 못난 짓 한 것, 못된 생각한 것, 이런 것에 대해 정말 하나님이 알알이 드러내면 정말 죽겠는 겁니다. 그러면 주일날 무슨 마음으로 설교하러 올라가겠어요. 내가 아는 목사 누구는 부부싸움하고 주일날 강대상에 올라가서 그랬대요. "나 오늘 부부싸움해서 설교 못 하겠다"고. 그랬더니 교인들이 다 웃었다는 겁니다. 아니 그렇게 말하는 것도 참 좋지요. 그런데 난 그렇게 하는 것에서조차 도망갈 수 없거든요. 왜냐하면 하나님이 누구신가를 알려주시는데 어떻게 합니까? 설교를 해야 되는 겁니다.

멋있는 신자란 자신의 고통을 지는 사람이다

조주석 의심이라는 것에도 여러 가지가 있습니다. 인간의 모든 신념에 대해 의심하는 회의적 의심이 있고 또 과학적 의심이라는 방법론적 의심도 있습니다. 학문을 하거나 과학을 하기 위한 의심 말입니다. 그럼 신앙의 의심을 한다고 할 때 방금 목사님의 경우와 같은 그런 게 되겠는데, 그 의심을 어떻게 풀어 나가셨어요?

박영선 근래에 읽은 오스 기니스의 『회의하는 용기』라는 책이 도움이 아주 많이 됐어요. 거기서 많이 정리도 됐습니다. 우리가 의심할 때는 책임 회피형이 많다고 생각해요. 그게 제일 많은데 상대방에게 짐을 떠넘기는 겁니다. 기독교 신앙의 경우에는 하나님에게, 일반적으로는 법칙에다가, 또는 사회에다가 떠넘기기 위해서 의심합니다. "이게 맞냐, 이게 공정하냐" 이런 이야기를 하는데, 나에게 있어서 의심이라는 것은 하나님에게 떠밀었던 겁니다. "하나님이 공정하시지 않다, 성경의 약속과 다르다." 그런데 내가 받은 답은 "하나님은 신실하시다, 문제는 우리에게 있다"였어요. 그게 일차적 답이었어요. 그다음의 문제가 뭐였냐면, "그러면 우리가 어떻게 해야 되느냐" 하는 거였습니다. 제가 얻은 답은 "문제가 나한테 있다면 어떻게 해결할 것인가? 그 문제를 안고 살아야 된다"였어요. 그게 믿음이라는 겁니다. 그러니까 그 약속을 가진 자가 이 세상에서 갖는 외로움과 고통 같은 것을 벗어 던지자고 믿음의 확신을 요구해서는 안 된다는 데까지 온 겁니다.

조주석 이야기를 듣고 보니 상당히 흥미롭습니다. 일반적으로 그런 고민을 한다는 게 흔한 일이겠는가 하는 생각이 들기 때문입니다.

박영선 그럼요. 나는 모태 신앙이었으니까 내 신앙 인생을 돌아볼 때 그게 굉장히 우울하고 부정적이었습니다. 그러니 사람들이 근래에 와서 유명하다느니 성공했다느니 그러면 내가 약간 놀라요. 아까도 "누구 아세요"라고 물었을 때 내가 "몰랐다"고 했는데, 모르는 이유가 있습니다. 나는 나 혼자 고민 속에서 칩거한 겁니다. 내가 아는 사람은 모두가 다 아는 사람뿐이었어요. 그래서 남의 책을 읽을 틈도 없었어요. 처음엔 책을 읽고서 다 실망했거든요. 내가 아는 정답을 더 분명하게 이야기하기만 했지, 나 같은 고민에 대해서 이야기하는 건 전혀 없었거든요. 어느 순간에 벽을 쌓아 버렸어요.

조주석 대학 2학년 때인가 아버님하고 갈등이 많았었다고 읽었습니다. 그때 뭔가 웅크리고 계셨던 것 같아요.

박영선 그것을 지금 와서 역으로 추적해서 예전의 이런저런 것들이 하나의 동기였다거나 과정이었다거나 계기가 아니었나 하고 말하는 것에 대해서 나는 다 부정합니다. 누구나 하는 고민과 갈등과 방황을 동일하게 겪었는데 하나님의 은혜로 그 모든 게 헛되지 않은 자리에 온 것인데, 사람들은 다시 그것을 역으로 추적해서 인과율로 묶는다고 봅니다. 나는 그것은 아니라고 봐요. "누구는 벌써 달랐다" 이렇게 이야기하지 말자는 겁니다. 그래서 혹시 내가 도움이 되는 증언을 할 수 있는 게 있다면, 내가 오늘날 누가 이야기하는 대로 유명하거나 성공했다고 이야기할 수 있다면, '내가 가졌던 과거에 대한 이야기가 지금 동일한 경험을 하고 있는 사람들에게 하나님은 동일한 내용으로 지키신다' 이런 증언과 위로를 할 수 있어요.

조주석 일반 전기든 신앙 전기든 자서전이든 그런 걸 보면서 느끼는 게 하나 있습니다. 옛날 어떤 사람들의 삶의 다양성을 보면서 자신을 추적해 볼 수 있다는 겁니다. "내가 어렸을 때, 젊었을 때 했던 고민을 이 사람도 이렇게 고민했구나" 하는 어떤 동질성을 공유할 수 있습니다. 그런 것들을 같이 공유해 갈 수 있어요. 그러면 이런 것들을 다른 사람들에게 들려주면 좋겠구나 하는 생각이 들지요.

박영선 뭐 사람들은 다 영웅주의예요. 사람에게서 어떤 조건을 찾으려고 합니다. 그걸 찾으면 망하는 것 아닙니까? 기독교 신앙도 은혜를 너무 강조하면 무질서해질 수 있습니다. 눈금을 만들지 못하면 자기 확인이나 방향을 놓칠 수 있으니까. 우리 시대가 그걸 이미 갖고 있다는 전제하에서 나의 말이 이해되어야 합니다. 자유방임이 될 수는 없다는 겁니다. 뒤늦게 돌아보니까 삶으로 표현된다는 것이 아주 중요하다는 것을 알게 되었습니다. 더 이상 도망갈 수도 없고 잊을 수도 없는 그의 삶이 방황으로도 증명되고 또는 비명과 고통으로도 증명되었다는 거지요. 그런데 어느 시점이 되면 하나님이 그것을 다 수긍하게 하십니다. 그런데 우리는 자신의 믿음에 대한 확인을 통해서 어떻게든 고통을 벗어 던지려고 합니다. 내가 보기에 멋있는 신자란 현 시대가 요구하듯이 유능하거나 업적을 가지고 있는 사람이 아니라, 자신의 고통을 지는 사람입니다. 나의 못남에도 불구하고 하나님은 여전히 하나님이시다는 것을 인정하는 사람입니다. 극단적으로 말하자면, 비난과 조소를 "그래, 내가 내 못난 거 인정하고 살겠다" 하고 사는 게 신앙의 승리요 위대함이라고 봅니다.

'뻔뻔스럽다' 하지 않고 '짐을 진다'고 말한다

조주석 『하나님의 설복』에서 이런 말도 하셨어요. "예수 믿고 나서 반드시 가져야 할 자세가 뭐냐면, 그것은 뻔뻔스러워야 한다는 것입니다. 나는 영망이다, 하나님은 내 편이다, 어떻게 할 테냐." 이런 배짱, 배포가 어떻게 해서 생겨난 겁니까?

박영선 그때는 공격을 받으니까 강하게 표현한 겁니다. "구원의 확신 있냐?" "있다." "언제, 어디서 어떻게냐?" "없다." 이러면 이 친구들이 아니라고 했거든요. 나는 그렇다는데 왜 네가 아니라고 하냐. 이런 게 굉장히 외로웠던 부분입니다. 그래서 뻔뻔함으로 나갔던 겁니다. 율법주의적으로 요구하니까 그렇게 대응했던 겁니다. 예를 들어, "술 담배 하지 말아라, 당구는 왜 치냐, 새벽기도 하냐, 매일 시간 정해 놓고 기도하냐, 성경 몇 장씩 보느냐" 할 때 나는 그런 규칙과 집중력에 참 약합니다. 저에게는 일종의 천재성 기질이 있었다고 생각해요. 그게 뭐냐면 규칙적이지 않고 정규적이지 않아서 건너뛰는 사람이었다는 겁니다. 그래서 그 시절에 내 자신의 신앙을 지키려면 내가 뻔뻔스러워야 한다고 말할 수밖에 없었어요. 그렇지 않으면 기댈 곳이 없으니까 자멸하겠더라고요. 그러나 지금은 뻔뻔스럽다고 하지 않고 '짐을 진다'라고 말합니다. 전에는 반박하는 게 나의 에너지였어요. 젊었을 때는 그럴 수 있었어요. 그러나 이제는 극단에 서서 말하는 게 아니라 수용하고서 '내가 부족하다, 내 길을 갈 수밖에 없다' 그렇게 되었어요. 그 짐을 져야 돼요.

조주석 그런데 저는 그 부분을 읽으면서 자신의 쓸모없음을 뻔뻔스러움으로 바꿔 말한 것으로 생각했어요. 그리스도를 죽음으로 내어준 하나님의 사랑을 내가 안다는 것을 '뻔뻔스럽다'라는 말로 표현했다고 생각했거든요.

박영선 '뻔뻔스러움'이란 자격이 없는데 담대한 것이니까 뻔뻔스러운 거죠. 이런 이야기를 하다 보니 잊었던 기억이 생각납니다. 지금은 내가 짐을 지는 자리에 왔으니까 예전에 처절하게 고민하고 고통스러워했던 것을 까맣게 잊고 있었어요. 지금 다시 이야기를 꺼내니까 그때 느낌이 살아납니다. 남서울교회에서 설교할 때 은혜 받으라고 하지 않고 "당신들 다 웃기는 사람들이지"라고 했어요. "다 쇼 하는 거지. 서로 좋은 말 하기로 하고, 짜고 고스톱 치자는 거지"라고 했어요. 그런데 그것을 남서울교회서 홍정길 목사님도 용납해 주셨고 교인들도 들어 줬어요. 그래서 내가 마음의 칼을 놨어요. 지금도 홍 목사님과 남서울교회를 잊을 수가 없어요.

조주석 목사님은 교육전도사 시절에 모시는 어른 목사님이나 동료 목사님들과의 관계가 어려웠다고 하신 글을 읽었습니다.

박영선 한국교회의 현실을 속 깊이 아주 리얼하게 체험했어요. 그때 받은 상처가 무척 컸어요. 사실 목사가 타협하고 살 수 있다는 것에 놀랐고 분개했어요. 교인들이 봐주는구나 하니까 무척 자존심이 상했어요. 그래서 악을 많이 썼어요. 젊었을 때는 내용이 충실하지 못했기 때문에 성질부리는 것 외에는 다른 방법이 없었어요. 진심이 고함밖에 없었던 겁니다.

조주석 목사님께선 상당히 선이 굵은 것 같아요. 의심이라는 것도 선이 가늘면 하기 어렵습니다. 선이 굵어야 의심을 할 수 있거든요. 선이 굵다는 말은 내 자신이 자유를 강하게 느끼겠다는 뜻이거든요. 그것이 누려지지 않기 때문에 충돌한다고 봅니다.

박영선 무슨 말인지 알겠어요. 표현하는 방법은 다르지만 내용은 전달이 됩니다. 그런데 고민하는 사람에게는 논리화가 답은 아니에요. 우리가 신앙 자체에서도 배우듯이 하나님이 우리를 인격체로, 한 생명으로 대접하고 있는데 우린 너무 이론화되어 있고 규범화되어 있습니다. 그래서 말을 나누거나 대화를 하거나 설명을 하거나 격려를 해놓고 허전해합니다. 인격적 교제나 섞임은 없고 명분만 늘어놓고 헤어집니다. 한국교회 신앙에 대해서는 그런 면이 아쉬울 수 있어요. 물론 우리만의 문제는 아닐 수 있습니다. 그래서 그걸 억지로 어디 가서 해소하느냐 하면 신비주의와 체험 속에서 해결합니다. 사실 교회에 와서는 신비와 체험을 하자고 할 순 없잖아요. 보통 우리 일상 속에서는 생명력이 없는 말만 남발하다가 갑자기 찬양하고 넘어가자고 하면 그 괴리감은 굉장히 큽니다. 속엔 다 갈증이 있거든요. 우리가 믿는 신앙이 우리를 감격시켜야 된다는 거 아는데, 그렇게 격려하고 위로할 방법이 없잖아요.

신앙의 주류란 없다

조주석 구약으로부터 시작해서 지금까지 아브라함, 이삭, 야곱, 요셉, 모세, 여호수아, 다윗 등 많은 신앙의 인물들이 존재했습니다. 그럼 우리는 이러한 사람들을 주류라고 할 수 있을까요? 목사님은 어떻게 생각하세요. 주류가 있다고 생각하세요?

박영선 하나님이 이렇게 한 개인을 하나님의 종으로 쓰시거나 또는 이스라엘이 신앙적으로 승리를 하고 있을 때는 적극적으로 하나님이 누구시며 그분의 약속이 진실하다는 것이 드러납니다. 반면, 이스라엘이 불순종하고 열왕기의 잘못된 왕들처럼 밑바닥을 칠 때도 하나님의 신실하심과 약속은 변개되거나 취소되지 않는다는 것이 드러납니다. 이처럼 하나님을 근거하거나 의존하지 않을지라도 그 약속들이 취소되지는 않지만, 하나님을 떠나면 어떤 꼴이 되는지를 확인시키심으로 하나님은 당신의 진실하심을 보이십니다. 이런 면에서 언제나 주인공은 하나님입니다. 신앙의 부침이 계속될 뿐 아니라 또 반복되는 메시지 속에서도 어제나 오늘이나 내일이나 영원토록 진실하시고 변함이 없으신 분은 하나님뿐입니다.

조주석 그런 면에서 역사의 주권자요 주인을 하나님으로 이야기하실 때는 이해가 됩니다. 그러나 인간의 차원에서, 다시 말하면 하나님의 은혜가 왔다는 측면에서 주류라는 문제를 이야기할 수 있겠느냐 하는 것입니다.

박영선 모르겠어요. 정확한 답이 될지 모르겠지만, 하나님의 주권이라는 것, 또는 하나님의 약속이라는 것이 대상인 우리를 배제하고는 혼자서 솔로를 못 하시니까, 하나님이 어떻게 진실하고 불변하시느냐에 대한 것은 우리와의 약속과 묶여 있고 우리가 그 대상으로서, 목적으로서 그 자리가 외면될 수 없다는 것이죠. 요즘 열왕기를 설교하고 있는데, 거기서 그 이야기가 언급되지 않을까 싶습니다. 역사에 개입하시는 하나님, 우리의 권모술수에도 개입하시는 하나님으로 풀어내고 있어요. 예를 들어, 열왕기의 최초 독자들은 포로로 보고 있습니다. 그들에게 열왕기를 써야 하는데, 왜 이렇게 됐는지를 써야 하는 겁니다. 솔로몬의 위치가 얼마나 재밌냐 하면, 솔로몬을 하나님이 왕위에 앉히시는 겁니다. 아도니야가 반란을 일으켰는데 그 아도니야를 쫓아내고 솔로몬이 왕이 되고 성전을 짓고 일천 번제를 드리고 백향목 궁에 거하고 뭐 굉장하잖아요. 그게 1차 독자들에게 얼마나 우습겠습니까? 무슨 의미가 있겠어요. 솔로몬이 결국 패망의 원인을 제공했잖아요. 외교적 이유로 불러들인 후궁이 우상을 갖고 들어오는 것을, 따지고 보면 그렇게 말할 수 있잖아요. 그러나 포로 된 독자들이 볼 때는 "아, 우리가 망한 게 솔로몬 때문이었구나"라고 말할 순 없어요. 나중에 아합 때문에 망했다면 말이 될지 몰라도 말입니다. 그러나 "저기서도 원인이 있었구나. 저렇게 씨앗이 있었구나. 그렇다면 우리가 할 수 있었던 게 무엇이었을까?" 이런 생각을 불러일으키지 않겠어요? "우리가 포로 된 것은 따지고 보면 이미 솔로몬 때 망했어야 하는 건데 유보된 거구나." 신명기적 역사관으로 보면 그때 이미 벌을 받았어야 하는 건데 길게 유보되어 포로가 된 것입니다. 열왕기 맨 마지막을 보면 포로로 잡혀간 여호야긴 왕이 왕위를 회복하고 왕의 식탁에 앉는 것으로 끝납니다. "그러니 봐라, 회복한다"라는 걸로 읽어 냅니다. 하나님의 주권이라는 측면에서 보면, 하나님의 주권이 영원하고 그 통치가 은혜롭다는 것이 신명기 역사관에 근거한 순종과 불순종이라는 조건에 구애받지 않는 하나님으로 최초 독자들에게 주어졌을 때, 그 독자들이 하나님을 하나님으로 모시는 자로서의 자기 존재와 현실과 삶을 극복할 수 있었던 겁니다. 그래서 열왕기가 정경에 들어가는 거 아니겠어요? 그렇다면 그게 무슨 뜻이냐는 겁니다. 그것을 읽은 자들이 하나님의 진실하심과 영원하심에 대한 고백으로 성경에 넣었다는 겁니다.

조주석 메인스트림이라는 문제에 대해 직접적인 답은 안 하셨거든요.

박영선 메인스트림이 한 주제, 인물들로 연결되는 것이라고 하면 "아브라함을 봐라, 요셉을 봐라, 비전을 가지고 믿음을 가졌다"라고 하면 메인스트림이 나옵니다. 그러나 성경이 그것을 거부하는 겁니다. 인간의 수단과 조건과 영웅성에 대한 것은 없는 겁니다.

조주석 결국 "하나님께서 세워서 된 거다. 그것밖에 없다" 그 말씀 아니겠어요?

박영선 어느 부분이 보강이 됐냐 하면 "하나님은 우리의 반응과 결정을 존중하신다. 그것까지 포괄해서 하나님이 일을 하신다"는 데까지는 왔어요. 인간 속에서는 연속성을 발견하지 못하겠더라고요. 인간이 가지는 연속성은 미련한 것과 완악한 것밖에 없어요.

시간 속에서 일하시는 하나님

조주석 "믿음은 은혜이고 선물인 까닭에 어떤 사람을 하나님이 세우셨다고 하면 그 사람의 책임, 반응으로 나타나는 점 때문에 결국 메인스트림이란 것이 과연 인간의 차원에서 봤을 때 가능할 수 있느냐? 그렇지 않다"는 말씀인 거죠?

박영선 내가 보기엔 그렇지 않아 보입니다.

조주석 늘 은혜를 주시는 자의 입장에서 생각하시니까 "없다, 그것은 말하기 어렵지 않느냐" 하시는 것 같습니다.

박영선 주시는 자 입장에서 생각하게 된 이유는 딱 하나입니다. 내가 그렇게 안 돼서 그래요. (웃음) 다른 사람이 누가 믿음을 행위적으로 이해하고 의지적으로 할 수 있다고 하는 데 대해서 나는 말 못 하겠어요. 그런 사람이 있다면 있는 거겠지요. 그 사람이 오해하고 있는 것이라고 난 말하기 싫어요. 그 사람이 그렇게 해서 "이게 전부다, 여기서 벗어나면 아니다"라고 하는 것에 대해서 나는 "아니다"라는 겁니다. 내가 하나님을 알고 내 신앙이 진실한 걸 성경적으로 어디서도 부정할 수 없는데 난 그들처럼 안 되더라는 겁니다. 그래서 나 같은 사람도 세우셨다고 생각합니다.

조주석 아, 무슨 말씀인지는 알겠어요. 교회사를 쓰신 분들의 생각을 쭉 살펴보면 이런 게 있습니다. 어떤 사관을 가지고 쓸 수밖에 없어요. 어떤 사람은 더 세울 수밖에 없다는 겁니다. 그런데 과연 그것이 주류일 수 있겠느냐 하는 것은 따져볼 필요가 있다는 말씀이죠.

박영선 그렇게 이야기하자면 메인스트림을 세우는 사람들은 난 다 사기꾼 같아요. 그것은 성경이 아니고 플루타르크 영웅전입니다. 난 그렇게 보는 사람입니다. 그렇다고 난 고집은 안 하겠다는 겁니다. 왜? 하나님은 그렇게 플루타르크 영웅들을 세워 가지고도 하시더라고요. 그러니까 '네가 맞냐, 내가 맞냐'의 싸움은 참 무의미하다고 생각합니다. 그 사람이 은혜 받고 신앙생활 잘하고 있는데, 내가 가서 "당신 가짜야" 그러는 게 얼마나 무례한 짓이며 하나님의 은혜를 제한하는 짓입니까?

조주석 사이비 같다 할지라도, 적어도 우리가 그렇게 말하긴 어렵다는 이야기죠.

박영선 그럼요, 절대 정죄해서는 안 돼요.

조주석 그것은 상당히 위험하죠.

박영선 우리가 혼란과 무질서를 방지할 책임은 있습니다. 하지만 정죄해서는 안 돼요. 정죄하는 것은 우리 몫이 아닙니다.

조주석 사실 거기서 많이 넘어지죠.

교회는 소수파의 지위를 지켜야 한다

조주석 김정우 교수가 이런 이야기를 썼습니다. "믿음의 본질에 대해 설파하는 박형의 몸부림은 한국교회사의 주류를 거슬러 가는 것"이라고 평가했습니다. 정통의 차원이 아닌 통속적인 차원을 거슬렀다는 거겠지요. 그래서 성질부릴 수밖에 없다고 하셨는데 그 길이 처음에는 참 힘들고 외로웠을 것 같습니다. 그 길을 따르고자 하는 후배들에게 한 말씀 해주시죠.

박영선 보통은 옳고 그름의 싸움을 합니다. 신앙이든 신학이든, 옳고 그름의 싸움에서 제일 많이 넘어지는 것은 옳은 것이 주류가 되어야 한다는 생각입니다. 그러나 "그렇지 않다"는 것입니다. 말에 어폐가 있지만, 우리가 그르다고 생각하는 것을 통해서도 하나님은 실패하지 않으신다는 사실입니다. 데이비드 웰스 책에 그렇게 나와요. 교회는 소수파의 지위를 지켜야 한데요. 무슨 소리냐면, 교회라는 것은 언제나 세상 속에서 '마이너리티'라는 겁니다. 그러니까 소수파의 지위를 지키라는 겁니다. '지위라는 것은 가치를 갖고 있어야 한다'는 뜻이지요. 세상에 삼킴을 당하지 말라는 겁니다. 그런데 그 말을 이렇게 생각하지 않고 자기가 정당한 신앙이나 신학이나 신앙 인생을 산다고 생각할 때 교계에서 주류가 되어 자신의 옳음을 증명받고 싶은 욕심이 생겼다면, 그것은 소수파의 지위에 서는 것이 아니라고 봅니다. 거기에서 벗어나야 합니다. 그리고 늘 자문해 봐야 합니다. 소수파가 된다는 것은 굉장히 어려운 일이지요.

조주석 외롭죠.

박영선 외로울 뿐만 아니라 틀렸을 수도 있다는 것을 늘 점검해야 합니다. 그래서 소수가 되면 틀렸을 수 있다는 것과 외롭다는 것으로 겸손을 만들어야 합니다. 아까 말했던 것처럼 고통을 지고 가야 합니다. 고통을 벗어버리면 안 돼요.

조주석 그 말씀에 상당히 공감이 갑니다. 그 이야기 하시니까 번뜩 선지자가 생각이 납니다. 사실 선지자라고 하면 소수이고 그 시대를 거슬러서 이야기하기 때문에 "내 말이 맞느냐" 하는 문제도 생길 수 있습니다. 분명히 그럴 수 있기 때문에 선지자는 자기 말을 해서는 안 됩니다. 이미 주어진 계시에 근거해서 그 시대에 대고 말을 해야 합니다. 이런 까닭에 신앙의 정통이라는 것이 왜 중요하겠는가 하는 점이 거기서 부각될 것 같아요. 사람은 신앙의 정통이라는 울타리 안에서 자신이 강하게 뭔가 확인해 보려고 하는 그런 작업이 있을 때 비로소 자신의 신앙도 확인되는 것이고 또 이어진다고 할까요? 그런 측면이 있을 것 같아요.

박영선 '블링크 아웃 블링크 온'(blink out blink on), 이게 이단들의 특징이라고 합니다. 옛날 초대교회에는 있었는데 쭉 없다가 지금 다시 나한테서 연결이 됐다고. 그러나 사실 하나님은 어느 시대에도 그 은혜와 통치를 중단하신 적이 없습니다. 그러니까 우리가 교회사를 통해 전통이라는 것을 돌아봐야 합니다. 시대마다 풍조와 유행이 있고 신앙은 현실과 타협하곤 합니다. 그것을 극복하고 신앙을 지키는 것과 정죄와 분리로 독선이 되는 것은 다릅니다. 신앙의 본질을 지켜 나가는 자가 그 시대와 그 시대의 신앙을 상황 안에서 지켜 내야만 역사적 책임을 다하는 것입니다.

조주석 그렇죠. 조심해야죠. 거기서 이단과의 경계가 지어지니까요. 이제 목사님이 말씀하신 것에 대해서 이해가 됐는데 제가 주류라고 하는 말을 목사님이 달리 생각하셨던 것 같아요. 적어도 하나님의 은혜를 받고 신실하게 살아가는 사람들의 면면한 흐름을 주류라고 했는데, 목사님은 대세라는 것으로 생각하신 것 같습니다.

박영선 주류가 됐든 대세가 됐든, 드러난 것으로 평가받는다는 점에서는 동일하다고 생각합니다. 하나님의 판단은 종말에야 나타나니까 현실에서는 약속과 인내 속에 감추어져 있다는 뜻이지요.

04

구원의 확실성은
예정론에 근거한다고 풀어냈습니다

———

인간의 운명은 누가 주관하는가? 그리스 신화에 따르면, '모이라이'다. 이 운명의
여신은 하나가 아니라 셋이다. 이들이 인간의 생명을 주관하는데 하나는 생명을 만
들어 내고 다른 하나는 생명을 존속시키고 나머지 하나는 인간의 목숨을 앗아 가는
역할을 각각 맡아서 한다. 인간은 자신의 운명을 제 마음대로 할 수도 없고 또 운명
은 설명조차 하기 어려운 신비한 영역이라는 점을 반영하는 고대 세계관의 한 설명
이 아닐 수 없다.

박영선 목사는 청년 시절부터 인간의 운명에 대하여 심각하게 고민했다. 이 고
민은 구원의 확실성이 어디에 근거를 두고 있느냐 하는 질문으로 구체화된다. 왜
그에게 그런 질문이 생겼던 것인가? 1970년대만 해도 한국 사회 안에 복음주의학
생운동단체들이 활동하고 있어서 구원의 확신 문제를 놓고 교회 안에서 짧은 신앙
지식으로 서로 티격태격하는 식의 토론이 빈번했다.

그는 기독교에서 인간의 영원한 운명이란 사람 스스로 책임질 수 있는 것이 아
니라고 이해한다. 인간의 영원한 운명은 하나님의 구원 계획인 예정론에 달린 문제
라고 파악한 것이다. 구원의 확실성은 그리스도의 죽음과 부활에 근거하며 하나님
의 예정에 속하는 문제였다. 그 당시 한국교회는 믿음이 무엇이냐, 예정론이 무엇이
냐 하는 두 가지 문제에 대한 속 시원한 대답을 갖고 있지 못했다. 그가 얻은 답은
"운명은 결정적이나 그 인생 과정은 그때그때마다 다르다"라는 표현으로 요약할 수
있다. "그때그때마다 다르다"는 말의 의미는 이런 것이다. "성경은 예정에 대하여
얘기할 때 우리의 운명과 전 생애의 코스가 고정되어 있다는 뜻에서 사용하지 않
고, 하나님이 지성을 가지고 계신다는 뜻으로 쓰고 있습니다.……우리의 인생이 태

엽을 감아서 레일 위에 올려놓은 장난감 기차와 같은 것이 아니라는 말입니다. 예정론을 '하나님께서 사람의 인생코스를 설정해 놓은 것'이라고 보는 견해는 하나님을 극히 평가절하하고 인간의 수준을 무시한 견해라고 생각합니다. 지성을 가진 사람은 그가 어떤 일을 이루고자 할 때 계획과 목표를 설정하고 일을 하는 법입니다. 하나님도 그와 같이 하십니다."

그래서 그는 하나님의 예정과 인간의 자유의지의 차이를 이렇게 말한다. "자유의지란 결정권을 뜻하는 것이 아닙니다.……운명을 내가 결정할 수 있다는 얘기는 자유의지에 관한 말이 아니라 하나님과 인간의 권위에 대한 문제로 하나님과 내가 동등한 권위를 가질 수 있다는 교만한 자세입니다. 인간이 하나님과 동등한 위치에 서려고 하는 자세입니다. 성경은 이것을 죄라고 합니다."

이 문제를 그는 인터뷰 중에 더 실감나게 표현한다. "하나님과 대등한 권위를 요구하는 것으로서 자유나 선택이라는 말을 쓰게 되면 신이 우리와의 관계를 요구하는 데에서 계급장을 떼자는 말이 됩니다. 그러면 그건 상대방인 신에 대한 모독일 뿐 아니라 인간이 자신의 위치를 벗어나는 겁니다. 그러면 인간은 분해되고 말아요."

인간의 운명을 이렇게 이해함으로써 목회적 위로와 경고가 가능하게 된다. "여러분이 계속해서 제2의 타락, 제3의 타락을 한다 할지라도 하나님께서는 도달시키고자 했던 '운명'의 지점에까지 반드시 도달케 하고야 말 것입니다. 여러분에게는 매 맞는 일밖에는 없을 것입니다. 이것이 성경이 말하는 예정론입니다.……하나님께서……매를 대시기 전에 말로 할 때에 알아듣는 자가 복 있는 자인 것을 알아야 합니다."

구원의 확실성이란 나의 의지에 속하지 않고 하나님의 예정에 근거를 둔 것이다. 하나님의 주권, 곧 하나님의 신실하심에 속한 문제라는 것이다. 구원의 확실성이란 인간의 타락에도 불구하고 하나님께서 예수 그리스도를 보내시어 그 안에서 구원하시는 하나님의 신실하심에 근거를 두고 있는 것이지, 예수를 믿거나 안 믿거나 하는 나의 의지에 속한 문제가 아니라고 한다. 이렇게 그는 구원의 믿음을 인간의 의지나 조건이나 공로로 돌리지 않고 하나님의 예정이라는 더 넓은 영역으로 확대시켜 하나님의 전적인 은혜를 드러낸다.

구원은 예정론 안에 있다

조주석 목사님은 구원에 관한 믿음에 대해서 참 많이 몸부림치고 고민하신 것으로 압니다. 그래서 맨 처음에 내세운 바는 "믿음이란 인과율이 아니다"라고 하셨습니다. 그럼 믿음이란 뭐냐 할 때 그건 "하나님을 아는 것"이라고 말씀했어요. 그런 다음에 이어서 "믿음이란 우리에게 허락된 조건이 아니라 하나님께 속한 것, 곧 예정론의 문제"라고 하셨지요. 이번에는 그 예정론의 문제에 대해서 말씀을 나눠 보지요.

박영선 처음에는 이렇게 시작했어요. 구원의 확신 문제에 관해서 어디선가 이야기했을 겁니다. 구원의 확신을 실로암 사건으로 이야기했어요. 태어날 때부터 소경 된 자가 고침을 받아 옛날에 못 보던 것을 보게 된 겁니다. 그 소경은 그 외에는 다른 것을 이야기할 수 없었어요. "누가 고쳤냐? 네가 정말 소경이었느냐?" 하는 물음에 대해선 그가 답을 할 수 없었습니다. 예전에 구원의 확신에 대해서 질문하는 사람들은, 또는 그런 사람들이 가지는 확인법은 거의 인과관계였습니다. 본인이 감동을 받은 날이 있다, 그것이 본인이 확인하는 근거였어요. 이것은 구원을 경험했다고 이야기하는 것만 못합니다. 그것을 근거로 가지니까 그 문제가 본질적으로 어떤 문제가 됐냐면 자꾸 그 근거만 논하게 됐습니다. 변화한 내용 자체에 대해서는 이야기하지 않는 겁니다. 이 소경은 전에 안 보이던 것이 보인다고 증언합니다. "나 예수 믿는다, 나 아브라함과 이삭과 야곱의 하나님을 안다, 하나님께서 예수님을 보내셨고 그 창조주 하나님 안에서 내가 구원받았다는 것을 믿는다" 하는 이야기는 없고, 그 전의 조건만 따지는 겁니다. 말하자면, 그것이 자기의 신앙일 수밖에 없는 조건, 그 결과가 나온 근거를 확인하는 것을 구원의 확신이라고 자꾸 논했어요. 정당하지 않죠. 이제 "그에 대한 설명으로 결단과 회개마저도 결과라고 말하는 게 아니냐?" 내가 그렇게 나오게 된 겁니다. 그래서 "구원의 확신이란 자기가 누군지 아는 것이요, 하나님이 누군지 아는 것이요, 예수가 누군지 아는 그 결과에서 나오는 것이다"라고 주장한 겁니다. 그것을 결과라고 한 겁니다. 그래서 구원의 확신이라는 것이 "성경이 말하는 하나님이 누구인지 아느냐, 예수가 누구인지 아느냐"라는 데로 돌아온 겁니다. 그때 믿음이라는 것은 뭐냐 하면, "예수를 믿으면 구원을 얻는다"라는 말에서 '믿으면'이라는 게 조건으로 이해되면 안 된다는 것이었습니다. "예수를 믿으면 구원을 얻는다"라는 짧은 문장에서 강조점은 '예수'에 있어요. '예수'에 있으니까 그 믿음이 행위가 아니라고 강조할 수 있었습니다. 은혜를 강조한 것이고 우리에게 조건이 없다는 말을 한 겁니다. 그러나 그 믿음은 우리 마음에 구원이 허락되는 것이고, 하나님을 아는 것이고, 예수의 구원을 아는 것이 되어서 신뢰와 항복이라는 결과 또는 내용을 포함하는 겁니다. 믿음이란 하나님이 자신을 우리에게 보여주시는 것이 그 근거라고 한 겁니다. 그래서 믿음을 "하나님이 누구인지 아는 것, 내가 누구인지 아는 것, 하나님의 약속을 소유하는 것"이라고 설명했지요.

조주석 그렇게 이야기하시다가 『하나님의 설복』 끝에 가서는 예정론에 대해 이야기하셨어요. 로마서 8:28을 기점으로 로마서가 양분된다 하고 28-30절 말씀은 예정론이라고 하셨습니다. 그런데 그 말씀을 읽어 보면, 구원론이라고 이야기하기 쉬운데 예정론이라고 하셨거든요. 사실 얼른 생각해 보면 이게 예정론인가 싶어요. 그렇게 읽어 내기 어렵거든요.
박영선 제가 가졌던, 아직도 갖고 있는 신앙의 가장 일관된 주장은 '하나님의 주권 사상'이에요. 주권 사상이라 하면 그 반대 개념으로 인간의 자유의지를 먼저 생각하잖아요. 내가 하나님의 주권이라고 하는 것은 하나님의 신실하심에 관한 것입니다. 당연히 하나님의 주권 속에는 하나님의 신실하심과 하나님의 전능하심이 포함되겠죠. 그러나 그것보다는 신실하심이 더 강조되어야 한다고 생각해요. 하나님이 신실하시다는 것이 뭐냐면 하나님이 가지신 뜻이 하나님이 그걸 포기하지 않는 한 이루어질 수밖에 없다는 겁니다. 이것이 가장 잘 드러난 게 구원이고 그것을 다 포함해서 '예정'이라고 보는 겁니다. '예정'이라고 보는 것이지 '결정'이라고 보는 게 아닙니다.

조주석 만일 결정론이라고 하면 사실 여러 가지 문제가 야기될 수 있을 겁니다. 인류에 대한 하나님의 구원은 그가 계획하신 목적지까지 이끌어 가는 과정 속에서 하나하나 실현됩니다. 거기에는 인간의 실패, 아담의 실패가 있었고, 또 하나님께서는 그것을 그대로 두지 않으시고 아들을 내어주시는 대가까지 치름으로 우리의 구원을 그 속에서 이루어 놓으셨습니다. 이런 것들이 예정론에 들어간다는 말씀이군요. 더 나아가 예정론이라는 것은 더 넓은 차원에서 이야기하면 하나님의 작정, 곧 창조와 섭리로 이루어지는 하나님의 작정도 고려해야 할 것 같습니다. 이처럼 구원이라는 문제가 신학적으로 어떻게 하나님의 예정과 떼어 놓고 생각할 수 없는지를 이해해야 그것이 우리에게 훨씬 더 친근하고 실제적이 되고 건전한 것이 되겠군요.

박영선 신학적인 시각을 좀 실체화하는 거죠. 좀 더 경험적이고 현실적이고 좀 더 하나님의 일하심에 대해서 구체적인 이야기를 하는 겁니다. 그런데 이론화하고 교리화할 때는 논리적 균형을 맞춰야 하거든요. 하지만 신앙의 실존적 확인은 현실적으로 논리 이상일 수밖에 없습니다.

예정이란 프로그램이 아니다

조주석 인생의 과정 속에서 구원을 이야기하려면 실패라는 문제가 굉장히 큰 사안이 됩니다. 우리는 늘 하나님의 뜻을 따라 사는 것이 아니며 실패가 더 많기 때문에 말입니다. 그렇다면 예정 속에서 실패를 어떻게 이해해야 하는 걸까요?

박영선 하나님은 어쨌든 인간에게 자유의지를 주셨습니다. 자유의지란 인간이 독립적인 존재고 외부의 위협에 상관없이 누구에 의해서 조작되지 아니하며, 본인 스스로 자의적으로 결정할 수 있는 권리라고 할 수 있습니다. 그럼 하나님이 우리에게 작정하셨던 목적을 이루기 위해 우리를 강요하거나 힘으로 굴복시켜서 가는 게 아니며, 우리의 자유의지를 허락하고 우리의 선택을 허락해서 실패 정도가 아닌, 거부라는 일까지 벌어질 수 있습니다. 그것까지 하나님이 수용하셔서 우리의 항복을 받아 내는 길을 가시겠다는 거지요. 우리가 사실 예정이라는 것을 이야기할 때 최소한 어떤 과정과 제한이 있는 것같이, 프로그램이 있는 것같이 생각하는데, 우리가 어떻게 반응하느냐가 하나님이 우리에게 작정하시고 목적하신 운명을 혼자 결정하는 것으로 끌고 가지 않는다는 것을 예정이라고 보는 거죠. 우리의 거부와 실패에서도 배우는, 그 실패까지도 승리로 싸안으시되 싸안으시기 위해 당신이 희생하고 또 우리를 기다리심으로 항복시켜 나가는 과정조차 허락하신다는 게 성육신이요 십자가라고 보는 겁니다.

조주석 이걸 조금 다른 차원에서 이야기하면서 우리의 운명은 전 생애의 코스에서 고정된 것이 아니라고 『하나님의 설복』에서 이야기하셨어요. 그러면서 "하나님은 인격을 가지신 분이다. 우리를 대하실 때 기계처럼 대하지 않으신다. 그래서 기계론적 결정론이라든지 동양의 숙명론, 운명론이라는 것과 다르다"고 말씀하셨어요. 잘못된 길로 가면 그런 길로 갈 수도 있다고 하셨지요. 이렇게 설명함으로써 예정론에 대해 오해할 수 있는 부분을 상당히 제거한 게 아닌가 하는 생각이 듭니다.

박영선 예정론 하면 아무래도 기계적 결정론을 가장 먼저 생각합니다. 하나님의 주권이라는 말만 나오면 제일 먼저 갖는 그러한 편견, 거부 반응이 있어요. 그러나 우리의 운명이 하나님 손에 있고 우리 손에 다 있지 않다는 것이 얼마나 다행인가 하는 데까지 오려면 오래 걸리죠. 하나님이 그것을 우리와 하나님이 반반씩 나누어 가지시는 게 아니에요. 결국 하나님이 당신의 뜻을 이루십니다. 그러면 우리의 권리가 하나도 없다고 생각할 수 있습니다. 그게 아니라 완전한 권리로 인정하는 겁니다. "할 때까지 해봐라" 이겁니다. 신앙과 관계없는 인생에서도 '젊어서는 고생도 사서 한다'라는 속담이 있잖아요. 이게 모든 역사 속에서 갖는 공통적인 인류 경험입니다. 실패에서 더 많이 배운다는 것, 고생과 실패에서 더 많이 배운다는 것은 진리입니다.

조주석 일반 사람들도 그렇게 인정하죠.

박영선 하나님이 그렇게 허락하신다고요.

조주석 저도 청년 시절에 그런 질문을 받았던 적이 있습니다. 하나님의 작정을 기계론적 결정론으로 이해하다 보니 자꾸 어떤 곳에 빠지냐면 실패를 통해 배울 수 있다는 그런 넓은 데로 나아갈 수 없게 돼요. 자기들의 실제 생활 속에서는 그렇지 않다는 걸 다 경험하면서도 하나님의 예정을 이야기할 때는 기계론적 결정론으로 가 버리고 말아요.

박영선 네, 죄죠, 죄성이죠. 자꾸 그 생각이 먼저 나니까.

조주석 그렇죠.

박영선 자유라는 것이 아무런 제한도 없는 것같이 생각되고 마음대로 하는 것이라고 간주하게 되면 거기에는 혼돈과 무질서가 있게 됩니다.

조주석 사람들이 예정론을 기계적으로 잘못 이해하는 것을 비유해서 이렇게도 말할 수 있을 것 같아요. "예정론이란 컴퓨터에 내장된 구동 프로그램과 같은 게 아니다"라고요. 하나님이 가지시는 구원의 경륜으로서 예정이란 결코 컴퓨터에 내장된 프로그램일 수 없습니다. 그런데 사람들은 예정론을 마치 그런 기계적인 프로그램처럼 이해하기 쉽죠. 작정 또는 예정을 그렇게 이해하게 되면 인간의 자유라는 것은 생각조차 할 수 없겠지요. 사람이 하나님을 대적할 수도 있고 믿은 후에도 많은 실패를 거듭한다는 사실은 하나님의 예정이 기계적이 아니라는 뜻 아니겠습니까?

박영선 맞아요, 일반적으로는 그렇지요. 자신의 신앙생활에서 실패라는 것이 하나님의 작정과 어떻게 연결되어 있는지 바로 생각하지 못하는 경우가 많아요. 그래서 그 문제에 대해 풀지 못하고 그냥 덮어두고서 추상적으로 기독교 신앙을 가지게 됩니다. 즉 도덕적 수준이 높아지고 마음의 평안이 오는 것으로 생각합니다. 그러나 구원의 경륜으로서 하나님의 예정이 현실 속에 있는 우리에게 시행되면, 타락한 존재로서 우리는 그리스도 안에서 구원을 얻고 구원의 완성을 향해 걸어가야 합니다. 그 과정에는 우리의 순종뿐 아니라 불순종이라는 실패도 개입됩니다. 이런 실패가 뭔지 신학적으로 바로 이해하지 못할 때 하나님의 예정과 우리의 구원의 관계를 기계론적으로 오해할 수 있겠지요. 아마 대다수 사람들이 이 문제에 대해 바른 이해를 갖지 못해서 신앙의 혼란을 겪을 겁니다.

구호나 명분으로 축소된 신앙에 만족할 수 없었다

조주석 예정론에 대해서 이야기할 때 그것을 마치 "어떤 인생 코스를 설정해 놓은 것으로 본다면 하나님을 극히 평가절하하고 인간의 수준을 무시하는 견해다"라고 『하나님의 설복』에서 이야기하셨어요.

박영선 잠깐, 내가 그때 그렇게 괜찮은 이야기를 한 줄 몰랐네요.

조주석 정말로 그 표현 멋있습니다. 왜냐하면 예정론에 대한 잘못된 이해는 하나님이나 인간에 대한 이해를 왜곡시킬 수 있기 때문이죠. 신론이나 인간론이 엄청 곡해될 수 있다는 겁니다.

박영선 그러니까 내 실력이 아니었던 겁니다.

조주석 거기에 대해서 어떤 생각이 있으셨을 것 같아요.

박영선 그때, 생각해 보세요. 추상화하고, 개념화하고, 인격과의 관계로 생각하지 않고 감성 같은 걸로 자꾸 돌아오고, 아니면 도덕주의로 간 겁니다. 우리 시대에 한국교회가 부흥하면서 좋은 의도에서의 헌신, 하나님께 영광을 돌리고 싶다는 소원이 그런 식으로밖에는 표현할 길이 없었어요. 한국교회의 수준이 그랬습니다. 한국교회의 수준이라고 하니까 굉장히 건방진 표현처럼 들리는데, 사실 되돌아보면 한국교회는 "예수 믿으면 천당 간다"에서 "예수 믿고 하나님을 위해서 살자"까지 온 거였습니다. 그런데 그때 어떻게 사느냐 하는 것, 다시 말해 세계관을 내놓지는 못했어요. 오직 "순교자적 열심으로 헌신한다, 죽는 것과 동일한 진심을 가지고 산다"는 것이었습니다. 그래서 제일 많이 나타난 게 선교였어요. 신앙의 표현이 구호나 실천 같은 식으로 나타나지 않으면 신앙이 아닌 것으로 취급했습니다. 그런데 그건 좀 부족하게 느껴졌습니다. 어떤 당위적인 것으로 요구를 하니까, 거기에 전(全) 인격이 참여하는 건 아니었잖아요. 그게 불만이었어요. 하나님은 군대 지휘관이 아니라는 생각이 든 겁니다. 한 나라에서 그 나라를 지키는 가장 분명한 직분은 군인입니다. 그렇지만 모두가 군인이 되면 안 되잖아요. 군인이 나라를 지킨다는 것은, 국민더러 군인이 되라고 하는 게 아니라 국민이 더 풍성한 삶의 내용을 살도록 보호하는 것 아닙니까? 정신적·문화적·예술적·육체적 삶의 내용을 살도록 말입니다. 그런데 그 시대는 전부 군인이 되라는 것이었죠. 그게 아니라고 이야기하려면 결국 기독교 신앙은 하나님이 어떤 분이시냐로 갈 수밖에 없었어요.

조주석 다시 말하면 그 시대에 대한 반성 내지는 성찰로 확대된 것이 신론과 인간론으로 나아갔다는 말씀 같군요.

박영선 지금은 좋은 말로 반성이고 성찰이지 그때는 성질이 났었죠. 아, 내가 그렇다고 생각하지 않았으니, 돌이켜볼 때 아찔한 겁니다. 내가 거기에 반발했으나 결과적으로 잘됐으니 참 다행스러운 발언이었다고 할 수 있겠지만, 얼마든지 딴 길로 갈 수도 있지 않았겠어요? 참으로 다행스럽게도 하나님이 더 많은 내용을 알리는 데 나를 인도하셨다는 겁니다. 결과적으로 보니까 그렇게 된 겁니다. 안 그러면 "내 맘에 안 들었다"든지 "나는 그게 확실했다"든지 "감동했다"든지라고, 아무나 말할 수 있는 것이 아니겠어요?

조주석 "사실 그때 그렇게 성질냈던 것도 로마서 8장에 있는 말씀처럼 하나님께서 합력해서 선을 이루어 가시는 하나의 요소로 쓴 것이다" 이렇게 이해하는 게 좋겠네요.

박영선 폴 존슨의 『모던 타임즈』에 보면 중간중간에 한 번씩 반복적으로 무슨 말을 하냐면 "상대적 도덕주의가 이런 참사를 불렀다"고 합니다. 한참 있다가 한 번씩 그 말을 꺼냅니다. 지식인들이 불러온 재난, 정치인들이 불러온 재난, 그때 사회 시류가 불러온 재난, 이런 것들을 다 상대적 도덕주의로 인한 것이었다고 지적합니다. 기독교가 답이었다고 안 합니다. 그런 말은 쓰지 않습니다. 그렇게만 짚고 갑니다. 나도 성질부려 놓고 "내가 맞나" 이 생각을 왜 안 했겠어요? 그런데 나중에 보니까 같은 생각을 하는 사람들이, 진지한 학자들이 그렇게 하나씩 나와서 기독교 신앙의 깊이와 폭을 증언하고 있더라고요. 생각해 보니, 하나님께서 정말 합력해서 선을 이루어 가십니다.

사람이 한 게 아니라 하나님이 하신 것

조주석 성질부리는 게 맞느냐 아니냐 하는 건 사실 굉장히 고민스러운 문제일 수 있겠지요. 내가 가는 이 길이 안전한가 아니면 불안전한가 하는 지점과 만날 수 있기 때문입니다. 그래서 나보다 앞서간 분들이 어떤 고민을 했는지 열어 놓고 보는 것도 굉장히 도움을 얻을 것 같아요.

박영선 우리 시대는 그게 어떻게 됐냐면, 한국교회가 가진 전통은 거의 순교자밖에 없었어요. 그리고 책도 없었어요. 우리 때 읽을 수 있는 유일한 책이 『죽으면 죽으리라』였어요. 그다음이 뭔지 아세요. 워치만 니 (Watchman Nee)였습니다. 워치만 니는 이상적이고 신비주의적이고 완전주의적 신앙관의 소유자입니다. 그래서 위험합니다. 그분 자신이 간 길에 대해서는 뭐라고 내가 말할 수 없지만 여하튼 그때는 그게 유일한 참고서였습니다. 그때 우린 다 놀랐지요. 우리가 다 책들을 읽어 보고 감동했는데 나 자신에게서는 실천이 어려웠습니다.

조주석 저도 그 책들을 읽어 봤습니다. 뭔가 잡히지 않았어요.
박영선 삶에서 도망가게 돼요. 살아낼 수가 없어요.

조주석 이분은 이렇게 된다고 그러는데 나의 삶은 왜 그렇게 따라갈 수 없는 것인가 하는 것이 늘 걸렸던 문제이기도 합니다.
박영선 이런 유명한 예화가 있습니다. 워치만 니의 책에서 본 것으로 기억합니다. 비탈진 논, 계단식 논이 있는데 제일 위쪽에 논을 가진 농부가 있었어요. 그런데 가물어서 열심히 물을 퍼다 자기 논에 댔는데 다음 날 아침 나가 보니, 그 아래 논 사람이 밤에 물꼬를 탁 터 버린 겁니다. 그래서 물이 다 아래 논으로 흘러내려 갔어요. 그런데 이 사람이 예수 믿는 사람이었습니다. 그래 화를 참고서, 물꼬를 막고 다시 땀을 뻘뻘 흘려 자기 논에 물을 갖다 댄 겁니다. 다음 날 나가 보니, 아래 논 사람이 또 그렇게 한 거예요. 이 사람이 너무 화가 나서 하나님 앞에 기도를 했더니 하나님이 그 사람 논을 먼저 채워 주라고 하셨데요. 그래서 그걸 채워 주고 자기 논을 채웠더니 그 사람이 물꼬를 안 텄다는 겁니다. 이 얼마나 감동스럽습니까? 그러나 신앙 현실에서 거의 불가능한 일입니다. 이게 사람을 정죄하는 것으로는 최고입니다. 내가 『하나님의 열심』을 쓴 이유가 뭔데요. 밤낮 설교가 '아브라함은 백 살에 얻은 이삭을 바쳤다', '다니엘과 세 친구는 하나님이 그리 아니하실지라도' 하는 것이었습니다. 난 그 두 가지 설교를 백 번도 넘게 들었어요. 내가 던진 질문은 이겁니다. "나도 그러고 싶습니다. 그런데 난 안 됩니다. 그 사람은 도대체 어떻게 그렇게 할 수 있었습니까? 그 믿음, 그 실천할 믿음을 갖는 방법은 무엇입니까?" 그런데 답을 안 주시는 겁니다. 밤중에 일어나서 기도도 해보고 기도원도 가 보고 별 거 다 해봤는데 안 되는 겁니다. 그래서 쉬운 말로 나 살자고 몸부림친 겁니다. 하나님이 그런 하나님이라면 나는 아닌 거였어요. 그런데 난 하나님을 외면할 수 없었거든요. 하나님을 안다는 사실을 외면할 수 없었어요. 그럼 어떡해야 합니까?

조주석 설교에서 보통 실수할 수 있는 부분이 바로 그런 부분이라 생각해요. 무슨 말이냐면 믿음을 설명해 낼 때 아까 워치만 니의 예를 들어 말씀하셨잖아요. 사실 그건 어떤 특별한 경우거든요. 그 특별한 경우를 일반화시킬 때 오류가 생긴다고 봅니다. 설교자가 그런 것들을 이야기하면서 우리한테 강요하거든요. 그러면 그것이 우리에게 다 맞아 떨어질 수가 없어요.

박영선 그래서 난 어디로 갔냐면 특별한 경우를 일반화한 게 아니라, "이게 특별한 게 아니다"로 간 겁니다. "이게 특별한 것일 리가 없다. 아브라함만 한 게 아니다. 성경이 이걸 내세웠으면 여기에 믿음의 보편적인 원리가 들어 있을 것이다." 이렇게 된 겁니다. "사람이 했다"는 게 아니라 "하나님이 하셨다"로 결정적 근거가 바뀐 겁니다. "아브라함을 봐라"가 아니라 "하나님이 도대체 어떤 분이기에 이런 항복을 받아 내셨는가"로 그렇게 바뀐 겁니다.

조주석 물론 그렇더라도 어떤 사례를 일반화시켰을 때 올 수 있는 문제점은 있을 수 있다고 생각해요.

박영선 아브라함이나 다니엘과 세 친구로 가게 되면, 그들은 "하나님이 도대체 우리를 어디까지 허락하시는가? 믿음의 수준이라는 것이, 다시 말해서 하나님이 도대체 우리에게 어떤 하나님까지 될 수 있는가" 하는 범위를 보여주는 사람들인 것 같아요. 그 사람들이 보편적인 자리에 있는 건 아닙니다. 그런 면에서, 일반화시킬 수 있는 신앙이라는 것은 하나님을 아는 것이요 또 하나님을 부인할 수 없다는 것뿐입니다. 이것이면 보편적 신앙이고 생명이 있는 신앙입니다. 이 사람이 거기서 얼마나 더 가느냐 하는 것은 개인적인 문제입니다. 거기에 대해서는 성경이 상급을 논하는 것같이 차등을 인정할 수 있어요. 우리가 훌륭하지 않다고 해서 비난할 수는 없어요. 그런데 물론 훌륭하다는 걸 인정해야 하지만, 훌륭한 사람들을 목표로 삼으라는 게 아니라, "하나님이 우리에게 어디까지 요구하시는가" 하는 문제라는 거지요. 어디까지 요구하신다는 것은 "하나님이 우리에게 어디까지 허락하시는가"와 결부돼 있습니다. 하나님은 하나님이시고, 우리는 피조물이므로 존재적인 면에서 차이가 있는 것인데 그것을 교제, 관계, 믿음이라는 차원에서 허무시는 겁니다. 하나님과 사람이라는 존재는 어떻게 할 수 없는 거지만 그 관계에서는 허무시는 겁니다. 그걸 보여주시는 것 같아요.

예정은 기계적인 것이 아니라 인격적 내용

조주석 예정에 대해서 이야기할 때 아주 간단한 말이지만 제 딴엔 굉장히 중요한 지적으로 보였는데, 뭐냐면 "운명은 결정적이나 그 인생 과정은 그때그때 다르다"고 하셨어요(『하나님의 설복』). 아마 이 말씀은 "구원은 확실하나 개인적으로든 교회적으로든 역사 속에서 우린 실패할 수밖에 없다. 그러니까 그때그때 다르다." 이런 정도의 뜻이 아닌가 짐작해 봅니다만⋯⋯.

박영선 실패를 긍정하자는 거죠. "우린 실패할 수밖에 없는 존재다, 승리는 하나님이 주신다"는 겁니다. 물론 우리가 그 승리를 위해서 노력하고 그 결과를 볼 수 있어요. 그러나 우리는 승리를 하나 만들면 실패는 백 개쯤 만듭니다. 그러니까 하나의 승리도 없는 사람들은 절망하죠. 하나의 승리가 있으면 백 개의 실패를 메울 수 있을 테지만, 나는 하나의 승리보다 백 개의 실패가 더 많은 일을 한다고 믿어요.

조주석 그렇게 지적하고 나서 이런 이야기를 덧붙이셨는데, 뭐냐면 "여러분은 매 맞는 일밖에 없을 것입니다. 이것이 성경이 말하는 예정론입니다." 이렇게 치고 나갔습니다. 굉장히 통쾌하고 재밌었어요.

박영선 부모가 애를 때리는 것은 죽이지 않겠다는 것이지, 죽일 거면 안 때립니다.

조주석 그러니까 예정론을 이야기할 때 우리가 그것을 지식으로 설명하려다 보니 그 지식이 올무가 되어 스스로 넘어지게 된다고 봅니다. 오히려 이처럼 "매 때린다. 내가 내 아들을 사랑하기 때문에 때린다"로 가면 훨씬 인격적인 설명이 될 수 있겠지요.

박영선 그렇죠. 인격적이고, 생명적이 됩니다.

조주석 그 말에 이어서 "하나님께서 우리를 어디까지 도달시키려고 계획하고 계시며 어떻게 우리를 인도하고 계시는가를 잘 살펴서 매를 대시기 전에 말로 할 때 알아듣는 자가 복 있다"고 하셨는데, 아주 쉬운 인격적인 설명이 아닌가 합니다.

박영선 아무래도 신앙 연조가 쌓이면 지혜가 늘죠. 분명히 젊었을 때하곤 달라요. 하나님이 요구하시는 신앙을 적극적인 면에서 이해하고 따라가는 것도 늘고요. 가장 크게는 그 신앙에 순종하지 못하는 것이 사실은 세상을 좇아가는 게 더 나아 보여서 그런 겁니다. 그런데 세상이 얼마나 기만적이냐 하는 것을 배우니까 저절로 그만두게 됩니다. 그래서 경험이 신앙으로 돌아오게 하더라고요.

조주석 실패라는 것은 결국 세상에 대해서 내가 절망하는 것, 세상이 우리에게 주는 것이 별로 없다는 그것 하나 배운다는 말씀이군요. 그래서 하나님의 온전하시고 기뻐하시고 선하신 뜻이 무엇인지 찾아 그 길로 들어서는 거겠죠.

박영선 신앙을 지키면, 도덕을 지킨 것 같은 자기 성취나 자기 의에 대한 만족이 아니라 정말 하나님이 만드신 인간의 참다운 인간성에 대한 기쁨이 나옵니다. 이는 나이가 들고 신앙의 깊이가 있어야 그 기쁨을 맛보게 되는 겁니다. 그 전에는 그 기쁨이 너무 은밀해서, 그 소리가 작아서 세상적인 것에 늘 압도당했어요.

성도의 교통은 사라지고 미션만 남았다

조주석 한국교회는 80년대 이후로 부흥을 맞이했습니다. 부흥을 맞이하고
서도 한국교회는 여전히 부흥을 계속 이어가고 싶어 합니다. 미국의 새들
백 교회에서 하는 '구도자 예배' 같은 프로그램이나 '가정교회' 같은 프로
그램을 도입하는 교회들이 점점 늘어나고 있다는 겁니다. 이런 유형은 이
전에 교회 밖 선교단체들이 했던 것을 넘어서는 것이라고 보기 어렵습니
다. 그렇다면 구원의 풍성함에 대해서는 또 요원해지지 않겠습니까?

박영선 목숨을 걸고 신앙을 지키고 살아남았던 교회가 부흥을 허락받아서
정말 많이 행복하고 기뻤습니다. 그러니까 교회가 무슨 신학적인 이해와
깊이를 못 갖고 있었어요. 하나님이 우리에게 허락하신 것이 얼마나 큰가,
이렇게 이야기할 수 있는데 한국교회는 이 신학적인 이해를 경험적으로
아직 이해할 단계가 아니었던 겁니다. 경험은 순교와 부흥밖에 못 갖고 있
었어요. 그러니까 자꾸 그걸 연장하려고 합니다. 신학적으로 성찰해서 교
회가 맡은 책임이 무엇이냐에 대한 폭넓은 이해가 없어요. 그래서 지금도
부흥을 연장하자는 게 큰 흐름입니다. 여태까지 한국교회가 부흥하면서부
터 지금까지 갖고 있는 숙제를 못 풀고 있습니다. 이미 믿은 사람들에게 신
앙적인 삶을 실천시키지 못하고 몇 가지 명분적인 일에 매달리게 하는 게
전부잖아요. 개인에게 요구하는 걸 넘어서 교회 자체의 역할이 예전에는
미션 캠프였고 지금도 어떤 많은 일 중 하나에 매달리는 것으로 교회의 내
용과 정체성을 좁혔다고 봅니다.

조주석 한국교회가 쭉 흘러왔다고 할 때 열심이랄까 이런 점들을 좀 끊고

인간의 삶으로 확대되는 것, 그것이 참 안 되고 있어요. 그게 어려운 부분인 것 같아요.

박영선 끊으라고 그러면 안 돼요. 끊으라고 하면 싸움 나니까 더 중요하고 본질적인 문제가 무엇인지를 말해야 합니다. 그리고 다른 것도 교회의 책임 중 하나이긴 하지만 선택적인 문제일 수 있다고 해야 합니다. 따라서 그 선택적인 문제라는 것은 교회가 전력투구할 게 아니라는 거지요. 교회가 전력투구해야 되는 것은 정말로 '커뮤니오 상토룸'(*communio sanctorum*), 곧 성도의 교통인데, 그것은 없어지고 미션만 남았습니다. 신자라는 신앙 인격체가 큰 문제인데, 임무만 남고 사는 문제는 사라진 겁니다. 그러니까 일을 하지만 본인은 메마를 수 있어요.

조주석 군인들만 많죠. (웃음) 제럴드 싯처(Gerald L. Sittser)가 쓴 『하나님의 뜻』이라는 책에 보면, 구원 과정 속에서 인간이 겪을 수 있는 여러 과정이 있다고 말해요. 어느 때는 실패도 하고 어느 때는 하나님의 뜻을 따라 살아도 자신의 잘못과 전혀 상관없이 엉뚱한 것이 찾아온다는 겁니다. 고통이라는 것, 심지어 아내나 자식이 죽을 수도 있지요. 이런 문제가 신자에게 찾아올 때 전전긍긍할 수밖에 없거든요. 이게 뭐냐 하는…….

박영선 난 이런 문제의 정답을 알아요. 우리는 인과관계만 따지잖아요. 그러나 지금 생각하는 것보다 더 하라는 것을 생각해야 됩니다. 욥이 처음에 가졌던 단순한 신앙, 즉 보상 원리의 신앙에서 고통을 겪고 한 걸음 더 나아가잖아요.

조주석 그 책에 보면 저자가 가족을 태우고 고속도로를 달리다가 교통사고를 당합니다. 그런데 그만 반대편에서 달리던 차가 자기 차를 덮쳐 사고를 낸 겁니다. 그래서 아내도 죽고 자식도 죽고 어머니도 죽고, 그랬어요. 그 일을 당한 후에 이렇게 생각합니다. "내가 지금까지 신앙생활 똑바로 해왔는데 하나님께서 왜 나에게 이런 시련과 고통을 주십니까? 이해가 안 됩니다, 정말 이해가 안 됩니다." 그러면서도 재혼은 안 해요. 나머지 애들을 키웁니다. 대학 교수입니다. 이런 문제가 내게 찾아온다면 난 어떤 생각이 들까……

박영선 그렇게 상상하면 못 견뎌요. 그러나 당하면 견딥니다. 왜냐하면 대안이 없기 때문입니다. 당하면 도망갈 수 없잖아요. 이미 당했으니 말입니다. 그런데 생각 속에선 도망갈 수 있기 때문에 자꾸 부정해서 "나를 그리로 몰지 마십시오"라고 하는 겁니다. 생각하는 것만으로도 겁나죠. 사실 돌이켜 보면, 내 주변의 친구들은 당시 한국교회의 요구들에 순종하고 잘했던, 단순하고 성실한 사람들이었어요. 참 좋은 사람들입니다. 그러나 난 그들처럼 단순하고 성실하지 않았어요. 내가 고민하는 건 사람들이 아무도 점수를 안 줬어요.

조주석 그렇죠. 점수 받기 어렵죠.

박영선 그렇잖아요. 저건 어차피 이걸 안 해서 저런다고 말할 수 있잖아요.

조주석 저도 신앙으로 고민을 좀 하다 보니 심적으로 가장 큰 부담이 된 게 실은 부모님이었어요. "신학교까지 졸업했는데 아직 목사 안수도 안 받고 그리 지내고 있느냐?" 그래서 제가 이런 이야기를 했어요. "아버지 어머니, 제가 잘못된 길로 가면, 제가 신앙을 저버리고 잘못된 길로 가면 저를 나무라십쇼. 그러나 아버지 어머니가 보시기에 그게 아니라면 좀 더 기다려 주십시오." 이렇게 설득했어요.

박영선 우리 사회가 획일화되어 있어요. 명분과 이상의 연장선상에 서 있으라는 거지요. 그런데 지금 서 있는 자리를 아무리 연장해도 그쪽으로 못

갈 것 같으면 나무라곤 하셨지요. 사실은 고통을 당하고 더 깊은 생각을 하게 되는 자리인데도…….

조주석 인생마다, 사람의 삶마다 다 다르잖아요. 패턴이 다르거든요. 그 패턴을 하나로, 몇 개로 줄여 놓으려니까 문제가 생깁니다. 하나님의 예정에 대해서도 아주 기계적으로 생각할 수 있다고 봐요. 언제나 인간은 인격체인데 인격체를 마치 기계처럼 묶어 놓으려는 데 문제가 있다고 봅니다.

박영선 맞아요.

인간의 자유의지는 운명 결정권이 아니다

조주석 이런 실패에서도 하나님은 우리를 영광스러운 자리까지 이끌어 가기 위해 늘 우리를 위해 뒤에서 보살피고 계신다는 것을 하나님의 섭리라고 이해할 수 있겠어요. 여기서 하나 생각하고 싶은 건 예정론과 관련해서 인간의 자유의지란 어떤 것이냐 하는 문제입니다. 권위라는 차원에서 하나님의 권위와 인간의 권위는 어떻게 다른 것인가 하는 점입니다.

박영선 뭐, 상대도 안 되죠. 인간은 선택할 권리도 있고 책임질 권리도 있습니다. 그런데 자신의 운명을 자신이 결정하는 것을 하나님이 허락하지 않은 거죠. 인간의 자유의지란 운명 결정권이 아닌 거죠. 하나님은 인간이 결정하고 만들 수 있는 것보다 인간을 더 크게 만들었어요. 하나님이 목적하시고 작정하시는 대로 우리를 만들었어요. 이렇게만 생각하면 우리는 금방 기계적 결정론에 빠져들고 맙니다. 그게 아니라 하나님은 피조물인 우리를 당신과 교제하는 대상으로 삼으신 겁니다. 믿음이나 사랑이라는 말로 대표되는 기독교 신앙의 표현들에서 그것을 금방 알 수 있어요. 그것들은 비인격이 아닌 인격적 대상에게만 허용되는 거잖아요. 믿음이나 사랑을 우리에게 그렇게 요구하십니다. 우리가 인간으로서 능력적 차원에서, 존재론적 차원에서 할 수 있는 것과 하나님이 요구하시는 것은 차원이 전혀 다릅니다. 피조물인 우리에게 창조주인 하나님이 대등한 인격적 관계를 요구하시는 데서부터 문제가 파생된 것이지만 이게 복된 것입니다.

조주석 그럼 정론을 권위의 차원에서 대등하다고 치고 나가면 어떻게 되죠?
박영선 그럼 말이 안 되죠.

조주석 그럼 말이 안 되고 죄일 수 있겠고 교만이라고 할 수 있겠죠. 그런데 실생활에서 보면, 신자가 아닌 경우엔, 뭐 신자인 경우에도 그 점에 있어서는 혼동이 일어날 수 있겠다고 생각합니다.
박영선 하나님과 대등한 권위를 요구하는 것으로서 자유나 선택이라는 말을 쓰게 되면 신이 우리와의 관계를 요구하는 데에서 계급장을 떼자는 말이 됩니다. 그러면 그건 상대방인 신에 대한 모독일 뿐 아니라 인간이 자신의 위치를 벗어나는 겁니다. 그러면 인간은 분해되고 말아요.

조주석 그 문제에 대해서 생각하는 것이 이겁니다. 사실은 무신론적 실존주의자들의 양태를 보면 결국 그들의 개인 종말로 가면 파탄입니다. 그래서 스스로가 뭘 고백하냐면, "난 이렇게 살아온 것 자체가 이상하다." 그러곤 끝낸다고 합니다.
박영선 신과 운명을 거부하는 존재는 그게 얼마나 웃겨요. 적극적인 걸 만들어 낼 수 없고 거부한다는 것, 그 표현 속에 상대방을 인정해야만 거부하는 자신의 자리가 생기는 겁니다. 그런데 상대방이 있어야 존재할 수 있는 자가 상대방을 거부하면 뭐가 남겠어요.

시간 속에서 일하시는 하나님

조주석 버트런드 러셀(Bertrand Russel) 같은 철학자도 보면 적극적으로 기독교를 반대했어요. 그런데 나중에 보면 조금 변했다는 거예요. 기독교를 인정은 안했지만 인생의 의미에 대해서는 열어 놨다고 합니다.

박영선 우리가 알다시피 논리로 추적해서 하나님을 만날 수 있는 건 아니니까 논리의 끝에 가 보면 인간이 자기 생각 속에서 맴돌고 있었다는 건 누구나 발견합니다. 그러니까 우리가 논리로 우리 인격을 채울 수 없고 영혼을 만족시킬 수 없다는 것을 압니다. 그러니 실은 이성이나 합리성이라는 것이 또 얼마나 복된 겁니까? 짐승하고 우리를 확연히 구별해 주고 우리의 모든 걸, 말하자면 문화와 예술을 있게 만들어 준 것인데, 거기에 영혼의 답이 있다고까지 생각하는 거죠.

조주석 "권위적인 차원에서는 동등하지 않다, 차등하다"고 하셨어요. 그러나 "교제의 차원에서는 하나님이 우리를 동등한 차원으로 올려놓으셨다." 이렇게 말씀하셨습니다.

박영선 그게 놀랍죠.

조주석 그래서 자발적으로 당신을 사랑할 수 있도록 우리를 설득시키시는 그런 데로 간다고 이야기를 하셨죠. 자유의지라는 문제를 그렇게 연결시켜 놓았어요.

박영선 제가 아마 차원이 다르다고 했을 거예요.

조주석 그래서 "사랑이라는 말은 동정과는 다르다. 동정은 아니다"라고 하셨고요.

박영선 "사랑의 반대말이 동정일 것이다." 그랬을 거예요.

조주석 그래서 동정이라는 말은 사랑에 대한 끔찍한 반대말이라고 하셨어요. 오히려 우리를 무릎 꿇게 하신다고. 이런 걸 생각해 볼 때 사랑이라는 것이 얼마나 귀한지 모릅니다. 자유의지라는 큰 테두리 속에다 사랑이라는 것을 딱 넣어서 자유의지를 사랑과 연결시켜, 우리의 의지보다도 사랑과 연결시켜 놓았다고 지적한 것은 정말 좋았다고 생각합니다. 또 그걸 가리켜서 "회개가 자발적 항복이다"라고 하셨죠. 구원받은 사람의 회개를 가리켜서 자발적 항복이라고 했습니다. 우리에게 자발적 항복을 받기 위해서 하나님은 우리를 궁지에 몰아넣기조차 한다고요. 그렇게 이해할 수 있겠죠.

박영선 그 둘이 동시에 일어날 수도 있고.

조주석 이런 내용들이 공감이 갔던 것들이었어요. 『하나님의 설복』을 대하고 읽으면서 생각해 볼 부분이 참 많았어요. 예정론을 다루면서 말씀하신 중요한 모티브, 목사님이 생각해 오셨던 모티브가 이미 그곳에 다 있다고 생각했어요. 그러나 그런 것들이 후대에 설교를 통해서 더 많이 발전되었다고 봅니다. 그런 것들은 『성화의 신비』에서 좀 더 구체적으로 읽혀진다고 생각합니다.

박영선 그래요. 그게 연결됩니다. 그래서 나는 믿음 안에서 실패한 것을 실패로만 보지 않고 성화의 과정 속에 있는 삶의 한 내용으로 보고 있습니다. 사람은 실패를 통해 자신의 무능을 더 여실히 배움으로써 하나님을 의지하게 됩니다. 이렇게 해서 성화가 이루어지는 거지요.

05

믿음이란 하나님을 아는 것입니다

믿음은 인과율이 아니다. 믿음은 사람 안에 있는 것이 아니다. 믿음은 하나님의 은혜다. 이러한 그의 이해는 『하나님의 설복』과 『하나님의 열심』에 잘 나타나 있다. 그러나 그는 거기서 멈추지 않고 이런 이해를 출발로 삼아 믿음의 본질이 무엇인지 성경을 통해 더 추적해 들어간다. 『믿음의 본질』(2001)이라는 책이 그런 설교집이다. 그러니 '믿음'이 그의 평생 과제라고 한 말은 결코 헛말이 아니다. 이 설교집을 통해 드러난 믿음의 탐구는 15년 전에 냈던 『하나님의 열심』보다 훨씬 더 구체적이요 조직적이다.

그에게 있어서, 믿음이란 하나님을 아는 것이다. 믿음이란 인격적 관계요 인격적 앎이라는 것이다. 믿음을 이렇게 정의한 다음에 이에 따른 다른 질문들도 더 던진다. '믿음이란 어떻게 생기는가?', '믿음은 어떻게 자라는가?', '좋은 믿음이란 무엇인가?' 이런 질문들에 대한 자신의 답을 구하고 찾음으로써 자신의 과제를 더 풀어낸 셈이다. 이로써 그의 설교의 일차 청중인 남포교회도 그의 평생에 걸친 과제에 참여한 셈이 된다.

그는 인터뷰에서 책에서 다루지 아니한 더 나아간 이야기도 들려주었다. 믿음이란 신학을 갖기 마련이라는 것이다. 믿음이 신학을 추구한다는 이 문제가 아주 중요하다고 힘주어 이렇게 말한다. "보통 우리가 신학이라고 하면 어떤 형식과 격식을 갖춘 무슨 이성적 사치같이 느껴진다는 겁니다. 왜냐하면 계몽주의 이래로 불거진 합리주의와 인본주의가 기독교의 권위와 질서에 대해 가졌던 반감과 왜곡이라는 게 먼저 떠오를 수 있거든요. 신학에도 그런 결점이 있을 수 있어서 반발을 사는 게 아니겠어요? 그래서 신학이라는 것이 어떤 사람들을 형식과 강요에 굴복시키려는 인위적인 장난이 아니라는 걸 납득시켜 줘야 합니다. 일단 신학과 신앙이란 떼려야 뗄 수 없는 관계라는 것을 납득하게 해야 해요."

그렇지만 믿음이란 언어로 다 표현해 내기 어려운 것이다. 우리가 믿는 바를 신학으로 표현해 낼 때 다 완벽하게 표현해 낼 수가 없다. 그러기 때문에 "우리는 용서할 수 있다"는 나의 말에 그는 이렇게 보충하고 보완한다. "지금 그 표현 참 좋네요. 용서할 수 있다는 말이 어떤 말이냐면 교리를 논할 때 우리는 교리화시킬 수밖에 없어요. 우리는 그럴 수밖에 없으니까 교리화하고, 언어화시키면 긍정적이고 적극적이지 않고 부정적이고 비판적이 돼요. 울타리를 치는 겁니다. 가뜩이나 유한한 존재가 또 울타리를 쳐야 하니 그것이 교리요 논리입니다. 그것은 여는 것이 아닙니다. 열면 학문을 할 수가 없어요. 설명을 못하고 질서를 못 잡으니까 조금 전에 쓴 '용서한다'는 말도 조심스럽게 써야 해요. 질서와 근거가 다 허물어지니까 말입니다. 그러나 그것을 열어 놔야 돼요. 우리의 울타리가 폐쇄되지 않도록 늘 노력해야 돼요. 그리고 우리가 완벽할 수 없다는 것을 인정하는 것, 그게 용서에요."

이렇게 신학을 강조해서 말하는 것은 일부 목사들이 "신학이 무슨 소용이 있느냐"고 공격하는 데서 나온 것이다. 서구 사회에서의 기독교는 계몽주의와 함께 인본주의적이고 지성주의적인 것의 도전과 거부에 부딪쳐 큰 상처를 입었다. 그 상처가 불신을 낳았고 급기야 신학이 필요 없다는 주장까지 하게 되었다는 것이다. 그래서 한국교회가 기독교 신앙이 가지는 전체를 제시하지 못하고 서로 싸우고 있다고 반성한다. 그 이유는 각자의 기독교 신앙이 자기가 아는 바의 전부라는 전제 때문이라는 것이다.

이런 현실 인식을 바탕으로 "우리도 지금 신학이라는 필요를 유통시켜야 돼요"라고 말하는 그의 지적은 광고 카피 같은 감각적인 것이지만 아주 적절한 표현이 아닐 수 없다.

믿음이란 하나님을 아는 것

조주석 성경은 믿음, 소망, 사랑이라는 덕에 대해서 말씀합니다. 신학적으로는 이것을 하나님에 대해 갖는 세 가지 큰 덕이라고 말하지요. 그런데 그러한 덕이 우리에게 아주 명확히 확인되지 않는 것 같아 안타까울 때가 많습니다. 특히 믿음이 말입니다.

박영선 믿음이 뭐냐 하는 문제가 제일 어렵죠. 이것을 신학적인 기대나 설명을 할 수 있는 건 아니고 신앙인으로서 이야기한다면 내 설명은 이래요. 하나님이 내게 나타나서서 나에게 자신을 보여주시고 자신을 알리시고 약속하신 것들을 '믿음'이라고 합니다. 내가 아는 내 믿음이란 그래요. 내가 하나님을 아는 것이요, 하나님이 나에 대해서 가지는 약속을 아는 것이 믿음이에요. 믿음이 나에겐 뭐라고 할까, 추구하거나 실천하는 것보다 우선하는 것, 본질로 계시된 것입니다.

조주석 그렇군요.

박영선 하나님이 우리를 만나시고 우리에게 자신을 보여주심으로 하는 약속들, 성경적으로 이야기하면 하나님이 "신의 성품으로 부른다"는 베드로후서의 표현, 또 다른 식으로 하면 "그리스도를 본받는다"는 이런 대표적인 표현이 있잖아요. 기독교 신앙이란 믿음, 소망, 사랑, 용기, 정의 같은 덕목들로 나타나야 하는데, 이런 명목으로 나타나지 않으면 우리의 믿음이라는 것은 모호해질 수 있습니다. 그래서 그것들이 필요하다고 봅니다. 그런데 그 덕목들이 신앙의 단계나 항목으로 존재한다면, 하나님이 우리를 찾아오셔서 당신을 보이셨다고 이해하는 신앙에 대한 나의 이해는 불분명해지고 말아요. "신앙이란 인격적인 관계다, 인격적인 앎이다"라고 생각하는 근본적인 이해가 자꾸 흐려져요. 이처럼 관념론으로 흐르거나 실천 규범이 되면 그렇게 흐르는 것 같아요. 그러니까 베드로후서 1:5-7에 보면 "너희 믿음에 덕을, 덕에 지식을, 지식에 절제를, 절제에 인내를, 인내에 경건을, 경건에 형제 우애를, 형제 우애에 사랑을 더하라" 하며 쭉 나오거든요. 그런 것들은 내가 읽었던 주석에서도 항목을 나열하는 것이나 또는 단계로 보지 않는다고 적고 있었어요. 그럼 그게 뭐냐 할 때 '신의 성품으로의 부름'인 겁니다. 다시 말해, '하나님을 닮는 것'입니다. 하나님이 우리에게 찾아오시고 당신을 알리시는데, 자신을 알리시는 목적이 바로 인격적 관계입니다. 따라서 하나님을 닮는 것이라고 본다면, 우리를 인격적이고 경건으로 부르시는 하나님의 부르심이라는 것과 연결시켜야 합니다. 그러지 않고 어떤 규칙인 항목으로 제한하게 되면 믿음은 경직된다고 생각해요.

조주석 그렇죠. 사람들이란 늘 이렇게 이야기하죠. 뭘 자꾸 규정해서 "이것이 믿음이다, 저것이 믿음이다" 하기 쉬워요. 어떻게 보면 믿음이라는 것은 그 자체가 신자의 삶 속에 내재되어 있는 것인데, 그것을 말로 표현하다 보니 "이런 것이다, 저런 것이다"라고 말할 수밖에 없거든요. 그것을 두드러진 양상으로 이야기하려고 할 때 사람은 규정하게 됩니다.

박영선 원래 성경이 의도하는 것과 믿음이 주어졌다는 것이 처음으로 돌아가서 보면, 믿음이라는 것은 자격과 조건의 싸움이 아니에요. 그건 내가 아는 것도 아니고 깨우친 것도 아니라는 겁니다. 내 이해는 그래요. 어느 날 하나님이 나타나셔서, 하나님을 그냥 본 겁니다. 대개는 감격이라는 것으로 인식을 합니다. 그런데 난 감격의 순간이 없었어요. 나한테는 굉장히 오랜 시간에 걸쳐 축적된 겁니다. 그러니 어느 순간을 획으로 그으라니까 답답한 거였지요. 그 이전과 이후라는 식으로 그으라고 하니까. 하나님에 대한 믿음은 그것보다 모호합니다. 의식하고 있고 공감하고 있는데 분명하지는 않거든요. 이 불확실성이 의심으로 작용하는데, 이 의심이야말로 무언가를 가지고 확인하고 싶어 한다는 것입니다. 그래서 의심은 믿음을 놓지 않았다는 겁니다. 그러니 놓지 않는다는 표현이 결국 어디로 가느냐면 선택이 되고 의지가 되고 자꾸 그래요. 그 말이 틀린 게 아니잖아요. 그래서 난 이렇게 말합니다. "거부할 수 없는 믿음"이라고, "믿음을 거부할 수 없다"고. 왜냐하면 부정할 수 없거든요. 내가 좋아하는 표현으로 요나서 2:4에 이런 구절이 나옵니다. "내가 주의 목전에서 쫓겨났을지라도 다시 주의 전을 바라보겠다 하였나이다." 이 말씀이 왜 좋으냐 하면, '내 운명이 어떻게 되느냐'라는 조건으로 하나님을 선택할 수 없다는 겁니다. 하나님이 누군지 아는데 내가 어떻게 부정해요? "나를 쫓아내서도 하나님은 하나님이십니다." 나는 믿음을 이렇게 이해해야 한다고 생각해요. 물론 이런 경지에 오라는 것은 아닙니다. 사실 사람들이 이런 믿음을 갖고 있는데 어떤 식으로 확인하느냐면 스스로 자책하는 마음에서 찾게 됩니다. 대부분 신자들의 믿음의 현실은 다 민망하니까, 자신의 기대만큼 못 사니까, 믿음의 의욕이나 기대만큼 못 미치니까 자책감을 가져요.

조주석 그렇죠. 자책감을 갖죠.

박영선 자책감을 갖는다는 게 뭐냐면 포기하지 않고 있다는 뜻입니다. 포기하지 않는다는 것은 의지의 문제로 포기하지 않는 것이 아니라 부정할 수 없다는 이야기입니다. 본인이 하나님을 아는 것을 부정할 수 없는 겁니다. 하나님이 나에게 어떤 분이며 뭘 약속하고 있는지를 외면할 수가 없어요. 실천이 되지 않아서 당황하는 거지요. 그런데 이 믿음이 자꾸 조건이 되고 수단이 되고 자격이 되고 하면 그게 아주 속상합니다. 믿음이라는 것이 사실은 하나님이 얼마든지 당신의 자녀들이 부정할 수 없게 만나 주시고 그 만남과 관계를 중단하지 않으시는데, 나의 의지나 노력에 의해서 더 많이 하나님을 만나기도 하고 하나님을 내가 떠나보낼 수도 있는 것처럼 이야기하는 것은 맞지 않다고 생각합니다.

조주석 음……. 그래요.

박영선 왜, 어디가 분명치 않아요? (웃음)

조주석 아니요. 분명치 않다기보다는……사람들은 믿음이라는 걸 말이나 글로 표현하게 돼요. 분명히 전 인격적으로 믿는 바가 있는데 문제는 그걸 사람이 말로 표현하려 할 때 늘 제약을 받을 수밖에 없다는 겁니다. 자신의 경험을 말로 표현한다는 게 그렇게 쉬운 일도 아니고요. 실은 말은 못해도 믿음은 있을 수 있잖아요. 그러나 적어도 내가 가진 믿음을 다른 사람에게 전할 때는 어쩔 수 없이 말이나 글로 표현하게 됩니다. 그럴 때 내게 있는 걸 어떻게 좀 더 합리적으로 설명해 낼 것인가, 어떤 용어로 설명할 것인가 하는 문제가 늘 생기게 되잖아요. 거기서 감격도 생길 수 있을 것 같고 오해도 생길 수 있을 것 같고요. 그런 것들이 늘 우리에게 있다고 생각합니다. 목사님께서 어떤 설교를 통해서든 책을 통해서든 무슨 말씀을 하실 때 사실 거기에 모든 말씀을 다 포함시킬 순 없듯이 말입니다.

박영선 맞아요.

조주석 그럴 때는 서로 난감해질 수 있습니다. 그러면 왜 믿음이 변질될까요?

박영선 구원이라는 말도 기독교만 쓰지 않잖아요. 자유라든가 평화라든가 정의라던가 하는 말도. 그러나 어쨌든 우리도 같은 언어를 써야 하고 또 자기 문화나 사회나 역사적인 배경 가운데 있으니 "신자들이 저 말을 할 때는 무슨 뜻이다"라는 게 같은 신앙 공동체 내에서 의미를 가져야 하는데 그것이 변질되기도 합니다. 우리가 잘 아는 대로, 구원의 문제만 해도 은혜로부터 출발해서 나중에는 조건적인 구원이 되고, 믿음도 순전히 하나님의 은혜인데 그것이 수단으로 변하고 우리가 져야 하는 책임으로 자꾸 변질되잖아요.

조주석 사람들은 그런 경향을 보이기 쉽죠. 내가 무엇을 해야 그것이 확인된다고 생각하기 때문에 그럴 수밖에 없겠죠.

박영선 그래요, 그게 우리 본성입니다. 우리는 다 인과법칙에 매이는 겁니다. 그런데 복음이란 그게 아니거든요. 조건 없는 은혜를 입었음에도 불구하고 은혜를 인과관계로 이해하는 실수가 많습니다.

시간을 통한 하나님의 임재

조주석 그러니까 이렇게 될 것 같아요. 지난번에 『하나님의 설복』을 읽으면서나 또 『믿음의 본질』과 『성화의 신비』를 읽으면서 느꼈던 것이 그런 거였어요. 사람은 설교도 여러 설교를 통해서 자꾸 듣잖습니까? 그러면 그것이 자기 안에서 뭔가 작용하게 됩니다. 어떻게 작용하는지는 몰라도 어떻게든 작용하거든요. 그러다가 어느 순간, 어떤 한 문장을 만날 때 나에게 확 들어올 때가 있어요. 그럴 때 딱 걸리는 겁니다. 다시 말하면, 그 사람의 신앙이 정리가 된다고 할 수 있지요. 그럴 때 확신을 할 수도 있겠고요. 예를 들어, 루터 같으면 늘 그 마음에 구원이 어떻게 이루어지는가를 품고 있다가 믿음이라는 문제에 딱 걸렸을 때 확신했잖아요. 사람들의 믿음이란 문제도 확인이라는 차원에서는 그런 것이 있을 수 있다고 생각합니다.

박영선 설교자 입장에서 설교자가 의도한 대로 은혜 받는 적은 없어요.

조주석 꼭 그렇지만은 않지만 또 그럴 수도 있겠죠.

박영선 설교자는 자기가 의도한 결과만 봐서 그렇지요. 그러나 자기가 의도하지 않고 자기가 생각하지 않는 결과도 많이 나옵니다. 가장 대표적인 것이 시간입니다. 설교자는 설교하고 그때 설득되길 바라지요. 그런데 그게 가슴속에 묻혀 있다가 먼 훗날에 턱 하고 올 수 있지요. 시간이 그렇다는 것은 다른 것도 다 그렇다는 겁니다. 시간의 간격을 우리가 주장할 수 없듯이, 말하자면 은혜를 입었다는 것도 시간을 통한 하나님의 임재라고 믿습니다. 하나님께서 그렇게 하시는 겁니다. 하나님이 한 영혼에 찾아오시는 겁니다. 문을 잠가도 소용없고 언어나 의지나 감정이나 다 뛰어넘어서 그냥 덥석 오십니다. 그런데 좀 전에 말한 대로 그것을 언어로 정리하지 않으면 우리는 정리를 못하고 모호해지고 혼란스러워집니다. 그래서 언어가 굉장히 필요하죠. 그런데 언어를 쓰면 원래 있었던 언어의 정의나 그 시대의 표현에 말려들어 자기가 가졌던 것을 표현하다 보면 다시 그 표현 속에서 인과법칙이나 합리주의가 나오게 됩니다.

조주석 신앙이 논리에 갇힐 수 있겠죠.

박영선 그러니까 구원의 확신의 가장 대표적인 것이 무엇이냐 하면 '하나님을 아느냐, 모르느냐' 하는 겁니다. 그게 바로 살았느냐 죽었느냐는 거지요. 하나님을 아는 것은 예수 그리스도를 보내신 창조주 하나님을 아는 겁니다. 그것은 논리가 아닙니다. 그런데 복음과 구원에 대해 감격한 사람들이 인과관계를 만들어서 하다못해 회개로도 원인을 만들어야 되고 결단이라는 것으로도 원인을 만들어야 돼요. 그래야 논리적으로 확인이 돼요. 구원의 확신이 있는 사람은 꼭 원인을 꼭 설명하라고 그래요. 논리적이지 않을지라도 감격의 순간을 설명해야 진짜라고 해요.

조주석 사실 거슬러 올라가면 선지자든 성경을 기록한 다른 사람들이든 간에 분명히 그들도 다 자기의 경험이 있단 말입니다. 그 경험을 남겨야 하잖아요. 그걸 안 남기면 저 사람이 가지고 있는 게 뭔지 모르거든요. 그래서 하나님의 말씀을 은혜의 수단이다, 은혜가 아니라 은혜의 수단이다, 그렇게 개혁자들은 이야기했습니다. 그런데 우리가 은혜라는 것과 은혜의 수단이라는 것을 마치 동일한 것처럼 생각해서 늘 문제가 생기는 것 같습니다. 설교란 것도 엄밀히 말하면 은혜의 수단으로서 선포되는 것이지 그 자체가 은혜는 아니거든요.

박영선 난 거기까지는 생각 안 해봤어요. 보통 우리 테니스 같이 하는 목사들 보면, 운동신경 좋은 사람들은 자기들이 어떻게 쳤는지 몰라요. 누가 그것을 정리하는 줄 알아요. 운동신경 없는 사람들이 정리해요. 책 보고 연구하고 '쟤는 이래서 되는구나'라고 사진 찍어서 보고 그래요. 사실 대부분의 사람들은 논리와 상관없이 그냥 아는 겁니다. 본인이 가지고 있고 자기 것이 됐으니까. 자기 것이 안 됐을 때 자꾸 추구하고 따지고 정리하고 하지요.

조주석 아, 그 말씀 맞아요. 그런데 이런 것도 있지 않습니까? 축구의 경우도 축구 아주 잘하는 선수가 꼭 훌륭한 감독이 되지는 않잖아요.

박영선 맞아요, 꼭 그래요.

조주석 신앙이 다 좋다고 해서 그 사람이 목사 되는 것도 아니고요. 목사 됐다고 해서 그 사람 신앙이 다 좋은 것도 아니고요. 꼭 그렇게 말할 수 있는 것 아니잖아요?

박영선 이 믿음의 문제에서 더 깊이 들어가면 우리가 감당 못할 이야기가 되겠습니다. 내가 이해하는 믿음은 한국교회에서는 조금 낯설 겁니다. 우리 한국교회에서 하는 설명들이 나의 이해와는 좀 다르죠. 뭐 믿음이 다른 게 아니라 본질에 대한 이해와 경험이 다른 걸 겁니다. 그러니까 표현이 달라졌을 겁니다.

은혜란 하나님이 나를 찾아오셔서 붙잡고 안 놓으시는 것

조주석 믿음이란 삶의 과정 속에서 형성된다고 생각합니다. 이를 달리 말하면 믿음이란 우리의 경험과 밀접한 관계가 있다는 말이 되겠죠.

박영선 믿음이 삶의 과정 속에서 형성되는 것이라고 할 때, 그것을 신학적으로 이야기한다면 구원론, 교회론 이렇게 말할 수 있을 겁니다. 우리가 구원론이다 교회론이다 하는 논리를 이야기하면 어떤 연속성이나 의미라는 것을 말할 수 있습니다. 그러나 사실 경험하는 사람은 그 경험이 토막이 나 있어요. 한 줄로 어떻게 묶였느냐를 본인은 몰라요. 밀림을 걸어서 내가 어디까지 왔지만 다시 되짚으라고 하면, 배가 고팠다거나 오다가 악어를 만났다거나 이런 건 기억이 나도 그 선을 다 잇지는 못해요. 그걸 다 나열하지 못해요. 신학과 교리의 싸움은 학문적이라 할 수 있는데 한 개인의 경험은 굉장히 파편적이고 단절적입니다. 그러나 어느 날 보니, 와 있는 겁니다. 그래서 본인이 찾았다는 말은 쓸 수 없어요. 우리 각 개인이 고민했다고는 이야기할 수 있습니다. 모든 신앙적인 고민은 머릿속에서만 하지 않아요. 그 고민을 할 동안 삶 자체는 헤매고 있는 겁니다. 그 헤매는 동안은 절박해요. 오늘 이야기에서 제일 중요하게 말하고 싶은 부분은 이겁니다. 그 절박한 것이 길을 잃은 것 같고, 답이 없는 것 같다는 겁니다. 그런데 그렇지 않다는 이야기를 하고 싶은 겁니다. 모든 신앙인들이 사실은 어느 시점에서 그 절박함 때문에 본인의 신자 된 내용적인 고민과 현실적인 선택을 외면해요. 그게 제일 나빠요. 그런데 그게 한 답입니다. 거기서 더 들어가면 미치니까 어디선가 자야 돼요. 자기 위치와 갈 길이 확인될 때까지 뺑뺑이 돌면 탈진하는 것 같아요. 그래서 어느 나무 밑에서, 로뎀나무 밑에서 잠자기를 스스로 청해요. 그럼 하나님이 안아 가시는 것 같아요.

조주석 사람이 적어도 신앙이라는 차원에서 생각하자면 10대 때도 생각하겠죠. 그래도 뭔가 사상이라 할까요, 생각을 가지고 구체성을 갖는 때는 20대를 넘어야 할 것 같고 30대, 40대, 50대, 60대까지 이어지면서 그런 것들

시간 속에서 일하시는 하나님

이 다 엮어지는 게 아니겠어요? 그런데 20대에서 30대로 넘어왔을 때는 거기에 굵은 선이 하나 있을 겁니다. 그런데 그 과정이 하루 이틀이 아니지 않습니까? 그러니까 그걸 우리가 포착해 내서, 말로 표현하고 글로 표현한다는 것은 엄청난 이야기를 몇 자로 줄이는 것이기 때문에 사실 쉬운 이야기가 아니죠.

박영선 본인이 다 기억 못해요. 본인이 헤맨 것을 자기가 다 의식하고 있지 않아요. 그게 끊어져 있어요. 사실은 어떻게 보면 현실이라는 문제 때문에 은혜가 작동을 중단하고 있는 겁니다. 먹고 사는 문제라든가, 군대 가서 뺑뺑이를 돈다든가 하는 현실이라는 문제 때문에 진지하게 고민을 계속할 틈이나 마음의 여유가 없어서 도리어 살아남은 건지도 몰라요. 그렇지 않고 그걸 계속 생각하고 일관되게 매달려서 추구했다면 아마 단명했을 것 같습니다.

조주석 작가들이 그렇게 이야기하거든요. 내가 배고파서 소설을 썼지 소설을 쓰기 위해서 소설을 쓴 게 아니다.

박영선 맞아요, 그게 맞아요…….

조주석 오히려 배고프면 더 잘 쓴다잖아요.

박영선 정답이라는 것이 뭡니까? 정답이란 게 내용입니까, 방향입니까, 목표입니까? 우리가 정답이라는 말을 할 때 우리는 그것을 규정화합니다. 그러면 그것 자체는 비인격적이니까 융통성을 제거하는 겁니다. 어느 한 개인이 믿음을 갖는다고 할 때, 다시 말해 믿음이 어떻게 생기고 어떻게 자라느냐 이야기할 때 "우리는 보편적으로 이렇다"라고 말하지 말자는 겁니다. 그렇게 말하다 보면 그게 정답이 되거든요. 내가 보기에 믿음이라는 말 자체는 은혜와 붙어 다닙니다. 믿음을 논할 때 처음에는 죄하고 연결하잖아요. 나는 믿음이 뭐라고 보냐 하면, 하나님이 자신을 나타내셔서 당신을 알게 하는 것과 하나님이 우리에 대해서 가지는 계획을 약속해 주시는 것이라고 봐요. 우리 쪽에서 인식하자면, 하나님을 알게 된 것과 믿음이라는 이름으로 가지는 약속에 대한 소망을 갖는 것을 믿음이라고 하죠. 그럼 죄란 뭐냐? 이 두 가지가 성립하지 못하도록 하는 것이 죄입니다. 적극적인 차원이 아니라 원죄로 인하여 하나님을 모르고 관심 없고 또는 적극적으로 거부하고 하는 것이 죄다 이겁니다. 믿음을 행하는 과정에서 뭐가 강조되냐 하면 그런 융통성, 시행착오라는 넓은 기회, 다른 말로 은혜라는 말을 제한하면······.

조주석 죄다!

박영선 죄라 그러면 안 돼요. 신자들 사이에서 스스로 정죄하고 제삼자를 정죄하는 게 거기에서 나오는 것 같아요.

조주석 스탠리 하우어워스(Stanley Hauerwas)는 구원이 뭐냐 했을 때 "모험의 과정"이라고 했습니다. 그러면서 또 설명하기를 새로운 삶이라는 게 뭐냐 했을 때 "하나님과의 완전한 교제를 향한 걸음"이라고 했어요. 이 표현이 저에게 굉장히 와 닿았습니다. 왜냐하면 생명이라 할 때는 뭔가 잡힐 것처럼 생각하는데 그분은 잡힐 것으로도 말하지 않고 정체성으로도 이야기 안 했거든요. 그것이 과정에서 나오는 것으로 말했어요. 하나님 안에서 쭉 그것이 나오는 것으로 말입니다. 하나님과의 그런 교제를 향해서 가는 과정을 '구원'이라고 표현했어요. 그래서 조직신학적인 차원으로 말하는 것보다 더 가까이 느낄 수 있었어요.

박영선 맥을 같이할 거예요. 구원이 뭐냐 하면, 모르던 하나님을 알아 가는 것이죠. 밀고 당기는 것 같아요. 구원이라든가 믿음이라든가 하는 기독교적 용어를 써서 굉장히 당위적인 규정을 해버립니다. "신자는 이래야 한다, 구원을 받았으면 이래야 한다"는 것이 주를 이뤄요. 그런데 이래야 한다는 것이 윤리 도덕적인 것에서도 기준 이상이어야 하고, 신자로서의 책임이나 효과 면에서도 기준 이상이어야 하는 걸로 요구되잖아요. 나는 그게 아니라 하나님을 아는 것과 모르는 것, 순종하는 것과 거부하는 것 사이를 들락날락하는 것 같아요. 내 느낌으로 보면, 어떤 싸움을 제일 많이 했냐면 '신자란 이래야 되는 것 아닌가'라는 우리의 한국 기독교가 가지는 요구들에 순응하려는 것, 거기에 만족시키려는 것과 그렇지 못한 현실 사이에서 만족했다가 스스로 정죄했다가, 그 사이를 왔다갔다 한 겁니다. 나중에 보니 내가 만족했다고 느끼는 순종이나, 이만하면 됐다는 만족의 순간이나, 이래서 되겠나 하는 후회나 자책이 다 같이 하나님을 알기 때문에 있었다는 겁니다. 그게 바로 하나님이 나에게 나타나서 만들어 주신 부인할 수 없는 삶과 의식의 끈이었던 겁니다. 도저히 놓을 수가 없어서 내가 붙잡고 있었던 생명줄이 아니라, 나를 둘둘 감아 놓은 끈같이 그렇게 돼 있다는 생각이 들어요. 그래서 그것을 속박한다는 개념이 아니고 그것을 외면하거나 거부하거나 잊을 수가 없는 것이었어요. 그게 믿음이었다고 생각해요. 나중에는 그게 더 정제되어야 한다고는 믿지만 서두에 이야기한 것처럼 우리 시대는 너무 윤리적이었고 이상적이었어요.

조주석 그렇죠. 윤리적이나 도덕적으로 틀리면 용납을 할 수 없었죠.

박영선 은혜란 것이 뭐냐 할 때, 하나님이 나를 찾아오시고 붙잡고 안 놓으시는 것이라고 생각합니다. 하나님이 안 놓으시는 건데, 우리는 우리의 책임으로 생각합니다. 하나님이 처음에 한 번 인도해 내신 뒤로는 내가 붙잡거나 놓을 수 있는 것으로 알잖아요. 그 부분이 내가 살아온 시대 상황에선 중요한 문제였어요.

믿음이란 신학을 갖기 마련이다

조주석 믿음이라는 걸 규정하기가 어렵다는 것을 인정하면서도 우리는 그것을 규정해야 하지 않을까요?

박영선 기독교 신앙을 논하려면 신학적으로 논해야 맞습니다. 그런데 신학적으로 이야기를 시작하면 사람들이 안 좋아오고 거부하는 경향이 있어요. 그러니까 구체적인 이야기로 시작하는 거지요. 본인의 체험이나 이해에 근거해서 어쨌든 개인적인 믿음에서부터 출발해야 해요. 사람은 자기가 믿는 바를, 직관이든 체험이든 자기가 확인한 것을 어떻게든 합리화하려고 합니다. 안 그러면 사람은 정리가 안 되는 존재가 되는 거예요. 그런데도 본인은 신학이 아니라고 생각을 하게 돼요. 그렇다면 검증되지 않은 것일지라도 일단 신학을 갖는 겁니다. 본인이 하나님을 만났고 본인의 인생이 바뀌었고 본인이 이해하고 확인하고 그랬으니, 어쨌든 신학을 갖는다는 겁니다.

조주석 스탠리 그렌츠(Stanley Grenz)가 쓴 『신학으로의 초대』라는 작은 책이 있어요. 그는 신학을 말할 때 아주 상식적인 수준에서부터 학술적인 신학까지 아주 그 층위가 넓다고 이야기합니다. 민속적 신학, 목회적 신학, 전문적 신학, 학술적 신학으로 나눕니다.

박영선 나는 읽고 확인한 게 아니고 살아 보고 아는 것인데, 벌써 누가 썼군요. 사람들은 자기 관심과 자기 특성 때문에 누구나 전체를 못 가져요. 그래서 학문으로 그리고 역사로 누적된 경험, 즉 교회사에 빚을 져야 해요. 다수의 사람과 다양한 경우에도 진리인 것들로 누적된 게 신학이지요. 만약 그 시대에는 소용이 있었는데 다른 시대나 경우에는 소용이 없다면 보편성을 가질 수 없는 거 아니겠어요? 신학은 거기에 항복을 해야 하거든

시간 속에서 일하시는 하나님

요. 보통 우리가 신학이라고 하면 어떤 형식과 격식을 갖춘 무슨 이성적 사치같이 느껴진다는 겁니다. 왜냐하면 계몽주의 이래로 불거진 합리주의와 인본주의가 기독교의 권위와 질서에 대해 가졌던 반감과 왜곡이라는 게 먼저 떠오를 수 있거든요. 신학에도 그런 결점이 있을 수 있어서 반발을 사는 게 아니겠어요? 그래서 신학이라는 것이 어떤 사람들을 형식과 강요에 굴복시키려는 인위적인 장난이 아니라는 걸 납득시켜 줘야 합니다. 일단 신학과 신앙이란 떼려야 뗄 수 없는 관계라는 것을 납득하게 해야 해요.

조주석 이런 성찰은 목사님이 몸담고 계셨던 현실 교회와 떼놓고는 생각할 수 없을 것 같은데요.

박영선 나로 하여금 질문하게 했던 게 있어요. 나는 '아브라함같이 되자' 이런 설교를 듣고 자랐고, 다니엘과 세 친구처럼 '그리 아니하실지라도의 신앙을 갖자'라는 설교를 들었어요. 우리는 다 그런 요구에 공감을 해요. 공감을 하는 정도가 아니라 소원이 있어요. 그런데 현실적으로 안 되잖아요. 문제는 그것만으로도 되는 사람들이 있다는 데 있지요. 그런 성경적 요구와 구호만으로도 본인의 인생을 거기에 붙들어 맬 수 있는 사람들이 있었다는 겁니다. 그러나 현재 한국교회의 공통된 불만은 신앙 인격과 교회 공동체의 본질에 대한 불만입니다. 대표적으로, 교회에서 사랑을 갖자고 하는 겁니다. 교회에 사랑이 없다는 것은 교회가 경직되어 있고 정죄만 하고 요구만 하고 우리의 실제적인 아픔에 대해서 아무도 이해하려고 하지 않는다는 겁니다. 내가 그걸 겪고 살았어요. 그래서 한국교회는 그 답이 뭐였냐 하면 '서로 사랑하자'였어요. '손잡고 복음성가 부르자', '서로 돌아보자' 하는 것이었어요. 이렇게 인위적인 것, 어떤 규율을 정해 가지고는 안 되잖아요. 사랑이라는 건 그런 것이 아니잖아요. 사랑의 첫걸음이란 상대방의 형편과 존재와 특성을 용납하는 겁니다.

조주석 왜 그런 사랑의 첫걸음을 내딛지 못했을까요?

박영선 그걸 왜 못했냐 하면 한국교회가 갖는 순진하고 단순한 신앙의 특성은 자신을 헌신케 한 신앙적인 구호들로 만족하고 실천할 수 있었다는 데 있어요. 그러나 나처럼 그거 갖고 답이 안 되었던 사람은 고민을 하게 된 겁니다. 그래서 이런 질문을 했어요. "아브라함같이 되려면 어떻게 해야 하는가?", "'그리 아니하실지라도'라는 인생을 살려면 어떻게 해야 하는가?" 모호한 답만 나왔어요. "믿음을 가져라." 그럼 그 믿음은 어떤 믿음이어야 하는가? "순종하는 믿음, 목숨을 거는 믿음"이라는 말을 들었어요. 그러나 나는 그게 답이 안 되었어요. 그런 면에서 한국교회는 순환논리를 갖게 된 겁니다. "기도해라"와 "믿어." 이 두 가지가 순환논리가 되었어요.

조주석 그러면 이런 논리를 벗어나기 위해서 어떤 노력을 하셨나요?

박영선 그래서 내가 옛 사람들의 글을 찾아보게 된 겁니다. 그동안 우리 한국에서는 찾아보기 힘들었으나 앞선 기독교 역사와 경험을 가졌던 사람들에게서 배우게 된 겁니다. 그때 존 헌터도 만났어요. 어느 책에서 이런 에피소드를 본 적이 있어요. 웨스트코트라는 학자가 있는데 그 사람이 어느 날 기차를 타고 가다가 어떤 젊은 대학생이 와서 "선생님 구원 받으셨습니까?" 이렇게 물었대요. 그러니까 뭐 이 사람이 신학자니까 그 말이 무슨 의미인지 알고서 이렇게 반문했대요. "그래, 어떤 구원을 물으시는 겁니까?"라고요. 그 대학생은 "아, 이 사람은 구원이 무슨 말인지 전혀 모르는구나" 생각하고 복음을 설명한 겁니다. 그러자 그는 "아니, 난 그 이야기가 아니고 당신이 구원을 완료형으로 믿는가, 진행형으로 믿는가, 미래형으로 믿는가라고 반문했을 뿐이오." 대학생은 더 당황한 거예요. 이렇게 구원이란 이미 받은 구원이 있고, 받는 구원이 있고, 받을 구원이 있는 겁니다. 이 사람은 칭의와 성화와 영화를 설명을 한 겁니다. 당시 나로서는 처음 접하는

시간 속에서 일하시는 하나님

이야기였어요.

조주석 이런 이야기를 언제 접하게 되셨어요?

박영선 꽤 되었어요. 어느 책인지 기억도 안 납니다. 그 이야기를 존 헌터가 인용한 것으로 기억합니다. 문제는 구원이 우리로 하여금 신앙생활을 하도록 죄를 버리게 한 것이 아니라, 인간과 인생의 대부분을 포기하고 어느 한두 가지 폭 좁은 선택만 하는 것이 순종이요 헌신으로 생각하게 만들었다는 거예요. 그러니까 우리가 신앙을 논할 때는, 최소한 한 개인의 관심사, 본인이 신앙적으로 답을 요구하는 영역을 담아낼 문제로 들어가서 그걸 가르쳐야 해요. 그게 없으면 신앙은 언제나 이원화되기 쉬워요. 신앙과 현실로 이원화되거나 또는 축소되어 우리끼리 모여 있을 땐 신앙인이지만 세상으로 나가서는 체념하고 타협하는 겁니다. 한국교회는 '타협'이라는 말 쓰기를 거부할 텐데, 그저 암묵적으로 체념하고 사는 거라 생각해서일 거예요. 그러면 왜 체념이 되느냐면 이 부분에 대한 설명이 없기 때문이죠. 교회가 요구하는, 신앙이 요구하는 그런 명분적이고 구호적인 걸 자기가 만족시킬 수 없다는 걸 아는 까닭에 체념하는 겁니다. 그래서 주일마다 드리는 모든 공예배에서 "지난 한 주 동안 신앙생활하지 못해서 죄송합니다"라는 반복적인 회개기도가 공식 기도처럼 되었어요. 그게 진심입니다. 그러나 그 문제를 어떻게 풀어야 하는지는 아무도 이야기하고 있지 않았어요. 그래서 여기서부터 풀자고 한 겁니다. 성화를 내세웠다가 잘못하면 칭의와 성화가 대립이나 경쟁이나 강조로 한국교회에 소개될 수도 있을 것 같아, 난 그걸 원치 않았던 겁니다.

조주석 왜 성화로 곧바로 들어가면 문제가 일어난다고 생각하셨어요?

박영선 '성화'로 바로 들어가면 굉장히 편협해질 수 있어요. 내가 성화를 이야기했지만 이것이 하늘에서 뚝 떨어진 게 아니라 한국교회를 배경으로 하고 있어요. 다시 말해, 한국교회사라는 맥락 속에서 한 겁니다. 그런데 그걸 빼놓고 이야기하면 나의 성화 설교는 오해될 수가 있어요. 내가 발을 딛고 서 있던 한국교회는 '목숨을 걸고 신앙을 지킨다'는 것이었어요. 또 옛날에는 '예수 천당'이었어요. 이제 거기에서 더 나와 '구원의 확신', '구원에 대한 확신과 감격'으로 나왔고, 그런 신자의 생애를 '하나님 앞에 바친다'는 데까지 이르는 복음주의적이고 헌신적인 한국교회가 나오게 된 겁니다. 그런 면에서 실은 기적 같은 자리에 이르렀다고 봅니다. 그 토양과 근거를 만든 어른들이 있어서 지금의 한국교회의 부흥이 있게 된 겁니다. 참 훌륭한 하나님의 종들이 있었어요. 참 고맙고 얼마나 놀라운 일인지 몰라요. 하지만 어느 때나 그렇듯이, 이 기독교 신앙이라는 게 인생 전체에 걸친 진리인가로 확인해야 한다는 측면에서 보자면 우리의 헌신이나 신앙적 감격은 단지 몇 개의 단순한 내용이라 해야 할 겁니다.

조주석 그런 내용으로는 어떤 것들이 있다고 생각하세요?

박영선 사실 이런 겁니다. 전도나 선교, 도덕성이나 도덕적 규범, 봉사 같은 것으로 제한되었다고 할까요. 물론 그것이 긍정적으로 확대되어 사회로 나가기도 했을 겁니다. 그런데 그런 확대가 있으려면 한 개인이 기독교 신앙을 구원의 감격 정도로는 다 담아낼 수 없다는 거지요. 그러니까 결국 기독교 신앙이라는 게 세계관을 갖는 겁니다. 그 모든 것에 대한 내용을 포함하여 예수를 믿는 한 신앙인이 되는 겁니다. 그렇다면 거기에는 감격만 있고 헌신만 있는 게 아니라, 모든 다양한 것들을 망라한 부요함과 지식과 충만함이 있게 되지요. 구원의 감격이 아무리 크더라도 결국은 내용으로서는 그것보다는 더 나아갈 것을 성경이 약속하고 있다는 걸 알아야 합니다. 성경은 우리가 "하나님의 영광의 찬송"이 된다고 합니다. 우리 각자가 만족하는 것에서 그치는 것이 아니라 더 나아가는 게 있어요. 그런데 그 더 나아가는 데는 인격적인 것과 지성적인 것이 뒷받침되어야 합니다.

믿음은 언어로 다 표현해 내기 어렵다

조주석 이렇게도 생각할 수 있을 것 같아요. 정용섭 교수의 설교 비평을 보면 설교자들이 주술적인 이야기를 참 많이 한다고 했어요. 그러니까 신앙이라는 미명하에 하나님의 말씀을 가지고 주술을 걸 가능성이 있는 거지요. 그 위험성이 늘 있기 때문에 그것에 대해서 철저하게 회의한 사람들은 "아, 아닌 것 같다" 하고 뛰쳐나간 게 아닐까요?

박영선 그건 모르겠어요. 뭘 모르겠냐면, 우리가 교회사적으로 가장 진실하게 추적한 사람들은 거의 다 이단으로 넘어갔어요. 주류가 아니었단 뜻입니다. 신학적으로 어느 게 옳으냐는 굉장히 애매해요. 내가 신학적으로 분명하지 않아서가 아니에요. 나는 개혁신앙에 대해 자부심을 갖고 있습니다. 그러나 한 점 흠이 없는 신학과 논리를 만들려고 하면 그 사람은 하나님을 제한해야 합니다. 그러니까 어느 한쪽으로 치우친 논리를 가질 수밖에 없다는 것을 인정해야 합니다. 그중에 우리 것이 제일 낫습니다. 왜 낫냐고 물으면 우리가 여기서 커서 그래요. 다른 것과 비교해 가지고 우리가 더 낫다가 아니에요. 일차적으로 우리가 여기서 커서 그런 겁니다. 그건 내가 선택하지 않은 겁니다. 나는 우리 신학이 좋은데, 하나님 주권 사상이라는 것과 내가 일치하는 겁니다. 하나님 주권 사상을 놓고 인간의 책임이 0.1퍼센트라도 들어가 있으면, 난 신앙생활을 못하겠어요. 그러나 우리가 알다시피 다른 신학 논리를 갖고 있는 쪽이라고 해서 우리보다 신앙이 못합니까? 그렇지 않습니다. 내가 "테레사 수녀의 도움을 받았다"라고 하면 개신교에서 감탄하지는 않을 겁니다. 또 『하나님의 나그네 된 백성』

이란 책은 감리교 목사가 썼습니다. 얼마나 잘 썼어요. 우리와는 다른 신학을 가졌어도 말입니다. 신앙생활 속에서나 설교에서나 하나님은 자존심을 버리고 우리한테 오십니다. 기복적 요구에 응답하시는 하나님이라는 것을 인정해야 합니다. 어떤 목사님처럼 설교하는 건 싫고 자존심 상할 수 있지만, 거기에 구원이 없다고 말 못합니다. "그건 영 아니다" 싶은 설교로 비춰질까 창피해 자존심이 상할 수 있습니다. 그러니까 정용섭 교수가 설교 비평한 건 가장 크게는 자존심이 걸린 겁니다. 본인은 자신의 설교 비평 작업을 거룩한 분노라고 했어요. 그 거룩한 분노라는 건 기독교 신앙에 대한 자존심이라고요. "기독교가 이것밖에 안 되는 줄 알아? 그렇지 않다." 이렇게 된 겁니다. 그러나 하나님은 천한 자들을 들어 쓰신다는 말씀을 생각하면 말문이 막힙니다.

조주석 그렇죠. 언어의 한계성이 있는 겁니다. 영성이라는 것, 믿음이라는 것을 어떻게 말이나 글로 다 논리정연하게 표현할 수 있느냐는 겁니다. 그렇게 할 수 없다고 봅니다. 그러면 표현하지 못한다고 해서 영성이 없다, 믿음이 없다고 누가 단정할 수 있겠어요.

박영선 그럼요, 가지고 있지요. 믿음과 영성이 뭘로 나타나냐 하면 결국 인격으로 나타나게 되는 겁니다.

조주석 삶으로 나타나죠.

박영선 삶으로 나타나는 것인데 우리는 그것을 넘겨주기 위해서 정리를 하고 표현을 하고 서술을 하려고 드는 겁니다. 실제로 전달되는 것은 논리가 아니라 진심, 곧 인격일 겁니다.

조주석 사람들은 자신이 한 것에 굉장히 의미를 부여합니다. 자기가 했으니까 어떤 결실을 보기 원해요. 그래서 신앙의 문제도 자신이 뭔가를 하려고 합니다. 그런 것을 떨쳐 버릴 때 자유로울 수 있는데 말입니다. 어느 프로선수 이야기처럼 "내 실력이 이 정도밖에 안되는구나" 하는 것을 알게 될 때 자신을 내려놓을 수 있고 자유롭게 되고 다른 사람에 대해서 관대할 수 있는 겁니다. 그런데 그러지 않을 땐 관대하기가 굉장히 어렵겠지요.

박영선 승부욕을 접고 마음이 편해지는 게 아니라, 승부를 포기하지 못하는 자신의 마음을 누구한테 말하거나 포기하지 못한 자신의 승부욕의 결과를 보고서 이제 승부욕에서 벗어나는 겁니다. 지면 억울하고 분하지만 그것을 감당하는 겁니다. 우리는 평화와 확신을 생각할 때도 짐이 모두 없어진 상태를 생각하기 쉽습니다. 자유라는 것도 어떤 짐을 다 벗고 아무것도 지고 있지 않은 것이 아닙니다. 자유라는 것은 자기가 져야 할 고통, 짐을 당연시하는 겁니다. 우리는 오해받는 것, 억울한 것, 외로운 것을 제일 못 참습니다. 이런 것을 다 어떻게든 상대방에게 자기 자신을 납득시켜서 짐을 벗어 버리려고 하는 겁니다. 예수님께서 "수고하고 무거운 짐 진 자들아, 다 내게로 오라"(마 11:28)고 하셨습니다. 그런데 그 전에 뭐라고 하셨어요? 기적을 많이 행한 고을들이 믿지 않음으로 저들을 책망하시고 "아버지여, 이것을 어린아이들에게는 나타내심을 감사하나이다.……아버지 외에는 아들을 아는 자가 없고 아들과 또 아들의 소원대로 계시를 받는 자 외에는 아버지를 아는 자가 없느니라"(마 11:25, 27)고 하신 다음 "수고하고 무거운 짐 진 자들아" 이렇게 나갑니다. 모든 것을 보이는 것으로 확인하려고 하거나 자신이 근거가 되려고 하는 헛된 어른들에게는 허락되지 않고, 어린아이들에게 허락됐다는 것은……물론 은혜를 입은 자들입니다. "나는 무능해. 난 뭘 만들 수 없어" 하는 자들이나, 자신이 연구하여 결과를 만들어 내려고 하지만 그렇게 할 수 없는 무능한 자들을 모두 망라해서 "수고하고 무거운 짐 진 자들아, 다 내게로 오라" 하시고 받아들였습니다. 그러니까 이 말씀은 이 짐을 벗어 던지는 것을 원하는 것으로는 예수한테 못 배웁니다. 왜냐하면 예수님은 짐 지는 법을 가르쳐 주시기 때문입니다. 그 짐을 져야 돼요. 끊임없이 세상에서 보이는 것으로 이웃들에게 확인받고 점검받고 싶지만 짐을 져야 합니다. 어린아이와 같은 신앙을 가질지라도, 지금의 현실과 장래의 약속 사이에서 위로 올라가는 어떤 상승곡선을 안 주십니다. 나는 끊임없이 어린아이로만 존재합니다. 순진하다는 차원이 아니라 무능하다는 차원에서 짐을 다 지고 가야 합니다. 예수님께서 십자가 지고 겟세마네 동산까지 가신 것처럼, 십자가상에서 "나의 하나님, 나의 하나님"으로 나타난 것 같은 갈등과 고통이 있어요. 예수님이 성자 하나님 이니까 기꺼이 순종하셨고 당연히 평안해지셨다고 생각할 수 있겠지만 그렇지 않았잖아요. 갈등과 고통을 지신 겁니다. 그걸 져야 해요. 그게 예수님이 말한 "수고하고 무거운 짐 진 자들"이라고 생각합니다.

조주석 전에 『예수의 정치학』이라는 책을 읽은 적이 있습니다. 존 하워드 요더(John Howard Yoder)라는 분이 썼는데 재세례파에 속한 신학자입니다. 그 책을 보면서 복음서를 다시 새롭게 볼 수 있었어요. 보통 우리는 속죄론에 초점을 맞춰서 설교를 많이 합니다. 그렇게 속죄론에다 초점을 맞추다 보면 복음이 교리화되기 쉽다고 생각합니다. 그러나 예수님은 실제 삶 속에서 굉장히 고통스럽게 사셨거든요. 십자가를 앞에 두고 크게 번민도 하셨고 굉장히 고통스러워하셨어요. 십자가를 피하고 싶은 유혹을 이겨 내야 했습니다. 그 책에 보면 그런 갈등의 문제를 잘 다루고 있습니다.

박영선 『예수의 정치학』?

조주석 네, 이 책은 저자가 프랑스에서 받은 박사학위 논문을 토대로 쓴 것입니다. 내용이 상당히 깊어요. 나는 읽으면서 '이런 면들을 개혁신학이 많이 놓쳤다'고 생각했어요. 적어도 내가 접한 개혁신학은 그랬다고 생각했습니다.

박영선 폴 트루니에(Paul Tournier)의 『죄책감과 은혜』도 너무 좋았어요. 끝에 가면 "지옥은 있지만 거기엔 아무도 없다"라고 하는데 심정적으로 공감이 갑니다. 그러나 사람이란 무한할 수 없거든요. 사람에게 무한을 주면 사람은 공허해지고 분해되니까 어떤 한계를 그어 놔야 합니다.

조주석 자신이 믿는 신앙의 내용들을 말이나 글로 표현하면 신학이 되잖아요. 이렇게 신학이 신앙 내용을 다 담을 수 없어서 언제나 충만한 것은 아니지요. 신학이라는 것이 늘 그렇고 인간이라는 것이 늘 유한합니다. 이런 한계가 있는 까닭에 우리는 믿는 바를 신학으로 표현해 낼 때 다 완벽하게 표현해 낼 수가 없습니다. 그렇기 때문에 우리는 용서할 수 있다는 거지요.

박영선 지금 그 표현 참 좋네요. 용서할 수 있다는 말이 어떤 말이냐면 교리를 논할 때 우리는 교리화시킬 수밖에 없어요. 우리는 그럴 수밖에 없으니까 교리화하고, 언어화시키면 긍정적이고 적극적이지 않고 부정적이고 비판적이 돼요. 울타리를 치는 겁니다. 가뜩이나 유한한 존재가 또 울타리를 쳐야 하니 그것이 교리요 논리입니다. 그것은 여는 것이 아닙니다. 열면 학문을 할 수가 없어요. 설명을 못하고 질서를 못 잡으니까 조금 전에 쓴 '용서한다'는 말도 조심스럽게 써야 해요. 질서와 근거가 다 허물어지니까 말입니다. 그러나 그것을 열어 놔야 돼요. 우리의 울타리가 폐쇄되지 않도록 늘 노력해야 돼요. 그리고 우리가 완벽할 수 없다는 것을 인정하는 것, 그게 용서에요.

조주석 그렇지 않을 땐 우리는 늘 분쟁, 싸움 이런 것만 하게 됩니다. 내가 옳다고 주장만 하게 되고 은혜가 그 안에 있다는 사실을 못 보게 됩니다.

그걸 쉽게 놓칠 수 있어요.

박영선 주의(主義)가 생명을 만들어 내는 것도 아니고 주의는 늘 작거든요. 그런데 그게 생명보다 우선하는 게 문제입니다.

조주석 최근에 영성이라는 것이 많이 논의되고 있습니다. 그런데 이 문제가 과연 한국교회에서 정당하게 논의될 수 있겠는가 싶습니다.

박영선 영성만의 문제가 아니고 한국이라는 사회는 토론을 할 수가 없어요. 원래 토론이나 대화는 상대방을 이해하자는 것이요 폭을 넓히는 것입니다. 그런데 우리는 상대방을 압도하고 납득시키고 강요하려고 합니다. 그런 문화가 익으려면 밀도가 높아져야 돼요. 내 생각에는 몇십 년은 기다려야 할 것 같아요.

지금 우리는 신학이라는 필요를 유통시켜야 한다

조주석 매주 하는 설교자들의 설교는 사실 신학입니다. 왜냐하면 신앙이 언어로 표현되어 일정한 논리적 지식을 갖추게 되기 때문이죠. 이러한 목회자들의 설교가 좀 더 내용이 깊고 수준이 높아져서 그것들이 책으로 나와 읽혀져야 전반적인 수준이 올라갈 수 있고 그 터 위에서 또 다른 것들이 나올 수 있다고 생각합니다. 그런데 아직은 이런 터가 약한 게 아닌가 해요.

박영선 옛날에 군사적으로 미국과 소련이 서로 대립해 있었지요. 그때 소련이 군사적으로는 강대국이었지만 소비재가 없는 거예요. 휴지가 없고 치약이 없는 겁니다. 나라는 군사적으로 강한데 영토와 자원도 많은데 그런 소비재가 없는 겁니다. 그때 그런 이야기를 들었습니다. "소련에 제일 시급했던 게 뭐냐? 나라가 커서 물류, 유통이 문제였다"는 겁니다. 생산지에서는 곡류가 썩어 나가는데 소비자한테까지 전달되는 유통 수단이 부족했다는 거죠. 우리도 지금 신학이라는 필요를 유통시켜야 돼요.

조주석 저도 그런 생각이 듭니다. 개인적으로는 신학적인 글을 쓰는 것보다 좀 더 폭넓게 익힐 수 있는 고급스러운 글들을 쓰고 싶어요. 실제로 그런 글들이 나와야 한다고 생각해요. 그건 한 사람이 다 할 수 없는 일이기 때문에 여러 사람이 그 일에 매달려야 해요.

박영선 지금은 부흥 시대라서, 말하는 시대라서 이제 쓰는 시대로 와야 해요. 글은 다릅니다. 권투를 잘하는 두 부류가 있습니다. 하드 펀쳐가 있고 테크니션이 있습니다. 그런데 테크니션만이 교본을 쓸 수 있습니다. 교본을 잘 쓰는 사람이 챔피언이냐 그건 아닙니다. 하드 펀쳐는 한 방이면 되니까 그 사람은 교본을 쓸 수가 없죠. "한 대만 맞춰라!" 이건 다 아니까 말입니다. 우리 시대는 하드 펀쳐였거든요. 부흥 시대라서 어떤 의미에선 테크니션은 발을 못 붙였습니다.

조주석 현재 우리나라에는 신학교도 많고 신학자들도 사실 많아요. 세계적으로 보더라도 적은 숫자가 절대 아니에요. '그런 분들이 어떤 활동을 할 것인가' 그 부분도 생각을 해야 돼요. 그것이 굉장히 중요하다고 보거든요. 어떤 면에선 교단 정책적인 차원에서 생각해야 할 문제이기도 하고 한국교회 전체적으로 생각해야 할 텐데, 신학교 쪽에서만 일을 하기 때문에 이게 힘으로서 나오기가 어렵다는 생각이 들거든요.

박영선 예, 그렇죠. 우리 예전에 박정희 정권 때 고속도로 뚫고 제철소 만들겠다고 할 때 다 웃었어요. 그런데 그거 다 필요해요. 그러나 그것이 다는 아니었다는 겁니다. 좀 더 문화적인, 정신적인 측면의 투자가 아쉬웠다는 겁니다. 이제 지나와서 그걸 배운 겁니다. 우리 앞의 선배들에 대해서 놀라움을 금치 못하는데, 어떻게 평생을 그렇게 신앙인답게 사셨는지 놀랍거든요. 한 올의 흐트러짐도 없이 거의 순교자적 자세로 살아오셨잖아요. 그들이 무식하다 유식하다고 이야기하는 건 안 됩니다. 그런데 부흥의 시대로 접어들게 되자 사람들은 그런 기준을 들이대지 않습니다. 좀 심하게 말하면 그런 자세는 죄악시되고 있어요. 이제 꿩을 잡아야 하는 시대가 되지 않았습니까? 이것도 지나갈 거라고요. 그래서 더 발전하겠죠. 하지만 한국교회가 부흥 시대를 지나고 나면 박정희 대통령 때와 같은 비평이 나올 거예요. "괜히 너무 빨리 부흥하는 바람에 망했다." 그런 말이 언제 한 번 나올 수 있어요.

조주석 "좀 추스려야 되겠다, 좀 폭넓게 해야 되겠다" 이런 이야기가 나올 수 있겠죠.

박영선 그러니 누군가 하고 있어야 합니다. 보통은 나가서 이래야 됩니다 하고 또 지금처럼 데모하고 주장만 하지 내다보고 자기 일하는 것은 어느 시대나 어렵더라고요. 참 어렵죠.

조주석 그런 점이 필요하고 또 앞에서 그런 일을 하실 수 있는 목회자들이 이런 게 필요하다고 제시를 해야 됩니다.

박영선 네, 그렇습니다. 우리가 이걸로 그 역할을 할 수 있었으면 좋겠습니다.

본질적인 신앙에 집중하지 못하면 공격성을 띠게 된다

조주석 앞에서 잠깐 언급하신 대로 한국교회에서는 신학에 대해 상당히 부정적인 경향을 보이는데 그 이유는 뭘까요.

박영선 일부 목사님들이 자꾸 이걸 공격을 해요. "신학이 무슨 소용이 있느냐"고 말입니다. 나는 이게 무엇을 뜻하는지 알아요. 서구 사회에서의 기독교는 계몽주의와 함께 인본주의적이고 지성주의적인 것의 도전과 거부에 부딪쳐 큰 상처를 받았습니다. 그 상처가 지성에 대한 불신을 낳았지요. 하지만 그렇게 말하는 사람도 모두 지성을 포기할 수는 없지요. "난 생각하지 않겠다" 하는 그것도 신학이거든요. 지성까지도 포함해서 인격이거든요. 중요한 인격의 구성 요소예요. 본인이 여기에서는 더 이상 생각하지 않고 직관을 따르겠다는 것은 지성입니다. 의지라고만 이야기할 수 없어요. 의지는 실천이요 지성적 결단이라고요. 그러니까 신학이 필요 없다고 이야기할 때는 본인이 어떤 신학의 구체적 내용을 비판하는 것입니다. 마찬가지로 누군가가 "맹목적인 신앙은 안 돼요" 그런 이야기하면, 그 사람은 구체적인 어떤 신앙의 내용을 전제로 말하는 것입니다. 말만 하고 순종하지 않는 사람을 지칭해서 지식인 혹은 신학이라고 이야기하는 것이고, 폭넓은 신앙 내용을 다 추구하지 않고 한두 가지로 축소시키거나 제한하는 것을 맹신이라고 지적하는 거지요. 지식적 가난함이나 무지한 맹신주의는 보편적이고 본질적인 신앙을 만드는 데 기여하지 못해요. 동시에 오직 사변과 성찰만으로는 생명을 만들지 못합니다.

조주석 신학의 순진함은 어떤 문제들을 야기할까요?

박영선 기독교 신앙이 갖는 인생관과 세계관으로까지 뻗어나가지 못하게 딱 가로막습니다. 한국교회가 그런 모습을 하고 있어요. 그래서 서로가 서로에 대해서 뭐라고 할 수 있느냐면, 한쪽은 다른 쪽 보고 "너희는 말만 앞세운다" 하고 다른 쪽은 "너희는 무식하다" 그럴 수 있어요. 그런데 실은 지금 한국교회가 기독교 신앙이 가지는 전체를 제시하지 못하고 서로 싸우고 있거든요. 그러면 왜 싸우느냐 할 때 각자의 기독교 신앙이 자기가 아는 게 전부라는 전제 때문에 그렇습니다. 나와 다르면 공격을 한다 말입니다. 그러나 기독교 신앙에 대해서 우리가 교회사적으로 살펴보거나 또는 신학적으로 확인해 보면 이런 게 있어요. 예컨대 '성도의 견인'이라는 주요한 신앙 내용이 있는데, 이 말은 '기독교 신앙의 유지와 승리는 은혜에 속한다'는 뜻입니다. 그것을 칼빈이 뭐라 이야기했느냐 하면, "사람이 자신의 힘만으로 구원을 받을 수 없듯이 신앙을 유지하고 지킬 수 없다는 걸 경험으로 안다"고 했어요. 경험으로 안다고 그랬어요.

조주석 최근에 읽은 책에서도 그와 비슷한 걸 봤습니다. 공지영이라는 소설가가 자신의 경험을 두고 "인간은 자신을 스스로 구원할 수 없다"라는 이야기를 하더라고요.

박영선 그렇죠. 이게 보편적인 겁니다. 전체를 갖고 있지 못하면 자꾸 특수화해요. 특수화하면 어떻게 되느냐 할 때 보편성에서부터 물러나고 자기네의 확실성을 이야기하기 위해서 포용하는 게 아니라 배척하게 돼요. 배척해서 차별화합니다. 그런 편협함의 예를 들자면 '주의'라는 말을 붙여 나타내요. 신비주의다 경험주의다 무슨 율법주의다 그러면, 이런 '주의' 자체의 문제보다 큰 게 뭐냐 하면 그것으로 내용과 형식을 제한하려고 하는 겁니다. 이 사람들이 그것을 긍정적이고 다양하게 포괄하지 못해서 언제나 같은 신앙 안에 있는 사람들을 공격함으로써 자신들의 지위를 확보하려고 해요. 언제나 그래요. 우리가 그것을 교회사에서 보는 겁니다. 그러니까 그건 뭘 의미하냐 하면, 이 사람들이 자기네가 가진 것으로 넉넉하지 않다는 걸 그런 식으로 반응합니다. 그게 만족스러우면 왜 공격을 하겠어요?

조주석 그렇죠. 어떤 이데올로기에 충실하려다 보면 굉장히 폭력적이 된다는 거예요. 한때 독재 정권이 강력했을 때 지성인들에게 마르크시즘이 크게 유행해서 너도나도 거기에 경도됐잖아요. 그때 그들 세계에 어떤 현상이 있었느냐면 순수함의 폭력이 있었다는 거예요. 이데올로기에 충실하려다 보니, 그게 인간성보다 더 커져 이념이 폭력의 도구가 된 겁니다. 그런 이야기를 어느 책에서 읽었는데 그 사람은 기독교인도 아니에요. 순수함이 취할 수 있는 폭력이 참 무섭다는 걸 이야기해요. 혁명은 쉬워도 창조나 개혁은 정말 어렵다는 생각이 듭니다.

박영선 지금 중세 시대에 관한 책을 보고 있는데, 이 글 쓴 사람이 처음 치고 나오는데 같은 얘기를 합니다. 중세가 처음에는 열린 사회였는데 여러 가지 이유로 정죄와 공격으로 폐쇄화되었다는 이야기를 해요.

조주석 목사님은 우리가 나누는 이런 이야기가 어떤 의미를 가질 것 같습니까?

박영선 나는 이런 생각이 있어요. 조 목사님이나 내가 관심을 갖는 건 소수의 사람만의 일이에요. 이걸 다수화하려고 의도하지 말자고요. 우리의 이야기들이 모두에게 알려져서 한국교회가 너그러워지고 서로를 이해하겠다는 건 꿈도 꾸지 말자고요. 이 책을 읽으면 사람들은 틀림없이 그럴 겁니다. 이 책은 누가 봐야 한다고 말입니다. 그런데 그 사람은 절대 안 봐요. 그걸 각오하고 하는 겁니다. 하나님이 우릴 어떻게 인도했나 보자고요. 조 목사님이나 나나 모두 실패자로 인도했어요. 우리는 "이게 아니다"라고 하는 데 전 생애를 쓴 사람들이에요. 일하는 사람들, 곧 주류 세력들은 평생을 쓰임받는 사람이니 행복한 사람들입니다. 그런데 하나님이 누군가에게는 "이건 아니구나" 하는 것으로 전 생애를 소위 허비하게 만드는 사람이 있어요. 그게 우리입니다.

조주석 마이너리티죠.

박영선 어거스틴은 『고백록』과 『하나님의 도성』을 써서 남겼어요. 하지만 우리는 고백록만 남기고 죽는 겁니다. 그게 우리 역할입니다. 내가 테레사 수녀의 편지들을 보고서 답을 얻었어요. 확 넓어졌지요. 우리는 가톨릭에 대해서 거의 발작적이고 사실은 무지해요. 사실 크게 따지고 보면 우린 다 같은 편 아닙니까.

조주석 본질적인 것에 치중하지 못할 때 어떤 일이 일어날까요?

박영선 데이비드 웰스가 이런 이야기를 했어요. 복음주의가 실은 폭이 넓어지자고 시작한 게 아니라, 복음의 본질에 집중하고 사소한 것 가지고 싸우지 말자고 시작한 거래요. 그런데 문제는 뭐냐면 그 본질이 자꾸 축소된 겁니다. 본질이 자꾸 축소되면서 본질을 놓고 이래도 좋고 저래도 좋을 때는 본질이 지엽적인 문제들로 이동한다는 겁니다. 그게 뭐냐면 하나님으로부터 출발하고 성경으로부터 출발했어야 됐던 게 대중으로부터 출발하고 방법으로 가고 말았다는 거지요. 꼭 지켜야 할 것과 다양화해야 할 것을 구별하지 못한 겁니다. 그래서 지금 어떻게 되었어요? 지금은 정죄를 본질적인 것으로 하지 않고 성공했냐 실패했냐로 묻잖아요. 성공한 것은 하나님 앞에 인정받는 것이고 실패한 자는 하나님 앞에 외면당한 사람이라는 인식이 강해요. 사도행전에서 이방인이 예수를 믿었다는 소리를 듣고 예루살렘 공회가 소집됐을 때 뭐만 남겼어요? "우상숭배하지 말라. 목매어 죽인 것과 피째 먹지 말라." 이 외에는 남기지 말자고 하잖아요? 그게 새로운 율법은 아닙니다. 율법은 다 폐기된 거요. 율법이 폐기된다는 건 무슨 뜻이냐면, 율법의 요구 내용이 폐기된 게 아니라 형식으로서 다 없어지는 겁니다.

조주석 아까 그 소설가가 이런 이야기도 해요. "나는 천국이 있는지 없는지 잘 몰라요. 그러나 하나님이 계시다 건 알아요." 그러면서 "나는 하나님보다 그리스도교가 크다고 생각하지 않습니다" 하는 거예요.

박영선 당연하지요.

조주석 이런 말들을 떼어 놓고 이야기하면 안 돼요. 이해하기 굉장히 어려워져요. "이 사람 어떤 사람이야. 진짜 신자 맞아" 이렇게 할 수 있거든요.

박영선 우리는 누구를 이해하는 걸 장악하려고 합니다. 그냥 파편적으로 놔 둬야 해요. 이 사람은 이런 부분도 있고 이런 말도 했고 이렇게도 살았다. 우리 어렸을 때 번호대로 그리는 그림 있잖아요. 퍼즐 맞추기. 그걸 잊지 않아야 합니다. 그 작가가 그런 말을 하고 그런 책을 냈다면 훌륭한 사람이지 뭘 그래요.

조주석 그런데 사람들이 자칫 잘못하면 다른 사람을 장악하려 들거든요.

박영선 우리 모두가 예수 믿는 사람으로, 지식인으로 한 시대에 대해서 책임을 가지면 어떻게 되느냐 할 때 그다음에는 욕심을 내게 돼요. "내가 이야기하고 내가 진심을 기울인 것은 좀 따라와 다오." 그렇게 되기 쉬워요. 그런데 그렇게 돼서는 안 돼요. 그것은 하나님이 하시는 일이거든요.

06
성화의 신비는 의존성에 있습니다

박영선 목사가 유학 시절 존 헌터의 책을 만났고 귀국하여 발행한 첫 설교집이 『구원 그 이후』이다. 그는 신자의 성숙에 관한 설교를 계속해 왔고 그 내용도 점차 풍부해져 갔다. 『성화에의 길』(1988), 『더 깊은 신앙으로 가는 길』(1989), 『구원 그 즉각성과 점진성』(1992)에서 그런 변화를 읽어 낼 수 있겠다.

이러한 흐름 가운데 2005년에 발행한 『성화의 신비』는 이전의 설교집들과는 또 다른 내용을 담고 있다. 이 연속 설교에서 그는 성화가 우리의 기대하는 바와 하나님이 전진시키는 바가 서로 다르다는 것을 깨닫고 그것을 담아냈다고 한다. 즉 하나님께서는 성화에 대해 우리의 의욕만큼 허락하시지 않으며 기도하는 만큼 응답하시지 않는다는 것이었다. 이처럼 성화는 우리의 기대나 기준과는 다르다고 결론을 내리고 그 다름을 '신비'라고 표현한 것이다.

성화를 신비라고 설교한 그의 배후에는 두 사람의 영향이 컸다고 한다. 박영돈 교수와 『성화의 은혜』라는 책을 쓴 커버넌트 신학교 총장인 브라이언 채플이다. 그들의 주장은 "자기와 하나님의 관계를 공로로 확인하지 말라, 떳떳하려고 하지 말라"는 것이었다. 그리하여 떳떳한 자격과 조건을 만드는 게 성화가 아니라고 생각하게 됐다는 것이다. 아마 대체로 성화에서 잘못 오해하고 빗나가는 지점이 하나님과 자신의 관계를 보란 듯이 떳떳하게 만들고 싶어서 의욕을 앞세울 때일 것이다. 그러나 그 지점에서 인간은 실패를 통해 자신의 무능을 깨닫고 하나님을 더욱 의지하는 데로 나아간다는 것이다. 다윗과 베드로와 바울이 그러한 좋은 사례라고 말한다.

그렇다면 믿음 안에서 행함이란 무엇인가? 그는 행함이 자기 근거를 만드는 게 아니라, 신자로서의 당연한 의무요 영광이요 특권이라고 말한다. 다시 말해, 하나님

시간 속에서 일하시는 하나님

이 인도하시는 일에 적극적으로 참여하는 게 행함이라고 이해한다. 그러나 불순종하면 그런 기쁨과 영광을 누릴 수 없다는 것이다. 따라서 그는 신자의 책임을 "은혜라는 더 큰 차원과 운명 안에서의 현실적인 신자의 생각과 이해와 행동"이요, "하나님의 은혜를 기뻐하고 소망하는 것"이라고 말한다. 그리고 더 나아가 책임이란 은혜 안에 있는 것이지 은혜 밖에 있지 않다는 뜻에서 "책임이 은혜를 부른다"라는 표현까지 쓴다.

그렇다면 그는 신자의 자랑을 어떻게 생각할까? 전혀 자랑할 수 없는 것으로 이해하는가? 자랑을 경계하면서도 목회적 차원의 경험을 들어 그렇지 않다고 말한다. "자랑은 인과법칙을 확인하는 증거이거든요. 은혜에서는 자랑이라는 게 나올 수가 없죠. 그런데 목회를 하면서 겪어 보니, 그 자랑이 성취감으로 나오는 것은 괜찮은 것 같아요. 성취감과 자기 신앙의 진전으로 확인되면 얼마든지 좋은데, 자랑에 대해서 제가 시비를 거는 건 '누구를 정죄하는 데 쓰지 말라'이겁니다.

그는 신앙과 성화에 대하여 오랫동안 궁구해 온 목회자다. 그는 자신의 신앙론과 성화론에 대하여 아주 의미 있게 그 요체를 이렇게 정리한다. "처음에는 사람들이 믿음을 구원과 관련시켜 인과관계로 푸는 것을 '그렇지 않다, 인과관계를 넘어서는 거다, 즉 은혜의 법칙이다'에서 출발해서 좀 더 나가 보니까, '믿음이란 인격적 관계에서만 성립하는 거다'라는 데까지 믿음의 본질을 가르쳤습니다. '믿음이니 사랑이니 하는 것은 하나님이 우리를 대등한 인격적 상대로 대접하는 거다'로 갔죠. 그런데 『성화의 신비』에서는 조금 더 나아간 거죠. '믿음 안에 있다는 것은 하나님을 의존하는 것이고 자기 자신에 대해서 점점 더 부정적이고 절망스럽게 느끼는 것이다'라고 말입니다. 우리는 성취나 도덕성이나 능력이나 유효성 같은 것들로 자꾸 자기를 점검하려 하는 까닭에 절망합니다. 그러나 '믿음 안에서 절망은 오히려 자기부인과 전적인 하나님에의 의존으로 가는 길이다.' 그렇게 알게 되었습니다."

정리해 보면, 믿음이란 인과율이 아니다. 믿음이란 은혜의 법칙이다. 믿음이란 인격적 관계다. 믿음이란 자기 무능을 깨닫고 하나님을 의존하는 것이다. 그의 신앙론은 이런 식으로 발전해 나왔고 이러한 진전이 있기까지 20여 년이라는 목회생활이 걸린 셈이다.

박영선 목사의 성화론은 그의 신앙론과 떼려야 뗄 수 없는 관계다. 그의 신앙론은 성화론보다 범주 차원에서 볼 때 더 광범위하다. 성화론은 신앙론 안에 충분히 포함될 수 있지만 신앙론은 그렇지 않기 때문이다. 그가 구원을 신분의 구원과 수준의 구원으로 나누어 말하는 것을 볼 때, 그의 신앙론은 이 양자를 다 포함하지만 성화론은 수준의 구원만을 다루는 영역이기 때문이다.

성화는 왜 신비인가

조주석 2005년은 목사님께서 목회를 시작하신 지 20여 년이 되는 시기입니다. 그런 시기에 '성화의 신비'라는 주제로 연속 설교를 하셨고 『성화의 신비』라는 설교집을 내셨습니다. 그런데 그 제목이 참 특이하다고 생각했어요. 왜 '성화'를 '신비'라고 하셨을까? 특별한 이유라도 있으셨는지요.

박영선 우리가 성화를 생각하면, 맨 처음 떠오르는 게 도덕성인 것 같아요. 조금 더 깊이 가면 영성이에요. 내가 경험해 보니까, 물론 도덕적인 진전도 있고 영적인 진전도 있겠지만 언제나 만족스럽지 않더라고요. 본인이 소원하고 성경이 요구하는 수준에 비춰 볼 때마다 너무 미흡한 신앙의 현실을 볼 때 절망감이 너무 많고 거의 자포자기의 심정으로 자꾸 빠져들게 돼서, 고민하며 추적을 하게 된 겁니다. 그래서 베드로 이야기와 바울 이야기를 주로 해서 성화의 신비를 다루었지요. 하나는 '우리의 의욕만큼 허락하시지 않는다'와 다른 하나는 '기도하는 만큼 응답하시지 않는다'라는 거였습니다. '왜 헌신을 받아 주시지 않는가'와 '왜 기도하는 만큼 답을 주시지 않는가' 그거였던 것 같아요. 하나님이 답을 주신다고 나는 결론을 내렸죠. 그 답이란, 하나님은 우리의 헌신을 받아서 우리의 인생을 우리가 기대하는 값진 인생으로 만드시는 데 안 쓰십니다. 바울에게서 보는 것과 같이, "내게서 사단의 가시를 빼 주십쇼"라는 것도 허락하시지 않잖아요. "내 은혜가 네게 족하다" 하시듯이. 그럼 뭐냐고 할 때, 누가 더 하나님께 의존적이냐 하는 것이 성화더라 이겁니다. 자꾸 좌절이 오고 자포자기하게 되는 이유는, 도덕적으로나 영적으로의 진전이 우리가 기대하는 진전과 하나님이 진전시키는 것이 다르기 때문입니다. 그래서 '신비'라고 한 겁니다. 그 신비라는 것이, "우리는 그런 꿈을, 그런 기대를 안 갖는데, 하나님은 그쪽으로 끌고 가신다 하는 게 진정한 성화더라" 그렇게 본 겁니다.

조주석 아, 그렇군요. 혹시 이런 설교를 하시기 전에 예전에 로이드 존스나 존 헌터한테 받았던 것처럼 도움을 받으신 분이 있으셨는지요?

박영선 네, 도움을 받았죠. 우리 교회 20주년 기념 학술제를 할 때 성화를 주제로 했습니다. 일차적으로 박영돈 교수가 쓴 성화에 관한 글, '성화가 신앙의 공로 위주로 가선 안 된다'가 도움이 되었습니다. 같은 맥락에서 커버넌트 신학교 총장인 브라이언 채플이 쓴 『성화의 은혜』라는 책에서도 도움을 받았어요. 그 책을 보고 실마리가 풀렸지요. 박영돈 교수나 브라이언 채플이 이야기한 것이 모두 "자기와 하나님의 관계를 공로로 확인하지 말라, 떳떳하려고 하지 말라"는 것입니다. 은혜에 있다는 것을 확인할 때, "아, 내가 성화를 그런 공로의 연장선에서 떳떳한 자격과 조건을 만드는 것으로 눈금을 갖고 있구나" 생각하게 됐습니다. 그래서 성화라는 것이 우리의 기대나 기준과는 다르다는 결론을 내리고서 그 다름을 '신비'라고 한 겁니다.

조주석 『성화의 신비』에서 이렇게 말씀하셨어요. "하나님께서 우리를 채우시고 키우시고 충만케 하시는 능력의 간섭인 줄을 알고 즐거워할 때 거기에 신비가 있다." 또 "예수 그리스도 안에 있기 때문에 예수님의 거룩하심과 의로우심과 죄에 대해 패배할 수 없는 예수 그리스도의 승리가 우리의 승리가 된다는 것에 성화의 신비가 있다"고도 하셨고요.

박영선 그게 아마 이런 것일 거예요. 성화라는 것이 자신의 영적 충만감과 평안함과 확실성과 자기 안심을 위해 더 요구된다는 겁니다. 내가 갈등하고 불안해하고 의심하고 절망하고 하는 것들은 아무것도 아닌 것으로 생각하더라는 겁니다. 그러나 그것은 나의 느낌일 뿐이고 실제로는 그런 부족함으로 인해 더 절박해하고 더 찾고 하는 것들이 내가 생각하는 것 이상으로 신앙을 진전시키고 더 나아가게 하더라는 겁니다. 그것을 신비라고 본 겁니다. 우리는 신비라고 하면 내가 못하는 것을 하나님께서 대신 채워주신다거나 우리가 설명할 수 없는 방법으로 결국 채워진다고 생각하려 하는데, 그런 것과는 다르다고 보는 겁니다.

조주석 일반적으로 신자들이 살아갈 때 "아, 나는 왜 이렇게 안 되는 걸까" 그런 생각을 하기 쉽습니다. 실제로 자기 경험 속에서 뭐가 이뤄지지 않기 때문에 실망할 수밖에 없는 겁니다. 그런데 그것이 꽝이 아니다, 이거지요?

박영선 재밌는 이야기가 있어요. 어느 일에나, 비유가 좀 오해의 소지가 있긴 하지만……모든 위인은 비관론자래요. 낙관론자들은 깊이 생각하지 않는답니다. 그거 참 의미 있는 말이죠. 어디서 나온 건가 하면, 바둑 두는 전문기사에게서 나온 이야깁니다. 아주 뛰어난 기재를 갖고 있는 사람인데 그 사람이 낙관파래요. 그래서 0.2퍼센트가 부족해요. 그런데 다른 전문기사는 비관론자입니다. 비관론은 형세를 읽을 때 더 비관적으로 읽는 겁니다. 그래서 더 고민하는 거고 계속 고민해서 이기는 겁니다. 그런데 낙관론자는 자기가 유리하다고 해서 대강대강 마무리하다가 나중에는 지는 겁니다. 기재를 가지고 있는 뛰어난 사람이었는데도 낙관론자라서 극대성을 이루지 못했다는 거지요. 그러나 비관론자는 극대성을 이룬 겁니다.

조주석 삶이라는 것이 겉으로 드러날 때는 화려하고 아주 진취적이고 그래서 그 사람이 승리한 것처럼 보일 수도 있겠지요. 그런가 하면 뭐가 안 되는 것 같고 좌절이 많고 이룬 것도 없는 것 같아도, 멀리서 되돌아보면 "내가 굉장히 많이 왔다"는 게 보일 수도 있다고 생각해요.

시간 속에서 일하시는 하나님

박영선 테니스 칠 때도 그런 이야기를 해요. 하수들은 잘한 이야기를 합니다. 그러나 고수들은 자기의 약점을 가지고 이야기해요. "아, 나 저 사람만큼만 치면 원이 없겠다" 하고 늘 비관적으로 앉아 있어요. 그런데 하수들은 클럽에 모이면 무용담을 떠들어요. 여기서도 성화의 신비라는 개념에 대해 어떤 이해를 갖지 않았었나 싶어요.

조주석 성화가 신비라는 것은 사실 우리의 실제적인 삶에서 경험되는 문제이기 때문에 그것과 떼어 놓고 생각할 수 없겠다는 생각이 듭니다.

박영선 아까 바둑 이야기에서도 같은 형세를 놓고 한쪽은 낙관론으로 보고 다른 쪽은 비관론으로 보는데, 우리는 우리 기준으로 봐서는 다 비관론자잖아요. 그런데 알고 보면, 그 비관이 절망과 실패로 가는 비관이 아니라, 하나님이 나를 끌어서 하나님에게 더 붙이고 하나님에게 더 의존시키니까 자기가 없어지는 거라서 더 막막해지고 더 불안해지는 거더라 이겁니다.

조주석 충분히 그럴 수 있겠어요. 신앙이 더 전진하려고 하면 사실 자기를 고려할 게 더 많아지기 때문에 존재적인 차원에서 더 불안하겠죠.

박영선 네, 당연히 그런 것 같아요. 그 영화 보셨어요? 「하노버 스트리트」라는 영화.

조주석 글쎄, 봤는지 안 봤는지 기억이 잘 안 나는데요.

박영선 재밌는 영화인데, 2차 세계대전 중 독일 공습을 나가는 폭격기, 전투기 말고 폭격기 조종사들의 이야기예요. 나갈 때마다 적지에 가는 거니까 격추될 가능성이 많잖아요. 이륙을 하면서 다 불안한 겁니다. 그러니까 "야, 쇠는 무겁지. 공기는 가볍지. 근데 왜 이게 뜨냐?" (웃음) 독일 폭격 지점에 가니까 밑에서 막 대공포를 쏠 거 아니에요. "야, 쟤네들은 왜 우리만

오면 포를 쏘냐?" 이러니까 "아, 우리가 폭탄을 떨어뜨리니까 그러잖아." "저 녀석들은 유머 센스도 없냐?" 그래요. 말하자면, 우리도 담력이 있으면 그렇게 다 극복됐다고 생각하지요. 사실은 도망갈 수 없어서 견디는 거 아니겠어요? 포기할 수 없어서 물러설 수 없어서. 그러니 늘 눈물이 나고 겁이 나지요. 그 느낌을 가지고 살아야 하니, 밤낮 "나는 아니다"라고 생각할 수밖에 없지요.

조주석 역전의 용사들이 전장에 나갈 때마다 두렵다는 거. 더 두려울 것 같아요. 너무 잘 아니까.

박영선 그렇죠. 뭔지 아니까 정말로 무섭죠. 그런데 도망가 봤자 해결이 없는 걸 알아요. 불안해서 도망가거나 또는 믿음으로 사는 걸 포기하면, 포기하는 게 믿음으로 사는 것보다 나은 선택입니까? 그렇지 않다는 겁니다. 그렇게 해서 간신히 주도권을 하나님께 넘기기 시작하는 것 같아요.

갈라디아서 2:20

조주석 『성화의 신비』라는 설교집에는 갈라디아서 2:20을 가지고 무려 다섯 번이나 설교한 것이 들어 있어요. 총 17회이니 거의 3분의 1을 차지하는 것인데, 그럴 만한 이유라도 있으셨는지요?

박영선 바울 사도가 말한 "내가 사는 게 아니다"라는 이야기는, 어떤 의미에서 우리라는 존재와 우리가 걷는 인생이라는 것이 내가 아니라 예수고, 내 삶이 아니라 예수님의 삶이라는 이야기가 되는 것이죠. 그것을 갈라디아서에서 이야기하자면, 우리가 보통 그런 이야기를 할 때는 잘난 척하는 면에서 "나는 이제 아무런 갈등도 고민도 없는 신인합일체다"라고 합니다. 그런데 갈라디아서는 이렇게 이야기한 게 아니라, 율법으로 돌아서는 것을 지적하면서 "복음이 뭐냐, 구원이 뭐냐, 우리는 더 이상 내가 나 자신을 혼자 책임지지 않는다"는 것을 이야기하는 겁니다. 우리가 믿음 안에서 산다는 것은 조건이나 자격 차원에서 이야기하는 게 아닙니다. 실제로 나라는 인생을 비행기에 싣고 있으면, 내가 날갯짓을 하는 게 아니라 비행기가 날고 있는 것이고 나는 그 안에 실려 있는 것과 비슷하다는 겁니다. 바울이 그런 개념으로 이야기를 했다고 보는 겁니다. 그러면 성화란 뭐냐 하면, 이 갈라디아서 2:20에서 말하는 예수 안에 있다는 것을 알아 가는 건데, 우리가 보통 상상하는 식의 신인합일체 같은 그런 내적 희열이나 확신 같은 걸로 확인되는 게 아닙니다. 비행기에 탔는데 그것을 못 믿고 있는 게 아닐까요? 내가 나를 근거하거나 내 능력에 의해 믿음 안에 있고 또 약속을 받고 살아가는 게 아니라, 하나님께서 예수 안에서 나를 붙잡고 가시며 그 안에서 하신 약속을 이루신다는 겁니다. 그런데 그러한 확인이란 내가 나를 포기해야만 할 수 있는 것인데, 거기에는 불안, 갈등, 절망 같은 것이 동반하게 됩니다. 그 신비를 이야기하려 할 때 이 구절이 가장 적당하다고 생각한 겁니다.

조주석 설명을 듣고 보니, 한 구절을 가지고 왜 그토록 여러 차례에 말씀하셨는지 이해가 됩니다. 그러니까 갈라디아서 2:20이 성화를 잘 설명할 수 있는, 대표적으로 설명할 수 있는 구절이라고 보신 거죠?
박영선 그렇습니다.

조주석 그 책에서 자기 의를 꺾는 훈련에 대해 말씀하셨습니다. '자기 의를 꺾는다'는 것은 자신의 행위를 하나님 앞에서 공로로 내세우지 않겠다는 이야기 아니겠어요? 이런 훈련의 사례로 다윗과 베드로와 바울 사도, 이 세 인물을 택하셨더라고요. 그렇게 택하신 이유가 뭔가요?

박영선 다른 사람을 잘 몰라서 그렇죠. 성경에 나오는 인물을 다 잘 모르니까. 가장 직접적인 원인은 그분들이 다 오용되고 있어서 그랬습니다. 너무도 단순하게 영웅이 되어 버렸잖아요. 그 사람들의 어떤 점을 따라야 하는지도 모른 채, 그저 그 사람들이 이뤄 낸 결과, 유명세를 소원하려는 것으로 오용되니까 그들을 제일 먼저 택했을 겁니다. 자신이 원하는 내용들이 그들의 삶에 있기 때문입니다. 다윗의 생애에서 제일 중요한 사건은 밧세바 사건이에요. 그 어떤 사건보다도 중요하죠.

조주석 왜 그 사건이 다윗에게 그렇게 중요한 거지요?

박영선 다윗은 골리앗을 이김으로 구국의 영웅이 됩니다. 그로 인해 사울의 미움을 사서 많은 고생을 하다가 적국 블레셋에 거짓 항복하여 피난처를 구하는 곤궁한 인생까지 삽니다. 사울이 전쟁에서 패하여 죽고 나자 다윗은 왕으로 추대되어 통일 왕국을 이루는 왕권을 갖게 되는데, 그것은 골리앗을 물리친 다윗의 신앙과 주님 앞에 가진 진심의 헌신들에 대한 보상이 아니었습니다. 그 이유는 이렇습니다. 다윗이 하나님을 위해 전을 짓겠다고 했을 때 하나님께서 그것을 허락하지 않은 데서 알 수 있습니다. 다윗은 하나님을 위해 뭔가 해드리려고 했는데 하나님은 "내가 너희에게 주는 것이지 너희가 나에게 해줄 것이 무엇이 있겠느냐"는 차원에서 다윗의 왕권이 영원하리라는 약속을 주셨기 때문입니다. 이런 약속을 받은 다윗이지만 밧세바 사건을 저지르게 됩니다. 이 사건을 통하여 그는 자신이 거룩한 것과 의로운 것을 세울 수 없는 존재임을 확인하게 되는 겁니다. 하나님께서 구하는 제사는 상한 심령이며, 하나님께서 "나를 기가 막힐 웅덩이와 수렁에서 끌어올리시고 내 발을 반석 위에 두사 내 걸음을 견고하게 하셨도다"라고 시편 40편에서 노래합니다. 이 기가 막힐 웅덩이는 바로 다윗 자신입니다. 죄인 된 인간은 여기서 빠져나오지 못하는 법입니다. 그러면

시간 속에서 일하시는 하나님

다윗은 어떻게 빠져나옵니까? 그가 제사와 예물을 드리고 번제와 속죄제를 드려서 빠져나올 수 있었습니까? 아닙니다, 하나님께서 그것을 기뻐하지 않으신다는 거였습니다. 까무러칠 노릇입니다. 그러면 어떻게 해야 합니까? 다윗은 방법이 없었습니다. 시편 40편에 있는 대로 주의 뜻을 행하러 오실 분에 의해서, 다시 말해 우리에게 이유와 원인과 자격을 요구하지 아니하시고 주의 뜻을 행하러 오시는 분에 의해서, 곧 예수 그리스도에 의해서 그 일이 가능하다는 거였습니다. 그러니까 하나님께서 은혜와 긍휼을 베푸시기 위하여 대속자를 보내시고 메시아라는 구원자를 세우심으로 된다는 거였습니다. 다윗은 그것을 알게 되었던 겁니다. 따라서 "기가 막힐 웅덩이와 수렁에서 끌어올리시고 내 발을 반석 위에 두사"라고 한 고백은 하나님께서 다윗에게 행하신 수많은 기적 중에 최고의 기적이 아닐 수 없습니다. 이렇게 해서 다윗은 밧세바 사건을 통해 자기 헌신이나 자기 의가 아닌 하나님의 사랑과 지혜와 능력 위에 그가 세워진다는 것을 가슴 절절히 배우게 된 겁니다.

조주석 또 베드로 사도에 대한 경험도 다루셨습니다. 베드로 사도는 예수를 그리스도라 고백하는 믿음의 지식과 "모든 사람이 다 주님을 버릴지라도, 나는 절대로 버리지 않겠다"는 굉장한 의욕을 나타냈습니다. 그러나 예수님을 세 번이나 부인하지 않았습니까. 이러한 베드로에 대해서 평하시기를, "베드로는 자기의 진심을 지킬 수가 없었다. 그것을 확인한 것이었다. 그래서 진심은 실력이 아니다"라고 하셨어요. 왜 그것이 실력이 아닌지 말씀해 주세요.

박영선 우리는 무능하죠. 그래서 우리가 많이 빠지는 함정 중에 무지해서 예수를 몰랐다고 보통 생각하는데, 예수를 안다는 건 우리의 무능도 아는 겁니다. 무지의 문제만이 아닙니다. 우리가 하나님을 몰라서 못 믿는 게 아니라 알아도 못 믿어요. 예수 그리스도로 말미암는 구원은 우리에게 기회를 제공하신 정도가 아니잖습니까. 구원하신 행위입니다. 우리는 종종 무지와 무능을 나누는 것 같아요. 그게 베드로를 다루면서 강조하고 싶었던 바였어요. 우리가 신자라면 하나님이 우리에게 하실 것은 다 하셨고, 이제 우리의 책임만 남은 것으로 생각하지 말자는 겁니다. 구원 자체가 하나님을 알게 하시는 것과 하나님을 의지해서 살 수밖에 없다는 양쪽 측면을 다 갖는다는 점을 베드로를 통해 설명하고 싶었어요.

조주석 그러면 바울 사도는 어떻습니까? 바울은 고린도후서 12:9에서 자신의 여러 약한 것들과 그리스도의 능력을 서로 대비합니다. 그런 다음에 바로 "내가 약한 그때에 강함이라"(고후 12:10)고 말합니다. 바울의 이런 싸움을 가리켜서 갈라디아서 2:20에 있는 예수 안에 있는 믿음이라고 하셨는데, 왜 그렇게 보신 거죠?

박영선 우리는 언제나 예수를 믿는다고 할 때 '내'가 믿는다로 됩니다. 다시 나로 돌아옵니다. 그러니까 믿는 내가 믿음의 대상을 수단으로 삼고 조건으로 삼아 다시 '나'라는 존재로 돌아옵니다. 그것이 베드로 식으로 말하면 의욕이요, 바울 식으로 조명하면 능력, 믿음이라는 능력이 됩니다. 그런데 약해야 된다는 것은, 우리가 예수를 믿고 예수를 의지해서 산다는 것은 갈라디아서 2:20 같이 나의 인생을 주께 바쳐 주께서 사는 인생이 된다는 의미입니다. 굉장히 신비한 표현이요 더 구체적으로 설명하거나 깨우치기가 참 어려운 말씀입니다. 우리가 나이 들어서 보면 지금 조 목사님이나 제 나이쯤에서 보면 관용이 생기는 이유도 같은 맥락일 겁니다. 우리가 관용이 생긴 이유는 뭐냐면, "하나님이 하신다, 저 사람의 지금 결론이나 고집이 그의 인생의 전부가 아니다, 저 사람이 스스로 생각을 바꿀 것이다" 이런 게 아니라, "하나님이 저 사람을 저렇게 놔두시지 않을 것이다" 하는 게 관용을 만드는 것 아닙니까? 그 경지에 바울이 왔다는 것입니다.

조주석 예수 안에 있는 믿음이라는 것, 그 내용이 굉장히 많고 깊어서 거기서 길러 내는 것이 엄청날 것 같아요.

박영선 참 어렵습니다. 잘 가다가 보면 틀려 있으니까.

로마서 7장의 '곤고한 사람'

조주석 성화가 자신의 행위를 조건으로 삼을 수 없다는 것과 관련해서 로마서 7:24에 나오는 "곤고한 사람"이 누구냐 하는 문제를 생각해 볼 수 있겠습니다. 목회 초창기에 목사님은 이 곤고한 사람이 누구냐에 대해서 아직까지 답이 나오지 않은 난해한 구절이라고 하셨어요(『하나님의 열심』). 그런데 이번에 나온 『성화의 신비』에서는 이것을 굉장히 심도 있게 다루었습니다.

박영선 로마서를 가지고 설교할 때 로이드 존스 목사님의 로마서 강해를 보면서 제일 많이 참고했는데, 그 부분은 로이드 존스 목사님도 애매하게 쓰셨고 저도 애매하게 했어요. 그런데 나중에 어느 주석을 보니, 그 부분은 인간의 무력함에 관한, 소원하더라도 지킬 수 없는 인간의 전적 타락에 속하는, 전적 부패와 전적 무능에 관한 것으로, 전적 부패를 이야기할 때는 선한 이야기가 나오지 않겠지만 무능을 이야기하기 위해서는 선한 의욕을 가지더라도 지킬 수가 없다, 원하는 것을 할 수가 없다, 죄 아래 내가 잡혀 있다고 설명한 것을 봤는데, 저는 그게 그 본문에 대해서는 제일 나은 해석이라고 봐요. 그럼에도 불구하고 그 구절은 신앙생활 속에서도 똑같은 고백을 하게 되니, 7장에서 율법이 잘못돼서 인간이 죄를 짓는 게 아니라 율법은 선한데 지킬 능력이 없다는 것을 지적하고 있다면 신앙의 경험 속에서 하나님의 뜻을 아는데 못 지키는 것과 일치하거든요. 그럼 어떻게 되느냐 해서, 『성화의 신비』를 쓸 때 그 문제를 법 아래 있는 것이 아니라 은혜 아래 있다는 8장과 연결시켜서 "하나님과의 관계는 법적인 관계가 아니라 사랑의 관계다" 이렇게 풀었죠. 그처럼 사랑의 관계인 까닭에 8장에 가서 뭘 말하느냐 하면, 궁극적으로 승리가 우리에게 주어질 것이라고 합니다. 우리가 가진 실패나 절망이나 갈등에도 불구하고 사랑으로 승리하게 하실 하나님의 인도하심 속에서 승리는 우리의 것이 된다고 이해를 했어요. 폴 투르니에는 『죄책감과 은혜』라는 책에서 이 둘은 늘 동전의 앞뒷면처럼 붙어 다닌다고 했는데, 그 말이 일리가 있어요. 우리가 사실 성경의 내용들을 이건 이거라고 하나로 다 못하겠더라고요.

조주석 그래서 방금 말씀하신 것을 정리하는 차원에서 이야기해 보면요, 이 곤고한 사람이란 믿기 전의 사람이냐 아니면 믿은 후의 사람이냐, 이 문제 가지고도 신학자들이 세 부류로 나뉘지 않습니까. 목사님은 어떤…….

박영선 다 적용된다고 봐요. 믿지 않는 사람들도 어쨌든 양심상 가책을 느끼죠. 그리고 잘하고 싶은데 안 되죠. 안 믿는 사람들 사이에서는 답이 없으니까 외면하고 살 겁니다. 추측컨대, 믿는 사람 입장에서 보면 양심보다 더 큰 하나님의 명령, 하나님의 부르심 앞에 서 있으니까 그 갈등이 더 큽니다. 구원을 받았으나 그것을 지켜 내지 못하니까, 그것이 믿는 자의 경우에도 일반적 경험이자 현실이라고 봅니다.

조주석 저는 폴 투르니에의 책을 읽고 나서 어떻게 생각했냐면, 이것이 신자의 경험이라고 한다면 결국은 신자가 하나님의 말씀, 특히 계명에 대한 말씀을 내가 지키느냐 못 지키느냐에 대해 갖는 갈등이라는 거지요. 갈등이 생기고 또 죄책감이 있게 돼요. 그런데 여기서 말하는 곤고한 사람이 갖는 죄책감이라는 것은 거짓된 죄책감이 아니라 진정한 죄책감이라는 거죠. 과거에 존재했던 신앙의 위인들을 보면, 이사야 같은 경우에도 자기가 분명히 소명을 받은 사람으로서 하나님의 성전에 들어갔을 때 하나님 앞에서 자기가 굉장한 죄인인 것을 느꼈습니다. 굉장한 죄책감을 느꼈거든요. 그러면서 자신의 소명을 더 확인하고 나가서 말씀을 전하지 않습니까? 그래서 저는 그 부분을 이해할 때 "아, 신자는 자기가 사는 것, 하나님의 법을 지키고 싶지만 지키지 못하는 것에 대해서 죄책감을 느낀다. 그러나 그 죄책감이 있다고 해서 우리의 구원이 취소되는 것은 절대 아니다. 그래서 8:1로 가면 너희에게 정죄함이 없다고 말씀하는데, 그가 늘 죄책감을 가질 수는 있으나 그러나 정죄함은 없다." 저는 그렇게 이해했어요.

박영선 그게 믿는 자들에게는 분명하죠. 믿지 않는 자들에게 7, 8장을 적용하면, "봐라, 너희는 어차피 선행을 할 수 없다. 예수 안에 들어와야만 가능하다" 이렇게 적용할 수 있어요. 그래서 우리 신자들에게는 조 목사님이 이야기한 쪽으로 다루어야 해요. 신앙인이 되면 진정한 죄책감이 생깁니다. 그리고 그 죄책감이란 쉽게 해결이 되지 않아요. 자기에게는 해결이 없습니다. 믿음으로밖에는 없습니다. 로마서 7:25은 이렇습니다. "우리 주 예수 그리스도로 말미암아 하나님께 감사하리로다. 그런즉 내 자신이 마음으로는 하나님의 법을 육신으로는 죄의 법을 섬기노라." 거기 이미 "감사하리로다" 속에 아직도 갈등하고 있고 거기 답이 없고 8장에 가서야 답이 나옵니다. 기독교 신앙의 신비는 인간의 문제를 하나님이 해결하신다는 것입니다. 인간은 그 해결이 자신의 능력과 이해 안에 있어야 한다고 생각하지요. 그것은, 우리가 성경말씀과 하나님의 일하심을 다 이해할 수 있다고 우기는 것과 같아요.

조주석 바울 사도는 복음을 알고 난 뒤에 율법과 복음의 관계 문제를 생각해 왔으니까, 자기의 현실 생활 속에서 선을 행하기 원하는데 못한다는 겁니다. 그럼 과연 이 못한다는 것이 정죄의 문제로 갈 수 있느냐 아니냐 하는 문제, 그런 고민을 풀어낸 것으로 생각을 한번 해봤습니다.

박영선 가능해요. 우선, 외적 경험에선 분명합니다. 고린도후서 1:8-9에서 이런 말씀을 합니다. "우리가 아시아에서 당한 환난을 너희가 모르기를 원하지 아니하노니……. 우리 자신이 사형 선고를 받은 줄 알았으니 이는 우리로 자기를 의지하지 말고 오직 죽은 자를 다시 살리시는 하나님만 의지하게 하심이라." 고린도후서 12장에 보면 바울이 세 번 간구했는데, 받은 응답은 "내 은혜가 네게 족하도다"입니다. 그는 "내가 약한 것들을 자랑한다"(고후 12:9)고 합니다. 이런 것들은 사실 우리의 인간 이해나 기대의 법칙에는 안 맞는 겁니다. "내가 실패했으므로 성공했노라" 이런 말을 할 수 없잖아요. 그러나 분명히 모순된 말은 아닙니다. "동쪽으로 가서 서쪽에 있다" 이런 이야기가 아닙니다. 그럴지라도 모순이 분명히 존재합니다. 내적으로도 모순이 분명히 존재합니다. 내적으로도 그 모순이 있는 겁니다. 갈라디아서 2:20에서 이야기한 것같이, "난 내가 아니다", "난 내가 아닌데 예수가 내 안에 있고 내가 예수 안에 있다"는 겁니다. 그러니까 강조에 따라서 내가 아니라 예수님이라고 이야기할 수 있습니다. "나는 나다. 예수님이 내 안에 사는 나는 나다"라고 강조할 수 있죠. 예수님이 사는 것과 내가 사는 것이 일체가 되어서 갈라디아서 2:20이 있지 않고, 나의 절망과 나의 한계를 분명하게 인정한 채로 예수 안에 있는 나라고 묶을 수밖에 없습니다. '동과 서가 서로 만나고' '정의와 평화가 서로 입 맞출 때까지'라는 그런 말이잖아요. 이런 뜻에서 빌립보서 4:13처럼 "내게 능력 주시는 자 안에서 내가 모든 것을 할 수 있느니라"는 말이 터져 나옵니다. 감옥에 갇힌 처지에서 풍부에 처할 줄도 알고 궁핍에 처할 줄도 안다는 고백들이 그래서 나오죠. 그게 제가 추구하는 쪽에서 보자면 그 연합이, 그 합일이, 그 믿음으로 연합이, 우리가 보통 이야기하는 것같이 내가 하나님을 가까이 하고 하나님이 나를 가까이 해줘서 만나기보다는 만나면 만날수록 하나님을 가까이 하는 것은 두려운 일이다 그거죠. 두렵습니다. 그걸 아마 제 생애 속에서 계속해서 가르쳐 주신 것 같아요. 내가 절망하는 것만큼 하나님께 가까이 가 있는 게 아닌가 싶어요. 내가 나를 부인하는 거죠. 자기를 부인하는 것, 십자가는 철저히 성부 하나님과 성자 하나님의 분리입니다. 아버지의 뜻을 이루는 건데 최고의 분리가 일어납니다. "엘리 엘리 라마 사박다니"라고 하셨으니 말입니다. 그런 데서 아마 제 경험을 가진 게 아닌가 싶어요.

행함이란 자기 근거를 만드는 게 아니다

조주석 성화에 대해 말씀하시면서 구체적인 사례로 다윗과 베드로와 바울 같은 인물을 다루었습니다. 그들도 행함의 문제에서 자기 의라는 것으로부터 완전히 자유로울 수 없는 존재였다는 것을 확인했습니다. 그렇다면 이 행한다는 것을 우리는 어떻게 이해하는 것이 좋을까요?

박영선 믿음을 조건으로 생각하면 언제나 인과율로 갑니다. 그리고 구원 문제에서 칭의 문제를 따질 때는 믿음하고 행위를 반대 개념으로 보는 잘못을 범하죠. 믿음이란 인과율이 아니고 은혜의 법칙입니다. 그런데 구원을 얻고 하나님의 백성으로 사는 데 있어서는 인과법칙이 있지요. 그게 자격과 조건으로서의 인과법칙이 아닌 순종과 불순종이라는 인과법칙이 있어요. 그러나 그게 운명을 결정하는 인과법칙은 아니라는 겁니다. 고린도전서 15장 마지막 부분에 나오는 것과 같이 예수 그리스도 안에서 이김을 주시는 하나님으로 나옵니다. 사망을 이기는 부활과 승리를 우리에게 주십니다. 그러니까 우리가 순종한다는 건 신자로서 당연히 해야 할 의무인 동시에 신자가 선택할 수 있는 신자의 영광이자 특권이라고 봅니다. 하나님이 인도하시는 일에 적극적으로 참여하여, 말하자면 예수님께서 자원해서 성육신하시고 수난을 당하신 것처럼, 아버지의 기뻐하심에 성자 하나님이 참여하신 것같이, 우리도 예수 안에서 하나님의 부르심에 적극적으로 참여하는 겁니다. 그러나 불순종하면 그 기쁨과 영광을 누리지 못하죠. 그럴지라도 결과로는 어쨌든 하나님이 우리의 모든 결과를 승리케 하실 것이라고 믿습니다.

조주석 그래서 잘못하면 신앙의 문제를 규율이나 규정으로 정해 놓고 실천하는 문제로 생각할 수 있겠습니다. 예컨대 "일주일에 전도를 두 번 해야 된다", "성경은 몇 장씩 꼭 읽어야 된다" 이렇게 말입니다. 만일 그걸 다 하면 "아, 내가 신앙생활 잘했다" 이렇게 갈 수 있겠지요. 그러한 위험에 대해서는 어떻게 생각하십니까?

박영선 규율이 어쨌든 소극적으로라도 행위의 법칙을 강요하는 것이어서는 안 됩니다. 훈련이라는 개념으로는 옳습니다. 훈련이라는 개념으로 보고 훈련으로의 성취도를 보는 차원에서 규칙을 정하는 것은 적극적으로 쓰일 수 있어요. 훈련이라는 것은 성취하는 만큼 기쁨도 있고 자랑도 넉넉히 가능합니다. 그러나 율법적인 생각이 늘 연결되거든요. "난 너와 다르다"가 되니까 말입니다. 자기 안에 근거를 가지는 만족감이나 확신이 생기는 것은 참으로 위험합니다.

조주석 신앙을 이처럼 기계적으로 이해하고 그것을 그런 대로 잘 실천하는 사람은 자신의 삶에 대한 깊은 절망을 느끼지 못할 것 같아요. 그냥 "했나, 못했냐"로 갈 것 같습니다. 그런 이유로 절망을 모르고 절망을 해결하지 않고 자란 신앙은 가짜라고 이야기하셨어요. 가짜라고 보기보다는 어

시간 속에서 일하시는 하나님

린 신앙이나 미숙한 신앙이라 해야 하지 않을까요.

박영선 물론 그래요. 그땐 제가 악쓰던 시절이니 말입니다. 누가 꼭 그렇게 가르친 건 아니지만 본성적으로 인과법칙에 들어가 자기 조건과 자격을 키움으로써 안심하고 싶어 하잖아요. 그리고 주변에서 다 그렇게 했고요. 다 속았다는 마음이었을 겁니다. 누가 속였다기보다는 자기 스스로 속은 거죠. 그래서 "그 마음이 가짜다" 하는 데까지 갔을 거예요.

조주석 설교자가 어떤 말을 했을 때 그걸 다 안다는 건 사실 어렵다고 봐요. 어떤 맥락에서 썼느냐, 어떤 마음이나 의도에서 했느냐 하는 걸 설교로 충분히 표현해 내려면 한 시간 설교로는 역시 부족할 것 같습니다.

박영선 이렇게 글 쓰는 사람들하고 설교자하고 달라요. 설교자가 설교를 할 때는 말하자면 배짱을 가져야 해요. '하나님께서 선하게 쓰실 것이다.' 안 그러면 설교 못합니다. 설교자가 자기 설교가 글로 나온 것을 보면 아마 놀랄 거예요. "내가 말을 이따위로 했나"라고 말입니다. 그렇지만 듣는 청중은 설교자가 그때 전하려는 의미를, 글로 쓰면 말이 안 맞는, 또는 과격한 오해의 소지가 있을지라도 가려듣는 것 같아요.

조주석 그러니까 맥락 속에서, 흐름 속에서 그걸 파악하겠죠.

박영선 아니, 하나님께서 그렇게 하세요.

신앙의 내용은 내가 아니라 하나님께서 채워 주신다

조주석 "기독교 신앙이란 주체의 차원에서 보면 신앙의 내용을 내가 채우는 것이 아니라 하나님께서 채우신다고 할 수 있다. 그래서 신앙의 내용이란 자기 의를 꺾고 하나님만 의존하는 자리로 들어가는 것이 가장 중요하다"고 말씀하셨어요(『성화의 신비』). 따라서 나의 열심과 자기 의를 하나님께서 요구하시지 않는다는 게 성화에서 아주 가장 중요한 내용으로 파악됩니다. 이제까지 했던 내용을 정리하는 차원에서 좀 말씀해 주시죠.

박영선 이제 이쯤 와서 보면, 신앙생활을 참 쉽게 하는 사람들이 있다는 것을 인정해야 합니다. 하지만 고민하고 갈등하고 좌절하는 것으로 배워 온 사람들에게는 그게 정말 경이롭습니다. 그런데 어느 날 보니, 그 사람들은 잘 믿고 있는데 내가 나무라고 있더라니까요. (웃음) 예전에 같이 자라난 사람이 나 예수 잘 믿고 있는데 나한테 구원받았냐고 물었을 때 놀랐던 것처럼, '이 사람도 신앙생활 잘하고 있는데 내가 뭐라고 그랬구나' 하는 생각이 들었어요. 그러나 이제 중요하게 이해가 되는 것은, 대부분 그렇게 쉽게 이해가 되는 사람들은 전체 삶을 바치진 않습니다. 전체 삶을 바치지 않는다는 게 무슨 뜻이냐면, 그들은 본인의 인생을 거의 고민하지 않는 스타일로 삽니다. 자기 인생 자체를 대부분 시대적이고 환경적인 것에 순응하며 살아요. 그가 사는 삶에서 신자 된 도리를 지키는 데 있어서 쉽게 할 뿐이지 다양하고 깊이 있는 데까지 책임을 지고 있지 않더라고요. 그런데 하나님은 하나님을 믿는 신앙을 전 영역에 담아내라고 요구하시더라 이겁니다. 기독교 신앙이 복음주의 진영에서 자꾸 반지성적 성격을 띠는데, "지성적으로 가면 자꾸 비판적이 되니까 반발이 있었다. 그래도 나는 지성으로도 하나님을 믿고 싶었습니다"라고 쓴 글을 읽은 적이 있어요. 공감이 가지 않습니까? 우리는 의지나 감정뿐 아니라 지성도 동원해야 합니다. 하나님은 우리 삶의 전 영역에 걸쳐서 하나님의 하나님 되심을 우리에게 보이시고 실제로 그렇게 주권을 행하고 계십니다. 그런데 우리는 단지 어느 부분, 너무 쉬운 단순한 부분만 하나님께 바치고, 더 많은 더 깊은 내용의 인간의 삶에 등장하는 고민들까지는 나아가지 않으려 합니다. 그런 깊은 데까지 나아가서 하나님을 설명하거나 증언하고 있지 않다는 데 경각심을 가져야 합니다.

조주석 신앙의 내용은 내가 채우는 게 아니라 하나님께서 채워 주신다고 하셨는데, "마땅한 승리를 위해서 자기를 쳐서 복종시키는 이 싸움을 평생 동안 해야 하는데 그것은 예외가 없는 보편적이고 유일한 코스다"라고 하셨어요. 사실 이럴 때 난감해지거든요. 무슨 말이냐면, 어떻게든 좀 피하고 싶어지잖아요.

박영선 생각하지 않고 공부한다는 게 불가능하듯이, 움직이지 않고 인생을 살려는 게 불가능한 것과 같다는 것입니다. 고민하고 짐을 지는 것은 우리에게 있어서는 죄성과 하나님의 통치 사이, 갈등 사이에서 빚어지는 짐이지 우리에게 필요 없거나 부정적인 건 아니라는 겁니다.

조주석 그런데 사람들은 살아갈 때 '이것이 내게서 빠졌으면 좋겠다', '이것이 없었으면 좋겠다'고 생각하기 쉽지, '아, 이것을 보듬고 내 짐으로 안고 가겠다' 하기가 쉽지 않다는 겁니다. 힘드니까 그렇게 하고 싶지 않은 거죠.

박영선 그렇죠, 힘듭니다. 지금 우리는 땀을 흘려야 대가를 얻도록 되어 있습니다. 그것이 우리에게 손해가 아닙니다. 하나님이 고통이나 짐으로 준 게 아니라 시간과 공간 속에서 엮어지는 인간의 실존이, 고민과 고뇌와 실천으로 인한 시행착오라는 게 없으면 결실하지 못하는 존재라는 뜻일 겁니다.

조주석 신앙의 실천으로 들어가면 양태가 조금 다를 수 있습니다. 좀 더 지성적인 사람이 있을 수 있고, 좀 더 행동에 강한 사람이 있을 수 있고, 감정에 강한 사람이 있을 수 있거든요. 모든 사람이 이 부류에 안 들어간다고 볼 수 없습니다. 정도의 차이는 있을 수 있겠지만 말입니다.

박영선 그렇게 이야기한 셈입니다. 너무 생각하지 않는 기독교, 짐 없는 신앙생활이 되어 버려서 언젠가 설교할 때 이런 이야기를 했어요. "마음의 평안을 구하는 기도가 실은 책임 회피 아니냐" 그랬죠. "자기 편안하자는 이야기지 신자의 삶을 살자는 게 아니지 않냐, 따져 봐라" 그랬습니다.

책임이란 신자가 은혜 안에서 갖는 이해와 행동

조주석 성화가 자신의 무능이나 부패를 절감하는 것과 관련이 있다 하더라도, 우리의 행함, 곧 우리의 책임과 전혀 별개의 것은 아니잖습니까. 그래서 그 문제를 다루면서 두 가지 질문을 이렇게 던지셨어요. "은혜를 다루다 보면 아무 책임도 없는 것 아니냐? 또 책임을 강조하다 보면 은혜가 감소하는 것 아니야? 이렇게 나갈 수 있거든요, 이분법으로."

박영선 행함이라는 요구가 없다면 믿음이라는 말 하나 가지고는 인간은 정말로 모호해지고 맙니다. 방향 감각도 상실하게 되고 위치 감각도 흐려지게 됩니다. 은혜와 책임이라는 것도 같은 맥락에서 생각할 수 있다고 봅니다. 은혜라는 것은 더 큰 차원의 인간의 운명에 관한 이야기이고, 책임이라는 것은 은혜라는 더 큰 차원과 운명 안에서의 현실적인 신자의 생각과 이해와 행동인 것 같습니다.

조주석 그래요. 은혜가 나를 사로잡아 하나님께 항복시킨 표시라면, 그것은 나의 전인격적인 데서 확인되고 납득되는 까닭에 자신의 의식과 노력과 실천 등으로 경험되며 인간은 그것을 책임으로 느낀다고 말씀하셨어요. 그런데 신자들의 대다수가 그렇게 깨닫고 느끼고 있는지 의문이 들 때가 많거든요. 그런데 목사님은 목회하시면서 어떤 생각이 드셨어요.

박영선 아, 그런데 해보니까 그렇게 깊이 고민하는 사람은 소수더라고요.

그것보다 훨씬 단순하게 믿어요. 구약 성도들이 신약 성도들보다 계시의 이해가 부족한 게 아니라 조명이 좀 어둡다 그랬습니다. 누군가 책에서 그렇게 이야기했더라고요. "구약의 계시가 신약의 계시보다 부족한 것이 아니라 조명이 좀 어둡다." 내용은 다 있는데 신약 시대에 와서 조명이 더 밝아졌다는 거죠. 구약 성도들이 신약 성도들보다 절대로 신앙이 부족하다거나 약하다고 이야기할 수 없듯이 말입니다.

조주석 그럴 것 같아요. 그리스도의 계시에 관해서는 구약이 더 희미하다고 할 수 있겠죠. 그러나 실제 신앙의 차원에서는 결코 그렇게 말하기 어려울 것 같습니다.

박영선 왜냐하면 신앙이란 결국 하나님을 사랑하는 것인데, 사랑하는 데 무슨 인적 정보를 더 가져야 하거나 지식이 많아야 하거나 하는 건 아니잖아요.

조주석 그리고 책임에 대해서도 생각해 보면, 책임이라는 것을 하나님이 베푸신 은혜를 누리는 것으로 이해하면 잘못이 없지만, 책임으로 그 은혜가 유효해지고 유지된다고 생각하면 자격이나 조건이나 자랑이 될 수 있다고 말씀하셨어요. 목사님께선 이런 일들을 많이 목격하셨을 것 같아요. 그런 예들이 있으면 좀 말씀해 주세요.

박영선 구원의 시작부터 기독교 신앙을 점검하는 가장 중요한 기준으로 자랑이 등장하죠. 로마서 3장에서 "그런즉 자랑할 데가 어디냐. 있을 수가 없느니라"(롬 3:27)고 합니다. 자랑은 인과법칙을 확인하는 증거이거든요. 은혜에서는 자랑이라는 게 나올 수가 없죠. 그런데 목회를 하면서 겪어 보니, 그 자랑이 성취감으로 나오는 것은 괜찮은 것 같아요. 성취감과 자기 신앙의 진전으로 확인되면 얼마든지 좋은데, 자랑에 대해서 제가 시비를 거는 건 "누구를 정죄하는 데 쓰지 말라"이겁니다.

조주석 내가 그것을 가지고 비교하는 차원 말이죠.

박영선 그러나 자기 스스로 신앙의 성취를 점검하는 차원, 그것은 좋습니다.

책임이란 하나님의 은혜에 감사하고 소망하는 것

조주석 책임을 또 이렇게도 이야기하셨어요. "책임이란 하나님의 은혜의 간섭과 은혜의 약속들을 기뻐하고 감사하고 소망하는 것"이라고 말입니다. 이처럼 목사님께선 신자의 책임을 무거운 짐이 아니라 신앙의 즐거움과 소망으로까지 확대시키셨어요. 목사님께 그런 경험이 있으시다면 좀 소개해 주시지요.

박영선 저는 철저히 경험들이 비관적이에요. 전체 기조가 비관론자입니다. 그래서 책임진다는 것이란 하나님의 은혜를 기뻐하고 소망하는 것이라고 표현했는데, 그렇다고 해서 자기 영혼과 마음이 늘 평안하고 한 점 의혹이 없는 기쁨이라고는 보지 않습니다. 마태복음 11:28-29에 있는 "수고하고 무거운 짐 진 자들아, 다 내게로 오라. 내가 너희를 쉬게 하리라. 나는 마음이 온유하고 겸손하니 나의 멍에를 메고 내게 배우라"는 말씀에서 "나의 멍에를 메고 내게 배우라"고 한 것은, 예수님이 짐을 다 대신 지는 게 아니라 짐 지는 법을 가르쳐 주신다고 보는 겁니다. 주님께서 짐을 대신 져주신다고도 얼마든지 할 수 있는데, 그렇게 하지 않았습니다. 사도 바울이 "내가 약한 그때에 강함이라"(고후 12:10)고 했을 때 약하다는 것이 본인에게 절망스러웠을 겁니다. 또 빌립보서 4:13에서 "내게 능력 주시는 자 안에서 내가 모든 것을 할 수 있느니라"는 말씀에 대해서도 무슨 일이라도 당할 수 있다고 풀었거든요. 우리가 기쁨을 갖는다든지 소망을 갖는다는 것이, 믿음 안에서 이제 우리의 현실적인 위치가 신자로서의 기대에 만족스럽든지 아니면 훨씬 비관적일지라도 그 기쁨과 소망을 가질 수 있다고 보는 겁니다.

조주석 인생의 깊이가 없을 때는 늘 행복해야만 기쁜 줄 알죠. 그러나 실은 고통과 비통 가운데서도 즐거움이 있잖아요. 우리는 그런 걸 놓치기 참 쉬운 거 같아요.

박영선 신자의 인생은 순교의 길이지요. 순교라는 것은 결국 우리가 실패하는 길을 걷는 것 같고, 우리가 소망하는 것이 점점 더 어두워지고 점점 더 절망적인 현실을 살아갈 수밖에 없는 그런 게 아니겠어요. 그렇지만 우리가 이게 옳다고 믿고 그 믿음을 갖는, 은혜를 갖는 기쁨을 소유하듯이 현실적으로 내 신앙이 현실화되지 않고 또 보이는 것으로 확인되지 않는 것에 대해 절망하지 말고 그것을 믿음 안에서 기쁨으로 가져라, 하는 쪽으로 나아간 것 같습니다.

책임이 은혜를 부른다

조주석 『하나님의 설복』이나 『믿음의 본질』 같은 책에서도 은혜와 책임에 관해서 말씀하셨어요. 그러나 그때보다는 『성화의 신비』에서 훨씬 더 발전된 느낌을 받았습니다. 혹시 어떤 계기가 있어서 그랬는지, 아니면 성화의 문제를 더 고민하시다가 깨닫게 되신 것인지요?

박영선 처음에는 사람들이 믿음을 구원과 관련시켜 인과관계로 푸는 것을 '그렇지 않다, 인과관계를 넘어서는 거다, 즉 은혜의 법칙이다'에서 출발해서 좀 더 나가 보니까, '믿음이란 인격적 관계에서만 성립하는 거다'라는 데까지 믿음의 본질을 가르쳤습니다. '믿음이니 사랑이니 하는 것은 하나님이 우리를 대등한 인격적 상대로 대접하는 거다'로 갔죠. 그런데 『성화의 신비』에서는 조금 더 나아간 거죠. '믿음 안에 있다는 것은 하나님을 의존하는 것이고 자기 자신에 대해서 점점 더 부정적이고 절망스럽게 느끼는 것이다'라고 말입니다. 우리는 성취나 도덕성이나 능력이나 유효성 같은 것들로 자꾸 자기를 점검하려 하는 까닭에 절망합니다. 그러나 '믿음 안에서 절망은 오히려 자기부인과 전적인 하나님에의 의존으로 가는 길이다.' 그렇게 알게 되었습니다.

조주석 이런 거 아닐까요. 은혜와 책임이라는 문제를 인간의 삶을 놓고 이야기한다면, 어렸을 때는 부모님의 많은 사랑을 받지 않습니까? 크면 클수록 책임을 더 많이 느껴야 되거든요. 책임을 느낀다는 말은 무슨 말이냐면, 많은 것과 부딪쳐야 하고 갈등해야 하고 자기가 해결해야 하고 어떨 땐 절망해야 할 것들도 많아집니다. 그런데 그만큼 자기가 많은 것들을 해야 하기 때문에 절망을 느낄 수밖에 없잖아요. 이런 식으로 풀어낼 수 있지 않을까 싶은 생각도 듭니다.

박영선 나중에 가면 책임을 책임으로 이해하지 않습니다. 책임을 능력으로서의 책임으로 이해하지 않죠. 일반 인생 속에서도, 그게 뭐라 그럴까요, 자기의 본분 같은 걸로 느끼죠. 능력적 차원, '나 아니면 할 수 없다'는 차원이 아니고, '이건 나한테 맡겨진 것이다, 내가 져야 되는 거니까 내 자리를 지켜야 한다'는 것을 뜻합니다. 우리 신자들의 이해로 표현하자면, '하나님이 베푸시는 은혜의 손길로서 순종해야 한다'는 것 말입니다. 내면화된 어떤 신비한 순종과 같은 개념이 아니라, 시간과 장소를 책임지는 내 몸을 움직이고 발언을 해서 살아내는 책임으로 느낍니다.

조주석 부모가 자기 자식을 위해서 뼈 빠지게 일합니다. 그렇게 하고서도 그것을 자랑으로 생각하지 않아요. 그걸 마땅히 해야 하는 본분으로 생각하지, '이게 뭐 내가 해야 할 굉장한 선'으로 생각하지 않거든요. 어떤 면에서 신자의 책임이 그런 것과 같지 않을까 싶습니다.

박영선 그렇겠죠. 어느 날 이 일을 위해 하나님이, 말하자면, 가족이나 친구나 시대나 상황 속에서 내가 이 일과 이 역사와 이 사회를 위해, 작게는 가족을 위해 내가 하나님의 손길로서 부름받았다는 것을 알게 됩니다.

조주석 그런 것이 책임이라는 거죠?

박영선 네, 그것이 책임입니다.

조주석 보통 사람들이 생각할 때 책임 하면 내가 뭘 하는 것으로 생각하기 쉬운데, 이제까지 말씀하신 것을 종합해 보면 책임이라는 것도 결국 은혜 안에 있는 것이지 은혜 밖에 있지 않다는 것으로 정리될 수 있겠습니다.

박영선 책임이 은혜를 부르는 것입니다. 부른다고 하면 표현이 좀 어색할지 모르지만 은혜를 부르는 겁니다.

조주석 그렇게 이해하는 것이 훨씬 좋겠습니다. 이렇게 믿음과 행함이라는 문제 또는 은혜와 책임이라는 문제에 대해서 많은 이야기를 나눴습니다. 특히 행함과 책임이라는 문제에서 우리가 그것을 잘 이해하고 그것을 바로 깨달아야 건전한 신앙생활을 할 수 있겠다는 생각이 듭니다.

박영선 네, 맞습니다. 신앙의 깊이로 자꾸 부름을 받으면 뿌리 쪽에 책임이 많아지는 것 같아요. 꽃이나 열매가 되는 쪽이 아니라 고민하는 사람들은 뿌리 쪽으로 가는 것이고, 다른 데서 열매와 꽃이 피는 게 아닌가 싶습니다.

조주석 은혜와 책임의 문제를 이야기하다 보니, 이런 게 떠오릅니다. 제가 처음에 남포교회에 와서 목사님 설교를 듣고 이해가 안 됐던 게 하나 있습니다. 나도 그런 생각을 하고 있었는데 어떤 학생도 그렇게 생각하고 있더라고요. 목사님의 설교에는 인디커티브(indicative)가 분명히 많다. 그게 장점이다. 그런데 임페라티브(imperative)가 별로 없다. 오히려 임페라티브적인 부분들도 인디커티브하게만 풀어낸다. 그게 답답하게 보였어요. 설교에서 좀 임페라티브를 말하면 좋겠는데 왜 그냥 끝내고 말까. 실은 그런 불만이 있었어요.

박영선 난 그렇게까지 구별하지 못했어요. 그렇게 의식하지도 못했어요. 본질적으로 내 삶과 내 확인에서 그랬어요. 하나님과 성경이 나를 놓아주지 않으면 내가 죽을 것 같았어요. 그래서 나는 교인들한테 어떤 것도 요구할 수 없었어요. 그런 면에서 나는 누군가 임페라티브를 하는 사람이 있지 않으면 나는 존재하지 못해요. 그리고 지금까지 내가 인디커티브를 함으로써 임페라티브가 살 거라고 본 겁니다. 내가 한 것은 전체에서 하나에 불과하다는 걸 알고 있어요. 실은 우리가 신앙이라는 이름으로 모든 것을 장악하려고 해요. 모든 것을 해결하려 하고 마음의 기쁨과 충만을 이야기하는 것도 신앙인으로 사는 고통을 덜려는 것일 수 있어요.

믿음을 우열의 문제로 봐서는 안 된다

조주석 더 나아가서 의라든지 자랑이라든지 이런 걸 이야기할 때도 그 연장선상에서 다룰 수 있는 부분이 있습니다. "일반적으로 말해서 신앙이 훌륭하다 또는 신앙적으로 성공했다는 표현을 쓸 수 있습니다. 그러나 이것은 격려의 차원으로 쓸 수 있으나 다른 사람과 자신의 신앙을 우열의 개념에 놓고 사용해선 결코 안 된다"고 하셨어요. 왜 그렇게 쓰면 안 되는 것이죠?

박영선 우리가 신앙이 좋다 나쁘다 말할 때는 누가 더 많이 이해했느냐가 가장 앞서는 것 같아요. 그다음에 누가 더 많이 행했느냐 하는 점일 겁니다. 그런데 얼마만큼 했느냐는 것은 비교할 수 없을 것 같아요. 구약 성도들이 신약 성도들보다 믿음이 적다고 말할 수 없듯이 말입니다. 사랑이라는 것도 둘이 얼마나 자주 만났느냐, 얼마나 많은 추억을 만들었느냐와 꼭 비례하는 게 아니잖아요. 그건 신비한 겁니다. 우리가 지금 확인하려는 것들은 기독교 신앙에서 가장 중요한 본질인 하나님과 우리의 관계라는 차원보다 겉으로 드러나는 명분에 훨씬 더 치중해 있다고 생각합니다. 그러니까 그렇게 하지 말자는 거죠.

조주석 우열이라는 것은 결국 상대와 비교하는 거지요. 물론 신앙이란 아무래도 어린 사람이 있습니다. 그럼 상대적으로 볼 때 내 신앙이 더 높을 수도 있고 더 낮을 수도 있어요. 그러나 이런 문제를 시간이라는 차원, 과정이라는 차원에서 볼 때는 그걸 우열로 따지기 어렵다는 겁니다.

박영선 그렇죠. 당연히 그렇죠. 그렇게 복잡하게 안 가도 우리가 꼭 기억해야 될 바는 그 비교가 결국 무엇을 만드느냐 하는 겁니다. '자랑을 낳느냐, 정죄를 낳느냐' 하는 이 한 묶음과 '감사로 나오느냐' 하는 겁니다. 감사로 나온다는 건 기독교 신앙을 가진 자들의 진정한 인간성 회복이라는 차원에서의 감사입니다. "아, 나는 저 사람과 다릅니다"라는 비교 우위를 점하는 차원이 아니고 "아, 정말 하나님 몰랐으면 비참한 삶을 살 뻔했구나. 참한심한 삶을 살 뻔했구나. 참 감사하다" 그렇게 생각해야 합니다. "내가 예수 안 믿었으면 내 인생은 허망했겠구나"라는 감사로 가야 합니다. 그런데 "난 너하고 다르다. 넌 예수 안 믿어서 그따위로 살고, 난 예수 믿어서 잘나게 산다"는 식으로 비교하는 게 아닙니다. 하나님과의 관계가 이런 식으로 약화되는 건 정상적인 기독교 신앙의 이해가 아닙니다.

조주석 그렇죠. 그게 사실 쉬운 지적은 아닐 것 같거든요. 굉장히 어렵다고 생각하면 어려울 것 같기도 해요. 왜냐하면 그런 신앙의 경지로 들어간다는 건 사실 자기 실패로 많이 확인됐기 때문에 그것이 가능할 것 같아요.

박영선 그 실패에 대해서 하나님이 하여튼 조명하셔야 됩니다. 그 실패가 무슨 의미인지를 말입니다. 그래서 우리가 앞선 사람들의 도움을 받습니다. 이게 우리처럼 고민하는 사람들의 이유겠죠. 우리처럼 깊은 고뇌까지 안 가고 다른 사람들처럼 쉽게 넘어올 수 있으면 좋겠는데 말입니다.

조주석 우열의 개념, 자랑, 자기 의, 진심 등 여러 가지 이야기를 나누었습니다. 그럼 의욕이라든가, 성공이라든가, 이런 것에 믿음을 동원하면 믿음이 조건화가 될 수 있겠죠. 설교 가운데서 목사님은 이것을 절대 금하셨어요. 그런데 우리 교회의 현실들을 잘 살펴보면 정반대의 흐름으로 가거나 아니면 적어도 그것을 부추기고 있다는 인상을 지울 수가 없어요. 목사님은 이런 흐름들에 대해서 어떻게 생각하시나요? 또 하나의 질문은 남포교회가 사실 대형교회잖습니까? 대형교회로서 그런 유혹을 받고 있지 않다고 말하기 어려울 것 같은데, 그런 것들을 좀 정리해 주시죠.

박영선 그걸 금하는 이유는 이렇습니다. "기독교인들은 비전을 가진 사람들이다"라는 것에 대해서 저는 긍정합니다. 인간이 가지는 꿈과 비교할 수 없는 신적 약속 안에 있는 자의 가능성, 열려 있는 영광을 알고 있습니다. 저는 그것을 정당한 비전이라고 생각합니다. 물론 그것이 구체적으로 자기가 사는 시대와 환경에 연결되어 있는 것도 비전이라고 생각합니다. 그런데 사람은 그 비전을 인간적인 의욕이나 욕심과 동일한 것으로 생각할 수도 있어요. 그래서 비전 성취를 통해 자기를 증명하려 하거나 기독교 신앙을 보이는 증거로 제시하고 싶어 합니다. 그러면 하나님은 그때 수단화됩니다. 하나님의 능력이 수단화되느냐, 하나님의 영광과 존재가 목적이 되느냐, 이건 다릅니다. 미묘한 차이일 수 있지만 어떤 장면, 어떤 경우에도 하나님이 나의 항복을 받아 내는 것이 나의 인생이고 이를 아는 게 그리스도인의 근본적인 신앙 자세요 비전입니다. "나를 어디에 어떻게 보내도 나는 거기서 하나님의 영광을 드러내는 삶으로 살게 한다는 것을 기독교 신앙이 약속하고 있다. 그리고 그렇게 살 것이다"라고 하는 모든 꿈이 비전이라는 겁니다. 그런데 우리는 그게 아니라 세상 앞에 우리가 믿는 하나님이 실재하시고 지금 역사하신다는 걸 세상적으로, 즉 보이는 것으로 증명하고자 합니다. 저는 그 문제에 대해서 강하게 반대하는 겁니다.

안 했는데도 주시고 한 것보다 더 주신다

조주석 성화에서 은혜와 책임의 관계를 생각할 때 마지막으로 하나 더 심판의 문제를 생각해야 할 것 같습니다. 성경은 신자라도 심판 때 행한 대로 받는다고 했기 때문입니다. 그런데 이 말씀을 그냥 생각 없이 읽으면 인과율로 이해하기 쉬울 것 같아요. 그런데 목사님은 그렇게 빠져들 것 같은 함정을 이렇게 풀어내셨더라고요. "한 것만큼 받는 게 아니라 관계로서 보상을 받는다." 아주 깊은 통찰로서, 참 그렇겠다고 생각했습니다.

박영선 기본은 그렇습니다. 로마서 7장에서 8장으로 넘어갈 때도 법적 관계에서 혈연 관계로 이야기했듯이, 신자가 가지는 가장 큰 특권, 곧 복음으로 말미암아 생기는 그 관계성은 우리가 성립시키는 게 아닙니다. 하나님이 성립시키는 것이기 때문에 모두 거기에 근거하죠. 그러나 지금에 와서 보면 조금 더 나아가서 마태복음 20장에 나오는 포도원 비유같이 보상의 원리에 대한 예수님의 가르치심은 먼저 된 자 나중 되고 나중 된 자 먼저 된다고 결론 내립니다. 우리가 소원을 두고 또는 뭐 심지어 그것을 하나의 공로로까지 소원을 두고 일하는 것을 하나님이 받아 주신다는 겁니다.

조주석 보통 설교를 듣다 보면, 목사님들이 범하기 쉬운 잘못 중 하나인데, 심판 때 행한 대로 보응을 받는다 하니까 그것을 끌어다 써 가지고 성도들의 행함을 끌어내는 방식으로 씁니다. 인과율을 만들어 공로를 쌓게 하는 식으로 갈 위험이 있다고 생각합니다.

박영선 당연하죠. 인과율이 무서운 것은 그 이상 못 들어가게 막는 까닭에 제일 무섭습니다. 인과율 자체의 무서움보다, 은혜라는 것을 입지 못하게 싹 없애 버리잖아요. 인과율을 뚫어야 되죠. 은혜의 자리로 넘어가야 합니다. 한 것만큼이 아니라 안 했는데도 주시고 한 것보다 더 주시고, 그렇게 인과율을 넘어가야 자신을 근거하지 않고 하나님을 근거한 확신과 믿음이 자라게 됩니다. 더 깊이 가야 되지만, 어느 시대나 시대적 한계가 있지요. 우리의 기독교 현실에서 인과율처럼 요구하고 행위를 조장하는 것은 마치 군대에서 하는 선착순하고 같다고 할까요. 다시 돌아올 것을 왜 자꾸 뛰라고 하나 하겠지만, 그것으로 근력이 붙는 것 아니겠어요. 이처럼 하나님이 어쨌든 다 합력하게 하셔서 선을 이루어 가신다고 봅니다. 그러나 한국교회가 이런 문제에 대해 고민을 해야 하는 건 사실입니다. 기독교 신앙의 깊이와 넓이와 삶을 담아내는 깊은 경지에 가야 되는데, 지금은 너무 깊이가 옅다 싶은, 기계적이고 단순한 신앙에 멈추게 하니까 아쉽다는 겁니다.

조주석 그래서 어떤 생각이 드냐면, '갈라디아서 2:20 말씀에서 믿음이라는 것과 행함이라는 것이 결국은 분리하기가 참 어렵다. 거의 구분되지 않은 총체적인 것이 아닐까' 하는 생각이 듭니다. 목사님은 어떻게 생각하시는지요.

박영선 그렇죠. 우리는 행해야 합니다. 거의 인과율같이, 규칙같이, 강요된 법같이 이렇게 사용해야 합니다. 그런데 '그게 다가 아니다'는 것을 아는 게 믿음이죠. '그게 다가 아니다. 그 이상이다.' 그래서 본인이 부족하다고

시간 속에서 일하시는 하나님

느꼈을 때, 실패했다고 느꼈을 때도 믿음이 받쳐 주고 자기가 다 했다고 생각했을 때도 그것보다 더 있다고 가르쳐 줘서 절망에서 구해 주고 교만에서 구해 줍니다.

겸손한 체하나 남을 정죄하는 식의 말은 삼가야 한다

조주석 이런 이야기도 하셨어요. 저는 그 부분을 읽다가 신자들의 이중적 태도를 정말 잘 관찰하셨다고 생각했어요. "잘못 가면 '아니, 왜 그것도 못해', 잘 가면 동일한 원리의 표현을 뒤집어서 '제가 뭘 했겠어요. 하나님의 은혜죠'라는 겸손을 떨며 잘난 체한다." 이런 게 신자들의 이중적 태도겠지요. 우리 신자들이 쉽게 범하는 자기자랑 내지는 자기확인법이 아닐까요. 우리의 일상적인 언어생활 속에 그런 게 있죠.

박영선 그 표현이 가지는 그 사람의 신앙 이해를 엿볼 수 있죠. 우린 겸손을 떨죠. 그리고 남을 정죄하죠. 그렇게 해서 자기의 신앙을 확보하려고 합니다.

조주석 그렇죠. 그런 이중적 태도가 우리의 삶 가운데, 신자들의 삶 가운데 참 많다고 봅니다.

박영선 이중적 태도를 비난하지 말고 제대로 꼬집어서 신앙에 대한 이해가 틀려 있다고 분명하게 짚어 줘야 합니다. 그 두 말을 다 안 하게 해야 합니다. 부모가 자식에게, 또는 선생님이 학생에게는 할 수 있을 것 같아요. 그 외엔 자기 자신의 신앙을 유치하게 확인하려는 것으로는 절대 쓰지 않아야 합니다.

조주석 그건 굉장히 나쁘고 상대에게 상처를 주는 것이거든요.

박영선 그러니까 교회 안에 들어와서 신앙의 도움을 받는 게 아니라 더 많은 시험과 상처를 받으니까, 한국교회는 사실 이 문제를 심각하게 다루어야 한다고 생각합니다.

조주석 박 목사님은 간단한 코멘트로 넘겼지만, 저는 이것을 굉장히 클로즈업 하고 싶네요. 왜냐하면 우리가 이런 데에 너무나 많이 노출되어 있기 때문이죠.

박영선 보통 누구나 하는 실수일 거예요.

교회는 그리스도의 통치 아래 있습니다

"나에게는 지금과 같은 교회관이 없었어요." 『교회론』(1988)이라는 책을 전에 냈었는데 지금은 그 책 없었으면 좋겠다고 부끄러워한다. '론'자를 붙일 수 있는 책도 아니었고 교회는 이런 게 아니라고만 한 책이었지 교회를 '신앙인 공동체'라고 이해하지 못했었다는 것이다.

나에게는 교회관이 없었다는 그의 고백이 지금도 큰 여운으로 남는다. 어렸을 적부터 교회생활을 해왔고 신학 공부 할 때 교회관도 배웠을 것이며 담임목사로서 교회를 맡아 오랫동안 목회하신 분이 그런 양심고백을 하다니 하며 어처구니없다 할 사람도 있을 것이다. 그러나 박영선 목사는 모르면 모른다 잘못했으면 잘못했다 하는 사람이지, 이리 둘러대고 저리 둘러대지 않는다.

오랫동안 '믿음으로 현실을 살아간다는 게 뭐냐' 하는 문제에 몰두해 온 그였지만 지금은 '교회가 무엇이냐' 하는 문제를 가지고 설교로 풀어내고 있다. 설교 주제가 이처럼 이동한 데는 한국교회에 대한 고민과 안타까움과 애정이 들어 있다. 교회관에서 목회 초기 때와 다른 어떤 변화가 있었느냐는 질문에 대한 그의 대답에서 확인할 수 있다.

"교회 안에서 큰 사람, 한국교회의 핍박기를 지나서 부흥기의 과정에 교회에서 생활한 사람에게는 교회가 내세성을 추구하는 그런 위안과 도피처였어요. 그게 강했는데, 이제 점점 '지금을 살아야 하는, 현실을 살아야 하는 처지에서는 교회의 위치가 뭐냐' 하는 데로 이동하게 되었죠. 그런데 그렇게 옮겨 오는 과정에서 한국교회는 신학적인 풍성함을 가지지 못했어요. 그 가난함 속에서 목적을 이루기 위한 수단이나 명분에 너무 치중한 면이 있어요. 쉽게 이야기하면 부흥일 수도 있고, 전도일 수도 있고, 봉사일 수 있는 이런 몇 가지 주제들에 너무 묶였던 것 같아요. 그런데 이제 보니, 교회란 그 '정체성'이라는 게 가장 중요해요. 그걸 '공교회성'이라는 표현으로 말할 수 있는데, 보편적이고 거룩한 교회로서의 정체성이라는 문제에 대해서 많이 생각하게 되었습니다.……이쯤에서 볼 때, 이제 정체성을 회복해야겠다, 확인해야겠다 하는 게 아주 큽니다."

왜 교회의 정체성이 중요하다고 한 것인가? 세상은 모양을 바꾸어서 교회를 향해 유혹과 위협을 해오기 때문이다. 핍박기에는 한국교회가 "목숨을 내놓아라"는 위협을 받았고, 평화기가 찾아와 부흥을 맞이한 지금에는 "이제 쉽게 살아라"는 유혹을 받고 있다는 것이다. 전에는 "지금을 살지 말고 내세에다 미뤄라"로 시험을 해 왔다면, 지금은 "예수 믿는다는 이름으로 지금 보상을 받아라, 받을 수 있다"고 유혹해 온다는 것이다. 전에는 한국교회가 신앙을 지키는 것으로 끝났다면, 이제는 예수 믿었더니 잘되더라는 것으로 내용을 채웠다는 것이다.

교회의 정체성을 확인하려면, 하나님이 우리에게 어떤 목적을 갖고 계시고 어떤 약속을 하셨느냐로 돌아와야 하는데, 현실 교회가 너무 임무와 능력만 주장하고 있다는 게 그의 현실 인식이다. 교회의 임무는 신앙인 공동체라는 교회의 본질에 근거하여 수행되는 것인데, 지금의 한국교회는 이 신앙인 공동체라는 본질을 이뤄 가기보다는 임무에 치중하는 편이라는 것이다.

이러한 현실은 '이미 그러나 아직'이라는 종말의 긴장 구조를 잘못 가르친 데 있었던 것이 아닌가라고 되돌아본다. 우리는 구원을 이미 받았지만 또 그것을 약속 가운데서 기다리고 있다. 따라서 믿음이란 약속 가운데서 힘을 발한다는 것을 한국교회가 잘못 가르친 게 아닌가라고 꼬집는다.

이러한 탐색은 최근의 설교에 많이 반영되어 나타나고 있다. 『요한계시록의 일곱교회』(2007), 『살아 계신 하나님의 교회』(2008), 『부끄러울 것이 없는 일꾼』(2008), 『진리의 영과 미혹의 영』(2009) 같은 설교집에서 확인된다. 디모데전후서를 강해한 두 책인 『살아 계신 하나님의 교회』와 『부끄러울 것이 없는 일꾼』에서는 급속한 외형적 성장 이후, 한국교회들이 거짓 교훈에서 돌아서서 다시금 복음의 핵심으로 돌아가야 하며, 진리의 영과 미혹의 영에서는 교회의 승리란 세상을 사랑하는 것과 맞서는 것으로서 생명과 사랑을 현실 속에서 가져야 한다고 선포한다.

한국교회가 지금 비전을 이야기하나 그 비전의 근거는 사라지고 낙관성만 남았다고 우려한다. 이와 같이 신앙의 근거가 사라지고 낙관 또는 자기격려만 남게 되면 후세대는 하나님을 잊게 된다는 것이다. 그런 측면에서 지금 한국교회는 방향을 잘못 잡았다고 꼬집는다. 사사기 2장에서 보이는 후세대의 단절을 지금 한국교회도 걱정하지 않을 수 없는 상태라고 그는 아파하고 있다.

가장 중요한 건 정체성이다

조주석 20여 년 넘게 목회를 하면서 '교회는 무엇인가'를 많이 생각해 보셨을 것 같아요. 그런 것들을 토대로 디모데전후서를 설교한 책을 내시기도 했습니다. 교회관에 있어서 목회 초기와는 다른 어떤 변화가 있었을 것 같은데요.

박영선 교회 안에서 큰 사람, 한국교회의 핍박기를 지나서 부흥기의 과정에 교회에서 생활한 사람에게는 교회가 내세성을 추구하는 그런 위안과 도피처였어요. 그게 강했는데, 이제 점점 '지금을 살아야 하는, 현실을 살아야 하는 처지에서는 교회의 위치가 뭐냐' 하는 데로 이동하게 되었죠. 그런데 그렇게 옮겨 오는 과정에서 한국교회는 신학적인 풍성함을 가지지 못했어요. 그 가난함 속에서 목적을 이루기 위한 수단이나 명분에 너무 치중한 면이 있어요. 쉽게 이야기하면 부흥일 수도 있고, 전도일 수도 있고, 봉사일 수 있는 이런 몇 가지 주제들에 너무 묶였던 것 같아요. 그런데 이제 보니, 교회란 그 '정체성'이라는 게 가장 중요해요. 그걸 '공교회성'이라는 표현으로 말할 수 있는데, 보편적이고 거룩한 교회로서의 정체성이라는 문제에 대해서 많이 생각하게 되었습니다. 그렇게 되니까 "말씀으로 돌아와야겠다"고 한 겁니다. 이 말씀이라는 건 교회의 표지 중 첫째가는 것입니다. 그런데 교회가 몇 가지 주제에 얽매이다 보면 그것마저도 동기 부여를 위한 것으로 축소되고 맙니다. 보다 폭넓은, 충만한 하나님의 목적과 약속하심으로서의 교회는 드러나지 못하는 겁니다. 이쯤에서 볼 때, 이제 정체성을 회복해야겠다, 확인해야겠다 하는 게 아주 큽니다.

조주석 공교회성이라는 정체성이 뭔지 더 쉽게 말씀해 주세요.

박영선 '예수 그리스도의 몸'이라는 겁니다. 우리가 어디를 가든지, 보통 얘기해서, 일상 속에서 "세상 속에 있지만 예수 그리스도의 통치 아래에 있다"는 게 가장 중요한 정체성이죠. 그러나 이것이 승리주의로 가면 예수 그리스도의 통치 아래 있기 때문에 모든 것이 예수 그리스도 안에 있는 하나님의 능력으로 우리의 환경이나 조건이 우리의 소원대로 변해야 한다고 생각합니다. 이제 보니까, 그리스도의 통치 안에 있다는 것이 세상 통치와 맞대결하고 거부하는, 그리고 세상 권력의 유혹과 위협 속에서도 그리스도의 통치 안에 있기 위해 세상의 최고 권력인 죽음까지도 감수한다는 게 정체성이었어요. 이렇게 말하면 너무 극적으로 갈 위험이 있긴 하지만, 어쨌든 평범한 일상 속에 있는 끈질긴 유혹과 위협을 신앙으로 극복해야 하는 끝없는 인내를 해야 하는 것이죠.

조주석 그러니까 핍박의 시기가 지나고 평화기로 접어들어 부흥기를 맞이한 한국교회는, 이제 평범한 일상 속에서 여러 가지 것을 믿음으로 극복해야 할 처지에 놓이게 되었고, 그런 환경 속에서 신앙생활 해야 하니까 교회관에도 어떤 변화가 일어나야 했다는 말씀이죠.

박영선 그렇죠. 왜냐하면 예전에는 '살 것이냐 죽을 것이냐' 하는 선택지였는데, 이제는 삶이 확보됐으니까 '살아내야' 하는 겁니다. 예전에는 죽음을 각오하는 삶이었으니까, 살아낼 무대라는 것이 없어서 사실 그 준비는 안 되어 있었어요.

조주석 그럴지라도 시간이란 건 흘러가는 거니까, 70년대 80년대 90년대 이렇게 치고 나가니까, 거기에 따른 삶의 다른 양상이 우리 앞에 전개될 수밖에 없지요. 예전에는 '잘 살아 보세'라고 했는데 이제는 '웰빙'을 말하고 있지 않습니까. 이렇게 삶의 양상이 바뀌니까, 거기에 따라 어떤 생각들이 나올 수밖에 없겠지요.

박영선 세상이라는 것은 교회를 향하여 모양을 바꾸어서 유혹과 위협을 합니다. '목숨을 내놓아라'에서 이제 '쉽게 살아라'로, 이렇게 바뀐 겁니다. 다시 말하면, 전에는 '지금을 살지 말고 내세에다 미뤄라'로 시험했었는데, 지금은 '예수 믿는다는 이름으로 지금 보상을 받아라. 받을 수 있다'고 유혹해 옵니다. 그러니 굉장히 교묘합니다. 물론 간단한 얘기는 아니지만 신앙의 과정 속에서 나타나는 확인과 궁극적으로 주어지는 약속의 성취가 지금 일어날 수 없다는 걸 딱 구별하는 게 참 어렵더라고요.

조주석 그렇게 시대는 변할지라도 하나님께서 시대의 교회를 향해서 요구하시는, 부르시는 부르심이랄까 목적이랄까 하는 게 분명히 있잖아요.

박영선 그것은 언제나 동일한데, 말하자면 교회는 세상의 빛이거든요. 빛이고 생명이고 진리인데, 그것이 구체적인 실존 속에서 빛을 비추어야 합니다. 하지만 내가 어둠 속에서 무엇인가 놓칠 때가 있더라고요. 우리가 빛인 것을 어디서 지켜야 하느냐 하면, 세상이라는 어둠 속에서 지켜야 합니다. 옛날에는 예수 믿으면 그 믿는 것 때문에 죽음을 각오해야 했고 모든 걸 다 하나님께 바치고 얼른 죽는 것이 전부요 헌신이었다면, 이제 살 만해지니까 봉사하고 구제하고 전도하는 게 다인 것으로 영역이 제한되었다고 할까요? 세상이 "너 죽을래, 살래?" 하고 이렇게 원색적으로 나왔다가, 이제는 "너희 여기서만 놀아라"가 되었어요. 그걸 넘어서야 합니다.

교회 정체성 회복의 핵심은 예수다

조주석 그렇다면 그 부분은 시대마다 교회가 어떤 노릇을 해야 하느냐는 것과 연결될 수 있지 않겠어요?

박영선 한국교회가 어디까지 와 있고 무엇을 내용으로 하고 있는지를 먼저 점검해야 할 것 같아요. '한국교회가 가지고 있는 것이 무엇이냐' 그랬을 때, 우리는 자꾸 어디로 돌아가느냐 하면 '옛날의 순교와 지금의 성공'으로 돌아갑니다. 순교는 예수 그리스도를 믿는 신앙을 지킬 것이냐 말 것이냐 하는 점에서 지키는 것으로 끝납니다. 그리고 이제는 한국교회가 그 내용을 어디까지 채웠느냐 하면, '예수 믿었더니 잘 되더라' 하는 것만 가지고 있습니다. 하지만 '예수 믿어도 답을 받지 못하는 문제들은 어떻게 이해해야 하느냐' 하는 문제도 보자는 겁니다. 우리의 정체성을 확인하려면, 하나님이 우리에게 어떤 목적을 갖고 계시며 어떤 약속을 하셨느냐로 돌아와야 하는데, 너무 임무와 능력으로만 주장해 왔습니다.

조주석 교회는 자신이 처한 상황 속에서 좀 멋있어지기를 원하는데, 실은 교회가 늘 멋있고 건강한 모습을 지닐 수는 없잖아요. 현실 사회는 이런 멋없는 교회에 대해서 늘 문제를 삼지 않겠어요?

박영선 아주 근본적으로 교회 정체성의 회복이라는 점에 이런 핵심을 넣고 싶어요. 예를 들어, 교회는 사회정의라든가 구제라는 문제에 대해 사회로부터 어떤 요구를 받고 있습니다. 그러나 예수 그리스도를 주인으로 모시고 있는 공동체요 신앙인이라는 개념에서 가장 핵심 되는 것은, "예수 외에는 인간에게 제대로 된 답을 줄 수 있는 데가 없다"는 겁니다. 그런데 사회가 우리에게 요구하는 것에 입맛을 맞추다 보면, 복음의 진정성을 놓치게 됩니다. 그게 가장 큰 문제 같아요. 교회는 사회로부터 인정을 받고 싶어 합니다. 조금 전에 말씀하신 대로 멋있고 싶고, 예수 믿는 것이 분명하게 확인되기를 원한다는 겁니다. 우리 주변에 보면, 병이 낫는다든지, 성공한다든지 하는 게 있어요. 그런 것들이 신앙의 어떤 과정에서 하나님의 사랑과 약속을 확인시키는 것으로 이해하는 건 좋은데, 그것을 예수와 예수 그리스도의 구원의 내용과 목적을 우리가 확인하고 기대하고 상상하는 범위로 제한한다는 데 문제가 있습니다. 그것 때문에 다시 말씀으로 돌아가자는 겁니다. 살아 보면, 교회가 아무리 공교회성을 회복한다고 해도 그것으로 보이는 결과를 만들어 내지는 않아요.

조주석 그렇죠.

박영선 그걸 우리가 각오해야 하는데 각오를 못해요. 우리가 성육신의 길을 뒤쫓아야 한다는 것을 놓치죠.

조주석 그래서 공교회성과 관련해서 "교회는 병원과 같다"는 예화를 드셨어요(『하나님의 교회』). 물론 교회가 영광의 자리로 높임을 받겠지만, 이 땅에 있는 한 병원처럼 보일 수밖에 없잖아요.

박영선 그래요. 늘 그래요.

'이미'와 '아직' 사이의 긴장을 잘못 가르쳤다

조주석 공예배 시간에 대표기도를 하지 않습니까? 그때 하는 기도를 잘 들어 보면, 모든 것이 믿음으로 현실화되기를 바라는 게 많습니다.

박영선 신학교 때 배웠던 신약신학의 아주 중요한 주제 중 하나, 'already, but not yet', '이미'와 '아직' 사이의 긴장을 한국교회는 사실 잘못 가르쳤죠. 약속을 갖고 있다는 것은 현실화되지 않았다는 거잖아요. 그것을 믿음으로 지켜야 한다는 말을 기능적으로 너무 강조한 까닭에 그 믿음이 약속 속에서 힘을 발한다는 것에 대해 너무 못 가르친 게 아닌가 싶습니다.

조주석 구속의 역사 속에는 약속과 성취라는 이중구조가 분명 있는데, 그것에 대한 빈약한 이해가 분명 있습니다.

박영선 대표적으로 하나님께서 아브라함에게 아들을 약속하고 이삭을 주셨는데 '자식을 낳았다', '아들을 얻었다'로 끝나 버립니다. 그러나 그 씨에 대한, 후손에 대한 약속으로 예수 그리스도에 이르러 성취되잖아요. 현실에 급급해하지 말고, 그렇게 연결시키는, 현실의 중요성을 외면하는 것이 아니라, 현실에 준 답이 예수 그리스도 안에서 얼마나 무한하고 엄청난 약속인지를 보는 증거로 삼아야지, 그것이 전부인 것처럼 하니까 기독교가 메말라 버렸죠. 누구 말대로 그냥 주술이 되고 말았죠. 믿음이 주술이 되어 버린 겁니다.

조주석 그러면 이러한 이중구조를 간과하고 성급하게 성취만을 추구할 때 어떤 현상이 일어날까요?

박영선 우리는 시간의 폭을 단번에 못 가집니다. 우리에게는 분명히 각오하고 결정해서 가야 하는 길이 있습니다. 따라서 거기에 이를 시간을 채워야 하는데 그 길이 참 충만한 길이잖아요. 그것을 놓치니까 용서도 관용도 못하고 그 폭을 다 포기해 버리죠.

조주석 빨리 성취하고 싶어 하는 거죠.

박영선 지금 당장 바로 답을 보아야 한다. 지금 그렇게 되었어요.

조주석 교회 안에는 골치 아픈 두 종류의 사람이 있다고 하셨어요. 이런 지

시간 속에서 일하시는 하나님

적도 앞의 이야기와 맥을 같이할 것 같습니다.

박영선 근본적으로 골치 아픈 사람들이 두 종류 있어요. 하나는 기독교 신앙을 너무 단순화시키는 사람들입니다. 과정과 충만을 놓치고 있는 것이지요. 다른 하나는 외면하거나 체념한 사람들입니다. 근본적인 문제는 이들도 과정과 충만을 놓치긴 마찬가지입니다. 결국 한국교회가 아직 그리스도 안에서의 충만을 시간으로 이해하지 못하고 있기 때문입니다.

목사가 신적 권위를 갖는 건 하나님께서 세우셨다는 데 있다

조주석 하나님은 사람들을 쓰셔서 교회를 세우시지 않습니까? 목사, 장로, 집사라는 직분이 그런 것인데, 이 직분이 상하 관계는 아니지만 실제로 보면 목사의 직분이 굉장히 중요한 비중을 차지합니다. 이 목사의 직분을 어떻게 생각하고 나가야 할까요?

박영선 누가 쓴 글인지 기억은 안 나는데, 교회는 하나님이 세웠기 때문에 목사라는 직분은 하나님이 세운 것이지 민주사회에서 대의원 뽑듯이 뽑은 사람이 아니라는 겁니다. 그러니까 이건 어떤 의미를 가지느냐 하면, '신적 권위를 갖는다' 그렇게 생각을 합니다. 요즘은 '권위' 이런 말을 다 싫어하는 시대인데, '하나님이 책임진다'는 의미입니다. 그 부름을 받은 자도 하나님이 나를 부른 것 때문에 무슨 큰소리를 치자는 게 아니라, 신적 의지, 신적 목적에 쓰임받는 종이라는 겸손함을 가져야 하고 교회에서는 목사의 직분을 귀하게 여겨야 합니다. 교회를 우리가 만들지 않듯이 목사를 우리가 만드는 게 아닙니다. 그러면 다른 직분자들은 어떻게 세우는가 하면, 다른 직분자들은 분명히 자신들의 유익을 위해 그 봉사직을 받습니다. 교회 전체의 유익을 위하지만, 그 일에 본인 자신의 훈련을 겸하여 부름을 받습니다. 목사라고 안 그런 건 아니지만, 다른 직분들도 신적 권위를 가지느냐? 그건 그렇지 않습니다. 그건 교회가 형편에 따라 지혜롭게 경험에 의해서 그런 봉사자들을, 협력자들을 뽑습니다.

조주석 하나님께서 교회를 세우시기 위해 목사를 세우셨다는 것이 굉장히 소중한데, 그 소중함이 요즘은 많이 희석되어 가는 느낌을 받습니다.

박영선 그게 아마 이것 때문일 겁니다. 신적 권위를 가지는 것 때문에 독선을 하는 피해가 많아서 그렇죠. 그렇다고 그 피해 때문에 원래 의도가 없어지는 건 아니에요. 예수 그리스도의 부활을 부정하는 사람이 있다고 해서 우리가 예수 그리스도의 부활을 적당히 타협할 수 없는 것과 같지요. 목사의 권위는 하나님이 세우신 분명한 신적 권위를 갖는데 우리가 연약해서 늘 제대로 못하는 거지요. 그걸 서로 인정해야 합니다.

조주석 목사가 신적 권위를 갖는다면, 그것은 드러나야 합니다. 그 드러나는 것을 어디서 볼 수 있을까요?

박영선 우리가 교회를 놓고도 보이는 교회와 보이지 않는 교회를 구분하고 또 보이는 교회에서 보이지 않는 교회를 다 드러내지 못하는 것처럼, 신적 권위를 갖고 있지만 본인이 하나님에게서 부름을 받았는지 안 받았는지를 우리가 구별할 방법은 없습니다. 부작용이 있음에도 불구하고, 하나님이 이렇게 일하시죠. 그 일어나는 일이 우리의 연약함과 완악함 때문에 생긴다고 해서 "하나님이 하지 마시고 우리가 하겠습니다"라고 주장할 권리가 우리에겐 없습니다. 그러니까 많은 연약함이 있음에도 불구하고 교인들이 교회에 와서 뭘 확인하느냐 하면 '신통하지 않은 설교로 사람이 은혜를 받는다'는 사실과 '신통하지 않은 목사가 그 일을 한다'는 사실을 인정해야 합니다.

시간 속에서 일하시는 하나님

조주석 목사는 '하나님의 말씀을 맡았다'라는 차원에서 신적 권위가 있다면, 그 권위는 말씀을 잘 드러냄으로써 확보되는 것이 아닐까요?

박영선 그 드러낸다는 것도 굉장히 다양해요. 말하자면 그것은 설득력도 아니고, 논리성도 아니고, 인격일 수도 있고 고집일 수도 있어요. 하나님이 그렇게 하시더라고요. 사람들은 이상한 데서 은혜를 받거든요.

조주석 그럴 수 있겠네요. 어떤 분이 자기 아버지한테 전도하려고 무척 애를 썼는데, 방송 설교에 나오시는 이런 분 저런 분을 다 소개해 드렸어요. 그래, 그분이 이 설교 저 설교 다 듣고 나서 하시는 말이 "내가 다른 설교 다 들어 봤지만 내 마음에 와 닿지 않더라"고 하시고서 아들이 보기에 정말 말도 안 되는 것 같은 설교에 은혜를 받으셨다는 겁니다. 그러면서 하는 말이 "그 목사님의 가르침이라면 내가 믿겠다"고 하셨더래요.

박영선 예를 들어, 배를 타고 앞으로 나아가면, 배는 앞으로 가고 옆에 물결이 생기지 않습니까? 꼭 그런 것 같아요. 설교하는 자의 의도나 목표와는 상관없이 어떤 결과나 영향이 생긴다는 겁니다. 그러니까 참 놀라울 뿐이죠.

조주석 물론 그럴 수도 있겠지만 그래도 표준이랄까 모범이랄까 하는 기준은 있을 것 같아요.

박영선 있지요. 틀림없이 있지요. 예수 믿는 것도 전체 문화 수준하고 상관이 있어요. 목사가 되는 것, 그 시대에서 일하는 것, 이런 것이 문화 수준과 밀접한 관계가 있습니다. 지금 우리 사회는 밟고 올랐어야 할 단계를 건너뛴 게 많습니다. 현실은 아직 멀었다고요. 교통신호 하나 제대로 못 지키는, 기본적인 공공질서가 아직 확보되지 않은 나라라고요. 최소한의 교양이나 질서 같은 게 안 되어 있습니다. 침 안 뱉기 시작한 것이 얼마 안 되었어요. 자동차 몰면서 경적 안 누르기 시작한 것도 이제 얼마 안 되었어요.

한국교회가 실제로 걸어온 자리는 아직 많지 않은데, 우리의 비평하는 눈이나 요구하는 것들은 서구 사회의 최첨단의 것으로 합니다. 작품이 만들어지지도 않았는데 심사평만 무성해요.

조주석 그 말씀 정말 재미있는데요. 작품이 만들어지지도 않았는데 안 만들어진 작품을 보고 비평하고 있다!

박영선 지금 비평이 너무 심해요. 우리가 이제 기독교 100년이 되었다고 하지만, 한국교회가 비평을 들어야 할 기간은 지나간 100년이 아니라 근래 한 30년에 해당하는 시기라고 봅니다. 한국교회가 지금의 비평을 들을 일들은 80년대부터 한 겁니다. 30년 동안 우리가 무얼 했느냐 하면, 핍박기를 지나서 이제 한 번 우리가 해보고 싶은 거 한 겁니다. 이제 습작 한 번 해보았는데, 그걸 놓고 심사위원들이 평가하는 바람에 점수가 안 나오죠.

교회 직분자의 자질

조주석 디모데전서 3:1-7을 본문으로 한 설교에 보면, 이 본문에 대해서 이렇게 해석하고 나갑니다. 거기 나와 있는 것들은 "감독의 의무 규정이 아니라 자질에 관한 것들"이라고 하셨어요. 만약 의무 규정으로 이해하게 된다면 어떤 잘못에 빠져들 수 있을까요?

박영선 의무 규정으로 알면 곧 자격 조건이 되어 금방 정죄하죠. 섬기지 못합니다. 보통은 직분에 최소한의 어떤 자격이랄까 이런 게 있어야 합니다. 내가 자질이라고 말하는 것은 그런 자질을 소원한다는 것이지 자격을 갖추었다는 것을 말하는 게 아닙니다. 우리가 남을 용서할 때 "그리스도의 사랑으로 용서한다"고 하는데, 굉장히 어려운 일입니다. 그 사랑은 감격해서 나오는 것도 아니고 넘쳐서 나오는 것도 아닙니다. 자신의 부족함 때문

시간 속에서 일하시는 하나님

에 용서나 관용이 생긴다고 생각합니다. 자신 안에서 그 부족함을 확인하지 않고서는 교회 안에서 봉사 못할 겁니다.

조주석 바울 사도는 디모데에게 교회를 치리하고 지키라고 여러 차례 이야기합니다. 그런 책임을 감당하는 데 있어서 가장 중요한 원리는 무엇이라고 말할 수 있을까요?

박영선 제가 디모데전서 4:12을 원리로 이해를 했는데요. "누구든지 네 연소함을 업신여기지 못하게 하고 오직 말과 행실과 사랑과 믿음과 정절에 있어서 믿는 자에게 본이 되라"는 말씀입니다. 이게 무슨 뜻이냐 하면, "우리가 가진 걸로 교회를 목회하고 치리하는 것이 아니다. 신적 기원을 가졌기 때문에 하나님이 하나님의 백성을 부르고 하나님이 목표를 이루시려는 것에 부름받은 줄 알고 해라" 그거죠. 우리는 하나님 손에 붙잡힌 지팡이처럼 사용되어야 합니다. 하나님이 붙잡은 지팡이라는 차원에서 하나님이 목적하신 것을 담대히 얘기할 수 있어야 합니다. 자신의 자격과 조건과 능력에 시선을 빼앗기면 이거 못합니다. 누가 자신의 실력으로 목회를 하겠습니까? 그래서 이것이 굉장히 중요한 원리라고 생각합니다.

조주석 그 부분에서 목회자들이 많이 실수할 수 있겠습니다.

박영선 그럼요. 목회자들이 세상과 약간 격리되어 보호받고 있잖습니까? 그래서 현실도 너무 모르고, 또 인간의 죄성의 처절함을 경험하지 못하는 부분에 대해서도 큰소리칠 수 있습니다. "나는 신앙생활 잘하는데 당신들은 뭐냐?" 이런 식으로 생각할 수 있어요. 그러나 정반대로 "난 뭐냐. 난 너무 자격이 없어" 이런 자책감에 시달리는 것도 큰 시험입니다. 이 둘을 넘어서는, 하나님이 우리를 불러 양 무리를 치게 하셨다는, 우리에게 위탁하신 임무인 것을 알게 되면 담대함도 가지게 되고 겸손함도 가지게 되리라 생각합니다.

조주석 결국 소명의 문제인 것 같습니다. 소명에 대해서 내가 어떻게 생각하고 있느냐 하는 문제로 돌아온 것 같습니다.

박영선 소명. 굉장히 어렵죠. 객관적이지 않죠. 주관적이니까. 본인이 자기의 소명을 확인하고 다른 사람을 설득하는 데 있어서 한국교회가 지금 무엇을 요구하고 있는지 돌아보아야 합니다. 그런데 만일 저한테 소명이 무엇이냐고 물으신다면, 저는 "도망갈 수 없는 붙들림"이라고 말할 수 있습니다.

조주석 목회 현장에서 목사의 직무 가운데 가장 중요한 것은 뭐라고 생각하십니까?

박영선 믿음이죠. 너무 통상적이라고 생각하실 거예요. 믿음이라는 것은 자기에게 근거를 갖지 않습니다. 그런 근거를 갖지 않기 때문에 큰소리칠 수도 없고 동시에 포기할 수도 없습니다. 하나님이 하시겠다고 하는 거니까 하나님의 약속에 순종하는 것뿐입니다.

지위가 내용을 대신하는 경우가 많다

조주석 현실 교회 안에는 참된 교사도 있고, 거짓 교사도 있을 수 있습니다. 바울은 디모데에게 교회를 지켜 내라고 부탁했는데, 그 '지켜 낸다'는 것에서 제일 중요한 것이 무엇일까요?

박영선 디모데전서 1:4에 나와요. "신화와 끝없는 족보에 몰두하지 말게 하려 함이라. 이런 것은 믿음 안에 있는 하나님의 경륜을 이룸보다 도리어 변론을 내는 것이라." 믿음 안에 있는 하나님의 경륜을 이루라는 거죠. 하나님께서 뜻을 이루어 가시는 일에 믿음으로 순종하는 일을 우리가 지켜 내야 합니다. 그러니까 많은 걸 포괄해요. 믿음이라는 말이 너무 변질되어서 구호가 되고 말았는데, 그렇게 생각하지 말고 믿음 안에 있는, 약속된 것을 기다리는 믿음의 인내와 순종이 있어야 합니다.

조주석 믿음으로 순종하는 일이 중요한데, 자기의 경험 하나를 가지고서 마치 그것이 전부인 것처럼 몰아가는 경우도 있다고 하셨습니다.

박영선 우리는 믿음이라는 말을 동원할 때, 구구단 틀린 사람한테 "사사 십육이다" 말하듯이 그렇게 믿음이라는 말을 써요. 그게 아니라, 사사 십육이라는 것은 넷을 네 번 정말 더해 보는, 그래야 십육이 나온다는 것을 상대방과 함께 힘을 써 봐야 합니다. 십육이 된다는 것을, 삶 속에서 믿음이라는 이름으로 같이 밀고 당기고 노력해서 가야 됩니다. 그렇게 진행되는 싸움을 하는 것이 믿음의 싸움이고, 하나님이 그 뜻을 이루시는 것입니다.

조주석 놓친다는 말씀이시죠?

박영선 유혹이 많죠. 사사 십육이라 할 때 십육이라는 답이 나오는 것을 '열려라, 참깨' 하는 식으로 되기를 바란다는 겁니다.

조주석 가르치는 선생들에게 있어서 자신이 신앙생활을 하다가 어떤 경험을 할 수 있습니다. 그것이 굉장히 크지 않습니까? 그런데 그것 하나에 꽉 붙잡히면 그것만 가지고 나갈 위험성이 분명 있죠.

박영선 경험이 가지는 게 결국 감각뿐이어선 안 됩니다. 감동은 내용보다 감각에 치우칠 수 있습니다. 모든 신앙적인 경험은 하나님이 당신을 보이시는 것이죠. 하나님을 만난 두려움과 경건함을 가지는 겁니다. 여기서 모세와 바울이 좋은 모델이라고 생각을 하는 겁니다.

조주석 모세는 시내 산 경험이고 바울은 다메섹 도상에서의 경험입니다. 이 두 경험이 중요했지만 그 두 경험에서 멈추었던 건 아니지 않습니까? 지금 우리 한국교회의 현실을 보면 멈춘 것 같은 느낌을 받습니다.

박영선 만난 것은 사건이며 동시에 내용입니다. 만난 하나님은 무한하신 하나님이잖아요. 무한하신 하나님으로부터 신적 부름과 허락하심에 대한 끊임없는 유입이 있잖아요.

조주석 그걸 충만함이라고 말할 수 있겠는데요. 부어 주심이 있는데 그 부어 주심이 우리에게 더 이상 없는 거예요. 비워야 하는데 못 비우는 거죠. 그래서 안 채워지는 거죠.

박영선 만나서 같이 찍은 사진밖에 없죠.

조주석 모세와 바울을 예로 들어서 율법과 율법교사가 아닌 참된 신앙인으로 제시하셨는데, 왜 그렇게 말씀하셨습니까?

박영선 가르쳐 보면, 가르치는 지위가 가르치는 내용을 대신하는 것을 보게 됩니다. "나는 가르치는 자다." 그러니까 자신이 가르치는 내용을 자신에게 적용을 안 하게 됩니다. 그러나 모세나 바울의 경우를 보면, 그들이 가르치는 것이 그들 자신의 내용이 됩니다. 그들의 가르침이 그들의 삶이고 인격이잖아요. 교회에서 교사 노릇을 해보면 스스로 속는 시험이 있습니다. 내가 가르치는 것이 나한테 적용하는 것을 늘 대신한다는 겁니다.

조주석 그러면 그 두 신앙의 위인은 어디까지 나갑니까?

박영선 자신의 운명과 백성의 운명을 거의 동일시하는, 그 둘을 묶어 놓는 데까지 갑니다. 그것이 참된 신앙인의 정수랄까, 극치랄까, 아름다움 아니겠어요? 가르치는 내용이 이론이 아니라 하나님의 뜻이기 때문이죠. 그들은 하나님의 뜻에 항복한 자들이니까 하나님의 하나님 되시는 그 신실하심에 동참하게 되죠. 그래서 목숨을 걸죠. 그건 자기 민족을 위해서 거는 게 아닙니다. 하나님이 그 아들을 보내시는 마음에 동참하는 겁니다.

조주석 그러니까 내 목숨이 끊어질지라도 이 사람들이 구원받기 원한다는 그런 어떤 굉장한 일체감을 갖는 거 아닙니까?

박영선 모세나 바울이 죽음을 각오하는 것은 결사적이라는 치열함의 문제가 아니라, 예수 그리스도를 죽음에 내어주는 신이 그 백성을 위하여 죽는 것과 맥을 같이합니다.

조주석 …….

박영선 사실은 거기에 동참하니까 자기가 죽을 수 있죠. 저주 아래 있어도 좋다. 나 저주받아도 좋다 하는 겁니다.

조주석 참 굉장한 수준이죠.

박영선 그러나 우리는 자꾸 관념화합니다. 그들은 하나님이 누구신지를 바로 본 겁니다. 하나님의 성육신과 찾아오심이 뭔지를 깊이 본 겁니다. 그래서 다른 한계나 장애가 없어지는 거 같아요.

조주석 바울 사도는 그리스도 외에는 다 배설물로 여긴다고 이야기할 수 있고, 십자가 외에는 자랑할 것이 없다고 하는 데까지 나가지요.

박영선 그런데 그게 어렵습니다. 이렇게 얘기하면 서로 얘기가 오가잖아요. 그러나 설교는 그런 전달이 어렵습니다. 왜 어렵냐면 선문답하는 것 같거든요. 일반 신자들이 지식과 상식으로 알아들을 수 없는 것이고 또한 설교자도 스스로의 능력으로 그 결과를 장담할 수는 없기 때문입니다. 그래서 설교를 하는 자나 듣는 자 모두가 성령님의 도우심을 구하는 겸손과 간절함을 가져야 합니다. 서로 잘못하면 하나님을 조정하게 되기 때문입니다.

조주석 교회 안에서 신앙인들이 빠지기 쉬운 함정이 있잖아요. 남을 가르치려 드는 율법 선생이 되려고 하는 것 말입니다.

박영선 율법은 바울 사도의 표현에 따르면 돌비에 쓴, 의문에 속한, 돌에 쓴 글에 불과합니다. 예수와 대조할 때 율법은 스스로 생명력을 가지거나, 무슨 인격을 가지거나 도울 수 있는 기능을 갖고 있는 것이 아닙니다. 그냥 법칙입니다. 그래서 율법을 지키면 그것을 지켜야 될 사람이 어디까지 지키느냐에 달린 문제이지, 율법이 그것을 지키려고 하는 사람에게 도움을 주거나 방해를 하는 게 아닙니다. 그러나 예수는 그렇지 않습니다. 예수는 우리를 돕습니다. '예수를 믿어라' 이렇게 끝나는 것이 아니라 믿게 간섭을 하시죠. 그러니까 율법의 선생이 된다는 것은 아무 도움이 되지 않고 율법을 들이대기만 하는 겁니다. 그것을 위해서 본인이 희생을 하거나 섬기거나 십자가의 길을 가지는 않는 겁니다.

조주석 서강대 철학과의 강영안 교수가 이런 이야기를 하시더라고요. 철학 서적을 읽을 때 자기에게 끌리는 것이 있고 안 끌리는 것이 있대요. 인격적 지식은 끌리지만 다른 것은 안 끌린대요. 아무리 논리가 치밀하고 심오해도 마음이 안 간다는 겁니다.

박영선 대단하신 신앙인이죠.

교회의 직분은 섬기는 데 있다

조주석 교회에는 장로의 직분도 있습니다. 장로의 직분에서 무엇이 가장 중요하다고 생각하십니까?

박영선 장로는 솔선해서 모범을 보여주는 것이 가장 중요합니다. 그게 뭐냐면, 목사가 하자는 것을 제일 앞장서서 실천하는 겁니다. 왜냐하면 신앙적인 요구가 각 개인의 평신도에게 다 전달되고 항복되는 데는 많은 시간과 과정이 필요하기 때문입니다. 교회에서 신앙생활을 시켜 보면, 내용을 이해하는 쪽보다는 자기가 믿을 만한 사람이 하는 것을 좇아가는 것을 훨씬 쉽게 여깁니다. 효과도 있고요. 장로는 그걸 위해서 세움을 받는 것 같습니다.

조주석 그러나 부작용이 생길 수 있지 않을까요. "이건 목사 편이다" 이렇게 갈 수 있잖아요.

박영선 그렇죠. '목사 편'이라는 게 굉장히 재미있는 현실이에요. 예전에는 목사가 하는 말은 다 하나님 말씀이었어요. 그랬던 시절이 있었어요. 그게 최선이라는 얘기는 아닙니다. 그때는 목사가 된다는 게 거의 가짜가 없던 시절이었어요. 가짜라고 말하는 것이 우습지만, 목사가 많아졌고 목사에게 요구되는 신앙적인 자격도 많아졌어요. 옛날에는 결사각오만 하면 되었는데 지금은 그것보다 더 많이 해야 합니다. 삶에 대해서 어쨌든 다 말할 수 있어야 합니다. 삶을 다 담아내려면 일단 자신이 살고 있는 당대의 문화를 알아야 합니다. 예전의 문화는 지금의 문화보다 훨씬 더 심플했어요. 근대 문화와 현대 문화는 천지차이죠. 지금은 전부 다 문화죠. 모든 삶의 행태와 실존이 다 문화 아닙니까? 이걸 목사보고 다 담아내라고 합니다. 담아내라고 하는 게 무슨 말이냐 하면, 내가 만족할 만한 답을 내놓으라는 이야기입니다. 신앙적으로 설명을 해달라는 겁니다. 이제는 목사들의 자질이나 인격의 문제뿐 아니라 그 이상으로 기능, 지식, 효과, 실용성 같은 것들을 요구하고 있어요. 가장 무서운 개인의 요구라는 것이 제일 커지지 않았습니까? 그런데 교회에서 전체를 놓고 신앙 훈련을 시키면, 내 평생에 걸쳐서 한 것으로 말하자면, "이런 진도를 보여야 하겠다. 그렇게 하려면 요구를 해야겠다" 하는 실제적인 훈련을 시킬 것 아닙니까? 그때 교인들은 항복하고 항복하지 못하고, 부담을 느끼고 만족하고 하는 이런 것에 의해서 하나님 앞에 말씀으로 "순종해야 하는가, 안 해야 하는가"가 아니라, 이제는 말이 "맘에 든다, 안 든다"로 나오기 시작했어요. "맘에 든다, 안 든다"는 분명히 자기 변덕입니다. 그래서 "목사 편이다, 아니다"라고 말하기 시작했어요. 물론 목사가 말이 안 되는 짓을 하는 것도 현실이어서 "무조건 목사 편만 들어도 되냐"는 말이 나올 수밖에 없는 현실이기는 합니다. 그럼에도 불구하고, 그 말은 이제 더 이상 권위에 맡기지 않기로 한, 현대성에 근거한 말이라는 겁니다.

조주석 권위를 거부하는 문제에 있어서 목사 자신이 처한 교회 현실을 고려해야 할 것 같아요. 교회는 시골에도 있고, 중소도시에도 있고, 대도시에도 있습니다. 특히 목사님처럼 대도시의 중심부에서 목회하시면서 갖는 목사의 권위란 현실적으로 다른 분들과 큰 차이가 날 것 같습니다.
박영선 그렇죠. 굉장히 다를 거예요. 저는 뭐 어쨌든 교회의 구성원이 대부분 다 지식인이라고 얘기할 수 있는 곳에서 목회를 하고 있으니까 그런 양상을 더 볼 겁니다.

조주석 시골에서 목회를 하면, 말씀은 좀 부실해도 그분이 참 성실하고 하나님 앞에서 진실하면 따라가거든요. 그러나 식자층이 주류를 이루는 곳에서 하나님 말씀을 전한다는 것은 시골 교회와는 다를 것 같아요.
박영선 알다시피, 지성이라는 게 모든 것을 의심하는 자세잖아요. 근대화 과정에서 지성이 이렇게 변하지 않았습니까? 진리를 알고 무엇을 확인하는 것이 아니라 먼저 의심하고 부정부터 합니다. 사실, 사회 지도자 계층에 속하지는 않을지라도 소위 지식인들이 가지는 자기도 모르는 부정적인 편견일 거예요. 이것이 신앙에도 작용을 합니다.

조주석 그런데 남포교회에서는 장로를 많이 세운다고 하셨어요. 그 이유는 어디에 있나요?

박영선 신앙 훈련에서 자격이 되는 것보다 그 책임을 맡을 때 훈련이 더 잘 되거든요.

조주석 가정에서도 자녀에게 무얼 시킬 때 잘해서만 시키는 건 아니지 않습니까? 못해도 시키지 않습니까? 그러니 목사님의 그런 방침은 굉장히 목회적인 배려라고 생각이 됩니다.

박영선 교회란 참으로 신비해서 어떤 사람이라도 결국 그리스도의 장성한 분량까지 가며, 또 어떤 어려움도 유익이 되는 공동체가 있습니다.

조주석 교회에서 행정 처리를 할 때 위원장이든지 부장이든지 저지르기 쉬운 실수가 뭐냐면 고압적인 자세라고 하셨어요. 마치 사회에서 하듯이, 교회에서도 회사 사장님이 하던 식으로 하려고 할 수 있다고 말입니다.

박영선 그건 늘 있고 현실로서 인정해야 합니다. 그것을 멋지게 하라고 하는 것은 무리예요. 관료화되어서 그렇죠. 가장 중요한 것은 상대방의 개인적인 사정을 배려하는, 예의를 지키는 것인데, 틀리면 확 야단 먼저 치려고 합니다. "왜 이따위로 해"라고 말입니다. 그러나 자기가 가해자도 돼 보고 피해자도 돼 봐야 합니다. 그래서 잘하려면 오래 걸립니다.

조주석 그러니 큰 교회들은 구성원 각자가 굉장히 생각을 많이 해야 할 것

같네요.

박영선 교회 안에서의 어려움은 잘잘못의 문제거나 순전히 기능적인 문제에 있는 게 아닙니다. 모든 문제는 근본적으로 신앙의 문제요 인격의 문제니까 사람의 힘으로 할 수 있는 것은 거의 없습니다. 능력이 기능보다 우선하고 믿음이 실천보다 우선하기 때문이죠. 은혜를 구하고 믿음을 갖는 것밖에는 없습니다.

조주석 교회에서는 직분자들을 세우기 위해 선출을 합니다. 목사도 세우고 장로도 뽑고, 안수집사도 권사도 뽑게 됩니다. 이 선출과 관련해서 "직분자를 세울 때 한국교회는 수적 팽창에 얼마나 도움이 되느냐를 첫째 기준으로 삼았다"고 하셨는데(『하나님의 교회』), 왜 그것이 문제가 될까요?

박영선 그게 일종의 보이는 보상이 되었죠. 그 사람의 신앙을 보이게끔 확인해 주는 것이 직분이 된 겁니다. 그거 굉장히들 하고 싶어 하세요. 그렇지만 그 직분이 무슨 책임이 있는지를 아는 사람은 극히 적어요.

조주석 왜 그런 현상이 생겨날까요?

박영선 직분이 명예가 됐다는 겁니다. 참으로 꺼내기 어려운 이야기지만, 협동장로라든가 명예권사라는 게 한국교회 안에 있습니다. 그거 현실적으로 아주 외면할 수 없습니다. 아직은 우리 정서니까, 그걸 교회들이 지혜롭게 쓸 수 있습니다. 그럼에도 불구하고 어쨌든 개선해야 하는 문제인 것도 사실입니다.

조주석 제가 알기로는 일반적으로 네덜란드 계통의 개혁교회는 치리장로를 임기제로 하는 걸로 알고 있습니다. 5년 임기제로 하기도 하는데, 자신의 직업을 갖고 있으면서 그 봉사를 해야 하니까 굉장히 힘들다고 해요. 아까 말씀하신 것처럼, 장로직은 봉사하는 거라고 하셨잖아요. 그래서 우리나라와는 달리 거기서는 오히려 장로가 안 되고 싶어 한다고 해요.

박영선 그것도 일리가 있죠. 정말 큰 직분입니다.

조주석 그러나 교회에서 직분자들을 세우다 보면 선거 후유증이 많지 않습니까? 왜 그런 선거 후유증이 생길까요?

박영선 참 많죠. 전에도 이야기했지만, 바보한테 바보라고 이야기하는 것은 무례한 겁니다. 왜 후유증이 있냐고 물으면 안 돼요. 실력이 없으니까 생기는 것인데, 왜라고 하면 안 되지요.

여성의 지위는 손해 보는 지위

조주석 최근에 한국교회 안에 여성 문제가 이슈로 떠올랐습니다. 전에는 사회적으로도 여성이 대우를 못 받았으니까 잠복해 있었는데, 여성이 교육도 많이 받고 사회적 위상도 많이 올라가자 상황이 바뀌었습니다. 그래서 이제 교회 안에서도 여성 문제가 상당히 중요한 사안이 되었습니다. 그 가운데서도 가장 핵심적인 것은 여성안수 문제라고 생각되는데, 목사님께서는 어떻게 생각하십니까?

박영선 이거 굉장히 내용이 많은데, 다 해요?

조주석 그럼 간단하게라도 좀 말씀해 주세요.

박영선 그거 어려워요. 왜냐하면 잘못 이야기하면 돌 맞는 이야기니까. 지난번에 제가 속한 노회에서 여성안수 문제를 놓고 발표를 했어요. 내가 말한 여성안수 반대 이유는 성경이 여성보고 여성의 지위를 지키라고 했다는 거였어요. 여성의 지위란 뭐냐 하면 손해 보는 지위예요. 권위 아래에 있는 지위입니다. 디모데전서 2:15을 예로 들었어요. "해산함으로 구원을 얻는다"는 말씀이 있죠. 여자만 애를 낳잖아요. 여성과 남성이 성적으로 다릅니다. 성적으로 다르다는 것이 줄곧 차별로만 이어져 왔습니다. 성적으로 다르다는 것을 성차별로만 써 왔습니다. 그러나 여기서 핵심은, 남자는 애를 낳고 싶어도 못 낳는다는 것이지요. 하나님께서 여성에게 준 직무가 있습니다. 그게 권세 아래 있어서 억울한 지위예요. '억울한' 지위 말고 더 좋은 표현이 없을까요? 아무튼 억울한 지위예요. 그것이 창조 질서와 타락에 관한 교훈으로, 여성은 그 지위에 순복하라는 요구를 받고 있는 겁니다. 교회는 언제나 세상에서 소수파 아닙니까? 우리가 진리를 가졌고 우리가 옳음에도 불구하고, 부활 생명을 갖고 있음에도 불구하고, 어쨌든 정치 권력상 늘 마이너리티요 피해자입니다. 그런데 교회가 힘을 갖자고 한다면 찬성하겠어요, 반대하겠어요? 당연히 반대하겠죠. 똑같은 의미에서 여성에게 준 직무가 있다는 겁니다. 남녀를 불문하고 기독교 신자는 여성적입니다. 신앙적인 입장에서 여성적입니다. 손해 보고 불리한 억압받는 입장에 있을지라도, 여성들은 그 지위를 외면하면 안 됩니다.

조주석 그 이야기는 폴 투르니에의 견해와 비슷합니다. 그가 쓴 『여성, 그대의 사명은』이라는 책이 있습니다. 거기서도 보면, 여성은 남성과 다르다고 하면서 서구인으로서 굉장히 보수적인 입장에서 논의하는 걸 봤습니다. 여성은 여성으로서의 자기 위치, 자기 자리라는 것이 분명히 있다고 주장합니다. 그걸 포기하지 말고 더 아름답게 만들어야 한다고 했어요. 페미니즘은 주장하지 말라는 거였어요. 그 책을 읽으면서 굉장히 공감이 갔는데, 목사님이 말씀하시니까 오버랩이 되는군요.

박영선 제가 역할론을 말한 것인데, 영화 「벤허」에서 주인공은 시저 앞에 무릎을 꿇어야 할 신분입니다. 그렇다고 그것이 억울할 건 없죠. 이 사람은 주인공인데 저쪽은 엑스트라거든요. 그런데 여성안수를 허락하는 교단과는 어떻게 해야 하느냐는 질문도 받았어요. 우리는 다원주의 시대에 살고 있는데, 다원주의가 해낸 적극적인 업적 중 하나는 '승리주의를 깼다'는 겁니다. 승리주의적 입장에서 우리만 옳다는 것에 굉장히 조심해야 합니다. 물론 우리 기독교가 옳습니다. 그러나 '우리가 옳다는 것을 우리와 같지 않은 사람과 관계를 가질 때 어떻게 적용해야 하는가'라는 문제입니다. 그런 차원에서는 싸우지 말자는 겁니다. 왜냐하면 페미니즘하고 환경 운동은 20세기 후반부터 21세기에 들어와서도 가장 중요한 이슈가 되었는데, 그것은 사활이 걸린 기독교의 핵심 되는 내용은 아니라는 말씀입니다.

조주석 네, 무슨 말씀인지 알겠습니다.

박영선 나는 다른 교단에서 안수 받은 여성목사들을 인정합니다. 그러나 우리는 하지 말자는 겁니다.

조주석 저는 이것과 관련해서 반대 입장에서 한번 생각을 해봤습니다. 무슨 말인가 하면, 그게 가능한 일인지 아닌지는 차치하고 반성적인 차원에서 생각해 본 겁니다. 만약 어떤 여성이 나도 말씀을 전하라는 소명을 받았다고 하면 그걸 어떻게 생각해야 할 것인가? 그 소명을 가짜라고 무시해버려야 하는가?

박영선 평양 대부흥 운동이 일어났을 때 최초의 진원지로 무슨 부흥사경회를 드는데, 여자 선교사가 그 자리에 왔습니다. 김영재 교수도 긍정적으로 다루었어요. 저도 그것 긍정해요. 선교사 할 수 있어요. 그러나 선교사로서 말씀 증거하기 위해 뛰어드는 것과 목사가 되어 보이는 교회의 수장이 되는 것하고는 차원이 다르다는 겁니다.

조주석 제가 아는 어떤 분은 장로교 신학에 대해서 굉장히 잘 아는 분인데도 목사는 가능하나 여성이 당회장은 될 수 없다고 하더군요. 그것은 질서라든가 리더십에 관한 문제라는 거였어요. 여성안수에 관한 문제는 긍정할 수 있지만 당회장 문제에서는 아닌 것 같다 하더군요.

박영선 그것에 대해서 뭐 우리가 명확하게 선을 그을 수는 없을 것 같아요.

조주석 바울 사도가 디모데에게 "여자가 가르치는 것과 남자를 주관하는 것을 허락하지 아니하노니"(딤전 2:12)라고 하지 않았습니까? 이 말씀도 앞에서 한 이야기와 비슷한 선상에 있는 것으로 보이는데 좀 더 말씀해 주시죠.

박영선 아마 그 당시 현실적인 문제가 있었던 것 같아요. 그러나 지금 우리로서는 그게 무엇인지 잘 모르겠어요. 보이는 질서는 중요한 것입니다. 형식은 진심을 담는 방법이라는 말이 있습니다. 내용과 능력에 있어서 성차별은 없습니다. 그러나 형식과 질서에서 여성은 권위 아래 있는 역할이지요.

조주석 빌지키언이 쓴 『공동체』라는 책에 보면 이런 이야기가 나옵니다. 그는 신약학자로서 이 문제를 학문적으로 다루었는데, 크게 도전을 받으면서 읽었어요. 바울 사도의 그 지적은 당시 에베소 교회의 상황적인 문제였는데 보편적인 문제로 거론할 수 있겠느냐고 도전해 왔어요. 물론 그분은 우리와 신학적 입장이 다른 회중교회 입장에 선 분이기는 합니다. 이 구절이 굉장히 상황적이라고 주장하더군요.

박영선 보편적인 걸로 꺼내지는 말자, 그런 이야기인가요?

조주석 그렇지요. 그러면서 무슨 이야기를 하느냐면, 사도행전이나 다른 데를 찾아보자. 에베소 교회 안에서 여자들이 지나치게 문제를 많이 일으키니까 여자들더러 잠잠하라고 했다는 거지요.

시간 속에서 일하시는 하나님

박영선 만약 그게 상황적인 것이라면 에베소 교회에만 해당되고 다른 교회들에는 해당될 수 없다는 이야기 아닙니까? 다른 다수의 교회들은 그 원칙을 따를 필요가 없고 그런 문제가 일어나는 교회만 따라야 할 상황적이고 소극적인 명령이 되겠지요. 만약 그렇게 이해한다면, 그 명령은 사도의 잠정적인 조치 정도쯤 되겠지요. 다시 말해, 교회가 여성안수를 했다가 그런 문제가 발생하니까 이제 가르치는 것을 금했다는 말이 될 수 있습니다. 만일 그런 금지 명령이었다면 교회는 정말 대대로 더 큰 혼란을 겪었을 겁니다.

20년 넘게 목소리를 높였던 이유

조주석 20년 넘게 남포교회에서 목회하시면서 "내가 목소리를 굉장히 높였다. 그럴 만한 이유가 있었다"고 말씀하셨어요. 왜 그러셨어요?

박영선 그것은 내가 현실적으로 필요로 하는 신앙의 답을 말해 주는 한국 교회가 없어서 그랬어요. 기독교가 그때까지 이야기하는 게 다라면, 나는 큰일 나는 것이었어요. 그러니까 답을 찾으려고 목사가 되었고, 그렇게 해 오면서 성화라는 부분을 알게 되었어요. 삶 가운데서 신자로 산다는 것이 뭔지를 가르치는 것이 나의 책임이 됐습니다. 그래서 나 같은 사람, 어쨌든 삶으로 신앙을 확인해야 되는 사람, 짐을 져야 하는 입장에 있는 사람으로서 너무 쉬운 복음, 너무 간단한 복음에 대해 거의 분노로 대했습니다. 그래서 큰소리를 치고 나 같은 사람도 살길이 있다고 한 겁니다. 그렇게 얘기해서 아마 지금의 우리 교인들이 모였다고 생각합니다.

조주석 목사님이 목소리를 높인 이유와 남포교회가 형성된 것은 밀접한 관계가 있다는 말씀이군요.

박영선 그러니까 제가 자신의 답답한 문제로 인해서 제 길을 갔듯이, 우리 교인들도 자신들이 답답한 것이 저와 공통점이 되었겠죠. 그래서 이 답을 찾아서 여기까지 온 것이라고 생각합니다. 그러니 이제 숙제가 좀 더 많아진 것이죠. 우리의 답답한 것뿐 아니라 성경이 전체적으로 하는 이야기도 더 담아내고 싶어졌습니다. 그런 소원을 좀 갖게 되었습니다.

조주석 답답한 이야기를 풀어내려고 하셨는데, 그것을 간단히 말하면 '믿음이다, 성화다'라고 말씀하실 수 있을 것 같은데요.

박영선 앞에서 '이미'와 '아직'에 대한 긴장을 얘기했었는데, 긴장 속에 있다는 것을 처음에는 한국교회가 용납을 안 했기 때문에 단호해야 했어요. 고민하고 의심하면 불신앙으로 간주했고 그가 신앙인인가 아닌가라는 근본적인 불신을 받았지요. 그다음에는 신앙이 현실에서 보상받지 못하는 것, 다르게 얘기하면 현실에서 기능하지 못하는 것, 내가 분명히 신앙인이 맞는데 내가 나를 점검해 보아도 완벽한 신앙인이라고 이야기할 수 없는 현실과, 또 그나마 노력하고 있는 것이 전혀 효과가 없어 보이는 현실을 어떻게 이해해야 할 것인가 하는 문제였죠. 그게 세상 속에서 세상과 타협하지 않고 신앙으로 대면해서 싸운다는 것을 이해하는 데 오래 걸렸지요. 전투를 하면 서로 자기편이 지는 것 같습니다. 적군에게 얼마나 타격을 입혔는가보다는, 아군이 받은 피해가 더 가까운 현장이니까요.

조주석 신앙생활 하다 보면 나중에는 내가 못한다는 것을 더 많이 느낀다고 하셨어요. 할 수 있다고 생각하는 게 아니라 못한다는 것을 말입니다.

박영선 그러니까 우리는 기능적으로 순종해서 결과를 보는 신앙이라는 것밖에 점검할 줄 몰랐는데, 성화 과정에서 배우는 것은 '누가 더 하나님께 의존적이냐, 자기를 부인하고 누가 십자가를 지느냐'가 더 중요한 내용이었던 겁니다.

조주석 그래서 목사님과 남포교회의 관계를 생각할 때 남포교회는 일보다는 인격, 됨됨이를 요구했다고 하셨는데, 현재의 남포교회를 어떻게 평가할 수 있겠습니까?

박영선 우리 교회는 이런 걸 잘한다고 말하고 싶습니다. 우리 성도들이 내가 가르치는 것에 분명히 영향을 받고, 신앙 인격, 됨됨이 면에서 더 많이 신경을 쓰고 진보가 있어 보인다고 이야기하고 싶습니다. 또 한편으로 열심히 일하고 몸으로 헌신하는 교회의 성도들도 칭찬하고 싶습니다. 하나님이 당신의 성도들을 만들어 가시는 과정에는 생각하는 교인들도 있게 하시고, 일하는 교인들도 있게 하십니다. 그런 말이 있죠. 그림 그리는 사람이나 음악 하는 사람들이 마지막 수준에 이르면, 농사짓는 사람하고 똑같다는 겁니다.

조주석 그 됨됨이라는 것은 사고력도 될 수 있거든요. 삶은 소극적인 것 같지만, 내가 바른 것을 취하고 나가는 것도 분명히 됨됨이거든요.

박영선 '업적으로 확인하지 말자. 결과물로 확인하지 말고 그런 걸 할 수 있는 존재가 되자'는 것이죠. 마태복음 7장에 나오는 "열매로 나무를 안다"고 할 때의 열매를 맺으라는 게 아니라, 그 열매가 당연히 열리는 나무가 되라는 거죠. 우리가 어떤 일을 행함으로 자신의 신앙이나 자신의 존재를 확인하는 방법이 아니라 그런 것을 할 수 있는, 그것을 할 수 있는 존재가 될 수 있는 싸움으로 갔습니다. 그러나 실제로 판단할 때에 열매를 맺는 자와 결과를 만들어 내는 자를 어떻게 구별하죠? 그렇게 물으면 대답하기가 대단히 애매합니다.

조주석 그건 믿음과 행함의 관계 문제라고 할 수 있겠지요. 일반적으로 보면 행함은 특별한 헌신으로 금방 나타날 수 있습니다. 열심이라는 두드러진 특징으로 나타날 때 거기에 믿음이 전혀 없다고 할 수 없을 것 같아요.

박영선 나는 부정적으로 출발했어요. '나는 이것을 했다'라고 확인하는 것과는 구별하자는 것이었죠. '했느냐, 못 했느냐'의 문제로 가니까 결국은 존재의 문제로 가지 않고 기능의 문제로 가고 나중에는 의지의 문제가 되더라고요. 그렇게 효율성이나 기능성으로 존재 가치를 확인하는 것은 대단히 비인격적이죠. 그래서 나온 표현이에요. 사실 실천적으로 보면 행하는 것과 됨됨이가 되는 것 사이에 경계를 긋는다는 건 굉장히 모호하죠.

조주석 행함이라고 할 때에는 믿음의 어떤 결과라고 이야기하지만, 행함이라는 것은 믿음을 포괄하는 것이지 믿음을 포괄하지 않는 것이 아니거든요.

박영선 그렇습니다. 우리가 이만큼 살아 보지 않고는 그 관계가 어떻게 얽어지는지 모를 때도 있습니다.

조주석 남포교회는 달동네가 아니고 잘사는 지역에 있습니다. 그래서 목회하기에 어려웠다고 하셨어요. 왜 그렇게 생각을 하셨는지요?

박영선 "세상적으로 잘나가면서 동시에 신앙이 좋은 경우는 거의 없다"고 말하면 사람들이 시험을 받아요. 거기에 해당되는 사람들은 말입니다. 사실 신앙이라는 것은 한계에 부딪쳤을 때 제일 많이 진전합니다. 그런데 좀 배웠거나 뭐랄까 포괄적으로 이야기해서 가진 자는 막다른 골목이 더 깊습니다. 가진 것 때문에 미루고 도망갈 데가 더 있다는 겁니다. 그래서 자신을 하나님 앞에 정직하게 세워야 할 자리를 회피할 수 있습니다. 다른 핑계를 대서 도망을 가든지 자꾸 도망을 쳐요. 그게 가장 큰 문제예요. 사실 아프거나 굶거나 하면 매달리고 하나님을 만나요. 그게 멋있고 풍성한 게 아닐지라도 어쨌든 하나님을 만나요. 그러나 있으면 도망을 가요. 가진 것으로 그날을 넘겨요. 현실적으로 그렇더라고요.

조주석 "목사님이 없었으면 지금 한국교회가 없습니다. 목사님 같은 사람 없습니다"(『하나님의 교회』). 이런 유혹의 말을 많이 듣는다고 하셨는데, 왜 이런 말을 경계하시는지요?

박영선 믿음을 가진다는 것이 얼마나 어려우냐 하면, 믿음이 좋다가도 나 아니면 이 믿음이 존속되지 않을 것 같은 생각이 드는 게 인간이더라고요. 우리는 예수 그리스도를 증언하는 것이지 예수 그리스도를 대신해서 내가 하는 것이 아닙니다. 우리는 어떤 조력자가 아니고 다 종입니다. 물론 "목사님 아니면 안 됩니다"라고 그들이 하는 말을 내가 이해 못하는 건 아닙니다. 그러나 마치 루터가 없었으면 기독교 신앙이 올바로 안 되었을 것 같고, 모세가 없었으면 하나님이 이스라엘을 못 구원해 냈을 것 같은 식으로 말하는 것은 경계합니다. 교인들에게도 그렇게 가르쳐야 합니다. 왜냐하면 훌륭한 목사라는 것은 좋지만 예수님과 우리 목사님, 이렇게 나란히 서게 만들면 큰일이 나죠. "우리 자신도 세우면 안 되고, 우리 자신도 믿으면 안 되고, 예수님이 다 하신다. 예수님 안에서만 약속이 유효하다" 이렇게 가야 합니다.

소수 엘리트를 만들기 위한 방법론이 되어서는 안 된다

조주석 목사님은 교회 프로그램에 관한 문제를 말씀하시면서 예수님께서 하나님 나라를 제자들에게 맡기셨는데, 이것은 소수 엘리트를 만들기 위한 방법론이 아니었다고 말씀하셨어요. 왜 방법론이 아니라는 거지요?

박영선 "하나님 나라는 너희 중에 있다"거든요. 그러니까 교회는 곧 성도입니다. 엘리트주의라는 것은 리더십을 너무 강조하는 것 같아요. 리더십이라는 것이 분명히 필요하지만 리더십이 강조됨으로써 대부분의 사람들이 다 열등한 존재같이 취급되고 조작의 대상이 되는 것 같아서 그래요. 그렇지 않습니다. 하나님이 당신의 종들을 쓰실 때, 고린도전서 1장을 보면 훌륭한 사람을 안 쓴다고 분명히 했거든요. 그러니 자꾸 엘리트 운운하면 난감하더라고요. 성령 충만한 것과 능력 있는 것과는 별개입니다.

조주석 그리고 바로 이어서 이렇게 이야기하셨죠. "예수님이 당한 시험을 저들로 함께 체험하게 하는 것입니다. '너희는 나의 모든 시험 중에 항상 나와 함께한 자들, 즉 내가 당한 시험과 내가 그 시험을 어떻게 물리쳤는지를 본 자들이다. 너희는 이 일을 하는 데 어떤 시험이 있는지를 본 자들이기 때문에 아버지께서 나라를 나에게 맡기신 것같이 나도 그 나라를 너희에게 맡긴다.'"

박영선 아, 그렇게 훌륭한 말을 했네요. 설교하고 제가 다 잊어서 그래요.

조주석 교회마다 어떤 과정을 통과하면 신앙이 완성이 된 것처럼 생각하도록 만들어 놓은 프로그램이 있습니다. 이에 대해서 어떻게 생각하시는지요?

박영선 교육 방법론으로는 효과가 있습니다. 어떤 단계를 통과하면 하나의 성취감, 자신의 성장을 확인할 수 있는 눈금을 주는 것으로서는 좋습니다. 문제는 뭐냐 하면, 그것이 단지 성취감으로 격하될 수 있다는 겁니다. 우리의 신앙 체험에서 하나님을 만나고 예수를 만난 것은 놓치고 감동만 남듯이, 성취감만 남을 수 있습니다. 그것도 답답합니다. 그러나 방법론으로서는 그 이상 좋은 것은 없습니다.

시간 속에서 일하시는 하나님

조주석 이 과정을 통과하면 무엇이 된다고 생각하는 건 늘 조심해야 되겠지요.

박영선 그렇지만 해야 합니다.

조주석 오늘날 목회자들은 목회 방법에 대해서 관심이 굉장히 많아 보입니다. 그걸 어떻게 해서든 자신의 목회에 사용해 보려고 합니다. 이것이 내포하고 있는 속뜻은 뭘까요?

박영선 우리가 여태껏 이야기한 한국교회와 현대 사회의 문제들이겠죠. 기독교 신앙의 결과를 성급하게 이루려고 하는 것입니다. 이것이 하나이고, 또 하나는 보이는 결과로 확인하려는 것입니다. 이 둘은 밀접한 관계가 있죠. "내가 한 것이 맞다, 옳다, 그리고 복음이다" 그러는 것이 진심이지만, 진심만 가진다고 금방 결과가 나오는 것은 아닙니다. 그건 믿음이 인내의 싸움이라는 사실을 놓치는 것이고, 보이는 것으로 확인하려는 것입니다. 우리 믿음의 결국이란 이 세상에서 보이는 것으로 받는 것이 아니라 보이지 않는 세상에 가서 받을 것으로서, 우리가 지금 다 상상할 수도 없는 것입니다. 그런데 따지고 보면 그 두 가지는 기독교 신앙의 본질적인 오해 속에서 생겨나는 것이라고 할 수 있습니다.

조주석 그러면 성급한 결과라든가 보이는 결과로 확인한다는 게 뭔지 구체적으로는 말씀해 주시지요.

박영선 수적으로 확인하고 싶어 하는 것이 제일 많죠. 능력이 있다는 것이 옳다는 것과 혼동되는 것입니다. 우리가 기도해서 응답받으면 내 신앙은 진짜라고 확인하는 것과 같죠.

성장 이후 한국교회에 요구되는 것

조주석 이야기를 주로 남포교회라는 좁은 맥락에서 해왔는데 한국교회라는 더 큰 맥락으로 이야기를 옮겨 보지요. 한국교회는 수십 년 사이에 외형적으로 굉장한 성장을 이루었습니다. 이런 성장 이후에 한국교회에 요구되는 것들로는 무엇이 있을까요?

박영선 아까 앞에서 한 이야기인데요, 우선 한국교회가 지금 무얼 그려 놨느냐를 일단 보자 이겁니다. 지난 30년 동안 한국교회가 한 것을 비유적으로 이야기해 보죠. 한국교회가 처음으로 도화지를 받아서 자기 그림 한 번 그린 겁니다. 그 그림을 보고 이렇다 저렇다고 이야기를 해야 하는데, 그려 놓은 게 몇 개 없다는 걸 우선 확인해야 합니다. 우리가 그려 놓은 것은 뭐냐 하면, 하나님이 정말 교회를 지키시고 은혜를 베푸시고 하나님 나라를 확장시키시더라 하는 겁니다. "하나님은 정말 살아 계시고 역사하시는구나, 그 아들을 보내신 사랑과 신실하심으로 일하시는구나" 이것 하나 알고 있고 확인한 겁니다. 우리는 여기까지 와 있지만 아직도 다른 약속들에 대한 더 풍성한 것이 있다는 것을 알아야 합니다.

조주석 그러니까 전도라든가 선교라든가 이런 것으로 교회가 해야 할 일을 다한 것이라고 생각해 왔는데, 그 이상 가야 한다는 말씀이시죠?

박영선 그렇죠. 사실은 선교나 전도를 해서 한 게 뭐냐 하면 "하나님께서 약속대로 일하시더라, 하나님은 정말 신실하시더라, 은혜로우시더라" 하는 걸 확인한 것입니다. 나머지 신학적 주제들은 아직 확인도 못했는데, 그걸로 기독교 신앙의 내용을 다 다루었다고 생각하는 것을 좀 돌아보자는 겁니다.

시간 속에서 일하시는 하나님

조주석 최근 들어서 이 문제로 고민하고 계신 것으로는 어떤 것들이 있으신가요?

박영선 가장 급한 게 세계관입니다. 기독교 세계관이 매우 중요해요. 왜냐하면 기독교 신앙이 교회 안에 붙잡혀 있거나 내면세계에만 있는 것이 아니기 때문입니다. 하나님은 우주의 주인이시므로 우리는 세계와 실존 모두에 하나님의 나라를 확장해야 한다는 겁니다. 거기도 우리의 무대라는 것이지요. 그래야 우리가 산다는 것 속에 내포하는 무한한 신비를 아는 것이 됩니다. 지금은 이게 결여되어 있습니다.

조주석 우리는 지금 대부분 도시 문화 속에서 살고 있습니다. 물론 농촌이 존재는 하지만 도시 문화와 별개로 진행된다고 할 수 없습니다. 이런 문화 속에서 교회의 문제를 생각하자면 자연스럽게 신학 교육도 떼어 놓고 생각할 수는 없겠습니다. 이 신학 교육이라는 장에서도 세계관에 관한 것을 교육 내용으로 넣어야 할 것으로 보입니다. 달리 말해, 일반 은총과 관련한 것들이 신학 교육으로 다루어져야 할 것 같습니다. 그러려면 이 부분에 교회가 경제적으로 지원도 더 많이 해야 할 것 같습니다. 앞으로 정책적으로 어떻게 물꼬를 틀고 가야 좋을지 또는 그런 계획이 있으신지 말씀해 주시지요.

박영선 저 같은 입장에서 정책이라든가 뭐 하자는 것은 주제넘어요. 그래도 자꾸 말은 해야 합니다. 우리 목사들끼리 만나는 자리든지 혹은 설교에서라도 자주 말을 해야 합니다. 이미 세상이 그 문제를 다루고 있고 또 우리가 그 공격을 받고도 있는데, 우리가 설교에서 안 다루면 안 되죠.

조주석 그렇습니다.

박영선 그게 분명한 현실이죠.

조주석 세계관을 말씀하셨는데, 당장 우리 앞에 있는 것들 중에서 다루어야 할 중요한 주제는 뭘까요? 목회자 입장에서 현실적으로 중요한 주제 말입니다.

박영선 기독교 신앙이 삶에서 동떨어져 버렸다는 겁니다. 왜냐하면 삶을 신앙적으로 분석해 낼 치열함이 없어졌어요. 교회가 스스로 영역을 축소시켰습니다. 몇 가지 미션으로 좁히고 말았어요. 그러니까 교인들도 이제 그 몇 가지 미션에 참여하는 것으로 자기 할 일이 끝났다고 생각하고 있습니다. 이것이 광범위한 현실입니다.

조주석 기독교 신앙이 삶에서 동떨어진 것은 한국교회 안의 양극화 현상과도 어떤 연관이 있지 않을까요? 사람들이 큰 교회로는 더 몰리고 작은 교회는 생존조차 힘들잖아요.

박영선 이런 현실은 제가 맨 처음 기독교 신앙에 대해서 개인적인 고민을 갖고 씨름한 것과 쏙 닮았어요. 약간의 무대 장치만 바뀐 것 같아요. 삶과 기독교가 분리되자, 사람들은 자기의 목숨을 거는 신앙을 안 가지게 되었어요. 대형교회로 가는 이유는 단 하나라고 생각합니다. 숨는 거지요.

조주석 은닉성, 숨어서 조용히 지내고 싶은……

박영선 그렇죠. 그렇다고 안 믿을 수는 없고. 그래서 대형교회에 가면 "난 어느 교회에 다닌다"로 굉장히 안심이 되는 건가 봐요.

조주석 그렇죠. "나는 무슨 교회 다닌다"는 걸로 말입니다.

박영선 명문대학교 배지를 달면 훌륭한 것같이 교회도 그렇게 되어 버렸죠. 좋은 대학교 가면 더 치열하게 배워야 하는데 말입니다.

조주석 소속감이라는 게 좋은 것도 되지만 그것 자체로는 다는 아니지요. 한국교회가 방향을 잘못 잡고 있다고도 지적하셨는데, 구체적으로 뭘 말씀하는 거지요?

박영선 이건 조금 설명이 필요한데요. 요셉 사건을 보면 그 사건을 통해서 요셉 스스로도 그렇고 성경을 읽는 독자들도 그렇고 꿈을 가질 수 있다는 것을 배우는 것이죠. 요셉이 꿈을 가진 게 아니라, '요셉을 통해서 꿈을 가질 수 있다'가 되었을 땐 요셉을 인도하시는 하나님이 그 근거가 안 된다는 겁니다. 본인이 의도하지 아니한 인생이었는데 경이로운 하나님의 인도하심과 신실하심으로 그런 결과가 발생한 것 아닙니까? 따라서 요셉의 소원이나 의지의 결과가 그의 인생을 만든 근거일 수 없습니다. 그러니까 "비전을 갖고 꿈을 갖자"라는 말보다는 "요셉을 인도하시는 하나님을 보라"가 정당하다는 겁니다. 그런데 한국교회는 "요셉을 보자"가 되었습니다. 그래서 뭐가 없어졌나 하면, 근거가 날아가 버린 겁니다. 꿈을 이야기하면서 꿈을 가질 수 있는 근거가 날아가 버린 까닭에 결국 낙관성만 남은 거죠. 이것이 왜 큰 문제가 되느냐 하면, 자신을 격려하는 방법론과 최면만 남고 만다는 겁니다. 원리가 잘못되고 말았어요. 이게 얼마나 심각하냐면, 사사기 2장의 장면과 비슷하다고 할 수 있어요. 거기 보면, 신앙의 단절 이야기가 나옵니다. 여호수아와 함께했던 장로들이 다 지나가고 나자 그다음 세대는 하나님을 알지 못했습니다. 나는 그게 가장 큰 이유 같아요. 근거가 되었던 것에 대한 설명은 없고 그 근거를 전제로 해서 낙관 혹은 자기 격려만 남게 되어 하나님을 잊게 만든 겁니다. 한국교회도 이런 사사기의 단절을 걱정하지 않을 수 없게 되었습니다.

조주석 신앙은 없고 인간의 열심만 남았다는 말씀 같군요.

박영선 실제로 우리가 이름을 대면 알 만한 부흥사들도 진심을 논합니다.

진심과 헌신을 논합니다. 그분들이 아직은 신앙을 전제하고 있어요. 본인은 전제하고 있어요. 본인이 설명할 때는 전제를 놓고 하거든요. 그런데 신학이 무슨 소용이 있느냐고 치고 나가는 겁니다. 그러면 그다음 세대는 그 신학을 전혀 듣지 못한 세대가 되는 겁니다. 다만 분발한 위인들만 남는 것이죠. 요셉 뒤에서 일하신 하나님은 못 보고 요셉이 위인이 되고 영웅이 되었다는 것만 남지요.

조주석 교리를 강조하다 보면 생활이 냉랭해지고 생활을 강조하다 보면 교리를 놓친 교회 역사의 패턴과 같군요.
박영선 물론 그렇죠.

조주석 신앙이 삶과 유리된 데는 이런 이유도 있을 것 같습니다. 우리 한국교회는 지금 주로 미국교회의 두 모델을 사모한다고 지적하셨어요. 그 모델이 한국교회에 거의 퍼져 있는 게 현실 아닌가요? 로버트 슐러라든가 릭 워렌 같은 모델 말입니다.
박영선 하나님의 하시는 일은 잘 모르겠어요. 그렇게도 하시니까요. 그래서 막 뭐라고 하고 싶지 않아졌어요. 그냥 내 몫만 할 작정입니다.

조주석 그러면 우리는 한국교회의 미래를 위해서 무엇을 준비해야 할까요?
박영선 우리가 너무 자기 편리하게 써서 진부한 표현이 되었지만, 기도해야 합니다. 기도한다는 것은 내 간절함을 호소하는 것보다 하나님의 뜻을 구하는 것이죠. 하나님의 뜻을 구하고 우리의 열심과 헌신이 하나님이 가르치신 바의 방향과 내용을 가져야 합니다. 내가 확인하는 자기확인용 열정 말고 하나님의 뜻을 알고 싶은 열정으로 향해 가야 합니다. 이것은 지성적이어야 한다는 것과는 또 다른 겁니다.

조주석 그러니까 교회는 결국 '주기도'를 해야 하겠습니다.

박영선 그렇습니다. 하나님의 뜻이 이루어져야 합니다.

08

이제 한국교회는 미래를 준비해야 합니다

—

한국교회의 미래는 어찌 될 것인가? 낙관해야 하는가, 비관해야 하는가? 내가 만난 박영선 목사는 비관주의적 낙관론자였다. 인간 자신 안에서 어떤 희망을 보고서 그런 낙관론을 펴는 게 아니다. 인간은 부패한 존재인 까닭에 늘 비관적일 수밖에 없지만, 신실하신 하나님 안에서 소망을 가질 수 있기에 낙관을 펼 수 있다는 이야기다.

2007년에 그는 여섯 차례에 걸쳐 '한국교회의 미래를 짊어질 청장년을 위한 특별 메시지'라는 강의를 했다. 상당히 호응이 컸던 것으로 기억하며 이를 계기로 그의 설교 세계는 더 확장되어 나간다. 그 강의가 『우리와 우리 자손들』(2008)이라는 책으로 나왔는데, 한국의 보수신앙을 반성함으로써 그 강의가 가능했다고 말한다. 그가 반성하는 바는 크게 두 가지인데, 하나는 분리주의적 폐쇄성이요 다른 하나는 복음의 세속화다. 첫 번째는 자유주의 신학과의 싸움에서 생겨난 부작용이요, 두 번째는 복음주의가 부흥주의로 궤도를 이탈하면서 생긴 현상이었다고 진단한다.

이러한 신앙 현실 이해를 바탕으로 한국교회의 미래를 준비해야 한다고 생각한 것이다. 그는 이미 기독교 신앙에 들어온 터 위에서 신앙이 무엇인지를 치열하게 고민했지만, 그 자신과는 달리 후손들은 전혀 그런 처지에 있지 않다는 판단이다. 따라서 그들에게 기독교 신앙을 소개하자면, '기독교 신앙이란 무엇인가', '왜 세상이 아니고 교회를 택해야 하는가'에 대한 기본 질문에서부터 출발해야 한다고 힘주어 말한다. 왜냐하면 기독교 신앙을 갖고서야 교회 안으로 들어올 수 있고 또 그리스도의 통치를 받아 나갈 수 있기 때문이다.

이 시대에서 기독교 신앙을 어떻게 지켜 나갈 것인가? 이 물음은 그에게 아주

　　　　　　　　　　　시간 속에서 일하시는 하나님

다급한 문제였다. 이 시대는 분명 기독교 신앙과 다른 길을 가고 있다. 그럼에도 불구하고 그것이 눈에 쉽게 포착되지 않는다는 데 어려움이 있다고 말한다. 진화론이나 과학만능주의나 물질주의나 인본주의나 세속주의 등이 원색적인 형태로 등장하기보다는 이 시대의 모든 사고와 경향과 목적 속에 숨어 있는 까닭에 우리는 그것들에게 공격당하는지조차 모른 채 신앙으로부터 멀어질 수 있다는 것이다. 우리 후손도 그것은 마찬가지인 까닭에 기독교 신앙보다는 이 시대의 풍조에 휩쓸리기 십상이고 교회보다는 세상을 선택하기 십상이라는 것이다.

분리주의적 폐쇄성과 복음의 세속화는 한국 보수신앙이 가지고 있는 두 가지 위험성이라고 앞에서 지적했다. 그 폐쇄성으로 이런 예를 든다. 복음주의자와 개혁주의자는 같은 편인데 서로 갈등을 빚고 있다는 것이다. "복음주의 운동을 하는 사람들이든 교리를 더 강조하는 개혁주의자들이든, 같은 복음을 고백한다면 서로 적이 아니라 같은 편이라는 겁니다. 그런데 지금은 거의 복음주의와 개혁주의가 적대적인 관계로 돌아설 분위기란 말입니다. 참 우려할 점입니다." 폐쇄성이란 기독교 신앙의 본질에 집중하지 못하고 차이에 집착할 때 일어나는 현상으로서 빈곤한 신학도 거기에 한몫 거들 수 있다고 한다.

다른 하나의 위험은 복음의 세속화다. 그것은 복음주의가 부흥주의로 궤도 이탈을 하면서 생겨난 문제라고 진단한다. 80년대 중반부터 크게 부흥의 시기를 맞이한 한국교회는 회심과 실천을 강조하는 복음주의에 힘입은 바가 크다. 그러나 회심이나 그런 실천에 속하는 것들은 기독교의 신앙의 본질이 아니라는 것이다. 다시 말해 전도나 선교나 예배당 짓기나 교회 봉사나 사회 봉사라는 특징들이 그런 예인데, 이런 것들이 기독교 신앙의 본질로 오해되었다는 것이다. 그리하여 교회의 정체성을 더 흐려 놓았다는 것이다. "신앙적으로 더 수준이 높아져 교회 간 울타리가 사라진 것이 아니라, 정체성이 없어져서 교회 간 울타리가 없어진 것이다." 복음의 세속화가 진행되고 있었다는 이야기다.

이러한 불만과 걱정을 나타냈음에도 불구하고 그는 한국교회가 실패했다고 이야기하는 것은 우리의 생각일 것이라고 스스로 다잡는다. "우려를 해야 마땅하고 위험하다고 진단해야 마땅하지만, 하나님의 기이하신 인도하심이 중단된 시기라고 어떻게 감히 말하겠습니까?"

한국교회의 미래를 위한 준비

조주석 2007년을 기점으로 목사님에게서 어떤 중대한 변화가 감지됩니다. 『우리와 우리 자손들』이라는 책이 그런 책으로 보입니다. 그 변화는 한국 보수 교회의 어떤 점들을 반성함으로 가능했는지요?

박영선 그해 여름에 '한국교회를 짊어질 청장년을 위한 특별 메시지'라 하여 교회에서 여섯 차례에 걸쳐 강의 형식으로 말씀을 전했습니다. 그것이 토대가 되어 『우리와 우리 자손들』이라는 책이 나왔지요. 제가 몸담고 있는 보수 진영의 신앙 교육은 근본주의적인 색채가 너무 짙어서 일종의 신앙적 폐쇄성을 갖고 있는 것으로 보입니다. 올바른 신앙의 판단이 긍정적이기보다는 부정적인 시각, 즉 다양성과 융통성보다는 비판과 정죄에 의한 확인이 너무 많다고 생각됩니다. 그러나 어떤 사람을 비난함으로써 자신의 인격을 발전시킬 수는 없습니다. 왜냐하면 인격이나 신앙은 가장 근본적인 요소로서 온유와 겸손, 사랑과 용서를 요구하기 때문입니다. 이러한 한국 보수 신앙의 문제점들은 첫째, 계몽주의에 의한 자유주의 신학과의 싸움에서 생겨난 부작용과 둘째, 복음주의가 부흥주의로 궤도를 이탈하면서 생긴 겁니다. 전자가 분리주의적 폐쇄성을 낳아 기독교 신앙이 삶이나 세상과 분리되어 숨어 버린 것이라면, 후자는 복음이 세속화되어 기독교 본래의 근거와 내용을 상실한 것이라고 말할 수 있습니다.

조주석 이런 강의를 하시게 된 특별한 이유나 동기가 있으셨습니까?

박영선 저는 모태 신앙이니까 세상 속에서 산 게 아니고 교회 속에서 살았어요. 그런데 이상해요. 학교에서 진화론을 배우고 과학 만능적인 사고를 배웠어도 저한테 영향이 없었던 겁니다. 시험 볼 때는 그 답 쓰고 나는 뭐 흔들림 없이 창조론자로 지냈습니다. 뭐랄까, 이분화된 생활을 아무 갈등 없이 했어요. 지금 생각하면 참 부끄러운 일입니다. 그런 모순과 충돌을 어쨌든 해결하기 위해 애를 써야 했는데 그 문제는 저한테 안 걸리고 여태껏 이야기한 것처럼 '신앙이 뭐냐' 이런 문제만 생각했던 겁니다. 그런데 이쯤 오니까 사람들이 나처럼 신앙적인 문제를 고민하는 게 아니라 일단 세상과 교회라는 것으로 고민한다는 걸 보게 됐습니다. 그랬을 때 교회가 세상 속에 있더군요. 세상이라는 환경 속에 교회가 있지 교회 속에 세상이 있지 않은데, 난 굉장히 특별한 고민과 인도함을 받았다는 걸 알게 됐습니다. 그래서 서로 무슨 이야기를 하려면 처음에 공통분모나 기준점이나 접촉점이나 공감하는 지점부터 출발해야 될 거 아닙니까? 생각해 보니, 나는 이미 들어와 있었다는 겁니다. 구원도 받고 신앙고백도 있고 어떻게 신앙 생활을 해야 되느냐 하는 고민 속에 있는 사람으로서 출발한 것입니다. 그래서 제 설교는 상대방이 나만큼 성경도 보고 고민도 하고 있다는 전제 속에서 가능했습니다. 어느 시대나 나와 같은 갈증을 느끼는 사람이 있는 것이고, 또 어느 때나 있을 겁니다. 그러나 우리는 세계관이라는 관점에서 우선 인생관을 이야기해야 합니다. 기독교 신앙에 들어오려면 어쨌든 입구부터 약도를 그려 줘야 하는데, 저는 이미 어딘가 들어와 있었던 겁니다. 그래서 우리 후손들에게 신앙을 소개하자면 그들이 어떤 치열한 현실 속에서 고민할 때 특별한 수준과 내용 이전에 '기독교 신앙을 믿을 것인가 말 것인가', '기독교 신앙은 무엇인가', '왜 세상이 아니고 교회를 선택해야 하는가' 같은 기본 질문에서부터 출발해야 한다는 생각이 비로소 들었어요. 사실 그것은 어느 시대에나 있는, 결신을 해야 하는 신자들에게도 해줘야 될 이야기이고 변증이고, 세상을 향해서도 그렇고, 예수를 믿는 자신을 위해서도 변증이 필요합니다. 어느 시대나 새로운 신자가 있고 새로 태어나는데, 다 죄인으로 태어나서 예수를 믿어야 됩니다. 교회 안에서 커서 신앙을 유산으로 가졌어도 중간에 한 번은 자기 것으로 만드는 갈등과 고민을 해야 하고 선택을 해야 합니다. 기독교에 대한 설명이 나처럼 어느 지점에 와 있었듯이, 한국교회도 이미 열정이라는 데 와 있었다는 겁니다. 한국교회가 이 그림을 못 그려 주고 있다는 걸 제 나름대로 판단했던 겁니다.

조주석 그러니까 목사님 자신은 이미 가지고 있는 신앙이 뭔지 알아내려고 교회 안에서 고민하신 데 반하여 아직 기독교 신앙으로 들어오지 못한 이 시대의 청장년에게 기독교 신앙을 어떻게 말해 주어야 할 것인가 하는 점이 그 강의를 하게 된 주요 동기가 되었다는 말씀이군요.

박영선 그런 셈이지요.

조주석 내용을 보면 이전 설교와는 차이가 있어 보입니다. 지금까지 25년 넘게 목회를 해오셨는데 이제 정리하실 시기에 새로운 과제를 만나서 붙드시지 않았나 하는 생각도 들고요. 한국교회의 미래를 위해 준비하시려는 한 시도였다고 하셨는데……

박영선 존 스토트나 J. I. 패커 같은 분을 보면, 기독교를 설명할 때 기독교인을 위해서 하지만, 신앙을 떠나서라도 일반을 놓고 꼭 변증이라고 할 건 아니지만 변증보다 더 들어와 있는 그런 개관을 많이 하십니다. 그리고 세상을 놓고 왜 기독교를 택해야 하는지를 설명합니다. 세상 설명을 잘하죠. 두 분의 특징입니다. 한국교회는 패커나 존 스토트와 같은 역할을 하지 못하는 편이죠. 그런 면에서 부족한 편입니다. 물론 손봉호 교수 같은 분이 해주시지만 손 교수님 같은 경우는 누구나 듣기에는 너무 깊어요. (웃음) 굉장한 경지에 가서 손 박사님 책을 읽어야 됩니다. '나는 경직됐구나, 나는 아직 피상적이구나, 믿는다는 게 열정의 문제보단 더 깊이 생각해야 하겠구나'라는 걸 자각시켜 주는 큰 역할은 하고 계셔도, 손 교수님 글은 어렵고 무섭거든요. 왜냐하면 너무 분명해서요. 모범생이시니까. 저는 다수가 필요로 하는 특별하지 않은 평균적 수준의 증언이 필요하다고 생각했습니다.

조주석 대중적으로 많은 사람들이 알 수 있게, 접근할 수 있게 그런 설명이 필요하다는 거겠죠. 대중과 쉽게 만날 수 있는 그런 것들이 필요한데, 사실 그런 것들이 많지 않다는 말씀 아니겠어요?

박영선 사실 대중은 아닙니다. 들어와 있는데 정리가 안 되는 사람들입니다.

조주석 그것을 다르게 표현해 보죠, 기독교 대중이라고.

박영선 아, 좋습니다.

사실과 가치가 분리될 때 복음이 받는 도전

조주석 우리가 미래를 준비한다고 할 때 자기가 사는 시대가 어떤 시대인지 알아야 할 것 같아요. 그런데 현 시대의 중요한 특징은 영육 이원론이 아닌 사실과 가치라는 새로운 이원론이 우리를 지배한다고 하셨어요. 좀 생소할 수 있을 텐데, 간략히 말씀해 주시죠.

박영선 그 책에도 추천도서를 붙였는데, 한국의 보통 기독 신앙인들은 그런 용어를 잘 모릅니다. 우리는 우리 일을 하고 있지만 우리가 대적해야 하는 대상, 또는 관심을 가지고 복음을 설명해야 하는 대상에 대해서는 너무 연구를 안 했어요. 사실 아직까지도 어쨌든 서구 사회가 르네상스 이후로 세계의 주도권을 쥐고 있습니다. 문명과 문화 양쪽 면에서 그렇지 않습니까? 과학문명에서만 그런 게 아니고 사상과 정신문명이라는 측면에서도 서구가 주도권을 쥐고 있어요. 그래서 그 영향 아래에 있거든요. 물론 앞으로 어떻게 될지 모르지만 지금까지는 그렇게 되어 있다는 걸 우리가 알아야 합니다. 근대 서구 사회가 정신문명에 있어서도 주도권을 쥔 근대 시대라는 것을 우리가 이해해야 하잖아요. 그게 얼마나 중요하냐면, 지금은 근대 후기이니까 근대를 기준으로 근대 앞은 전근대, 지금은 근대 후기, 곧 포스트모던이거든요. 근대가 뭐였는지를 알아야 합니다. 근대란 합리성의 시대이고 이성의 시대이고 인본주의 시대 아닙니까? 근대는 물질문명, 과학문명의 성취로 정신문명도 성취할 수 있다고 믿었던 시대지만, 포스트모던, 곧 근대 후기는 그게 안 된다는 것을 확인하고 파산을 선고한 시대입니다. 그래서 이제는 "절대나 통합을 포기하고 각자 살길을 찾자" 이렇게 된 겁니다. 각자 살길을 찾자는 게 상대주의가 됐습니다. 가치라고 할 때도 개인이 가치로 느끼는 것만 말해요. 사적 영역이라는 건 본인이 그런 식으로 추구하는 걸 말합니다. 그래서 통합되고 보편화되어 있는 기준이나 절대성을 부정하는 것을 말하죠. 이런 시대상을 알아야 사람들이 그런 말을 할 때 그게 무슨 말인지 아는 것이고, 그래서 복음을 전할 때 우리가 가지는 복음은 한 개인의 신념이거나 느낌이 아니라 세상과 인생을 담아내고 결정하는, 놓쳐서는 안 되는 복음으로 이해하고 설명할 수 있다는 겁니다.

조주석 기독교 신앙 내에도 사실(fact)이 많이 있습니다. 그런데 이것을 불신앙 쪽에서 보면 그게 "사실이 아니다" 이렇게 밀고 나갈 수 있겠지요. 그럼 우리는 그게 "사실이다"라고 하지만 저쪽에서는 "사실이 아니다, 신화다" 이렇게 밀고 나올 때, 어떻게 대응할 것인가 하는 문제도 거기에 포함될 것 같습니다.

박영선 그렇습니다. 좀 서두른 결론입니다만, 우리가 믿는 것이 가치가 아니고 진리라고 증명하려면 사실이 가지는 결과를 보여야 합니다. 결과라는 것은 다른 게 아니라, 기독교 복음 없이는 만들어 낼 수 없는 진리와 생명의 결과들을 보여야 됩니다.

조주석 우리가 사실과 가치를 분리해서 생각하게 되면 기독교 신앙은 큰 도전을 받을 수밖에 없을 것 같은데, 어떤 도전을 받게 될까요?

박영선 이렇게 이야기하죠. "글쎄, 넌 믿어. 넌 천국 가." 이렇게 상대화됩니다. "넌 네 신념과 너 좋은 것 하고, 난 내 신념과 내 선택을 따를 테니까, 피차 간섭하지 말자"가 됩니다. 공적 영역에 못 들어오게 되죠. 잘 알다시피, 미국에서 창조론과 진화론 간의 싸움이 벌어졌을 때 미국 법원에서 뭐라고 했느냐 하면, "이것은 공적 영역에서 다룰 문제가 아니다"라고 기각했어요. 그래서 기독교의 믿음은 사적인 것으로 분류됩니다. 마치 '집안의 가구를 뭘 고를 것이냐'와 같은 문제로는 법원에 와서 싸울 수 없다는 것이죠. 사실 기독교 신앙은 문화나 법적 기준으로 옹호받을 필요는 없다고 봅니다. 늘 그 반대입니다. 과학이 기독교의 반대일 수 없는데 과학을 동원해서도 반대하고 법을 동원해서도 반대하고 문화를 동원해서도 반대하는데, 우리가 보여줄 수 있는 것은 법으로나 과학으로나 문화로 만들어 내지 못하는 실제적인 생명에 대한 증거여야 합니다. 그것을 우리 인격으로, 삶으로 보여야 합니다.

조주석 그런 차원에서 도전을 받을 수밖에 없다, 그런 말씀이죠?

박영선 네, 그렇습니다.

기독교가 언어가 되고 말 위험

조주석 우리는 서양과 같은 역사의 과정을 다 거치지 않고 성큼 포스트모던 시대로 뛰어들어 그것을 경험하고 있습니다. 그렇다고 서양의 기독교가 밟아 온 전근대나 근대를 다 경험하고 이 자리에 온 것도 아닙니다. 그래서 한국교회가 처한 현실을 좀 더 명확히 보려면 포스트모던 이전 시대의 서구교회가 걸어온 바를 간략하게라도 한 번 짚고 넘어가야 할 것 같습니다.

박영선 제 능력을 넘어서는, 감당할 수 없는 건데, 우리 예수 믿는 사람들이 여기까진 알아야겠다 하는 만큼만 이야기해 보겠습니다. 제가 더 알지 못하고 거기까지만 아니까 말입니다.

조주석 괜찮습니다. (웃음)

박영선 우리가 아는 중세 시대는 신앙의 시대였고 권위의 시대였잖습니까? 그때 세상이 기독교를 걸고넘어진 건, 아마 "너희가 신앙을 강요했다"는 것이겠죠. 그래서 반발을 샀다고 봅니다. 우리가 반성해야 할 문제입니다. 그러나 권위적이고 억압해서 믿지 않는다는 건 말이 좀 안 맞습니다. 그다음에 이성의 시대가 옵니다. 이성의 시대에는 모든 것이 합리성을 추구하고 그 합리성으로 보편적인 진리와 인간성의 어떤 희망이나 기대를 만들어 낼 수 있다고 믿었으나, 그게 안 됐죠. 기독교 내에서도 그 도전에 반응을 보였어요. 자유주의적 반응이 있었고 근본주의적 반응이 있었지요. 잘 아는 대로, 전자는 세상 앞에 기독교 신앙을 논리적으로 설득하려고 했어요. 그래서 사람들을 납득시키려고 합리적이 아닌 것은 다 제거해 버렸죠. 그러자 기독교는 없어지고 말았습니다. 하나님과 구원이 없어지자 남은 게 없는 거죠. 도덕과 윤리만 남았죠. 그러고 나서 이제 다원주의로 넘어오면서 문화의 시대가 됐습니다. 사실, 문화라는 건 그 시대의 정신 아닙니까? 그 시대의 정신을 반영한 모든 활동인데, 지금 우리가 문화의 시대라고 하지만 이 시대에는 정신이 없다는 겁니다. 정신이 없다는 건 이 시대에는 기준이 되는 진리나 추구하는 진리가 없다는 걸 말합니다. 모든 것이 파편화된 시대이고 모든 것을 부정하는 시대 아닙니까? 그러니까 지금의 시대가 문화의 시대라고 할 때, 그 문화는 철저히 언어입니다. 소통수단일 뿐이죠. 그러니까 이 시대의 문화는 서로서로 소통하기 위해 만들어진 언어이지, 그 문화라는 것이 사상과 정신을 가지고 있어서 그 문화를 통해 무엇을 전달하느냐 하는 건 거의 없어요. 각자가 속해 있는 공적인 영역 때문에 최소한의 소통이 필요할 뿐입니다. 그 공적인 영역이란, 쉽게 말해서 죽지 못해 먹고사는 겁니다. 그래서 이 시대에 우리가 받고 있는 도전의 무서움은 기독교라는 게 언어가 되고 말 위험이 있습니다. 우리가 잘 아는 대로, 정신을 담아내지 못하는, 사실과 진리를 담아내지 못하는 개인의 공허함을 나타낼 수 있어요. 목적하는 것을 자기도취나 자기기만으로 풀어내는 주술적 방편이 될 수 있지요.

조주석 진지한 사람 같으면 어디로 가겠느냐 할 때 허망하니까, 허무주의 같은 데로 갈 수 있겠죠.

박영선 당연히 그리로 갑니다. 우리가 잘 아는 뉴에이지나 범신론으로 가서 유일하게 소망을 가질 수 있죠.

핍박기에서 평화기로 접어든 한국교회는 허둥댔다

조주석 한국의 기독교는 서양의 기독교가 걸어온 길을 그대로 다 밟았다고 할 수 없겠습니다. 서양으로 치면 근대가 끝나갈 무렵에 기독교 신앙이 우리나라에 전파되었고 그와 함께 우리나라의 근대도 열렸기 때문입니다. 그런데 근대화를 먼저 시작한 일본이 우리나라를 오랫동안 지배함으로써 기독교 신앙은 거기에 반응하는 형태로 나타날 수밖에 없었는데, 그런 게 어떤 것이 있을까요?

박영선 우리가 자신의 신앙을 확인하는 방법으로는 도덕적인 것이 있고 또 종교적인 것이 있습니다. 종교적인 것이라고 할 때는 신 앞에서 자신을 집중하는 그런 겁니다. 그때는 뭔가 자기가 가진 신앙을 표현하는 실천이라는 게 있습니다. 실천이라고 하면 오늘날에는 전도를 하거나 봉사를 하는 그런 게 있지요. 그런데 그 시대에는 못 믿게 했으니까, 박해를 받았으니까, 다른 것보다 우선해서 믿음을 계속 가질 것이냐 말 것이냐 하는 현실에 직면하게 된 겁니다. 그래서 최고의 반응은 "주님, 죽어도 좋습니다"라는 순교였지요. 그 시대에는 그 이상을 할 수가 없었으니까요. 한국교회가 순교한 건 자랑스러운 일이지만, "다른 건 못했다"라고 하면 그건 말이 되지 않아요. 그 시대에 무슨 신학 연구를 하고 선교를 하고 그럴 수는 없었으니까요. 그게 다였다는 겁니다. 그런데 아까 말씀하셨다시피, 한국에는 서양처럼 중세와 근대 이런 순서도 없이 기독교가 들이닥쳤습니다. 제가 자라서 본 게 뭐냐면, '목숨을 걸고라도 신앙을 지킨다, 이 세상이 전부가 아니고 죽어서 영원히 사는 천국이 있다'였어요. 이게 신앙의 전 내용이었어요. 신사참배를 강요하자 일사각오 형태의 신앙이 나온 겁니다. 그러다 평화기가 찾아왔습니다. 그렇게 되자 어떻게 해야 할지 모른 겁니다. 목숨을 걸고 죽을 각오하고 있는데, 적이 와서 핍박을 해야 할 것 아니에요? 그런데 그런 것이 없잖아요. 그래서 그때 가장 많이 했던 게 뭐냐면 옛날 일을 회상하는 것이었어요. 감격 시대로 돌아가는 거였습니다.

조주석 그러니까 신앙의 입장에서 보면, 전에 가졌던 신앙을 본받자 하는 운동이 일어났음에도 사회 환경이 이전과는 전혀 달라서 그런 운동이 적합한 것이 못되었다는 말씀이죠? 그런 변화된 사회 속에서 한국교회는 신앙을 어떻게 표현하게 되었나요?

박영선 그게 이상해요. 사실 누가 나서서 전문적으로 잘 정리해 줘야 하는데 정신이 없었어요. 왜냐하면 핍박기가 끝나자 전쟁이 터졌고 또 먹고사는 것 외에는 전 사회가 정신적인 여유가 없었습니다. 그때 박정희 대통령

시간 속에서 일하시는 하나님

이 '잘살아 보세' 했죠. 그 시기부터 근대화입니다. 조국 근대화를 할 때는 근대입니다. 물질문명과 동시에 정신문명의 성취를 향한 정부 주도의 일들이 일어났어요. 우리가 근대를 정신적으로 맞이한 게 아니라 필요에 의해서 근대를 맞이했어요. 그런데 교회는 전혀 근대화되지 않았습니다. 교회는 뭘 해야 하는지 몰라 굉장히 허둥댔습니다. 회상하는 일이 전부였어요. 감격 시대로 돌아가는 일이 전부였어요. 그러나 그것도 너무 많이 해서 밑천이 다한 겁니다. 감격스럽지 않은 거예요. 그래서 내놓은 게 뭐냐면 교회당 짓기였습니다. 다 멋진 교회당 짓는 거, 그다음에는 교육관 짓는 거였어요. 어느 교회나 그게 큰일이었습니다. 신앙을 표현할 다른 걸 만들어 내지 못했어요. 그러다가 갑자기 부흥이 된 겁니다. 신앙적으로나 정신적으로 어떤 과정이 없이 돌연히 부흥이 됐어요. 부흥이 되자 역으로 '기도해서 됐다'라는 식의 논리를 편 겁니다. 한국 사회도 경제적인 부흥을 맞았고 교회도 수적으로 부흥을 맞이해요. 그러니까 가진 돈으로 뭘 해야 하는지 모르는 한국교회가 가진 것으로 자랑스러운 일을 하게 된 것이 제가 보기엔 선교입니다.

복음주의가 한국교회에 끼친 영향

조주석 한국 기독교는 70년대부터 복음주의에 크게 영향을 받아 부흥을 맞이합니다. 물론 그 이전도 복음주의 신앙을 떠나서 생각할 수는 없을 것 같아요. 그렇다면 이 복음주의가 한국교회에 어떤 영향을 주었다고 보십니까?

박영선 알리스터 맥그래스 같은 사람은 복음주의를 굉장히 폭넓게 정리합니다. 교리와 교파로 정통성을 유지하는 것보다 복음주의로 유지하는 게 더 낫다고 생각하는 학자입니다. 반면에 데이비드 웰스 같은 학자는 교리를 강조하며 개혁주의를 옹호하는 사람입니다. 우리가 잘 알다시피, 복음주의는 사상이 아니라 운동 아닙니까? 새마을 운동처럼 '잘살아 보세' 하는 운동이었고, 복음주의 운동이라면 믿는 사람이 그 믿음을 실천하게 만드는, 실천하기 위해 복음의 감격을 늘 상기하는 강조점이 있었죠. 어느 글에서 본 것 같습니다만, 복음주의는 늘 결과가 많다는 겁니다. 부흥으로 이어지는 운동입니다. 한국교회는 사실 신학적인 배경의 빈약함 속에서 부흥을 맞이했고, 그 부흥에서 성도들에게 설명하고 신앙을 유지케 하는, 신앙생활을 실천케 하는 부분에 대한 신학적 내용이 빈약했어요. 그때 이 복음주의라는 것, 감격과 헌신이라는 것이 한국교회에 절실했습니다. 사실 이것은 전도 운동 단체들이 가지는 특징이자 본질이기도 합니다. 전도 운동 단체에서는 본질이죠. 저들이 하려는 건 분명히 전도입니다. 그러나 교회는 그것보다 더 많은 내용을 가지고 있어야 합니다. 그런데 당시 교회가 신학적 내용이 빈약하니까 전도 운동을 교회의 유일한 내용으로 받아들였습니다. 한국교회는 그런 면에서 미션 캠프가 된 겁니다.

조주석 그런데 "복음주의의 본질은 종교개혁에 뿌리를 둔 신학적 내용에서 찾을 수 있습니다"라고 말씀을 하셨어요(『우리와 우리 자손들』). 그러면 그 본질이라는 것은 무엇을 말하는 겁니까?

박영선 복음주의는 기독교 신앙이 이론과 사상에 불과해서는 안 된다는 운동입니다. 기독교 신앙의 핵심은 복음의 본질인 생명과 진리의 문제라고 바로 보았습니다. 복음주의는 사실 기독교 신앙이 고백에 그치지 말고 실천적이어야 한다는 주장입니다.

조주석 그러한 본질이 한국교회에서는 잘 드러났다고 보십니까?

박영선 아닙니다. 기독교의 본질 속에 있는 몇 가지의 내용들을 복음주의라는 이름으로 선택한 것이죠. 복음주의라는 이름 속에 기독교의 내용이

다 들어 있다고 보기는 어렵지요. 그러나 복음주의가 종교개혁의 신학적 배경 속에서, 회심과 실천을 가장 중요한 내용으로 삼았기에 복음주의라는 이름을 갖게 되었습니다. 그 특징은 시대마다 다르게 나타났습니다. 전도와 선교는 복음주의의 대표적인 특징에 속하는 것입니다. 지금은 행동주의나 회심 같은 걸 본질로 오해하고 있습니다. 열정, 열심 그런 것들 말입니다. 사실 열심으로 치면 한국교회는 주일성수, 십일조 헌금, 새벽기도, 교회 봉사, 사회 봉사, 최근에는 북한 돕기까지 참 많아요. 그런데 정작 복음주의를 받아들인 쪽에서는 복음주의가 가진 특징들로 본질을 축소시키고 말았어요.

조주석 네, 그런 측면이 분명히 있죠. 그런 면에서 한국의 기독교 신앙은 무게를 본질에 두기보다는 특징 쪽에다 둔다고 하는 것이 맞겠죠.

박영선 맞습니다. 전쟁하는 군인 하나, 총 쏘는 보병 하나로 하여금 나가서 전쟁을 수행케 하려면 전쟁을 수행할 수 있는 후방 지원 인력이 일곱 명이 있어야 한답니다. 건강한 사람 일곱 명이 있어야 전쟁을 수행하는 병사 하나를 만들 수 있다고 해요. 그런데 우리는 다 전쟁에 나가자는 것이거든요. 복음주의를 일방적으로 매도하는 것이 아니라, 한국교회에서는 본인들이 그렇게 이해하고 있지는 않지만 그렇게 가고 있어요. 그래서 다 군인으로 나간 까닭에 후방에서 피복 보내고 양식 보낼 사람이 없는, 그런 체제를 만들고 있지 않나 하는 생각이 듭니다.

조주석 아마 그런 형태를 띠고 있다는 게 맞을 것 같습니다. 본질보다는 특징을 더 강조하고 있다, 다시 말해 신학보다는 실천을 더 강조하고 있다고 한다면 기독교적 실천에서 신학적 깊이가 잘 드러날까 하는 면이 궁금하거든요. 기독교 신앙이 거칠고 투박하고 외향적이고 원색적이고 공격적인 형태를 띠게 되거든요. 이런 것들은 다 특징을 강조한 것들 때문에 나오는 양상이 아닐까요? 그러면 개선을 해야 되겠는데 이런 특징들보다는 본질에다 더 강조점을 두고 생각을 해야 될 텐데, 아직도 한국교회는 전반적으로 그 점에 대해선 등한시한다 할까요.

박영선 음……. 거의 몰라서 그럴 겁니다. 우리는 자꾸 삶을 종교화하려고 해요. 신앙을 삶에다 녹여야 합니다. 삶에 녹여야 한다는 건 세상이 우리에게 요구하는 삶의 도전에 반응하는 모든 삶의 조건에서 신앙이 묻어 나와야 하는데, 우리는 우리가 원하는 명분과 사건 속에서만 신앙 행위를 하고 있어요. 세상이 도전하는 일반적인 삶의 모든 문제는 외면하고 우리가 아는 몇 가지 형태로만 기독교 신앙을 보이고 있다는 겁니다.

조주석 사실 신앙이라고 할 때는 어떤 삶의 총체적인 차원에서 신앙이 드러나야 하는데, 그렇게 드러나지 못하니 기형적이라고 할까요. 어떤 특별한 차원에서만 그것이 드러나고 있지요.

박영선 차원도 아니에요. 특별한 경우에요. 그 경우는 대부분 종교적인 명분과 형태를 띨 때 그렇습니다.

조주석 어떻게 보면 설교도 그런 식으로 선포되고 또 전해진다 할까요. 그런 것이 강하지 않나 하는 생각이 듭니다만…….

박영선 뭐, 그렇죠. (웃음)

문화의 문제를 강조한 신칼빈주의와 신복음주의

조주석 한국교회는 일반적으로 '복음주의적이다' 이렇게 생각할 수 있겠는데요, 목사님께서는 한국교회가 일반적으로 복음주의적이냐 아니면 칼빈주의적이냐, 이 두 가지를 놓고 생각할 때 아무래도 전자 쪽이실 것 같아요.

박영선 그렇죠.

조주석 그러면 이 양자 사이에 어떤 결정적인 차이가 있다고 보십니까?

박영선 지금은 칼빈주의냐 복음주의냐를 선택해야 한다든지 그 둘을 비교해야 한다는 게 아닙니다. 복음주의는 분명히 운동이어야 합니다. 복음주의 운동을 하는 사람들이든 교리를 더 강조하는 개혁주의자들이든, 같은 복음을 고백한다면 서로 적이 아니라 같은 편이라는 겁니다. 그런데 지금은 거의 복음주의와 개혁주의가 적대적인 관계로 돌아설 분위기란 말입니다. 참 우려할 점입니다.

조주석 복음주의 내에서도 신복음주의와 복음주의가 있듯이 개혁주의 내에서도 칼빈주의와 신칼빈주의가 있는데, 그 양자의 차이점이라는 것은 문화의 문제를 놓고 어떻게 대응할 것이냐 하는 점에서 나온 경향성으로 보입니다.

박영선 네, 그렇습니다. 예전에는 우리의 신앙을 강조하는 데 치중했고, 지금은 이것을 설명해야 한다고 인식한 겁니다. 사회적·시대적 책임을 너무 외면했다는 반성이 양쪽에 공통적으로 있는 것 같습니다. 우리가 아는 신복음주의는 굉장히 건전한 운동입니다. 사실은 바람직한 운동이었는데, 한국에서는 복음주의가 신복음주의로 넘어오질 못하지 않았나 싶습니다. 좋게 이야기하자면, 신칼빈주의와 신복음주의가 갖는 공통점은 신칼빈주의 안에 신복음주의가 있다는 겁니다. 우리가 잘 아는 신복음주의자들은 대표적으로 전도자 빌리 그레이엄, 신학자 칼 헨리 등 여러 분들이 있습니다. 신복음주의자이든 신칼빈주의자이든 그 경계를 굳이 나눌 필요가 없다고 보는데, 지금 한국에서는 훨씬 심각하게 나뉘어 있죠. 신학이냐 신앙이냐 하듯, 갈라질 만큼 적대적입니다.

조주석 그것은 신학적인 문제였다고 봅니다. 그런 평가는 목회자들이 했던 게 아니라 신학자들이 했던 거 아닙니까? 그 문제에 관해서는 자신의 신학 컬러에 따라 강하게 평가하다 보니까 상당히 부정적으로 평가하지 않았나 하는 생각이 듭니다.

박영선 네, 그렇죠. 뭐, 학자들은 다 그렇죠. 학자들의 책임이자 학자적 과도함일 수 있어요. 목회자 입장에서 보면 포용하고 담아 줘야 하는 것들도 학자들은 그럴 수 없어요. 학자들은 그걸 담아 주면 자신의 학문성이 훼손되고 맙니다. 우리가 그걸 또 읽어 줘야 한다고 생각합니다. 목회자로서 가지는 제 입장에서도, 한국교회가 지금처럼 갖는 복음주의에 대한 이해나 기독교 신앙에 대한 이해는 사실 걱정이 좀 됩니다. 왜냐하면 그것들이 신학과 상관이 있는 문제이거든요. 복음주의가 종교개혁 신학의 뿌리를 가지고 이 꽃을 피우고 있다는 걸 거부하고 꽃이 뿌리와 싸우자 하면 곤란합니다.

복음주의의 세 가지 위기

조주석 복음주의는 세 가지 위기를 안고 있다고 지적하시면서 정체성의 위기, 반지성주의, 분파주의를 거론하셨어요. 이런 것들이 뭔지 좀 간략하게 설명을 해주시죠.

박영선 우리가 기능인이 아니고 신앙인이라는 것을 자꾸 놓치는 것 같아요. 우리는 자꾸 하나님 앞에서 쓸모 있으려고 하죠. 신앙인으로 사는 영광과 특권들을 놓치고 효율적이 되려고 하는 게 정체성의 위기라고 봅니다. 효율성으로 보면, 반지성주의라는 것은 논리성보다 기적과 감동이 훨

시간 속에서 일하시는 하나님

썬 높습니다. 그러니 반지성으로 갑니다. 글로 쓰고 논리적으로 하면 분위기가 냉랭해지지 거기에 무슨 감동이 있겠어요? 마지막으로 분파주의는 경쟁적이 돼서 생기는 것 같아요. 그것은 신학의 부족함으로 인해 생기는 부족함입니다. 인생 전체에 대한 설명이 안 나오니까, 세계관과 인생관을 설명하기에는 역부족이니까, 그것으로 인해서 내부 비판, 내부 경쟁이 나오게 되지 않을까요? 그것이 분파주의로 가게 하지 않았나, 그렇게 보고 있습니다.

조주석 정체성의 위기와 반지성주의에서 크게 문제되는 것은 주관적인 경험을 앞세우는 거니까, 자연히 신학이 뒤로 물러날 수밖에 없겠지요. 그런데도 목회자들은 신자들을 앞세워 "교회를 새롭게 해야 한다, 갱신해야 한다"고 하는데, 이 말을 바르게 사용하고 있다고 생각하십니까?

박영선 교회 갱신이라는 문제는 한번 짚어 봐야 할 점입니다. 초신자들의 순수한 열성과 무조건적인 순종을 유지하려고 그 말을 쓸 수는 있어요. 구원의 감격의 시기는 각자 좀 다르겠지만, 어쨌든 그 기간은 길지 않아요. 그것으로 삶을 다 담아낼 수 없다는 걸 알게 됩니다. 그러면 대안으로 등장하는 게, 누구를 구원시켜서 그가 가지는 감격을 보고 자신의 옛 감격을 다시 한번 상대방을 통해서 누리려고 합니다. 그렇게 해봐도 인생이라는 게 그걸로 다 담기지 않는다는 것을 알게 됩니다. 그래서 비평적이 되고 냉랭해지는데, 그러면 곤란하죠. 그래서 갱신이라는 이야기를 합니다. 그런 차원에서 현실적으로 쓰고 있어요. 갱신이라는 말은 광장히 신학적이고 아주 깊은 신앙적인 성찰입니다. 갱신이란 "한두 가지 것으로 기독교 신앙을 때우지 말자, 전 인격과 사회적 책임, 시대와 역사에 대한 책임을 외면하지 말자, 큰일을 하는 건 아니더라도 내 자리를 지켜야 한다"이게 갱신입니다. 그런데 어느 것을 미끼로 어물어물 넘어가려는 것을 붙잡는 것을 갱신으로 오도하고 있는데, 제가 우려하는 바는 감동으로 유지하려 한다는 겁니다. 에너지원이 감동입니다. 그 감동을 계속 유지하기 위해 갱신이라는 말을 쓰지 않나 싶습니다.

조주석 이런 예를 들 수도 있을 것 같습니다. 두 사람이 결혼해서 자녀를 두게 되었는데, 자기 자녀를 멋지게 기르고 싶지 않은 사람은 없을 겁니다. 그렇지만 멋지게 기를 수 있는 부모의 식견이 너무 없는 겁니다. 그래서 그런 마음과 열정이 이상한 형태로 나타날 수 있죠. 자녀를 자꾸 억압한다든지 자기 안에 가둬 두려고 할 수 있습니다. 한국교회가 이런 식이 아닐까 하는 생각이 듭니다만…….

박영선 과장해서 말해 보자면, 우리나라의 다리, 지하철, 고속철도가 다 문제잖아요. 우리가 다 그렇게 해놨어요. 너무 급하게 해서 실력보다 더 높은 점수를 받고 있고, 또 그래야 한다고 생각하는 자기분발과, 상대방 앞에 선진국으로 과도하게 요구하는 탓에 한국교회가 마치 골다공증 환자처럼 됐어요. 비평을 하고 부정적으로 보자면 우린 정말 사상누각입니다. 우리가 가지는 낙관이 있다면, 희망이 있다면, '아무튼 하나님이 받치고 계실 것이다' 이것입니다.

조주석 우리가 알 수 없지만, 우리가 확인할 수 없지만, 곳곳에 하나님이 심어 두신 사람이 있다는 거지요?

박영선 네, 그렇습니다. 물론 그렇습니다.

조주석 그래서 받쳐 줄 수 있지 않겠는가……. 우리는 모르지만…….

박영선 정치인들이 투표를 통해 뽑히는 게 사실이지만, 자기네끼리 뽑은 거 아닙니까? 보통은 그렇죠. 대부분의 국민은 따라 하는 까닭에 분별할 수가 없죠. "이번엔 누가 한대"하면 그 사람을 따라 찍습니다. 정치권 내에서 문을 닫으면, 아무나 그냥 될 수가 없습니다. 미국이 그렇거든요. 정치권 내에 있어야 됩니다. 앞에서 그런 이야기를 했었죠. "이게 무슨 음악이야." 그렇게 물을 때 음악 전문가들이 음악이라고 하면 음악인 겁니다. 나는 사실 피카소 그림은 잘 모르겠어요. 전문가들이 그렇다면 그런 것이거든요. 한국 사회에서 기독교란 말하자면 소위 목회에 성공한 유명한 사람들이 "이게 기독교다"라고 주장한 것에 지나지 않을 수 있다는 것입니다. 불분명한 신학적 근거를 가지고 이야기를 해도 말입니다.

정체성의 위기로 인해 교회는 하향 평준화되었다

조주석 오늘날 우리는 미국의 복음주의와 뗄 수 없을 만큼 밀접하게 연결되어 있고 그런 미국의 복음주의 운동과 신앙을 그대로 수입해서 이 땅에 이식시키려는 것으로 보이는데요.

박영선 아까도 이야기를 나눴듯이, 우리가 근대라는 과정을 못 겪었고 저쪽의 성취에 대한 급한 마음만 있었습니다. 후진국으로서 참담한 역사적 현실을 겪었기 때문에 마음이 급했죠. 우리가 만든 게 아니라 남이 만든 걸 수입했죠. 그러니 그것이 뭔지, 어떻게 만들어졌는지, 어떤 과정을 거쳤는지, 무엇을 조심해야 되는지도 몰랐던 겁니다. 예전에 그런 거 있었죠? 살 빼는 약. 살 빼는 약이 아니고 어디 다른 데 쓰는 약이었는데, 부작용 중에 하나가 살 빠지는 것이었죠. 그렇지 않습니까? 지금 우리가 그렇게 되고 있는 겁니다. 우리가 진정한 기독교 신앙을 추구하기보다는 종교적인 사람을 만들고 스스로도 만족하고 지도자도 만족하는 현실에 더 가깝죠.

조주석 기독교 신앙에, 기독교 신학에 좀 더 치중하고 고민하고 풀어낼 줄 아는 사람들이 많아져야 그런 문제를 좀 더 극복할 수 있지 않겠어요?

박영선 그건 절대로 다수가 안 돼요. 언제나 칠천 명이라는 숫자는 숨겨져 있죠. 나타난 건 엘리야 하나뿐입니다. 데이비드 웰스가 그런 말을 해요. "기독교는 소수파의 지위를 늘 확보하고 있다"라고. '남은 자 사상'이라고 하는데, 우리가 걱정하는 것보다는 언제나 더 잘됩니다. 그러나 늘 걱정하는 게 우리 임무죠. 그럴 뿐입니다.

조주석 "기독교 신앙이 반지성적이다 보니 교파 간의 차이가 사라졌다. 그래서 모두 오순절 운동의 스타일로 바뀌었다"라고 지적하셨어요. 이런 현상을 가리켜 참 재밌게 표현하셨어요. "신앙적으로 더 수준이 높아져 교회 간 울타리가 사라진 것이 아니라, 정체성이 없어져서 교회 간 울타리가 없어진 것이다"라고 부정적으로 표현하셨어요.

박영선 사실이 그렇잖아요. 우리는 고등학교 평준화를 했잖아요. 그렇게 하향 평준화했어요. (웃음)

조주석 여기서도 다시 돌아가지만, 정체성이라는 게 굉장히 중요하고 또 신학이라는 것이 너무나 중요하다는 걸 다시 한번 확인할 수 있겠습니다. 그래야 거기에서 다양성이라는 게 나올 텐데, 그런 것들이 많이 사라지지 않았나 하는 생각이 듭니다. 또 어떤 면에서는 그렇게 고민하는 것조차 필요 없다는 식으로 이야기하기도 합니다.

박영선 뭐 한동안 우리 사회가 그랬죠. 돈 많이 버는 게 최고였죠.

조주석 그러니까 문제는, 그 책임의 표현이 천편일률적으로 동일한 것으로 나왔다면 교회는 성숙한 것이 아니라 미숙한 상태로 존재했겠죠. 그래서 신앙의 특징도 다양성을 갖지 못하는 문제점이 발생했겠죠.

시간 속에서 일하시는 하나님

박영선 자꾸 단순화되는 것은 깊이도 넓이도 없는 거죠. 적극적으로 보자면 한국교회가 이제 뭔가 하려고 하는 데까지 왔다는 겁니다. 순교도 하고, 교회도 짓고, 부흥하고, 하나님의 뜻을 실천하는 신나는 신앙생활을 하는 선교 시대까지 왔죠. 이런 모든 걸 해도 신앙이라는 것이 뭘 한다는 것으로, 기능적이나 효율성 가지고도 채워지지 않더라는 영혼의 본질적 필요가 결국 드러날 겁니다. 신학적인 필요가 다시 대두되겠죠. 그러다가 신학이 한창 왕성해지면, 행하지는 않고 말만 하는 시대가 되면, "이게 아니고 실천하자"라고 하는 경건주의와 부흥 운동이 다시 요구되겠죠.

조주석 아직은 우리나라가 실천에 강하기 때문에 지금은 신학을 강조해야 할 시기라는 말씀이죠.

박영선 그렇죠. 앞날을 위해서는 해야죠.

다원주의 사회에서 기독교 신앙은 어떻게 증거되어야 하는가

조주석 우리가 다원주의 사회에서 살고 있는데, 복음주의라는 기독교 신앙이 과연 일반 사람들에게 설득력 있게 증거되고 전파될 수 있을까 하는 생각이 듭니다. 만약 그렇게 안 된다면 우리는 어떻게 해야 할 것인가 하는 문제가 남습니다.

박영선 우리가 근대사회에서 실패했던 것과 같이 논리나 합리성을 가지고 기독교를 증명하는 것이 불가능하다는 게 드러났습니다. 인간은 그 문제에 대해서 죽은 자들이기 때문에 진리와 생명에 관해선 거듭나야 하는 것이고, 우리가 무엇을 해서 그들을 구원할 것인지는 우리 손에서 해결할 수 없죠. 어쨌든 하나님이 하실 겁니다. 그러나 우리가 해야 하는 역할, 즉 빛과 소금이라는 측면에서 우리는 어두움을 비추고 부패한 것 속에서 소금의 맛을 내야 합니다. 우리가 예수의 이름으로 믿고 산다는 것, 곧 진리와 생명이라는 것이 한 개인의 존재와 삶에 투영되고 그 변화가 구별되게 특징으로 드러나지 않는다면 안 되는 것이죠. 그걸 해야죠, 그걸 하게 시켜야죠.

조주석 그렇다면 설교도 그런 측면에서 굉장히 중요한 차원이 될 것 같습니다. 김영재 교수의 평에 따르면, 목사님의 설교는 "시종일관 구원의 개념을 다룬다는 점에서 신령주의적이고 복음주의적이다"라고 하셨어요. 다시 말하면, 이 말은 특별 은총은 강조하지만 일반 은총은 도외시하는 편이라는 걸로 이해가 됩니다. 그래서 화란의 신칼빈주의는 물러나고 사회와 정치에 관심을 두었던 청교도 전통과도 거리가 멀다고 평을 하셨어요. 이러한 평에 대해서 목사님은 어떻게 생각하십니까?

박영선 그땐 그랬어요. 아직도 좀 남아 있죠. 그때는 열심히 "구원 확인이 전부가 아니다"라고 악쓰는 게 다였어요. "어떻게 살라는 말이냐, 그 이야기 좀 하자" 그게 다였으니까 그것만 해도 기존 교회의 신앙에 어떤 범위를 뚫고 나가는 사명이었는데, 그때 김영재 교수 같은 분이 보면 아직도 개구리 되려면 멀었다고 하신 거죠. 아주 귀담아 들어 놨습니다.

조주석 오늘날에는 이 세계를 믿음의 방식이 아닌 이성의 방식, 곧 이성을 수단으로 해서 이해하고 살아가려고 합니다. 그러면 자연히 자연주의에 갇히게 됩니다. 이 지점에서 기독교 신앙이 이 세상을 향해서 선포해야 할 진리가 분명히 있다는 생각이 듭니다.

박영선 자연주의는 미화된 표현이고 인간성을 과소평가한 부정적 기계론입니다. 우리는 하나님을 믿는 사람으로서 자연을 하나님의 영광을 드러내는 무대로 보고 있죠. 그러니 삶이 다르죠. 삶의 방식과 이유와 내용이 다르면 근대가 파산한 것과 같이 그들의 삶이 공허하죠. 본인들이 압니다. 거기에 대한 답을 설명해 줄 게 아니라 "저 사람들은 윤택하다, 저 사람들은 분명히 물가에 심기운 나무다" 이렇게 생명이 어디서 오는지 묻도록 만들어야죠.

조주석 한국교회는 불과 백여 년 동안에 서양의 기독교가 걸어온 역사 경험을 파편적으로 한꺼번에 이것저것 겪지 않았나 하는 생각이 듭니다. 그래서 그들의 토양에서 논의하고 성찰한 신학을 우리에게 그대로 적용하고 비춰 보기는 어려울 것 같습니다. 목사님 생각은 어떠신지요?

박영선 네, 그렇습니다. 김영재 교수가 『한국 기독교』에서 돌아본 것처럼, 우리의 특수한 상황을 돌아봐야 합니다. 저도 오늘 이야기하는 가운데 많은 불만과 걱정을 나타냈습니다. 그럼에도 불구하고 한국교회가 실패했다고 이야기하는 것은 우리의 생각일 겁니다. 우려를 해야 마땅하고 위험하다고 진단해야 마땅하지만, 하나님의 기이하신 인도하심이 중단된 시기라고 어떻게 감히 말하겠습니까? 그러니까 결론적으로는 어쨌든 믿음을 가지고 낙관론을 펴야 옳습니다.

조주석 한 나라의 기독교 신앙의 축적이란, 많은 사람들이 쏟아냄으로 말미암아 걸러지고 평가되겠죠. 그러면서 그다음 세대가 "아, 이렇게 가야겠다, 저렇게 가야겠다" 하는 어떤 방향을 잡을 수 있지 않을까 하는 생각이 듭니다.

박영선 맞습니다. 우린 그저 우리의 역할을 할 뿐입니다.

09
삶의 현장을 담아내는 설교라야 합니다

——

"모든 설교자는 자기의 방법에 강한 확신을 가지고 있어야 합니다." 44년 동안 설교한 로이든 존스의 말이다. 이 말은 설교자마다 자기의 방법을 가지고 있어야 한다는 말로 들린다. 설교 방법론을 배운다거나 책을 통해 방법을 익힘으로써 강한 확신을 갖는 게 아니라, 물론 도움을 받을 수 있겠지만, 자신이 평생을 두고 습득해야 한다는 뜻으로 읽힌다. 그러니 설교 방법에도 설교자의 인격과 삶이 배어들 수밖에는 없지 않겠는가!

로이드 존스에게 강한 영향을 받은 박영선 목사의 경우만 봐도 그만의 독특한 스타일을 가지고 있다. 이는 자신의 고민을 풀어내자 설교의 청중이 생겼다는 말에서 확인이 가능하다. "일차 청중으로 앉아는 있는데, 난 언제나 내 고민을 이야기하고 있는 겁니다. 개교회의 목회자로서 좀 미안한 생각이 듭니다. 우리 교회에 어떤 분들이 왔고 무슨 필요가 있느냐, 이렇게 우리 교회가 성립됐다, 이런 게 아니라 내가 아우성치는 문제를 필요로 하는 사람이 왔다고 전제하고 설교한 겁니다.……그렇게 해서 청중이 생긴 겁니다. '아, 고민을 같이하는 사람들이 있다' 그렇게 생각했고, 그렇게 해서 여기까지 왔어요."

그는 딱 한 권 『설교자의 열심』(1999)이라는 설교 방법론에 관한 책을 썼다. 그는 거기서 설교를 어머니의 부엌일에 비유한다. "설교는 밥 먹여서 사람을 키우듯이 오늘도 한 끼, 내일도 한 끼, 언제 어떻게 결실될지 모르는 일을 계속하는 노력"이라고 말한다. 그 이야기는 우리가 영의 양식으로 먹는 설교가 일상의 식탁과 같은 것이지 비상시에 먹는 보약과 같은 게 아니라는 뜻이다. 설교자가 보약을 주는 것과 같은 설교를 하겠다는 것은 자신의 설교를 통해 분명한 결과를 보고 싶어 하는 것일 수 있어서 그것은 설교자에게 너무나 치명적인 유혹일 수 있다고 말한다.

그는 설교를 하나님을 편드는 행위라고도 말한다. "모든 설교는 어떤 의미에서 설교자가 하나님 편을 들고 하나님을 위해서 열심을 내는 것으로 자격이 있는 것이지 얼마나 정확했느냐 하는 문제는 사실 이차적인 문제다"라고 함으로써 설교자의 정확한 위치와 그 한계를 명확히 인식하고 있다.

처음부터 줄기차게 신자 개인의 성숙 문제만 다루어 온 그가 수년 전부터 사회나 문화나 시대 앞에서 답을 해야 한다는 설교를 하기 시작했다. 이러한 변화는 자신의 설교에 무언가 더 들어와야 한다는 설교의 한계를 느낀 데서 발생한 것이다. 그는 자신의 설교에 기독교 세계관을 들여놓으려고 여간 애쓰는 게 아니다. 목회를 정리해야 할 시기에 그는 새로운 문제를 갖게 되었고 광대한 설교의 세계로 이동해 가는 중에 있다. 과거의 설교에 대한 자평에서도 그런 시각을 읽어 낼 수 있다. "예전에 했던 설교들을 보면 벽에 구멍을 내는 것 같은 느낌이 드는 설교를 한 것 같습니다."

그의 설교의 변화는 개인의 신앙보다 교회의 신앙을 더 강조하는 데서도 발견된다. "한 개인이 갖는 신앙이 삶의 궤적 속에서 증거할 수 있는 것과 교회를 통해 기독교 신앙이 증거될 수 있는 바는 차원이 다릅니다. 내용의 폭과 부요함에서 비교가 안 되지요. 교회는 그래서 하나님이 세운 기관입니다. 교회의 중요성을 너무들 모르니까, 자꾸 신앙이 개인화되죠. 사유화되고 욕심과 연결되고 이익의 수단이 되어 사회 앞에 힘을 못 쓰게 되는 것 같습니다."

그는 설교에서 본질적인 것이 무엇인지 뚜렷이 알고 있는 설교자다. 시대가 변해도 싸움은 하나라는 것이다. "언제나 싸움은 하나님을 모실 것이냐 말 것이냐의 싸움인 것 같아요." 과거에 서양에서는 합리주의가 인간의 이성을 앞세워 하나님을 외면하게 만들었다면, 지금은 개인의 이기심으로 하나님을 부인하게 하는 공통점을 서로 가지고 있기 때문이라는 것이다.

그에게 미래 설교자들에게 당부하는 싶은 바가 뭐냐고 묻자 이렇게 답했다. "설교자가 교인들은 위할 것 없이 자기 삶의 현장에 대해서 솔직하게 고민하면 그 설교는 당연히 그런 문제를 담아낼 수 있어요. 그런데 우리 목사들은 사실 공적인 삶을 사는 게 어려워요. 나가면 목사로 대접을 받는 까닭에 치외법권 속에 있어요. 따라서 본인이 자신의 삶에 대해서 치열하게 물어야 합니다. 다 담아내지 못한 본인의 문제들을 성경과 씨름하고 하나님 앞에 기도함으로써 설교에 담아내야 합니다."

소수의 독자를 위해서 낸 설교 테이프와 책

조주석 목사님은 하나님의 주권을 강조하는 설교를 쭉 해오셨어요. 그래서 그런 설교집이나 설교 테이프, 최근에는 방송 설교까지 하시잖아요. 전에는 주로 책하고 테이프를 만들어서 판매하셨거든요. 그렇게 하신 이유나 목적 같은 것이 있으신지요?

박영선 제 쪽에서 적극성을 가지고 홍보를 하자는 입장은 아니었어요. 요청하는 사람들이 있었죠. 재밌는 이야기로는, 어느 출판사가 제 책과 테이프의 영업권을 가져갔다가 반납했어요. 안 팔리는 겁니다. (웃음) 책을 내거나 테이프를 만들면 그때 표현으로 "딱 이백 명"으로 끝났답니다. 책도 이백 권 팔리고 테이프도 이백 개 팔리고 만데요. 그런데 어느 날 무슨 황야의 무법자 같은 사람이 나타나서 "박영선 목사 테이프를 처음부터 끝까지 다오" 그랬대요. 그런데 그렇게는 장사가 안 된다는 겁니다. 같은 게 많이 팔려야 장사가 되는데 한 사람이 나타나서 하나씩 전체를 사겠다고 했으니 어떠했겠어요? 인건비가 더 들지 않겠어요? 그래서 반납했어요. 아무튼 상징적인 거겠지만, 그 이백 명이 나는 중요했어요. 그 이백 명이 나처럼 갈급한 사람이라는 생각이 들었어요. 그래서 테이프 판매를 저희 교회 사무실에서 했죠.

조주석 재밌는 이야기네요. 지금까지 낸 설교집 중에 애착이 가는 설교집이 있을 것 같은데요. 그런 것이 있으면 이 자리를 빌려서 말씀해 주시죠.

박영선 누가 내 책들 중에서 추천을 해달라 그러면 『성화의 신비』를 추천하겠어요. 좀 애매한 말이지만 수준에 따라서는 『하나님의 열심』이 도움이 될 수 있겠고, 조금 더 깊이를 찾는다면 『성화의 신비』라고 생각합니다. 다른 테이프나 설교집 가지고도 은혜 받았다는 사람 여럿 만났어요. 여럿 이래 봤자, 이백 명 내외입니다. 요한복음을 설교할 때도 조감도를 가지고 들어가지 못했어요. 그냥 뚫고 들어갔죠. 전체적으로 일관된 시각이나 내용을 갖고 있지 못했어요. 좋게 이야기하면, 그건 내가 정체되어 있지 않고 앞으로 나아가고 있다는 뜻이 될 수 있죠. 그러나 아쉽죠. 사도행전도 그렇고, 가장 아쉬웠던 건 요한계시록과 이사야, 이 둘입니다. 솔직히 정말 부끄럽습니다. 그나마 그 둘로 은혜 받았다는 사람들이 있으니까 다행인데, 지금 하라고 하면 조금 낫게 할 수 있겠어요.

조주석 아까 독자가 이백이라고 하셨는데, 제가 살펴보니 수천 이상이 되겠던데요. 목사님은 처음에 그런 일이 있었다는 걸 말하신 거 같은데, 출판계에서는 목사님의 설교집이 상당수의 독자들을 가지고 있는 걸로 봅니다.

박영선 다른 서적들은 어떻게 하는지 모르겠지만, 자기 교회에서 소비하는 거 말고 일반 기독교인들을 대상으로 내는 책은 보통 이천 부 찍어요. 그리고 뭐, 재판 찍는 책이 거의 없어요. "독자층이 엷다" 그렇게만 이야기할 수 없을 거예요. 목사와 자기 교회 성도들하고의 관계는 혈연관계나 가족관계 같아요. 모두에게 은혜를 끼칠 만큼 소위 말하는 명설교가 가능하냐? 그럴 때는 난 별로 가능하지 않은 것 같아요.

내 고민을 풀어나가자 설교의 청중이 생겼다

조주석 그런 혈연관계라는 차원을 다른 말로 하면 설교의 일차 청중을 뜻하는 건데, 남포교회 교인들이 왜 일차 청중이 되었다고 생각하세요?

박영선 아, 이게 좀 어려운 이야기인데, 우리 교인들이 일차 청중이라고 생각하지 않아요. 일차 청중으로 앉아는 있는데, 난 언제나 내 고민을 이야기하고 있는 겁니다. 개교회의 목회자로서 좀 미안한 생각이 듭니다. 우리 교회에 어떤 분들이 왔고 무슨 필요가 있느냐, 이렇게 우리 교회가 성립됐다, 이런 게 아니라 내가 아우성치는 문제를 필요로 하는 사람이 왔다고 전제하고 설교한 겁니다. 그래서 저들이 지금 좋아오고 있느냐 아니냐가 아니라, 내가 고민하고 나아가고 있는데 좋아오든지 말든지 여태껏 한 겁니다.

조주석 사실 그 고민이 신앙의 고민이라면 다른 사람의 고민도 될 수 있다고 생각할 수 있잖아요?

박영선 그렇지만 약간은 무책임할 수 있다 이거죠. 목사가 자기 고민만 이야기하면 말입니다. 그냥 뭐, 자꾸 미안한 이야기들이 나오게 되는데, 다른 설교자들이 너무 쉽게 신앙을 취급하는 것 같아서 그 미진한 사실을, 내 개인적인 갈등을 설교하게 되었어요. 그렇게 해서 청중이 생긴 겁니다. '아, 고민을 같이하는 사람들이 있다' 그렇게 생각했고, 그렇게 해서 여기까지 왔어요.

조주석 전에는 주로 선포적 차원의 것만 듣던 분들이 이제 풀어내는 설교를 원하고 있었는데, 목사님의 설교가 그런 층을 만났다고 생각해 보면 어떨까요?

박영선 설교가 선포라고 할 때 거기엔 권위와 해답이 있어야 하거든요. 선포라는 게 무책임하게 쓰일 수 있죠. 현실을 못 뚫고 들어왔죠. 그 문제였어요. 현실을 뚫고 들어와 한 개인의 실존에 적용되어야 했어요. 그런데 선언이, "왜 비가 땅을 못 적시나" 그거였죠. "비가 땅을 못 적시고 증발을 하나" 그거였죠.

조주석 설교자가 사실 모든 청중을 다 만족시킬 수는 없다고 봅니다. 그런데 설교집, 설교 테이프, 최근에는 방송 설교를 통해서 목사님의 설교를 접하는 이차 청중이 생겼거든요. 이런 이차 청중과 혹시 접촉해서 이야기해 보신 적이 있으세요?

박영선 없습니다.

조주석 그럼 반응이라도……

박영선 이런 반응은 봤죠. 예전에 미국을 간다든가 하면 그곳에서 제가 하는 집회는 청중이 적었어요. 일차 청중이든 이차 청중이든 그들은 다른 데서는 본인의 갈증을 못 푼 사람들이었죠. 저는 분명히 소수를 위해서 있는 것 같아요. 좀 더 깊은 고민을 하는 사람들이 그 대상이 되었으니까 주류를 형성하지 못하는 사람들일 겁니다. 그런 사람들이 와서 이제 제 "테이프를 다 들었다", "하루에 열 개씩 듣는다" 이런 마니아들이 생긴 겁니다. 그래서 힘을 얻었죠. '이거 뭐, 허공에다 대고 하는 건 아니구나' 하는 생각이 들었죠.

조주석 그럼 그분들과 이야기를 통해서든지 아니면 목사님이 생각하실 때, 이차 청중들이 갈증을 느꼈던 큰 주제들이 어떤 것이었다고 생각하세요?

박영선 아, 그거 굉장히 중요해요. 크게 두 부류가 있는데, 하나는 자기들이 마음에 가졌던 거부감에 대한 비판 때문에 편을 드는 사람들이 많아요. 긍정적인 이유 때문이 아니고 부정적으로 들어요. 이 부류는 저보고 아직도 옛날같이 하래요. 옛날같이 악써 달라고 합니다. 공격적이고 비평적이고 성질을 내달라고 합니다. 본인들의 카타르시스 내지는 복수 같은 것 말입니다. 그런데 절반쯤은 제가 고민하는 지점을 따라오고 있어요. 그 고민은 현실적인 문제입니다. '신앙이 명분용이 아니라 삶과 실존의 문제다.' 이렇게 이해하는 사람들이 있어요.

조주석 그런 두 부류가 생기는 걸 보고 어떤 보람을 느끼셨을 것 같은데요.

박영선 보람이 정당함의 근거로 오해되어, 제 설교를 듣고 반응하는 내용이 신앙의 주류를 이루어야 한다고 생각하게 되었지요. 그래서 초창기에는 거의 분노했어요. 제가 하는 것과 다르게 하면 피상적이거나 제한적인 거라고 생각했어요. 그땐 고함을 많이 질렀죠. 나는 중요한 역할을 하고 있다고 생각했으니까, 마이크 잡은 사람보다 육성을 더 높였어요. 시간이 지나서야 다 하나님의 무한하심의 한 부분씩을 맡고 있다는 걸 알게 되었죠. 주류를 이루는 건 하나님의 지혜에 속하는 거라서 우리가 속단하거나 부정할 수만은 없는 것입니다. 그러나 그때는 옳고 그른 것이 우선했던 수준에서 주류는 대중적이고 그래서 피상적이고 너무 단순하고 싸구려라고 비평했던 겁니다. 하지만 모든 것에 대해서 하나님이 충만하게 은혜를 베푸신다는 것에 항복했어요.

신자의 성숙 문제를 다루다

조주석 『성화의 신비』도 그러한 것을 담아냈다는 생각이 들거든요. 목사님은 어떻게 생각하세요?

박영선 같은 맥락이죠. 신앙을 승리하는 자보다 실패하는 자가 더 많잖아요. 그 이야기를 한 것이거든요. 그 실패가 실패가 아니라는 걸 이야기한 겁니다. 우리가 볼 때 단순하고 피상적인 것도 꼭 실패가 아니고 잘못이 아니더라니까요.

조주석 목사님 설교가 주로 구원의 문제, 성화에 집중된 것으로 보이는데, 설교에서 사회나 문화 영역의 문제는 다루지 않고 일관되게 신자 개인의 성숙 문제만 다루어 오셨어요. 거기에 이유가 있으실 것 같아요.

박영선 우리가 말하자면, 사회 구원론자인가 개인 구원론자인가 볼 때 저는 개인 구원론자예요. 신학적으로 그렇다는 게 아니고 과정이 그래요. 신앙 형성 과정과 고민의 과정이 내가 내 문제를 해결하고, 해결한다는 말이 어폐가 있을 수 있는데, 자기 정립이 되어 있지 않은 채로 사회적일 수 있으며 사회적으로 무슨 일을 할 수 있겠어요? 그게 정립되지 않으면 사회적 관계에서 자기를 정립할 수 있겠어요? 하나님하고 나하고 먼저 정립이 되어야지, 그게 안 된 상태로 다른 걸 붙든다는 건 처음부터 논외의 문제였어요.

조주석 신앙의 출발점으로는 개인에서 시작해야 한다는 말씀인 거죠. 그렇다면 방금 말씀하신 걸 들어 보면, 신자의 성숙 문제가 사회나 문화의 문제와 전혀 상관이 없다고 생각하시지는 않는 것 같아요.

박영선 그럴 수는 없죠. 우리가 다 사회적인 존재니까. 사회의 도전, 유혹, 필요 이런 것 앞에서 사회의 질문에 답을 할 때 사회적인 답을 해야 해요. 신자는 하나님의 백성으로서 답을 하게 됩니다. 그러니까 사회나 문화라는 것을 외면할 수 없죠. 거기서 비로소 심층의 자기 정체성을 추구하게 되더라고요. 일단 현실 속에서의 질문들, 우리가 세상을 이렇게 살아야 되느냐, 인간이란 존재란 뭐냐, 이런 질문이 사회와 문화 속에서 나오고 그 답을 하나님과의 관계 속에서 찾으면 질문한 자에게 답을 해야 한다고 생각하죠. 사회와 문화에 답을 해야 합니다.

조주석 하나님의 주권을 강조하신 건 우리의 구원이 오직 하나님께만 달려있다고 하는 데는 유리할 것 같아요. 그러나 그 구원의 개념이 삶의 모든 영역과 관련을 짓지 못하고 단지 하나님과 나와의 개인 관계로만 제한된다면 한계가 있지 않을까요?

박영선 그림을 그리는 사람이 구도를 잡잖아요. 예를 들어, 한 인물을 그려도 등분을 해서 머리, 허리, 발, 이렇게 대강 구도의 기점을 잡지요. 만화를 그리는 사람은 그렇게 안 해요. 만화를 그리는 사람은 시작부터 스르륵 그려 나가요. 그냥 한번 쳐다보고 시작하면 다 그려 나가니, 신기한 사람들이에요. 구도가 머릿속에 있나 봐요. 그런데 저는 그렇게 할 수가 없었어요. 그렇다고 전체 구도를 가지고 부분들을 정립한 것도 아니고, 살면서 부딪치는 순서대로 씨름한 셈입니다. 이제 와서야 한 개인의 정체성을 확인하고 개인의 인생이 어떻게 하나님 앞에서 살 것인가 하는 문제 앞에서, 다시 말해, 사회나 문화나 시대 앞에서 답을 해야 한다고 생각하고, 전체 구도 속에서 한계를 인식하고 『우리와 우리 자손들』 같은 책을 뒤늦게 내게 된 거죠.

조주석 그 책에서 지성에 대해 많은 말씀을 하셨는데, 특히 지성에 한계가 있다는 얘기도 하셨어요.

박영선 신앙이라는 것을 본인이 소유하고 본인이 이해하고 정리하는 것이 지적인 문제더라고요. 그런데 지적일 때 그 지성이 너무나 합리주의에 근거해 있어서 갖게 되는 폐해가 본인의 의식 없이 뚫고 들어오는 겁니다. 그래서 『우리와 우리 자손들』에 대한 필요를 느꼈어요. 그 책을 낸 의도랄까 바람이 그런 거였어요. '지성에 대해서 더 알자'가 아니라, '지식적 차원에서 더 알자'가 아니라, '지성이 가지는 한계가 뭐냐'라는 측면에서 우선 알아야겠다는 필요를 느꼈죠. 우리가 지성을 사용하는 것이 잘못은 아니에요. '죄는 거기에도 들어오더라' 이거죠. 우리가 기도하면 언제나 옳다는 식으로 생각하면 안 된다고 산상설교에 나오잖아요. 남에게 보이려고 기도할 수 있다는 걸 경계하듯이, 그런 것이 기도를 거부하는 것이 아니듯이, 지성도 그렇더라고요. 그 부분을 우리가 등한시하고 있거든요. 자기도 모르게 합리주의적 지성에, 삶과 생명과 진리와 관계없이 비평하고 부정하는 것에 자기도 모르게 영향을 받고 있는데 그것을 모르고 있더라는 겁니다. 지적을 할 때는 잘하는데, 살아내는 데는 도움이 안 되더라는 겁니다.

조주석 그런 경우가 사람들에게 많죠. 그게 어떻게 보면 함정일 수 있겠습니다.

박영선 그게 우선 저한테 다가왔고, 그 한계를 알아야 했어요. 나무에 구멍이 났다 하면 나무가 있어야 구멍이 있지, 나무가 없는데 구멍이 있겠어요?

설교는 어머니의 부엌일과 같은 것

조주석 1999년에 『설교자의 열심』을 내셨어요. 거기에 보면 설교를 이렇게 비유하셨습니다. "설교는 밥 먹여서 사람을 키우듯이 오늘도 한 끼, 내일도 한 끼, 언제 어떻게 결실될지 모르는 일을 계속하는 노력"이라고 말입니다. 왜 어머니의 부엌일에 설교를 비유하셨는지요?

박영선 우리는 보약 먹고 크려고 해요. 주사 맞고 크려고 하고, 감동과 완벽한 설교를 요구해요. 잊지 못할 설교를 말입니다. 그리고 청중만 그러는 게 아니라 우리 설교자들도 그런 유혹에서 벗어나기 힘들어요. 한국교회가 부흥주의 속에 있기 때문에 언제나 그런 기대와 소원이 있잖아요. 그러니까 멋진 설교를 하겠다고 생각하고 듣는 사람들도 그러는데, 나중에 보다시피 그 밥에 그 나물 먹고 컸다고요. 어느 끼니에 먹어서 보약이 됐는지 모르지만 그렇게 컸어요. 보약은 비상시에 먹는 거죠. 따지고 보면 설교라는 것에 찾아오는 유혹, 오해가 빚어내는 좌절이 있어요. 기대가 큰 만큼 책임으로 다가오고, 능력을 드러내려 하고, 설교의 분명한 결과를 보고 싶은 게 설교자에게 너무나 치명적인 유혹이 되더라는 겁니다. 그래서 그런 이야기를 했죠.

조주석 그리고 이어서 이런 이야기도 하셨어요. "설교는 날 찾아오시는 인격적 하나님의 임재를 느끼도록 하는 것"이라고 말씀하셨는데 이 말은 지식 전달보다는 인격적 증언에 무게를 둔 것으로 보입니다. 이 이야기는 아까 부엌일 비유와 어떤 관계가 있는 겁니까?

박영선 우리가 외식을 해보면, 어머니가 집에서 만들어 주신 것과 다르죠. 아마 정성의 차이가 아닐까요? 정성의 차이라는 건 뭐냐면 자식을 먹이는 어머니의 마음과 손님을 받아서 값을 받으려는 음식점의 마음은 서로 다른 것 같아요. 그들이 더 장인이 될 수는 있지만 어머니의 마음을 다 알 수는 없다고 생각해요. 그래서 목사가 이제 부모의 마음을 가져야 하는데, 제가 부목사로 있을 때 그런 이야기를 했어요. 제가 설교 잘한다는 소리를 들었거든요. 그때 제가 그렇게 말했죠. "부목사는 가정교사 같은 사람이다. 부모님보다 더 지식이 많을 수 있다. 그러나 부모는 아니다. 부모는 담임목사다." 그렇게 이야기했어요. 내가 신통한 이야기를 한 것 같아요.

조주석 아, 그거 저도 읽었습니다.

박영선 목사는 부모의 마음을 가져야 합니다. 신앙인 부모는 자녀들을 끌어다가 하나님 앞에 세우는데, 그게 부모의 마음입니다. 그런데 부모가 부모이기를 그만두고 가르치려고만 든다면 어찌 되겠습니까? 그것은 부모이기보다는 선생이 되려 하는 것이겠죠. 자식 앞에 부모로 서는 게 아니라 선생으로 서는 것이 됩니다. 목사도 이런 부모의 마음을 가지지 못하면 청중을 하나님 앞에 세우는 게 아니라 자꾸 자신 앞에 세우려고 합니다. 그래서 목사가 청중에 대하여 부모의 마음을 갖는다는 건 선생 앞에 세운다는 것과 다른 겁니다. 그런 경험을 하셨겠지만, 사실 설교를 하면 달변으로 하고 싶습니다. 기도를 해도 그렇잖아요. 기도 많이 한 티 나는 게 막힘없이 한다는 것 아니겠어요? 막히지 않고 기도를 하거나 막히지 않고 설교를 하면, 그 사람이 두드러져요. 그러면 하나님 앞에 있게 되질 않아요. 그러나 정말 잘하는 기도나, 잘하는 설교는 청중을 하나님 앞에 세웁니다. 기도하는 사람과 설교하는 사람이 없어지거든요. 구약의 선지자들이 "하나님이 말씀하시기를" 하면서 시작했다가 중개자 선지자의 자리는 없어지고 하나님이 직접 말씀하시지요. 그런 걸로 비유할 수 있습니다. 설교의 신비는 쓰임받는 우리의 능력과는 크게 관계가 없다고 생각합니다.

설교자는 일단 하나님 편을 든다

조주석 『설교자의 열심』의 서문에 보면 이런 말씀을 하셨습니다. "모든 설교는 어떤 의미에서 설교자가 하나님 편을 들고 하나님을 위해서 열심을 내는 것으로 자격이 있는 것이지 얼마나 정확했느냐 하는 문제는 사실 이차적인 문제다." 그런데 이런 태도는 설교자가 계속 성숙해 간다는 것과 늘 인간적인 한계를 가질 수밖에 없다는 것으로 들립니다.

박영선 그건 제가 한 이야기 중에 몇 안 되는 괜찮은 것 중 하나예요. 우리 그때 정용섭 교수의 설교비평을 봤잖아요. 다 옳아요. 그분이 그걸 진심을 가지고 비평했다고 느낍니다. 일종의 거룩한 분노라고 이야기할 수 있어요. 엄위하신 하나님을 증언하는 자가 너무 초라한 게 싫은 겁니다. 그의 설교, 그의 인격, 그의 실력, 이런 게 모자라니 싫은 겁니다. 그런데 하나님은 바보를 세워서 일하시더라는 것이죠. 정용섭 교수하고 저하고의 신학적 배경은 굉장히 다릅니다. 우리 보수 진영에서는 자유주의뿐 아니라 역사비평에 대해서도 다 싸잡아 비판하고 거부했는데, 제가 신랄한 논쟁을 벌이지 아니한 이유는 이 사람도 하나님 편을 들고 있더라는 확인 때문에 신랄한 논쟁으로 들어가는 걸 제가 거부한 셈이죠. '이 사람도 우리 편이다' 그런 생각을 했지요. 그리고 그분이 그렇게 한 것을 난 참 고맙게, 긍정적으로 봤어요. 그러나 "그 비평한 대상들이 하나님의 종이 아니냐?" 그렇게 이야기할 수는 없고, "그들의 설교를 통해서 하나님이 은혜를 안 베푸시느냐?" 그렇게 이야기할 수는 없다는 것이죠.

조주석 그러니까 그 지적도 결국 현실적이라는 것을 굉장히 중시 여기는 거네요. 거기에는 자칫하면 함정이 있을 수 있습니다.

박영선 물론 그렇지요. 어디서나 하나님의 은혜를 구하고 하나님을 의존하는 태도에서 벗어나면, 우리가 말 가지고 아무리 덧칠을 해도 생명과 진리를 보장 못합니다.

조주석 혹시 이전에 내셨던 설교집 중에서 마음에 들지 않는 대목이 있다면 다시 고쳐서 내실 의향은 없으신가요? 프랜시스 쉐퍼는 말년에 임파선 암에 걸렸는데, 그 기간에 『거기 계신 하나님』을 다시 고쳐서 출판했더라고요. 최근에 인터넷에 올라온 어떤 분의 글을 봤는데 『설교자의 열심』이 절판되자 구매자평에 이런 글도 써 올려 났더라고요. "전에 샀던 책은 한 번 읽고 이 책을 달라는 사람한테 줘 버렸는데, 다시 사려고 하니 절판이군요."

박영선 입장이 조금 달라요. 쉐퍼 같은 사람은 두고두고 읽어야 하고 인용해야 하는 분이에요. 예전에 대학 시절에 『이성에서의 도피』를 접하고 절반은 무슨 소린지 모르겠더라고요. 왜냐하면 우리는 그렇게 하지 않았었거든요. 우리는 정말 서구 문명과 문화라는 걸 아무 뿌리도 없이 받아들인 거잖아요. 비평하고 이해할 실력이 전혀 없었어요. 그때 일차적으로 조금 각성이 됐을 수 있어요. '우리가 너무 무식하구나' 하는 생각을 하게 만들어 줬죠. 우리는 그때까지 열심히 기도하는 것밖엔 아무런 무기가 없었으니까요. 제가 이렇게 밀림을 뚫고 보병같이 전진을 하고 이렇게 저렇게 해 보니까 이런 것을 알게 된 거죠. '제일 필요한 것은 물이다, 신발이 좋아야 된다, 모자를 써야 된다, 무슨 지도가 있어야 된다, 발목까지는 보호가 되어야 한다' 이런 거였죠. 그렇게 걸어온 까닭에 설교집이나 이런 것 낸 것들이 불후의 명작을 쓰려고 낸 것은 없어요. 제가 누구를 비평하고 "왜 이런 이야기를 안 해줬느냐, 왜 이런 것 설명 안 했느냐"고 하면서 어느 한 부분에 악쓰면서 한몫을 했듯이, "내 뒤에 오는 사람이 나를 비평해서 하나 더 나가면 그게 내 책임을 한 것이다" 그렇게 생각하고 있어요.

한국 사회는 규정하기 어려운 복합적인 성격을 띠고 있다

조주석 이제까지 목사님의 설교에 관한 것을 주로 얘기했는데, 설교와 관련된 문제이긴 하지만 다른 각도에서 생각해 보죠. '다원주의 사회 속에서 말씀을 어떻게 선포해야 하는가' 하는 문제입니다. 이걸 이야기하려면 먼저 '우리가 살고 있는 시대가 어떤 시대인가' 이 문제부터 이야기를 해야 할 것 같습니다. 우리나라도 서양처럼 포스트모더니즘 시대로 접어들었다고 보시는가요?

박영선 그건 좀 애매합니다. 우리 사회는 서구식으로 이야기하면 중세부터 포스트모더니즘까지 혼재된 상태라고 할 수 있을 것 같아요. 식자연하는 쪽에서는 포스트모더니즘까지 갔을 겁니다. 그러나 교회는 중세일 겁니다. 현실에서는 실용주의일 수 있습니다. 아주 컬러풀하죠.

조주석 층이 다양하죠.

박영선 층도 아닙니다. 층이랄 것도 없어요. 사회도 그렇고 우리 교계도 그렇습니다. 사회 속에 있으니까 우리가 입고 있는 옷을 모르는 것 같아요. 지금이 봄인지 여름인지 가을인지 겨울인지 구별을 할 수 없어요. 사람에 따라선 지금의 현실 속에서 이것이 최선이라고 하는 패션을 부르짖는 것일 수도 있고, 철에 맞는 옷일 수도 있고, 그것이 실속을 챙기는 장사꾼의 이야기일 수도 있어요. 그렇게 혼재돼 있어서 도대체 이 사람이 이 말을 어떤 입장과 배경 속에서 하는지를 파악하는 게 굉장히 어려워요.

조주석 우리나라는 근대화 문제도 있을 것이고, 포스트모더니즘의 경향도 있을 것이고, 전통적인 문제도 있을 것이고, 사실 굉장히 다양하거든요. 이런 사회 속에서 무슨 이야기를 한다는 것이 쉽지 않을 것 같네요.

박영선 우리의 유일한 대응이 뭐냐면, '어느 배경을 갖고 있든지 답은 기독교밖에 없다'는 것이죠. 그러니까 막 밀고 나가야 됩니다. 그런데 서구 사회에서 이미 한 번 근대가 무너졌으니까 지금 대안으로 포스트모던 사회에서 기독교라는 대안이 자꾸 제시되고 있는데, 사실 우린 그걸 쓰는 게 맞는지 안 맞는지 알 수 없어요. 하지만 하나 분명한 건 서구 학자들도 이처럼 허무주의적이고 개인주의적이고 상대주의화가 되자 기독교만이 답일 수밖에 없다는 것이 분명해지지 않았느냐고 의견을 모으고 있거든요. 그거 맞습니다. 지금이야말로 본때를 보일 수 있는 때가 왔는데, 우리가 너무 근대에다가 또는 현대에다가 코드를 맞추려 하다가 우리의 진정한 힘을 놓치고 있는 게 아닌가 하는 아쉬움이 있습니다.

조주석 우리나라는 아직 서양처럼 그리스도의 유일성을 반대하는 종교다원주의를 크게 주장하지는 않는 것 같아요. 물론 반기독교적인 정서가 어느 때보다 강한 건 분명합니다. 심지어 개신교를 개독교, 목사를 먹사 이렇게 폄하하거든요. 왜 그렇게 되었을까요?

박영선 우리가 현실적인 기독교를 만든 게 아니라 세속적인 기독교를 만들었어요. 한국 사회에서는 아직도 기독교에 대한 공격은 포스트모더니즘 때문이 아니라 기독교에 대한 기대가 무너진 것에 대한 반발입니다. 기독교인이 하나도 기독교인답지 않으니까, 세상 사람들과 다를 게 없으니까 나온 적대감이자 허탈감이라고 생각합니다.

조주석 사실 한국 기독교를 보면 서양과 다른 점이 또 하나 있는데, 서양에서 기독교는 소수파거든요. 그런데 한국에선 다수파입니다. 그래서 다수파로서 우리가 지금까지 해온 바가 기독교적 설득력을 갖지 못해서 생겨난 게 반기독교적인 정서가 아닐까 하는 생각이 듭니다만…….

박영선 그렇죠. 우리 한국 기독교 역사가 참 묘하죠. 우리의 적이 서구가 아니었잖아요. 아시아가 식민지 시대에 피지배 민족으로서 서구에 대한 원한이 있는데, 그게 우린 일본이었잖아요. 일본의 적이 우리의 우방이 되었잖아요. 서구 문명을 받아들이는 채널이 그때는 기독교였습니다. 기독교를 믿는 이들이 사회적 지도자였고, 서구화되고 선진화되는 길목에선 안내자들이 되었죠. 그러나 지금 문제를 잘 따져 보면, 20세기의 서구 사회에서나 또는 중국이나 일본에서도 우리나라에서도 그랬습니다만, 사회적인 모든 민중이 겪는 고통의 책임을 전제 군주나 정치나 자본가에게 책임을 묻고 대안으로 제시한 게 전부 사회주의 아닙니까? 그러니 어느 나라에서나 자생적으로 사회주의자들이 생겼고 그 사회주의에 힘을 준 게 소련 연방이었습니다. 소련이 스탈린 시대에 그렇게 많은 만행을 저질렀어도 서구의 좌파 지식인들은 소련을 찬양했어요. 우리나라도 일본의 압제 아래 있을 때 일본의 압제에 대한 저항한 사람들, 또 전통적인 조선 왕조 시대에 왕권의 지배 하에서 착취 받은 민중의 편을 든 사람들은 공산주의자들이었죠. 그 시대의 공산당들은 6·25를 일으킨 공산당이기보다, 말하자면 이상적인 사회를 추구했던 사람들이었어요. 그러니까 문제가 복잡하죠.

조주석 기독교가 다수파이긴 하지만 한국교회는 사실 여러 종교가 혼재된 상태에 놓여 있습니다. 이런 상황에서 한국교회는 타종교와 관계하는 방식에서 어떤 태도를 취해야 할까요?

박영선 사실은 부작용이기보다, 기독교가 한국 사회에서 주도권을 가지면서 경직되었죠. 그 권세를 확인하고 싶었을 거예요. 또 신앙을 다양하고 깊게 표현할 다른 방법이 없어서 삶에 적용하는 차원에서 한국교회는 제일 취약했어요. 그래서 어떤 분명한 원색적인 표현을 하게 된 거라고 봅니다. 단군상을 부순다든가, 등산 가서 돌 쌓아 놓은 거 있으면 그것을 허문다든가, 절에다 돌 던진다든가 했어요. 삶에 적용하고 사회적 책임을 지는 데까지 기독교 신앙이 성숙하고 확장되면 그 부분은 해결되지 않을까 생각합니다.

조주석 타종교에 대한 서툰 삶의 방식이랄까······. 제 생각으론 기독교의 배타성을 한국교회가 올바로 이해했다면 그런 문제가 조금 적었을 것 같아요. 그런데 기독교의 배타성을 잘못 이해한 것이 아닌가, 풍부하게 이해하지 못한 게 아닌가 하는 생각이 듭니다.

박영선 그렇습니다. 강에 가서 낚시를 하는데 붕어만 남아 있고 물은 없어져라 그런 거죠. 우리가 거기서 낚아 내고 있는 건데 물은 없고 붕어만 있는 사회가 되기를 원한 것이죠. 본질에 대한 이해가 앞서야 됩니다. 본질이 어떻게 적용되는가 하는 부분이 저절로 숙제가 됩니다.

다원주의 사회에서도 핵심은 제자도

조주석 다원주의 사회에서 설교자가 말씀을 선포한다는 건 점점 어려운 문제가 될 거 같아요. 이런 현실에서 특히 설교자가 어떤 점에서 조심해야 될지 말씀을 좀 해주시죠.

시간 속에서 일하시는 하나님

박영선 요한복음 1장에 보면, "말씀이 육신이 되어 우리 가운데 거하시매 우리가 그의 영광을 보니 아버지의 독생자의 영광이요 은혜와 진리가 충만하더라"(요 1:14)는 말씀이 나옵니다. 여기에 중요한 단어가 세 개 나옵니다. '영광', '은혜', '진리'가 나옵니다. '영광'을 보니 독생자의 영광이요 '은혜'와 '진리'가 충만하더라인데, 은혜는 진리를 추구해요. 은혜는 진리를 위해서 주어져요. 진리는 언제나 은혜 위에 서 있어요. 그런데 우리는 진리로 가면 은혜가 없어져요. 배타성이라는 말의 의미를 모르는 거예요. 예수 안에만 구원이 있어요. 예수님은 정죄하러 온 게 아니라 구원하러 오셨어요. 그러니 우리가 진리를 갖고 있을 때 "저건 진리가 아니다"라는 것으로 진리를 지키는 게 아니라 "은혜 위에서 진리를 가졌다"는 걸 증언해야 돼요. 예수께서 우리가 아직 죄인 되었을 때 오셔서 죽은 것같이, 진리를 가진 자가 은혜 위에 서 있는 것으로 존재해야 돼요. 이 부분이 어렵죠. 그걸 어떻게 해야 되느냐? "예수님같이 하자" 그렇게밖에 이야기를 못해요. 예수님이 어떻게 했느냐? 자신의 제자들을 끝까지 사랑했어요. 그런데 다 도망가거든요. 예수님이 누군지 모르는 거예요. 죽으시고 부활하셔서 그들에게 찾아오신 예수님이 누구신지, 또 그의 죽음과 부활로 인하여 성령이 임하시면 그들이 증인이 될 거 아니에요? 그 결과를 위해서, 그 베푸실 은혜를 위해서 예수님이 오늘을 참으신 겁니다. 그 참아야 된다는 건 타협이 아닙니다. 우리는 그 참는 부분을 못해요. 성육신의 기간이 없어요.

조주석 기독교 진리의 배타성을 말로만 하려 하기 때문에, 삶으로가 아니라 말로만 증명하려 하니까 그렇겠죠.

박영선 전에 이런 이야기도 했어요. 기독교 신앙을 삶으로 증언하지 않는 한 힘이 없다고 한 게 생각나는데, 오늘은 조금 다른 측면에서 이야기하려고 합니다. 뭐냐면, 우리가 옳은데 세상은 기독교를 여러 종교 중 하나로 취급합니다. 적대적인 자들은 우리를 공격하고 틀렸다고까지 욕할 겁니다. 그러면 우리가 옳다는 것을 드러내기 위해서 십자가를 휘둘러야 할까요? 아니지요. 억울해서 울어야 하고 오해받아서 죽어야 합니다.

조주석 말씀하신 핵심은 제자도와 연결되는 것으로 보입니다. 제자도에는 말의 증언도 필요하지만 내가 진리를 믿고 있다는 걸 자기 삶을 통해 드러내기도 해야 합니다.

박영선 그 증언이 꼭 논리인 건 아니에요. 우리는 증언을 하라고 하면 변증을 하고, 기적을 보이는 것 이 두 가지밖에 모릅니다.

조주석 거기서 조금 더 나가서 주의할 점이랄까……. 종교다원주의자들에 따르면, '종교적 믿음이란 개인의 문제이고 사람마다 자신의 믿음을 가질 권리가 있다' 이렇게 이야기를 합니다. 이러한 현실에서 설교자의 진리 주장은 사실 독선적으로 들릴 수 있지 않을까요?

박영선 그렇죠. 우리야 미친 사람들이죠. 사실 다원주의 사회에서 사는 우리가 초대교회보다는 더 어렵지 않다는 어떤 사람의 글이 생각납니다. "초대교회도 그랬다. 초대교회는 정치적으로도 핍박을 받았다"고 말입니다. 그렇잖아요. 국가 우상들이 있고 로마의 신들이 있고 또 가장 무섭게는 헬레니즘, 영지주의라는 것이 얼마나 무서웠어요? 그 속에서 기독교가 신앙을 지키기 위하여 '핍박을 어떻게 감수해야 되느냐', '거짓교사들을 경계해야 되느냐' 하는 게 서신서에 내내 등장하지 않습니까? 그럼 어떻게 이겼습니까? 은혜로 이겼지요. 우리는 격려해야 하고 선포해야 하고 인내해야 하고 더 많이 은혜를 구해야 합니다. 하나님이 예수를 보내신 은혜와 사랑 가운데서 우리는 이긴다고 믿는 겁니다.

조주석 기독교 진리를 가졌다 함은 더 낮아진 자리로 가야 한다는 그런 이 야기 같습니다.

박영선 결국 그렇게 되네요.

조주석 '이 땅에서 하나님 나라를 증언해야 한다'는 사실 자체는 우리가 어 떤 자리로 올라가는 것이 아니라 더 내려가고 또 내려가서 섬겨야 한다는 말씀이군요.

박영선 어린아이가 되고, 소자가 되고, 작은 일에 충성해야 합니다. 기독교 신앙은 우리가 생각하는 것과 참 달라요. 높아지려고 하면 낮아지라고 하 고, 살려고 하면 죽으라고 합니다. 그런데 정말 신앙생활을 해보면 그게 유 일한 방법인 것을 알게 됩니다.

조주석 예수님의 삶이 그것을 보여주신 것 아니겠어요?

박영선 그렇습니다.

시대의 사조를 넘어서는 진리 선포

조주석 다원주의 사회 속에서 문제되는 것은 도덕이 상대적이 될 수 있다 는 것입니다. 일상생활이나 TV 드라마나 영화를 보면, 다양한 문화와 생 활 방식들이 서로 갈등을 빚거나 관용을 요구하고 있습니다. 그러나 문화 가 도덕적으로 중립적일 수는 없습니다. 요새 도덕적 상대주의라든가 또 는 최소한의 윤리 이런 것을 주장하거든요. 이런 사회 속에서 기독교의 도 덕이랄까요 율법이라는 문제가 굉장히 중요하게 요청되는데, 이런 문제를 많이 놓치고 있는 것 같습니다.

박영선 기독교 신앙에서 신앙적으로 따라야 할 계명, 흔히 율법이란 표현이 복음과 적대되는 개념으로 많이 쓰이는 오해가 있기는 하지만, 말하자면 기독교 신앙인에게는 요청되는 계명, 순종해야 할 도덕이 있습니다. "인간이 도덕이라는 걸 갖는다는 게 얼마나 인간의 인간 된 조건이냐"는 글이 있어요. "그게 없으면 현실적으로 얼마나 인간이 피폐해지고 사회가 혼란스러워지느냐" 하는 문제가 있는데 가장 큰 비극은 언제나 도덕적 상대주의였다고 이야기합니다. 그러니까 인간에게 있어서 도덕성이라는 것은 인간의 존엄성을 지키는 일종의 독특성입니다. 참 복된 본질인데, 하나님이 없이는 이 기능을 못한다는 걸 다원주의가 보여주고 있어요. 어쨌든 세상은 직설적으로 하나님을 반대하지 않지만, 세상 자체가 하나님을 찾거나 하나님 앞에 무릎 꿇지는 않는다는 걸 보여주는 것 같습니다. 이 시대가 혼란하면 할수록 그것이 자유를 주는 게 아니라 우리를 망가뜨리고, 우리를 행복으로 이끄는 게 아니라 방종으로 가게 합니다. 다원주의가 얼핏 보기에는 기독교의 굉장한 적이 될 것 같고 장애가 될 것 같은데, 사실은 다원주의 속에서 '인간이 해볼 것 다 해봤다. 그래도 답이 없더라'는 인간 항복의 필요한 조건을 찾을 수 있다고 봅니다.

조주석 이런 선상에서 목사님의 설교를 다시 한번 생각해 보지요. 목사님의 설교는 은혜가 자연, 곧 인간의 삶에 어떻게 들어올 수 있는지를 보여줬다고 생각합니다. 다시 말해, 합리주의와 자연주의를 극복하는 설교로 보이는데 목사님은 어떻게 생각하시는지요?

박영선 학문적으로는 아닙니다. 인간이 무슨 합리주의라든가, 자연주의라는 것을 만든 것은 하나님 없는 인간의 공허함과 당황함이 빚어낸 허상이 그 근거일 겁니다. 그러니까 제대로 기독교 신앙을 전하고 맛보고 설파하면 진정한 기초가 나올 수밖에 없어요. 그러니까 뭐, 자연주의나 합리주의를 공격할 게 아니라 하나님 없는 인간과 하나님 없는 세상에 대해서 빛이

어두움을 비추는 것같이, 생수가 공급되어 생명을 자라게 하는 것같이, 유일한 답은 기독교에만 있다고 증언해야 하겠죠.

조주석 이렇게도 말할 수 있을 것 같아요. "기독교 진리라는 것은 시대의 사조를 넘어서는 것이다. 어느 시대든, 어느 사상이 등장하든, 그 사조를 뛰어 넘을 수 있는 진리다" 그렇게 생각하면 되겠죠.

박영선 네, 그렇습니다. 아주 적절하네요.

생수가 흘러야 한다

조주석 다원주의 사회에서는 상대주의나 회의주의를 강조합니다. 너도 옳고 나도 옳다고 하는 경향이 강합니다. 하나님이 있다고 말하는데, 인간의 주관성을 굉장히 강조하거든요. 그렇다면 설교자는 성경의 객관적인 진리, 또는 사실적인 진리를 전하는 데 훨씬 주력해야 하지 않을까요?

박영선 그건 잘 모르겠어요. 우리는 시대적일 수밖에 없으니까 주제로 삼고 인용을 하고 설명을 할 때 그 시대성을 동원하겠지만, 언제나 싸움은 하나님을 모실 것이냐 말 것이냐의 싸움인 것 같아요. 옛날에는 합리주의가 인간 이성을 앞세워서 하나님을 외면하게 만들었다면, 지금은 개인, 개인의 주권, 개인의 이기심으로 어쨌든 하나님을 부인하게 하는 공통점을 가지고 있으니까 하나님이 누구신가, 얼마나 우리에게 필요한가를 성경대로 풀어내는 것이야말로 우리가 할 수 있는 유일한 방법이자 책임인 것 같습니다.

조주석 전에는 신앙의 출발점으로서 합리주의나 자연주의를 극복하는 문제로 그것들을 생각했는데, 지금은 상대주의나 회의주의가 더 강하니까

그런 것들을 출발점으로 해서 말하고 또 그런 것들을 극복하는 것으로서
이야기해야 하지 않겠어요?

박영선 그건 변증적인 측면이고, 언젠가 한 번 그런 이야기를 한 적이 있는
데, 우리 기독교 진리를 책임진 하나님의 종들이 제일 먼저 생각해야 할 일
이란 "하나님의 생수가 흘러나오게 하는 자가 되라"고 한 것이었어요. 우
리가 만드는 게 아니라 "우물이 되라" 그랬어요. 샘물이 나오면 생명들이
찾아온다, 거기에다 네온사인 달 필요 없다고 그랬어요. 어떻게 길을 안내
할 것이냐, 여기 생수가 있다는 걸 어떻게 소개할 것이냐 하는 것은 변증적
인 문제일 겁니다. 어느 시대나 변증적인 책임을 갖는 건 중요합니다. 그
시대에 답하는 것이고 중요한 책임입니다. 그러나 가장 중요한 것은 생수
가 흘러야 돼요.

조주석 그러나 자기 시대의 환경을 모르면 하나님의 생수를 어떻게 흘러나
오게 할 것인지 그걸 잘 모를 수 있지 않겠어요? 그래서 설교로 윽박지른
다고 할까요. 좀 그럴 수 있거든요.

박영선 그 부분은 제 역할이 아니에요. 변증적인 역할을 하고 있으면서도
사실은 기본적으로 아쉬운 게 뭐냐면 방법론이나 설명이라는 데 붙잡혀서
이 우물에 물이 없다는 것을 놓치더라는 겁니다. 그게 제가 봤던 안타까움
이었습니다. 물만 흐르면 우물은 깨져 있어도 생명은 모이더라 이겁니다.

조주석 넘쳐나면 그것을 담고 있는 우물가가 멋없어도…….

박영선 제가 설교할 때 더듬고 답답해하는 걸 보고 누군가 그랬던 것 같아
요. 그것까지 일종의 계산된 행위라고. 그땐 답답해하는 거예요. 제가 갖
고 있는 답답함과 안타까움에 비하면 표현도 지식도 논리도 부족하다는
걸 인정해요. 그러니 노골적으로 놀리기도 하죠. 그게 뭐 사람들은 그런

것도 설교를 잘하는 기본기다……. (웃음)

조주석 기독교 세계관에 따르면, 우주는 단순히 물질적인 세계가 아니라 인격적인 세계라고 합니다. 하나님의 섭리와 개입이 일어나는 장소라는 거지요. 이런 세계 안에서 인간도 인격적인 존재인 까닭에 자기를 사랑하거나 아니면 하나님을 사랑하는 두 갈래 방식으로 나갈 수밖에 없겠지요. 이처럼 기독교 진리가 우주와 인간의 문제를 다 포괄하고 있는 총체적인 것이라면, 설교에서도 이것을 담아내어 전해야 하지 않을까요?

박영선 이제 기독교에서는 '인간을 선택할래, 하나님을 선택할래' 그런 이야기가 늘 나오죠. 그러나 기독교가 하나님을 선택해야 한다고 이야기할 때는 '자기를 사랑하는 최선의 방법이 하나님을 사랑하는 거다, 진정한 자신을 선택하고 싶거든 하나님을 선택해라' 그렇게 이야기하는 겁니다. 우리가 기독교를 잘못 설명하다 보면 둘 중에 더 나은 것을 선택하는 이야기가 되고, 하나님을 붙잡는 게 현실적으로 자기를 붙잡는 것보다 이익이라는 식으로 설명하게 됩니다. 아까 우물 이야기도 했지만, 훨씬 근본적인 싸움을 말하는 겁니다. 그것보다 좀 더 나아가는 디테일한 것에 대해서는 하나님께서 누군가한테 맡기실 겁니다. 누군가 하겠지요.

조주석 아직도 보면 한국교회는 반지성주의가 주류를 이루고 있는 것 같습니다. 그 이유가 다른 어떤 것보다도 교리에 대한 성찰이 부족한 이유가 아닐까 하는 생각이 들거든요. 목사님은 어떻게 생각하시는지요?

박영선 근본적으로 우리의 제일 큰 특기는 열심입니다. 열심이란, 뭔가 생각하면 식어 버리죠. 그러니까 장단점이 있어요. 그 열심에다 대고 자꾸 "생각하라" 그러니까 김새는 겁니다. 이것이 우리 시대 신앙의 특징이었는데, 저는 우리 후배나 후손들이 그냥 열심만 내고 내용은 가지지 못할까 봐

걱정하는 사람입니다.

조주석 앞으로는 강단에서 신앙과 지식이 균형을 갖춘 설교도 나와야 할 것 같아요. 목사님의 설교를 스스로 평하신다면 그런 균형을 갖추었다고 생각하십니까?

박영선 전혀 못 갖췄죠. 저는 이 시대의 산물입니다. 앞선 믿음의 선배들이 저에게 물려준 것에 제가 뭐를 하나 더한 몫을 했기를 바랍니다. 더 많이 보완을 해야 된다는 것을 우리 모두 다 알고 있어야 합니다.

교회가 더 풍성해지려면

조주석 다원주의 사회에서는 교회가 무척 중요하다는 생각이 듭니다. 왜냐하면 하나님의 백성인 교회가 사회 속에서 복음의 해석자로 존재해야 한다고 주장하셨기 때문입니다. 이런 주장에 대해서 목사님은 어떻게 생각하세요?

박영선 사실 그렇습니다. 한 개인이 신앙을 갖는 건, 단독 드리블을 해서 골을 넣어야 하는 것과 같아요. 그러나 교회라는 것은 축구로 비유하면 11명의 팀을 갖는 겁니다. 그래서 패스가 이루어집니다. 한 선이 평면을 갖는 것과 평면이 입체를 갖는 것처럼, 차원의 다름이 이뤄집니다. 한 개인이 갖는 신앙이 삶의 궤적 속에서 증거할 수 있는 것과 교회를 통해 기독교 신앙이 증거될 수 있는 바는 차원이 다릅니다. 내용의 폭과 부요함에서 비교가 안 되지요. 교회는 그래서 하나님이 세운 기관입니다. 교회의 중요성을 너무들 모르니까, 자꾸 신앙이 개인화되죠. 사유화되고 욕심과 연결되고 이익의 수단이 되어 사회 앞에 힘을 못 쓰게 되는 것 같습니다.

조주석 그 점은 우리 한국교회가 많이 생각해야 될 부분 같아요. 그래야 기독교가 값싼 기독교가 아니라 참으로 은혜의 종교, 진리의 종교라는 게 드러날 수 있을 텐데, 이 지점에서 무너지는 것 같습니다. 실용적인 것을 추구하기 때문에 그런 것 같아요.

박영선 예전에는 아마 이랬던 거 같습니다. 결사각오라는 것으로 교회가 어쨌든 세상 앞에 구별된 공동체가 됐어요. 그러나 거기도 신앙의 더 깊은 교제나 다양함이나 풍성함에서는 많이 부족했던 건 사실입니다. 그 시대에 할 수 있는 걸 최선을 다한 것으로 인정하더라도, 우리가 계속 그런 모습으로 이어오는 것이 교회의 책임을 다한 것이라고는 말할 수 없죠. 그러니까 오늘날 우리가 교회를 더 풍성하게 만들기 위해서 교회사적 통찰과 지성적 노력을 병행해야 합니다. 교회의 필요성에 대해서 걸림돌이 되는 개인적인 이기주의, 교회가 가지는 사명에 대한 이해 부족, 신학에 대한 이해 부족, 이런 것들이 극복되려면 결국 시간이 필요합니다. 한국교회가 무너졌다기보다 더 풍요한 내용의 부름 앞에 와 있는 것입니다.

조주석 그 지적이 참 좋은 거 같습니다. 그러면 신앙의 문제를 개인적 가치의 문제가 아닌 공적인 진리의 문제로 말하려고 할 때 설교자는 어떤 점을 더 준비해야 할까요?

박영선 세상 사람들과 우리하고는 동일한 환경 속에 있어요. 그것을 신앙으로 담아내야 합니다. 그러면 우리는 공적인 발언권을 갖게 됩니다. 그런데 그걸 못하고 있지요. 우리가 개인적 차원에서는 신앙을 지키면서도 공적인 영역에서는 안 하거든요. 신우회는 만들어도 한 직장인으로서 정직하고 진실하게 사는 것, 윗사람이 아랫사람들을 그리스도의 사랑으로 돌보는 것, 이런 문제들은 아직 실천되지 않고 있어요.

복음으로 세상을 해석하도록 하는 설교가 나와야 한다

조주석 지금까지 성화를 주요 내용으로 설교해 오셨는데, 앞으로 목사님의 설교에 어떤 내용이 더 들어와야 한다고 생각하십니까? 이 문제를 생각하려면 아마도 기독교 신앙은 세계관을 갖는다는 이야기부터 먼저 해야 할 것 같습니다.

박영선 기독교 세계관이라는 것이 오해되면, 약간 단순하게 생각하면 '세상을 교회로 만들자'가 됩니다. '우리가 갖는 믿음과 진리와 영생을 온 세상에 충만케 하여 기독교화하자'고 생각할 수 있습니다. 그건 깊은 생각 없이 가지는 승리주의적 세계관일 수 있습니다. 그런데 막상 해보면 세상이 쉽게 항복을 안 하니까, 이분화해서 세계와 교회 이렇게 둘로 나눕니다. 신앙의 영역과 세상의 영역으로 나눈 채 신앙생활이라는 것이 결국 현실 세상은 외면하고 자기 영역을 신앙 영역으로 축소하고 맙니다. 그래서 기독교 세계관을 갖는다는 것의 의미는 '하나님이 구원의 하나님일 뿐만 아니라 창조의 하나님이시다. 온 우주와 역사의 하나님이시다. 그 속에서 일하신다'고 믿어야 합니다. 그러니까 모든 영역과 시간을 하나님의 통치로 이해하고 그 속에서 우리의 신자 된 책임을 다할 뿐 아니라, 아직 납득되지 않거나 아직 확실히 드러나지 않은 세상의 모습과 환경에 대해서 낙심하지 말고 신자로 살아가게 하시는 하나님의 일하심의 크고 신비함을 인정할 수 있어야 합니다. 자신의 몫과 책임을 지고 일상을 살아가야 합니다. 그게 기독교 세계관이라고 저는 생각합니다.

조주석 기독교 세계관이라는 것은 한국에서는 70년 후반, 80년대 들어와서 유행이라고 할 정도로 확 일어났다가 지금은 예전만 못한 것 같습니다. 하지만 강단뿐 아니라 다른 식으로도 그런 깊은 이야기가 나와야 할 것 같은데, 우리의 설교는 아직도 속죄의 십자가 범주를 벗어나지 못하는 것 같습니다.

박영선 우리가 오해하기 쉬운 것 중 하나가, 예수를 믿고 하나님의 자녀가 된다는 것을 굉장히 간단하게 그리고 너무 쉽게 생각하는 경향이 있어요. 그게 무슨 뜻이냐면, 세상 전체를 하나님의 통치 아래서 이해하고 우리가 그 속에서 하나님의 백성으로 살아야 한다고 했을 때 다가오는 오해 중 하나가 눈에 보이는 변화가 없어 보인다는 겁니다. 하나님의 일하심이 신비하고 너무 커서 우리 눈으로 확인되지 아니할 때 우리는 어떻게 해야 합니까? 하나님께 맡기고 믿음을 가지고 살아야 합니다. 그런데 그만 그 부분을 너무 급하게 요구하게 되면 구원의 감격이라든가 헌신이라든가 하다못해 세계관이라는 것까지도 너무 성급하게 확인하고 싶은 나머지 너무 간절해서 한 신자의 인생 내내 지속되는 인내로 연결되지 못하곤 합니다. 우린 정말 죽어야 하고, 누룩 같아야 하고, 삼켜 버린 바 된 것이 되어야 합니다.

조주석 기독교는 구원을 줄 뿐 아니라 자신이 살고 있는 현실, 다시 말해 세상을 해석할 수 있는 힘도 가지고 있습니다. 그런데 신자들 가운데 세상에 대한 이해는 풍부하나 믿음은 적은 분들이 있습니다. 그러니 자신이 가지고 있는 세상 지식으로만 삶과 현실을 해석하고 끝내는 경우가 많습니다. 그래서 이런 현실을 극복하려면 강단이 풍요로워져야 한다고 생각합니다.

박영선 맞아요. 강단에서 해야 합니다. 복음의 능력이라는 것은 굉장한 것이거든요. 부활 생명이란 죽음을 이기는 겁니다. 우리가 전도하러 나갈 때는 죽은 영혼을 만나는 거예요. 죽은 영혼이라는 것은 감각이 없습니다. 감각이 없는데 무슨 논리나 열심이나 성의가 통하겠습니까? 안 통하는 겁니다. 하나님이 한 사람의 영혼을 기적적으로 부르시듯이 세상을 구원하신다는 것을 우리는 복음에서 확보해야 합니다.

조주석 그러면 목사님께서는 이제까지 쭉 해오신 설교가 세계관을 담은 설교였다고 자평하실 수 있으신지요?

박영선 시작은 이렇게 된 거죠. 대부분의 설교는 내가 관심을 갖고 갈증을 느꼈던 것, 또는 내가 기대하고 알고 있는 성경의 구원이나, 내가 자라날 때 들었던 강단에서의 설교와 관계가 있습니다. 우리가 할 수 있는 것은 진실과 열정만 있으면 되는 것으로 격려 받았습니다. 그러니까 "이건 아닙니다", "이렇게 쉽지 않습니다"라는 게 사실은 전 생애에 걸쳐서 제일 많았습니다. 그런데 "그것이 아니라면 답은 뭐냐" 해서 연구를 하게 됐어요. 고민 고민하다 보니, 나 혼자만 고민한 게 아니라 여러 사람이 고민했더라고요. 그런데 그것이 주류를 이루고 있지는 않더라고요. 그래서 그런 사람들과 그런 글을 만나는 데 오래 걸렸어요. 그래도 중간중간에 쓸 만한 깨우침은 있었던 것 같아요. 예전에 했던 설교들을 보면 벽에 구멍을 내는 것 같은 느낌이 드는 설교를 한 것 같습니다. 지금 우리가 나눌 수 있는 수준에서 쭉 해왔다고는 이야기 못 하죠.

조주석 "쓸 만한 깨우침"이라고 하셨는데 그게 뭔가요?

박영선 은혜에 대해서 일찍 알게 된 겁니다. 은혜라는 것은 하나님 쪽이 조건을 가지는 것이지 우리가 가지는 조건이 아니라는 것이었죠. 그리고 구원과 복음의 능력이라는 것도 천국 가는 정도가 아니라 이 세상에서 천국을 누리게 하는 것이지만, 이 세상에서는 고통을 겪을 수밖에 없게 한다는 것이었죠. 설교에서 이 두 가지 주제를 전했습니다.

삶의 현장에 대해 솔직하게 고민하는 설교

조주석 앞으로 목사가 되려고 하거나 또는 이미 목사가 된 젊은이들이 신앙의 문제를 개인적인 것만이 아니라 공적인 문제도 된다라는 인식을 갖고서 설교를 해야 한다는 생각이 듭니다. 사실 그래야만 교회가 변할 수 있고 개인이 변할 수 있겠지요.

박영선 설교자가 교인들을 위할 것 없이 자기 삶의 현장에 대해서 솔직하게 고민하면 그 설교는 당연히 그런 문제를 담아낼 수 있어요. 그런데 우리 목사들은 사실 공적인 삶을 사는 게 어려워요. 나가면 목사로 대접을 받는 까닭에 치외법권 속에 있어요. 따라서 본인이 자신의 삶에 대해서 치열하게 물어야 합니다. 다 담아내지 못한 본인의 문제들을 성경과 씨름하고 하나님 앞에 기도함으로써 설교에 담아내야 합니다.

조주석 목사님 자신의 예를 드신다면…….

박영선 '지금 우리 한국교회 성도들이 어떻게 변화해야 되느냐', '책임 맡은 종들이 어떻게 변해야 되느냐'에 대한 것은 뭐 어쩔 수 없이 같이 묻어 나오는 이야기입니다. 제가 맡았던 일은 '우선 성경이 하는 이야기라도 다 해놓고 보자' 이거였습니다. 그러다 보니 전공과 상관없이, 전공이 따로 있었던 게 아니고, 이것저것 다 다루게 되었어요. 그렇게 한 것이 안목을 가지고 했던 게 아니라 살면서 부딪친 이야기를 한 겁니다. 아까도 말했던 요한복음만 해도, 어떤 안목을 가지고 요한복음을 풀어 나간 게 아니라 그 구절과 내 인생 경험 속에서 부닥친 이야기를 했던 겁니다. 그냥 살다 보니까 이 문제에서 이게 걸리더라, 저게 걸리더라 한 것이었어요. 그래서 비뚤비뚤 갔고 건드린 주제도 다양해요. 여기저기 다 뛰었는데, 한마디로 이야기하자면 '삶을 진지하게 신앙적으로 살려고 씨름했다', '몸부림을 쳤다' 그런 연속성밖에 없어요.

조주석 한국교회에는 신학자들도 많이 있고 선교사들도 있고, 일반 학자들도 있고, 목사들도 참 많습니다. 그 숫자나 지적인 차원에서 보자면 세계 어느 나라와도 비교할 수 없을 만큼 대단하다고 생각합니다. 이러한 부요함을 앞으로 어떻게 선용해야 할지 그 점이 굉장히 중요할 거 같아요.

박영선 제가 가지는 신앙의 이상한 원론이 있는데, 하나는 비관론이고 다른 하나는 낙관론이에요. 비관주의적 낙관론자입니다. '현실은 늘 우리가 걱정해야 하는 현실일 것이다, 그러나 결국은 하나님이 은혜로 승리케 하실 것이다' 이겁니다. '우린 늘 걱정하고 고민하고 기회 있을 때마다 이런 것 조심해야 한다, 준비해야 한다고 이야기하지만, 그렇게 되지 않는 현실을 보며 현실 속에서 살아야 될 것이고, 밤낮 한숨 쉬고 걱정을 하는 게 우리의 주 임무일 것이다. 그러나 하나님이 실패하지는 않으실 것이다.' 이런 말이 안 되는 이중성을 갖고 있습니다.

조주석 손봉호 교수께서 잘 쓰시는 말씀인데, 선지자들의 비관주의와 상당히 일맥상통하는 이야기 같군요.

박영선 아, 그렇네요.

조주석 오랫동안 인터뷰에 응해 주셔서 감사합니다.

시간 속에서 일하시는 하나님

2부
자유와 사랑

10

예수, 세상의 판을 바꾸다

———

그는 후반기 설교 사역에 접어들면서 누가복음을 가지고 설교한다. 그렇게 2년 동안 설교한 다음 사사기 설교에서 예수님을 '한 줄기의 빛'으로 소개하고 있다. "이처럼 '죽고 죽이고'가 누적되고 반복되어 온 것이 인류의 역사입니다. 이 죽고 죽이는 일을 뚫고 들어오는 한 줄기의 빛은 예수 그리스도뿐입니다."

예수 그리스도는 역사를 뚫고 들어온 한 줄기의 빛이시다. 그는 대적자들이 자기를 위협하고 몰아내려는 현장에서 돋보인 세상의 빛이었다. "예수님을 믿어야만 예수님의 역할이 있는 것이 아닙니다. 예수님을 반대하고 곡해하는 곳에서도 그는 진리이십니다. 복음서에 보면 예수님과 다투는 이야기가 많이 나옵니다. 이 싸움은 뭐냐 하면, 진리가 아닌 것으로 진리를 위협하고 몰아내려 할 때 벌어지는 현상입니다. 그 싸움으로 진리가 자꾸 돋보이게 됩니다."

그가 전한 예수님이 어떤 분이신가를 놓고 여러 이야기를 나누었다. 그것은 성육신, 하나님 나라, 십자가 사건, 부활의 역사성에 관한 것이다. 그는 성육신을 이렇게 말한다. "'우리가 만들어 놓은 어떤 죄, 우리가 만들어 놓은 저주까지 하나님이 끌어안고 우리와의 관계를 회복시키고자 우리의 자리에 오셨다'는 것이 바로 성육신이라는 것입니다." 하나님이 우리와의 관계 회복을 위해 우리의 죄와 저주까지 끌어안고 우리의 자리에 오신 사건이라는 것이다.

그래서 그것은 "하나님의 방문"이다. 방문이라 하면 한 번 와서 만나고 간 것 같은 것으로 생각할 수 있겠지만 그런 방문은 아니라고 잘라 말한다. "예수님은 이 땅에 오셔서 인생을 사십니다. 하나님이 인생을 사십니다. 인생이란 질고와 무지 속에서 하나의 존재로 살아가는 것입니다.……성육신하신 예수님은 우리의 모든 경우를 당하십니다."

이렇게 이해할 때 "예수님의 동정녀 탄생은 인간의 요구나 의지와 상관없는 일"인 것이다. 동정녀 탄생을 기적이냐 아니냐 하는 문제로만 보려는 인간의 태도에 단호히 선을 긋는 것이 분명하다. 그의 오심은 우리의 요구나 뜻과 상관없는 일로서 역사에 들어온 하나님의 은혜요 선물이다. 따라서 우리가 믿음의 은혜를 말할 때 어디에서 속고 있는지도 꼬집어 이렇게 말하는 것 같다. "그것은 너무나 당연한 것인데 우리가 속고 있습니다. 우리가 은혜를 받은 다음에는 자기가 믿었다고 우깁니다."

그는 한참 후에 히브리서를 설교한다. 그때 성육신을 가리켜 "하나님의 본문 곧 텍스트"라고도 말한다. 즉 "우리가 겪는 역사나 인생에서 일어난 무슨 사고나 자신이 이룬 무슨 성공을 텍스트라고 생각합니다. 그런데 '텍스트는 예수다'라고 함으로써 우리가 겪는 일들은 텍스트가 아니라 콘텍스트가 되는 것입니다. 그런데 우리에게서 텍스트는 '나'이거든요. 나는 늘 쩔쩔매고 능력이 부족하고 도망가는 '나'이지만, 텍스트가 '예수'가 되면 우리의 제한과 실패들을 다시 볼 수 있게 됩니다. 예수님은 텍스트이시고 우리는 그 텍스트를 이어받고 있습니다. 세상은 다 콘텍스트입니다. 우리가 텍스트라고 생각하는 성공, 평안, 형통, 능력도 다 콘텍스트입니다." 설교에 텍스트와 콘텍스트를 도입함으로써 그의 사유 방식은 더욱 확대된다.

예수께서 선포하신 하나님 나라를 그는 아주 실제적으로 말한다. "하나님 나라가 임했다는 것은 우리에게 자유를 주시고, 그 자유가 선택할 기회를 주며, 그 기회에 우리의 시행착오가 용납되고, 사랑을 책임지는 자리까지 우리를 인도하는 것을 포함합니다.······죄와 사망의 법이 모든 것을 소멸하고 헛되게 하고 거짓되게 하고 망하게 하는 것이라면, 생명의 성령의 법은 비가 오면 비가 와서 크고, 해가 나면 해가 나서 크게 한다는 것입니다. 이것이 하나님 나라입니다. 예수께서 오심으로써 이 나라가 열린 것입니다. 그 나라가 이미 열렸고 이미 시작이 됐는데, 사람들이 예수님을 믿는데도 자기의 실패를 회개해서 지워 버려야 할 것으로만 생각하지 그 실패를 한 번 한 훈련으로 생각하지 못합니다.······하나님은 우리로 당신을 사랑하게 만드는 과정에서 우리가 쓸 만해지면 데려가십니다."

그는 예수님의 죽음과 부활을 어떻게 말하는가? "예수님의 죽음이 우리의 기대를 다 뒤집는 것이라면, 부활은 우리의 절망을 다 뒤집어 놓는 것입니다. 십자가 처형 사건이 우리가 기대했던 메시아를 뒤집는 것이라면, 다시 말해 우리가 기대하는 성공을 뒤엎는 사건이라면, 부활 사건은 우리의 모든 절망과 한계와 환경과 역사까지 뒤집어질 수 있다는 것을 알게 되는 장면이라는 것입니다."

그러니 그는 '예수님의 죽음'을 이렇게 말할 수 있었을 것이다. "예수께서 길을 내는데 우리한테 감동을 요구할 필요가 없습니다. 그냥 예수께서 길을 내시는 것입니다. 그러면 우리는 그 길을 다닐 수 있습니다. 그러니까 예수님은 공사하러 오신 분과 같습니다.……제일 놀라운 것은 죽음이 부활을 담는다는 것입니다.……죽음이 없으면 부활이 부활 되지 않습니다. 그게 참 기가 막힙니다. 우리로서는 죽음이라는 것은 상처요, 흠집입니다. 그것이 무엇을 하는 데 도움이 된다든지 받침대가 되리라고는 생각하지 않습니다. 예수께서 너희가 나를 따르려면 죽어야 한다고 하셨잖아요. 자기를 부인해야 한다는 것은 노력해서 되는 게 아니라 실제로 죽어야 하는 것입니다."

그는 복음서에 나타난 부활의 사실성을 예리하게 관찰하고 소름 돋게 표현한다. "부활 장면에 축포를 쏘는 축하와 모든 사람의 환호 같은 분위기가 없고 오히려 의심과 시기와 혼란, 망설임 같은 것들로 전체적인 분위기가 형성되어 있다는 점입니다." 그런데 "환호는 오순절에서 나왔습니다. 참 놀랍습니다."

그는 히브리서도 설교했다. 이 설교를 근거로 "우리를 위해서 예수님은 하늘 보좌에서 대제사장으로서 어떤 사역을 하고 계실까요?"라고 묻자 이렇게 답한다. "대적자들 앞에서 승리자로서 어떻게 섬김의 자리에 들어가 있을 것인가를 우리더러 새로 열어 보라고 하십니다.……작은 야생화 하나가 피어나면 풍경을 바꿔 놓듯이, 우리도 세상을 그렇게 바꿔 놓는 것입니다. 대제사장으로서 예수님이 그런 일을 하고 계신다고 믿습니다."

한 줄기의 빛

조주석 제가 목사님과 나눈 이야기가 대담집으로 출간된 지 어느덧 10여년이 지났습니다. 그때 25년 목회에 대한 소회를 묻자, "저는 하나님의 위대함을 시간 속에서 더 많이 알게 되었습니다"라고 말씀하셨어요. 이제 후반기 설교 사역을 돌아보신다면 어떻게 이야기하실 수 있을까요?

박영선 시간을 이야기한 것은 과정이 있다는 것이고, 과정이란 구체적이라는 말입니다. 작게는 인생이고, 크게는 역사라는 것이지요. 그런데 우리는 여러 경우들에서 잘잘못을 가리고 하나님 앞에 다시 돌아오고 하는 식으로 쳇바퀴만 돌더라는 것입니다. 이런 경우들은 그냥 통과해야 하는 어떤 눈금들입니다. 실력이 자라나게 되면 우리에게 주어진 약속들 안에서 자기 자신을 인격적이고 종합적이고 총체적인 현실과 함께 이해할 줄 알아야 합니다. 처음에는 뭔지 몰라서 못 하겠지만 나중에는 알아도 못 합니다. 아는 것이 힘든 것 이상으로 아는 것을 행하려면 실력이 보태져야 합니다. 우리는 시간 속에서 전에 몰랐던 것을 알게 되지만, 아는 것을 행할 수 있는 실력도 갖추게 될 것입니다. 거기에는 무한한 시행착오도 있습니다. 그 시행착오가 잘못이라고만 생각할 것이 아니라 실력이 쌓여 가는 다른 어떤 것으로 이해해야 합니다. 그러니까 한 번 실수하거나 실패할 때 그것에 대해서 회개하는 식으로 만회하려고 든다면 그 잘못이 내게 하나의 연습으로서 어떤 유익이 되는 것이 아니라, "나는 안 된다" 하는 식으로 이해될 수 있다는 것입니다. 그것이 가장 무섭습니다. "오늘 못했으면 다음에는 잘하겠다. 다음에 안 되면 그다음에 내가 잘하겠다. 이렇게 해서 내가 큰다." 그것이 하나님이 우리에게 하신 약속이라고 이해해야 합니다. 아브라함이나 야곱에게 하신 약속도 "결국 내가 그것을 성취할 테니 너는 걱정하지 말라"는 것이거든요. 저의 후반기 설교에서 아브라함에 대한 이해가 이런 식으로 더 나아가게 되었습니다. 아브라함은 창세기 12장에 등장하는데 느닷없이 하나님이 "너는 복의 근원이 될 것이다"라고 하십니다. 그것은 아담에게서 볼 수 있는 것하고 똑같습니다. 아담보고 "너 이거 먹으면 죽는다"고 하신 것처럼, "내가 너를 복의 근원으로 삼고 땅의 모든 족속이 너로 말미암아 복을 얻게 하겠다"고 하신 것입니다. 인류의 대표가 저지른 실수를 아무도 회복시킬 수 없지만, 하나님이 오셔서 회복해 주시겠다는 것입니다. 다시 말해, 그것은 창조 세계와 인류의 운명을 놓고 당신의 창조 목적에서 뒤로 물러나겠다든지 타협하시겠다든지 포기하시겠다고 하는 것이 아니라는 것입니다. 12장에서 아브라함이 부름을 받지만, 그것은 단지 하나님의 약속이 전부일 뿐입니다. 그리고 22장에 가서야 아브라함의 반응이 드디어 나타납니다. 그가 이삭을 바친 것입니다. 하나님이 이를 두고 스스로 맹세하십니다. 내가 네게 큰 복을 줄 뿐 아니라, 네 씨로 말미암아 천하 만민이 복을 받게 될 것이라고 다시 확인해 주십니다. 이 재확인은 이런 것입니다. "이삭을 바쳐서 내가 만족한다. 내가 너를 신임한다"고 하는 뜻이 아니라, "이것이 내가 너를 부른 목적이다"라고 알려 주시는 이야기라는 것입니다. 이것이 아주 중요합니다.

조주석 그러니까 그 시간이라는 것은 우리를 부르시고 뜻하신 하나님의 목적과 관계가 있다는 말씀이시군요. 하나님의 부르심이 시간 속에서 어떤 실력, 명예, 다시 말해 열매로 드러나야 한다는 말씀으로 이해됩니다.

박영선 이때 우리는 자신의 신앙의 삶을 놓고서 잘잘못으로 가려내려 하지 말고, 그것을 명예와 수치로 나누자는 것입니다. 그 잘못한 것에 대해서는 잘못한 것이니 벌을 받아야 하고 또 잘한 것은 잘한 것이니까 상을 받아야 한다는 식으로 말하지 말자는 것입니다. 신앙생활을 스스로 점검할 때 '내가 어찌 이리도 부끄러운 짓을 했을까' 하고 돌이켜 보고서 명예로운 일을 하기 위해 그 모든 것을 감수해야 합니다. 이것이 하나님이 원하시는 태도, 결정, 자세라는 것입니다.

조주석 바울 사도께서 우리의 수고가 어떻게 드러날 것인가 하는 것에 대해 고린도전서에서 이야기하는 장면이 나옵니다. 거기서도 보면 구원을 받느냐 못 받느냐 하는 문제로 나눈 것이 아니라 그들이 한 것에 대한 부끄러움과 명예를 거론하고 있는데 목사님의 말씀과 겹쳐지는 것 같습니다.

박영선 그런데 우리는 그 열매를 자꾸 수량으로 생각하는 것 같습니다. 열매를 수량적으로 보는 것은 팔아먹으려는 심사 곧 누군가에게 과시하려는 심사인데, 그렇지 않습니다. 열매는 아름다움의 결실이라는 것입니다.

조주석 그러니까 전반기와 후반기 설교 사역에서 하나님의 위대하심을 시간과 열매라는 큰 범주 속에서 깨닫게 되셨다는 말씀 같습니다. 그러면 이제 이야기의 주제를 돌려서 예수님에 대해 이야기를 나누고 싶습니다. 왜냐하면 후반기 설교 사역 초반에 근 2년에 걸쳐 누가복음을 놓고 설교하셨기 때문입니다. 그리고 2년이 더 지난 뒤 사사기 설교에서 이런 이야기를 하셨어요. "이처럼 '죽고 죽이고'가 누적되고 반복되어 온 것이 인류의 역사입니다. 이 죽고 죽이는 일을 뚫고 들어오는 한 줄기의 빛은 예수 그리스도뿐입니다"(『다시 보는 사사기』).

박영선 제가 지금 기억은 안 나는데 누군가 "진리란 개념이 아니고 역사다"라고 이야기했습니다. 보통 "역사의 주인은 예수다"라고 말하는 것이 통상적인 이해입니다. 그런데 역사에 예수님이 들어오셨다고 하는 것은 그보다 더 크다는 것입니다. 왜냐하면 예수님이 들어오시지 않은 콘텍스트에도 진리이신 그가 존재하기 때문입니다. 진리가 부정적으로든 소극적으로든 외면당하는 어떤 곳에서라도 존재한다는 뜻에서 말입니다. 예수님을 믿어야만 예수님의 역할이 있는 것이 아닙니다. 예수님을 반대하고 곡해하는 곳에서도 그는 진리이십니다. 복음서에 보면 예수님과 다투는 이야기가 많이 나옵니다. 이 싸움은 뭐냐 하면, 진리가 아닌 것으로 진리를 위협하고 몰아내려 할 때 벌어지는 현상입니다. 그 싸움으로 진리가 자꾸 돋보이게 됩니다. 사람들이 진리라고 믿고 싶고 진리라고 우기고 싶은 것들은 가짜로 드러나기 때문에 그런 것입니다. 예수님은 사람들이 만든 진리를 가지고 진리라고 믿고 사는 데 오셔서 우리에게 도전하십니다.

조주석 그러면 예수님을 믿는다고 할 때 기독교 신앙에서 말하는 핵심은 무엇일까요?

박영선 예수님을 믿는다고 하면 우리 한국교회도 익히 아는 "하나님이 우리를 사랑하셨고, 우리의 죄를 대속하러 오셨으며, 우리에게 부활을 주셨다"하는 것들입니다. 이것들이 예수님으로 대표되는 것입니다. 예수님의 오심은 임마누엘입니다. 그 말은 잘 아시는 대로 하나님이 우리와 함께하신다는 뜻입니다. 여기서 '함께'라는 말을 요한복음 17:21에 나오는 예수님의 기도와 연결시켜 생각해 보지요. 그 말은 "아버지께서 내 안에, 내가 아버지 안에 있는 것같이 그들도 다 하나가 되어 우리 안에 있게 하사 세상으로 아버지께서 나를 보내신 것을 믿게 하옵소서"라는 말씀에서 그 의미가 드러난다고 생각합니다. 그러니까 예수님의 오심은 하나님이 우리와 당신을 묶으시는, 원래 묶여야만 하는 일의 구체적인 사건입니다. 이 사건은 추상적인 것이 아니라 구체적인 것입니다. 그 말은 내가 운동도 하고, 맛도 느끼고, 묻기도 하고, 상대가 있고, 내가 있다는 것을 다 포괄한다는 뜻입니다. 추상명사들은 그런 구체성을 갖지 못하잖아요? 내가 상대에게 말하고 그 상대가 반응하는 이런 관계는 거기에 없습니다. 하나님의 일하심의 가장 큰 본질은 그런 관계성입니다. 삼위일체 하나님을 말할 때마다 우리가 고백하는 것은 하나님이 우리를 그 교제 가운데로 부르셨다는 것을 확인하는 것이죠. 역사적 사건은 우리가 외면할 수도 없고, 변경할 수도 없습니다. 어떻게 예수님의 죽으심이라는 사건을 우리가 다른 것으로 바꿔 놓거나 무효화할 수 있겠습니까? 하나님과 우리와의 단단한 관계는, 로마서 8장에서 "우리 주 그리스도 예수 안에 있는 하나님의 사랑에서 끊을 수 없으리라"(롬 8:39)고 한 바울 사도의 말씀에서 확인할 수 있습니다. 하

시간 속에서 일하시는 하나님

나님은 아담의 범죄를 지워 버리신 것이 아니라, 그 범죄의 역사를 이어 역사를 진행시켜 나가십니다. 하나님은 그 범죄를 콘텍스트 즉 문맥으로 사용하시겠다는 것입니다. 따라서 고통이나 절망 같은 것은 부정적인 것이요 죄된 것은 생각도 하면 안 된다고 할 수 없다는 것입니다. 하나님은 그런 것들조차도 당신의 일하심에서 쓰십니다. 아브라함이 믿은 하나님은 무에서 유를 창조하시고 죽은 자를 살리신 하나님이시기 때문입니다. 그래서 우리도 그런 것을 가치 있게 보자는 것입니다. 여기서 일어나는 오해는 '그런 것이 가치 있다면 그럼 일부러 죄를 더 지어야 하겠는가' 하는 문제일 겁니다. 로마서 6장에 나오는 이야기입니다. 그 질문은 나와야 합니다. 그것을 우리의 경험, 우리의 현실로 갖자는 것입니다. 하나님은 그런 현실 속에 들어오셔서 일을 하십니다. 그렇게 일하심으로써 그런 소극적이고 부정적인 현실을 더 크고 긍정적인 것으로 바꾸십니다. 창조보다 부활이 더 크지 않습니까?

성육신, 하나님이 누추한 데 오시다

조주석 이런 구체적인 차원에서 성육신을 한마디로 어떻게 말할 수 있을까요?

박영선 성육신은 하나님이 우리와 같은 지위와 자리에 오신 것입니다. 그러니까 '하나님이 여기 누추한 데까지 오셨다', '하나님의 사랑이 그렇게 지극하다고 이야기하는 것보다 훨씬 크게, 우리가 만들어 놓은 어떤 죄, 우리가 만들어 놓은 저주까지 하나님이 끌어안고 우리와의 관계를 회복시키고자 우리의 자리에 오셨다'는 것이 바로 성육신이라는 것입니다.

조주석 목사님께서는 성육신을 가리켜 "하나님의 방문"이라고도 하셨어요

(『섬김으로 세우는 나라』).

박영선 방문이라고 하면 한 번 와서 만나고 간 것 같은 느낌이 드는데, 예수님은 이 땅에 오셔서 인생을 사십니다. 하나님이 인생을 사십니다. 인생이란 질고와 무지 속에서 하나의 존재로 살아가는 것입니다. 요한복음에서는 예수님의 기적을 표적이라고 표현합니다. 그 말은 자신이 누구인가를 알리시려고 행한 일이라는 뜻입니다. 결코 당신의 인생을 편하게 하려고 그런 초월을 도입하신 적이 없습니다. 「패션 오브 크라이스트」라는 예수님의 수난을 다룬 영화가 있었습니다. 예수님이 얼마나 고통스러운 수난을 당하셨는가에 초점을 맞추고 있습니다. 영화 「벤허」를 보면, 마지막 장면에서 벤허가 어머니와 동생을 찾아 예루살렘에 들어갔다가 사람들이 거기 없는 것을 봅니다. 그때 예수님이 십자가를 지고 계단으로 오르면서 쓰러지는 장면이 나옵니다. 여기서 신자들이 가질 수 있고 저도 느꼈던 공통된 어떤 분노가 있습니다. 우리는 약한 하나님을 보는 것이 싫습니다. 그런데 제가 요한복음을 설교할 때 수가 여인 이야기를 다루다가 이런 이야기를 했어요. 하나님은 거기에 절대 초월을 도입하지 않으십니다. 수가 여인과 예수님의 대화를 보면, 거기에 어떤 초월도 등장하지 않고 다만 두 사람의 대화만 등장합니다. 이 대화에서 예수님은 그 여인의 형편에 대하여 이해하고 공감함으로써 그녀를 항복시킵니다. 저는 그것을 대단히 크게 봤습니다. 성육신하신 예수님은 우리의 모든 경우를 당하십니다. 예수님에 대한 몰이해와 분노와 시비가 있고, 그가 왜곡을 당하고 수난을 당하십니다. 다 우리 인생에 있는 것들입니다. 예수님이 우리 인생에 있는 것을 모두 겪으십니다. 그러니까 처음에 이야기한 대로 아담이 만들어 놓은 저주를 예수께서 없이 한다기보다, 그 저주를 다 콘텍스트에서 다른 것으로 변환시킵니다. 그 주인공이 예수님이시고, 거기에 인류를 같이 담고 싶어 하십니다. 이렇게 저한테는 성육신이 너무나 크게 비쳤습니다. 성육신의 특이한 점은 예수께서 부활하시고 휙 가신다는 것입니다. 그리고 "이제 너희가 해라" 하십니다. 요한복음 14장에서 제가 크게 감동한 것은 "내 이름으로 무엇이든지 내게 구하면", "나를 믿는 자는 내가 하는 일을 그도 할 것이요 또한 그보다 큰일도 하리니"(요 14:12, 14)라는 말씀입니다. 내가 아버지께로 가는데 너희는 나보다 더 큰일도 할 것이라고 하십니다. 하늘과 땅의 모든 권세를 쥐신 예수께서 친히 하시지 않고 우리를 보내서 하나님의 일을 하라고 하십니다. 우리는 이 세상에서 갖는 한계와 부족함 속에서 하나님의 일을 하라고 부름을 받습니다. 그래서 우리가 늘 부족함을 느끼듯이, 그리고 세상이 못 알아먹듯이 그렇게 보냄을 받은 것이 예수님이 와서 한 일의 반복이라는 것입니다. "예수님이 이렇게 사셨구나. 그리고 지금 내가 이렇게 사는 것이 최선의 방법이구나" 하는 것을 알게 하신다는 것입니다.

조주석 어느 신약학자가 성육신과 우리와의 관계 문제를 다루면서 "보내심의 공식"이라고 표현하더라고요. 많이 공감이 갔습니다.

박영선 우리는 억울해하거나 좀 더 많은 능력을 요구하는데, 예수님은 우리가 처한 똑같은 정황 속에서 일을 하셨습니다. 그것이 최선입니다. 고린도전서 1장에 나오는 대로 십자가는 "하나님의 지혜"요 "하나님의 능력"입니다. 저는 거기서 모든 개념이 뒤집혀야 한다고 생각하게 되었습니다. 우리가 고통이다, 실패다 하는 것의 정의가 달라지는 것이지요.

조주석 예수님을 믿음으로 생명을 갖게 된다는 것은 우리의 존재를 그대로 두신 채 우리 안에 생명이 있게 되었다는 뜻이잖아요? 너무나 신기하고 신비한 일입니다.

박영선 고린도전서 15장에 보면 부활 이야기를 하다가 사망을 조롱하는 이야기가 나옵니다. 우리가 마지막 날에 다 일어난다고 하면서 "사망아, 너의 승리가 어디 있느냐. 사망아, 네가 쏘는 것이 어디 있느냐. 사망이 쏘는 것은 죄요 죄의 권능은 율법이라"(고전 15:55-56)고 말합니다. 그리고 느닷없이 "우리 주 예수 그리스도로 말미암아 우리에게 승리를 주시는 하나님께 감사하노니 그러므로 내 사랑하는 형제들아, 견실하며 흔들리지 말고 항상 주의 일에 더욱 힘쓰는 자들이 되라"(고전 15:57-58)고 말합니다. 그러니까 "그때 정말 내가 왜 그렇게 미련한 짓을 했지" 하고 후회할 만한 사건이 자신에게서 없어지는 것이 아니라, 그 상처가 남아 있는 것이 유익이라는 것입니다. 자신이 잘못한 모든 것이 나를 만든다고 하는 것을 알게 될 때 하나님이 일하신다고 생각하는 데로 비로소 넘어올 수 있습니다. 이때 우리가 자신의 삶을 포기하지 않게 되는 것입니다. 사도 바울은 자신에게 사탄의 사자를 주셨다고 말하는데, 예수님은 "내 은혜가 네게 족하도다"(고후 12:7, 9)라고 말씀하십니다. 얼마나 놀라운 말씀입니까? 우리는 얼마든지 못난 반문을 할 수 있습니다. 그러나 로마서 6장 말씀에서, "네가 무엇 때문에 못난 짓을 일부러 하려고 하느냐" 하면서 그렇게는 하지 말라고 하지 않습니까? 잘 분별해서 더 멋있는 것을 행하라고 하십니다. 그러니까 못난 것까지 다 복이 된다는 것입니다. 그러나 멋있는 것을 하려면 실력이 필요하더라고요.

조주석 그렇게 말씀하신 것은 삶을 토막 내서 따로따로 보지 말고 전체적으로 보자는 이야기 같습니다.

박영선 그렇죠. 그런 연속성이 뭐냐 하면 '나'라는 존재입니다. 내가 변덕을 부렸다, 회개했다, 후회했다, 감격했다 하는 하나의 존재이지 않습니까? 그런 것들이 내 안에 누적되고, 서로 합력하여 선을 이룬다고 고백할 수 있습니다.

시간 속에서 일하시는 하나님

조주석 사람의 공과가 따로따로 나뉘어 쌓이는 것이 아니라, 삶 자체에 그냥 차곡차곡 쌓이는 것으로 보시는군요?

박영선 그렇습니다. 내 인격, 내 성품이 크는데, 저는 그것을 안목이 생기고, 분별이 생기고, 용기가 생긴다고 말합니다.

조주석 예수님이 그 땅에 오셨으나 사람들은 알아보지 못했습니다. 그 이유는 당시 유대인의 역사 현실과 맞물려 있었겠다는 생각이 듭니다.

박영선 당시 유대인이 만난 제일 큰 문제는 '율법과 은혜'라고 생각합니다. 사람은 율법의 행위로 자랑하고 정죄합니다. 나는 지켰고 너는 못 지켰다고 하는 질서 속에 있는 사람은 은혜의 질서를 만나면 화를 냅니다. 왜냐하면 그가 잘한 것이 소용없어지기 때문입니다. 그러나 은혜의 질서 속에 있는 사람에게는 감사가 있고 자기 자랑은 없습니다. 거기서 가장 크게 차이가 나는데, 율법과 은혜의 대조에서 우리가 오해하는 것이 이런 것 아닙니까? 율법 자체는 정죄하는 것인데, 그 정죄가 "너 망해라, 너 죽어라" 하는 게 아니라 그것이 우리를 은혜로 밀어낸다는 것입니다. 우리로 하여금 울부짖게 만들고, 자책하게 만들어 예수님을 만나게 합니다. 그래서 은혜는 율법이라는 그릇에 담깁니다. 이처럼 율법이 없으면 은혜가 은혜로 성립이 되지 않습니다. 그것이 바로 "율법을 폐하는 것이 아니다"라는 뜻입니다. 은혜가 어디에 담기게 됩니까? 내 잘못을 인정하는 것, 후회하는 것, 그리고 잘되지 않는 일에 반발하는 것 속에 은혜가 들어와서, 우리가 잘못하는 것을 잘할 수 있게 하는 예수님의 은혜와 성령의 사역을 배워 나가게 되는 것입니다.

조주석 예수님의 동정녀 탄생은 인간의 요구나 의지와 상관없는 일이라고 하셨어요. 『다시 보는 로마서』나 『다시 보는 히브리서』에서 말입니다.

박영선 그것은 너무나 당연한 것인데 우리가 속고 있습니다. 우리가 은혜를 받은 다음에는 자기가 믿었다고 우깁니다. 저는 동정녀 탄생을 이사야 7장하고 연결시켜 '시간 문제'라고 했습니다. 이사야서에서 동정녀 탄생은 처녀가 아이를 낳는다는 것에 핵심이 있지 않습니다. 처녀가 시집가서 아이를 낳아 그 아이가 악을 버리며 선을 택할 줄 알기 전에 북이스라엘이 망한다는 것에 핵심이 놓이는 그런 징조입니다. 그런데 신약에서는 이사야서와는 달리 그것을 끌어다가 시간을 바꿔 씁니다. 처녀가 아직 남자를 알기 전에, 시간상으로 시집가기 전에 아이가 잉태되어 태어나게 하십니다. 하나님이 이렇게 시간을 바꿀 수 있습니다. 우리도 종말론적 시간이라는 말을 많이 쓰는데, 어떤 결과가 일어나면 그 결과에 따라서 과거가 재해석되지 않습니까? 지금 우리가 어떤 자리에 있느냐에 따라서 과거를 돌아볼 때 어느 대통령에 대해서 "그는 잘했어", "아니야 그는 독재자야", 이런 식으로 바뀝니다. 어떤 저자가 성경 읽기는 추리소설을 읽는 것과 같다고 했습니다. 추리소설에서는 범인이 잡히고 나면 이야기가 쫙 풀리게 됩니다. 그런데 그 이야기를 잘못 연결시켜 이 사람을 범인으로 추측했는데 나중에 알고 보니까 그가 범인이 아닌 것입니다. 사람은 자기의 잘못된 과거를 가지고 내 인생은 망했다고 말할 수 있습니다. 그런데 그 결과가 다르게 나오면 과거의 잘못도 다 거꾸로 뒤집힙니다. "그때 내가 사람이 됐어", 이렇게 바뀝니다. "난 그 덕분에 겸손을 배웠어요", 이렇게 되지 않습니까? 그러니까 하나님이 우리한테 "종말은 승리다, 영광이다" 하고 못 박아 놓고서 우리에게 한번 해보라고 하십니다. 바로 그 시간이 현재라는 것입니다. "하나님이 승리와 영광을 보장하셨으니 너는 용감하게 한번 해봐라, 또 해봐라, 네가 될 때까지 역사는 끝나지 않는다." 이것이 우리에게 주어진 현재라는 시간입니다. 칠전팔기가 그와 같은 것입니다. 그때 그렇게 해서 사람 노릇을 하게 되었다는 사실을 확인하는 것입니다. 고린도전서 15장

시간 속에서 일하시는 하나님

의 이야기는 바로 그것을 말하고 있습니다. 장례식에 가서 보면 사별 같은 단어가 싫으니까, 요새는 천국 환송식이라 붙이는 것을 봅니다. 사실 이런 말은 말장난에 불과합니다. 그래서 제가 장례식을 인도할 때 이렇게 말합니다. '땅에 씨를 심으면 땅이 씨를 삼켰다고 한다. 그러나 하나님은 심었다고 하신다. 우리는 우리 부모가 죽었다고 말한다. 그런데 하나님은 심었다고 하신다. 이것은 죽어서 소멸하는 것이 아니라 심기어 열매를 맺는다. 이 죽음이 모든 후손에게 영향을 미친다.' 이런 내용으로 유족들에게 권면합니다. 사람이 죽으면 사별해야 하고 또 슬픈 일이기는 하지만 그것 이상으로 옛날에 용서하지 못했던 것도 다 용서하잖아요? 그런 생각들이 우리를 고칩니다.

조주석 목사님은 성육신을 "하나님의 본문 곧 텍스트"라고도 이야기하셨어요(『다시 보는 히브리서』).

박영선 우리가 어떤 그릇에 음식을 담아 내놓고 이것이 뭐냐고 물으면, 다 그릇이라고 말하지 않고 담긴 것을 이야기하지 않습니까? 담긴 내용을 말합니다. 우리가 겪는 역사나 인생에서 일어난 무슨 사고나 자신이 이룬 무슨 성공을 텍스트라고 생각합니다. 그런데 "텍스트는 예수다"라고 함으로써 우리가 겪는 일들은 텍스트가 아니라 콘텍스트가 되는 것입니다. 그런데 우리에게 텍스트는 '나'이거든요. 나는 늘 쩔쩔매고 능력이 부족하고 도망가는 '나'이지만, 텍스트가 '예수'가 되면 우리의 제한과 실패들을 다시 볼 수 있게 됩니다. 예수님은 텍스트이시고 우리는 그 텍스트를 이어받고 있습니다. 세상은 다 콘텍스트입니다. 우리가 텍스트라고 생각하는 성공, 평안, 형통, 능력도 다 콘텍스트입니다.

조주석 이렇게 설교에 텍스트와 콘텍스트를 도입하심으로써 사유 방식이 확대되었다는 생각이 듭니다.

박영선　저도 그 말을 어디서부터 어떻게 시작했는지 기억은 안 납니다. 물론 제가 그렇게 말했던 것은 기억이 납니다. 우리말로 '문맥' 하면 너무 제한돼서 '콘텍스트'라고 하겠다고 그랬습니다. 텍스트는 본문이라고 하면 되는데…….

하나님 나라는 사랑이다

조주석　예수께서 오셔서 "하나님 나라가 가까이 왔다"고 선포하십니다. 하나님 나라는 과연 무엇인가요?

박영선　하나님 나라는 사랑입니다. 사랑을 하려면 대등한 지위여야 합니다. 인격과 인격이 관계적으로 대등한 지위라야 합니다. 물론 존재론적으로는 대등할 수 없습니다. 사랑을 하려면 자유가 있어야 합니다. 사람은 자유가 있어야 선택을 하고, 선택을 하려면 경험이 필요합니다. 왜냐하면 지혜가 필요하기 때문입니다. 선택하려 할 때는 지혜가 있어야 합니다. 지혜가 생기려면 경험이 있어야 합니다. 그리고 선택에서는 책임을 지는 것이 있습니다. 하나님 나라에서는 하나님께서 우리를 사랑하시고 책임을 지십니다. 자유롭게 책임을 지십니다. 그리고 우리에게도 그것을 요구하십니다. 그래서 하나님 나라가 임했다는 것은 우리에게 자유를 주시고, 그 자유가 선택할 기회를 주며, 그 기회에 우리의 시행착오가 용납되고, 사랑을 책임지는 자리까지 우리를 인도하는 것을 포함합니다. 그 전에는 사망이 왕 노릇을 하고 하나님 나라가 임하기 전이었으므로 우리의 모든 수고가 헛될 뿐이고, 모든 자랑이 헛될 뿐이었습니다. 로마서 6장에 보면 예수를 믿은 자에게 기회를 주십니다. "너희 몸을 누구한테 드릴 것이냐"라는 이 질문은 기회를 주신다는 말입니다. 거기에는 너희가 그 기회를 선택해서 한번 살아 보라는 뜻이 들어 있습니다. 신약 서신서 후반부는 전부 어떻게 살 것인가 하는 이야기를 예로 들고 있습니다. 그 살아 보라는 것이 인생이 되고 역사가 됩니다. 거기서 우리는 잘한 것과 잘못한 것을 이분법으로 나눌 것이 아니라, 그것들이 우리를 키운다고 이해해야 합니다. 그게 말하자면 "생명의 성령의 법"(롬 8:2)입니다. 죄와 사망의 법이 모든 것을 소멸하고 헛되게 하고 거짓되게 하고 망하게 하는 것이라면, 생명의 성령의 법은 비가 오면 비가 와서 크고, 해가 나면 해가 나서 크게 한다는 것입니다. 이것이 하나님 나라입니다. 예수께서 오심으로써 이 나라가 열린 것입니다. 그 나라가 이미 열렸고 이미 시작이 됐는데, 사람들이 예수님을 믿는데도 자기의 실패를 회개해서 지워 버려야 할 것으로만 생각하지 그 실패를 한 번 한 훈련으로 생각하지 못합니다. 축구에서 코너킥을 정확히 차려면 몇천 번을 차야 한다고 합니다. 우리는 한 번 잘못한 것으로 좌절할 것이 아니라, "한 번 더 해봐", "한 번 더 해봐" 하는 식으로 인생이 주어진 것으로 이해해야 합니다. 하나님이 우리 인생을 써먹으려고, 도구로 쓰시려고 한 것이 첫 번째 목적이 아닙니다. 하나님은 우리로 당신을 사랑하게 만드는 과정에서 우리가 쓸 만해지면 데려가십니다.

조주석 하나님은 우리를 인격적 사귐의 대상으로 삼으신 것이지, 우리를 쓸모 있는 존재로 삼으려 하시지 않았다는 말씀이군요.
박영선 네, 능력을 요구하는 것이 아닙니다.

조주석 회개에 대해서 우리는 자꾸 자신의 잘못을 지울 수 있는 어떤 수단으로 오해하는 경향이 있는 것 같습니다.
박영선 그것을 지울 수 있다는 것은 거짓말입니다. 그것이 현실이기 때문입니다. 예수님의 못 자국이 없으면 역사는 거짓말이 되는 것입니다. 굉장하지 않아요? 못 자국이 없어져야 거룩한 것이 됩니까? 그렇다면 역사는 그냥 하나의 쇼잉(showing) 곧 보여주기가 되고 맙니다. 그렇지 않습니다. 가현설이라는 이단은 이 문제 하나 해결을 못 하고서 신자들을 윽박질렀습니다.

조주석 하나님의 나라에 대한 설명은 사도 바울의 경험을 들어서도 이야기할 수 있을 것 같습니다. 그는 약한 데서 강해진다고 하지 않았습니까?

박영선 우리 잘 아는 빌립보서 4:12-13도 있습니다. "나는 비천에 처할 줄도 알고 풍부에 처할 줄도 알아……내게 능력 주시는 자 안에서 내가 모든 것을 할 수 있느니라." 세상에서 일어나는 일의 본질을 꿰뚫게 되면 겉으로 보이는 것에 현혹되지 않습니다. 겉으로 보이는 것이 뭐냐 하면 공포이거나 유혹입니다. 옛날에 먹었던 공갈빵 기억나세요? 배고픈 시절에 먹었던 빵인데 우리는 처음에 다 속이 가득 찬 빵인 줄 알고 샀습니다. 그런데 조금 먹자 속은 텅 빈 껍질뿐이었습니다. 우리가 공갈빵에게 당한 것이죠. 이 세상에서 우리를 유혹한 것들이 진짜 본문인 줄 알았다가 그렇지 않다는 것을 알게 되면 현혹되지 않습니다. 목숨도 별것 아니라고 생각하게 됩니다. 예수님을 떠난 자리에서의 목숨은 그냥 죽음 앞의 노리개에 불과하다는 것을 알기 때문에 그것을 건너갈 수 있습니다. 우리라는 존재가 무산되지 않고 영원한 심판 아래 있다는 것을 안다면, 위대해지라고 부름을 받은 것이 얼마나 큰 기회이자 명예인가를 아는 분별로 가는 것이 맞습니다. 하나님 나라가 우리에게 요구하는 것은 "너희가 이 나라에 들어왔다면 사랑, 믿음, 명예, 영광과 같은 것들을 추상명사로 가질 게 아니라, 너희들 하나하나가 그런 것들을 지닌 존재로서 참여해야 한다"는 것입니다. 그것을 조건으로 말하신 게 아니라 하나님의 목적과 뜻으로 선포하신 것입니다.

시간 속에서 일하시는 하나님

조주석 예수 믿는다는 것을 더욱 풍부하게 설명하려면 소설로도 좀 써야 할 것 같습니다.

박영선 당연히 그렇습니다.

조주석 신앙생활이 우리에게 생생하지도 실감도 안 납니다.

박영선 공갈빵이라서 그렇습니다. 속이 꽉 차지 않고 없어서 그런 것입니다. 껍질을 깨면 안에 뭐가 있어야 합니다. 음식 그릇을 받았으면 거기에 밥이 있고 국이 있어야 하는데, 국그릇과 밥그릇만 있지 그 안에 요리가 없는 것과 같습니다. 어떻게 보면 우리에게 아주 기본적인 것은 있었지만 좀 더 중요한 풍요로움, 제가 많이 쓰는 명예라는 것은 찾기 어려웠습니다. 신앙생활을 잘한 것과 잘못한 것이라는 이분법으로 점검하지 말고, 부끄러운 것과 명예로운 것으로 구별하시라고 이야기합니다.

십자가 사건은 경이로움에 넋이 빠지는 장면이다

조주석 이제 이야기를 예수님의 고난과 죽음으로 넘어가 보겠습니다. 예수님은 죽음을 앞두고 겟세마네에서 이런 기도를 드리셨어요. "내 아버지여, 만일 할 만하시거든 이 잔을 내게서 지나가게 하옵소서"(마 26:39). 그것을 가리켜서 "기도의 권리"라고 하셨어요(『십자가로 세우는 나라』). 왜 권리라고 이해하셨지요?

박영선 그곳에서 예수님은 우리 편에, 우리 자리에 있는 것 같았습니다. 왜냐하면 죽음의 자리는 우리가 가야 할 자리였기 때문입니다. 예수님의 죽음은 이런 것입니다. 하나님이 없는 자리는 죽음인 것인데, 예수님은 하나님이 없는 자리까지 들어가십니다. 그래서 하나님이 없는 자리가 없어진 것입니다. 죄와 사망을 멸하듯이 말입니다. 신기하지 않습니까? 성경이 우리한데 "죽어도 돼" 하고 이야기하는 것은 우리가 아는 죽음이 그것으로 끝이 아니기 때문입니다. 우리가 죽으면 끝이 아닌 것은 마치 씨를 심으면 싹이 나오듯이 부활의 몸을 입게 될 것이기 때문입니다. 이렇게 지금의 삶과 부활의 생명은 연속성을 갖는다는 것입니다. 우리는 에녹이나 엘리야처럼 죽지 않고 불리어 가는 것이 아니라, 죽음을 거쳐 부활의 몸을 입을 것입니다. 우리의 부족함이나 한계에 대한 무슨 죄일지라도 하나님이 사하여 주실 수 있다면, 우리가 만든 하나님이 없는 자리를 예수님이 죽음으로 끌어안으시는 것으로 보았기 때문에 기도의 권리라고 한 것입니다.

조주석 예수님의 십자가 처형 사건은 이중적인 측면을 보여준다고 하셨어요(『십자가로 세우는 나라』).

박영선 예수님의 죽음은 우리의 모든 생각을 다 뒤집어 놓습니다. 우리가 기대했던 분이 죽음을 맞이한다는 것은 도저히 납득할 수 없는 문제였기 때문입니다. 그의 죽음은 굉장히 중요한 전제입니다. 왜냐하면 죽음이 선행되어야 부활이 생기기 때문입니다. 부활이란 우리가 다 포기하고, 절망한 것이 뒤집힐 수 있다는 것을 보여주는 것입니다. 예수님의 죽음이 우리의 기대를 다 뒤집는 것이라면, 부활은 우리의 절망을 다 뒤집어 놓는 것입니다. 십자가 처형 사건이 우리가 기대했던 메시아를 뒤집는 것이라면, 다시 말해 우리가 기대하는 성공을 뒤엎는 사건이라면, 부활 사건은 우리의 모든 절망과 한계와 환경과 역사까지 뒤집어질 수 있다는 것을 알게 되는 장면이라는 것입니다. 그렇게 중첩된다고 생각한 것입니다.

조주석 십자가 현장의 모습을 이렇게도 이야기하셨어요. "거기에 있었던 사람들은 예수의 죽음이 무엇인지 정말 몰랐다"(『십자가로 세우는 나라』).

박영선 아무도 몰랐습니다. 제자들은 다 도망갔을 뿐 아니라 모친이나 아주 가까웠던 여인들도 시체에 향을 바르러 무덤에 오잖아요. 예수님이 누구를 찾느냐고 했을 때도 못 알아봤습니다. 그러니까 제가 '실존적 신앙'을 말하는 것입니다. 우리는 하나님의 일하심 안에 있는 존재입니다. 우리가 겪는 역사와 인생에 대해서 그것을 밖에서 볼 수 있다고 믿는 것은 우리가 그 안에 있기 때문입니다. 그러나 그 밖으로 나갈 수 없기 때문에 우리는 모르는 게 너무나 많다는 것을 인정해야 합니다. 우리는 창조주를 대신하는 일을 하는 게 아닙니다. 내 자리에서 할 수 있는 것만 하는 것입니다. 우리는 이 사실을 알아야 합니다. 내가 이해하고 못 하고, 또 같이 만나고 못 만나고 하는 이런 역사 속에서 인류라는 인간은 만들어집니다. 경험을 누적시키고 하나님의 뜻을 이루어 내는 데 있어서 나는 한 조각일 뿐이라고 생각해야 합니다.

조주석 사실 예수님의 죽음이 무엇인지 예수님 밖에 있는 사람들은 그때나 지금이나 전혀 알 수 없겠지요. 그가 죽었다는 사실만 알 뿐입니다. 우리는 복음서에 너무 익숙해서 사실 낯설지가 않아요. 오히려 낯선 사람들은 그 이야기가 말이 안 되니까 훨씬 더 궁금해할 것 같습니다.

박영선 맞습니다. 당연히 그렇습니다. 철학하는 사람들은 예수님을 안 믿잖아요.

조주석 믿기가 어렵겠죠. 앞뒤 논리가 안 맞으니까요?

박영선 그런데 철학자이면서 믿는 사람은 이런 말을 합니다. "십자가에 달려 죽는 사람이 '내가 신이다, 나를 믿어라' 하고 말하는 게 말이 되냐? 그래서 나는 믿기로 했다." 참 재미있죠?

조주석 그 사건이 신비로워서 항복하지 않을까요?

박영선 제가 동정녀 탄생 이야기를 하면서 시간 이야기를 자주 하잖아요. 사실 시간을 보자면 우리는 인류 역사 어디쯤에 와 있는지 잘 모릅니다. 누구나 다 중간에 들어 있기 때문입니다. 그런 까닭에 우리는 실제로 시작을 모릅니다. 시작과 여기까지 온 것을 모르고 내 자리가 있는 것입니다. 그 자리는 이미 자연주의 세계관이 작동하는 질서와 규칙이 습관화되어 만들어진 자리입니다. 여기서 우리는 하나님을 만납니다. 그러나 이 자연 세계가 전부가 아니라는 것입니다. 하나님이 밖에서 그 창조 세계를 붙잡고 계십니다. 여기에 부활이 들어온 것입니다. 예를 들어 설명해 보겠습니다. 어항의 금붕어는 주인이 먹이를 줘야 먹을 수 있고, 물길을 만들어 주는 대로 이동합니다. 금붕어가 그 안에서 경험하는 것은 인과관계이고 질서인 것이지만 그것을 붙잡고 있는 손은 주인이지 않습니까? 이와 같이 하나님도 우리 밖에서 일하신다는 것입니다. 자비롭고 은혜롭고 노하기를 더디하고 인자와 진실이 많은 하나님이 인류 속에 뛰어 들어오셔서 그들과 어떻게 씨름했는가 하는 것을 이야기하는 것이 성경입니다. 사람이 성경을 읽을 때 밖에 있는 주인을 생각하지 않고 그냥 읽으면 어떤 식으로 말하게 될까요? 신은 있지만 그 신은 농경사회의 어떤 우상이었을 뿐이라고 이야기할 수도 있겠습니다. 그렇게 이야기한다면 성경의 이야기는 하나도 안 맞을 것입니다. 그 역설을 설명할 수 없다는 것입니다. 저는 창조과학이 지금 여기에 걸려 있다고 생각합니다. 당신은 6일 창조를 믿느냐고 물으면 난 그렇게 믿는다고 답하는 이가 있을 수 있습니다. 그러면 그게 젊은 지구였겠느냐 오래된 지구였겠느냐 하고 또 물어 올 것입니다. 그러나 그것은 그렇게 물어야 할 문제가 아니라고 봅니다. 하나님이 천지를 만드셨다는 것은 우리의 사고 구조에서는 이해될 수 없는 것이기 때문입니다. 우리가 딱 알 수 있는 것은 자연과 우리가 있다는 사실입니다. 그러니까 창조가 먼저 있어서 세상이 존재한 것이고, 하나님이 창조의 목적을 우리에게 말

쓸하셨다는 것을 아는 것뿐입니다. 지금의 현실은 그 목적을 위해 있는 것입니다. 우리는 이것을 안다, 아니 믿는다고만 말해야 할 것입니다. 그리고 우리는 더 이상 대꾸할 필요조차 없다고 생각합니다.

조주석 목사님은 '예수님의 죽음'의 사실성에 대해서 이렇게 이야기하셨어요. "예수님은 우리를 원망하시지도 않고 동정을 구하지도 않고 물론 우리를 감동시키려 하고 있지도 않습니다. 하나님이 모든 이유와 근거가 되어서 우리의 동의나 합의나 자격이나 결과를 하나님은 요구하시지 않고 그분의 기쁘신 뜻대로 그 일이 이루어지는 것입니다"(『십자가로 세우는 나라』).
박영선 예수께서 길을 내는데 우리한테 감동을 요구할 필요가 없습니다. 그냥 예수께서 길을 내시는 것입니다. 그러면 우리는 그 길을 다닐 수 있습니다. 그러니까 예수님은 공사하러 오신 분과 같습니다. 성경은 예수님이 하나님과의 분리를 겪으셨다고 이야기합니다. 우리가 그 분리의 자리를 만든 것입니다. 그것은 아담 이야기에서부터 나옵니다. 하나님이 그것을 끌어안기로 하신 것입니다. 이렇게 창조를 더 넓히신 것입니다. 그러니 할 말이 없습니다. 창조 세계가 저주 아래 들어가게 된 우리의 선택을 끌어안고 씨름해서 우리를 항복시키겠다는 것입니다. 창조의 원래 목적을 이루기 위해서 부활을 동원하시고 성육신을 동원하시고 믿음도 동원하신 것입니다. 믿음은 성경이 만든 이야기입니다. 이 성경의 믿음은 우리가 세상에서 말하는 믿음과는 다른 이야기라고 제가 표현했습니다.

조주석 C. S. 루이스는 성육신을 가리켜 신화가 실재가 된 것이라고 표현합니다. 성경의 이야기는 굉장한 판타지 같습니다. 그 풍부함이 하여튼 무궁무진합니다.
박영선 당연히 그렇습니다. 괴테는 자기 생애에 대해서 이렇게 표현합니다. "내 생애는 바닷가에서 조개껍데기 하나 주운 것에 불과하다." 제가 설교할 때 이런 모습도 보실 것입니다. 우리가 보통 아는 설교자들은 열정적으로 청중에게 항복을 받아내려 한다면, 나는 어느 순간 내 자신이 이탈하는 것 같아요. '에이, 한심하구나' 하고 창문 넘어 나가는 것처럼 보일 것입니다.

조주석 목사님은 이제 십자가 사건을 뭐라고 표현하시겠어요?
박영선 '절망 속에 사는 인간이 생명과 영광의 문 앞에 섰다'라고 말할 수 있겠습니다. 하나님이 우리를 위해서 하신 것에 감동하는 게 아니라, 경이로움에 그냥 넋이 빠지는 그런 장면입니다.

부활은 앞의 것의 열매다

조주석 누가복음 설교에서 예수님의 부활에 대해서 사망을 반전시킨 것이라고 말씀하셨어요(『십자가로 세우는 나라』).
박영선 제일 놀라운 것은 죽음이 부활을 담는다는 것입니다. 율법이 은혜를 담는다고 말씀드린 것과 같습니다. 율법이 없으면 은혜가 은혜 되지 않습니다. 죽음이 없으면 부활이 부활 되지 않습니다. 그게 참 기가 막힙니다. 우리로서는 죽음이라는 것은 상처요, 흠집입니다. 그것이 무엇을 하는 데 도움이 된다든지 받침대가 되리라고는 생각하지 않습니다. 예수께서 너희가 나를 따르려면 죽어야 한다고 하셨잖아요. 자기를 부인해야 한다는 것은 노력해서 되는 게 아니라 실제로 죽어야 하는 것입니다. 바울은 자신이 날마다 죽는다고 이야기합니다. 그것은 현실적인 외부 상황만의 이야기가 아닙니다. "형제들아, 우리가 아시아에서 당한 환난을 너희가 모르기를 원하지 아니하노니 힘에 겹도록 심한 고난을 당하여 살 소망까지 끊

시간 속에서 일하시는 하나님

어지고 우리는 우리 자신이 사형 선고를 받은 줄 알았으니 이는 우리로 자기를 의지하지 말고 오직 죽은 자를 다시 살리시는 하나님만 의지하게 하심이라"(고후 1:8-9). 박윤선 목사님 시대에서는 그것이 '일사각오'였습니다. 영화 「벤허」를 볼 때 우리는 벤허가 메살라를 빨리 죽여 주었으면 합니다. 하지만 벤허가 메살라를 죽이는 것으로는 해결되지 않습니다. 벤허에게 해결자는 예수님입니다. 그런데 벤허가 메살라를 죽이지 않고는 예수님을 만날 수 없습니다. 그것이 드라마라는 것입니다. 드라마란 말하자면 어떤 극적인 기쁨이 있는 것입니다. 사람이 산이나 계곡이나 폭포 같은 것을 볼 때 감탄하지 않습니까? 하나님의 영광을 본다는 것도 그와 비슷한 데가 있다는 것입니다. 그런 기쁨과 감탄이 일어나려면 음악이나 미술 같은 것으로는 너무 부족합니다. 그것은 드라마여야 합니다. 문학에서 작품성이 없는 것들은 긴장이 구축되지 않고 그냥 절정으로 가 버립니다. 그런 것을 가리켜 통속 소설이라고 합니다. 진정한 문학에는 언제나 절망이 있고, 그 절망에서 벗어날 수 없는 한계가 설정되었다가 그것이 크게 뒤집힙니다. 그 뒤집힌다는 것은 현실적인 해결만 의미하는 것이 아니라 본인이 한계라고 느꼈던 어떤 기준이 깨지는 것을 말합니다. 그렇게 깨져야 비로소 그가 자유인이 되는 것입니다.

조주석 우리는 언어의 습관상 죽음과 부활을 떼어 놓고 생각하지만 역사에서는 그럴 수 없잖아요?
박영선 분명히 부활이라는 말은 죽음을 전제합니다.

조주석 죽음이 없다면 부활도 없습니다.
박영선 그렇죠. 성경이 철저히 부활이라고 하는 이유는 구원이 부활 생명이기 때문입니다. 그러니까 구원이라는 말에는 한 번의 실패가 전제되어 있는 것입니다. 성경은 아담의 실패라는 결과를 뒤집겠다고 하는데 우리는 그 실패를 지워 버리고 나머지만 활용하는 것일까요?

조주석 그 긴장 관계를 절대 놓지 말아야 하겠습니다.

박영선 우리가 놓고 말고를 떠나서 그것이 현실 속에 그대로 놓여 있다는 것입니다.

조주석 부활의 사실성을 다음과 같이 표현하셨더라고요. "부활 장면에 축포를 쏘는 축하와 모든 사람의 환호 같은 분위기가 없고 오히려 의심과 시기와 혼란, 망설임 같은 것들로 전체적인 분위기가 형성되어 있다는 점입니다"(『십자가로 세우는 나라』).

박영선 매우 논리적으로 이야기하자면, '어차피 이길 것이라면 무엇 때문에 패배를 맛보아야 하느냐?' 이렇게 반문할 수 있겠죠. 그렇게 묻는다면 반전이라는 것은 필요 없을 것입니다. 우리가 길을 갈 때 바로 잘 갔다면 그 방향으로 계속 가야 하겠지만, 그 길이 틀려 반대로 간 것이라면 되돌아와야 하지 않겠어요? 그런데 그 돌아오는 과정이 없었다고 생각해 보세요. 이게 말이 되겠어요. 말이 안 되잖아요? 그러니까 거꾸로 간 데서 다시 되돌렸다면 거리상으로 두 배의 효과를 낼 것입니다. 대다수가 입으로는 신앙고백을 하고 머리로는 자신의 이해의 근거를 갖지만 현실에서는 그렇게 생각하지 못합니다. 성경이 한 이야기를 믿지 못합니다. 창조도 못 믿고 부활도 못 믿는 것입니다.

조주석 진리라는 것은 복잡한 이야기가 아니라 매우 단순하면서도 명확합니다.

박영선 그게 사실입니다. 그런데 믿지 않습니다.

시간 속에서 일하시는 하나님

조주석 정말 부활을 봤으면 굉장히 환호했어야 할 텐데 다 의심했거든요?

박영선 환호는 오순절에서 나왔습니다. 참 놀랍습니다.

조주석 목사님은 "예수님의 부활은 앞의 것의 열매"라고 하셨어요(『십자가로 세우는 나라』).

박영선 그것은 우리의 생애에서 반복적으로 재현됩니다. 우리가 보고 아는 세계와 규칙들이 믿음 안에서는 반전된다는 것을 알게 됩니다. 회개가 가능하다는 사실부터 실은 굉장한 것입니다. 죄를 고하면 사함을 받는다는 것이 놀랍지 않습니까? 그런데 사람들은 회개를 그저 울고 잘못했다고 하면 그것으로 끝인 줄 압니다. 죄 용서라는 것이 있다면 그에 따른 더 적극적인 은혜와 기적이 있다고 생각해야 합니다. 사람들에게 있어서 회개 자체가 공로가 되는 바람에 새 나라의 다른 규칙이 적용된다는 것을 다들 못 느낄뿐더러 삶에서 적극적으로 행하는 것도 없습니다. 옛날 것을 지우는 일에 바쁠 뿐입니다. 주일마다 와서 예배 시간에 드리는 대표 기도가 거의 그렇습니다.

조주석 이제 하나만 더 질문하고 마치겠습니다. 고난 가운데 처한 우리를 위해서 예수님은 하늘 보좌에서 대제사장으로서 어떤 사역을 하고 계실까요?

박영선 "아버지께서 모든 권세를 내게 주셨다"고 예수께서 말씀하셨습니다. 그것은 우리로서는 상상할 수 없는 권세입니다. 그런데 요한복음 14장에 따르면 "나를 믿는 자는 그보다 큰일도 하리니"(요 14:12)라고 하십니다. 그 전에는 죄와 사망이 있던 세상이었는데, 그 세상을 생명과 성령의 세상으로 바꾸어 놓으셨습니다. 그렇지만 우리가 살아가는 세상은 겉으로는 아직도 죄와 사망이 지배하는 것으로 보이는 '이중 구조'를 갖고 있습니다. 그런 구조 속에서 우리는 생명과 성령의 법이 작용하는 새로운 인간으로 사는 것입니다. 아담도 못 살아 본 것입니다. 아담은 평화로운 곳에 있었을 뿐입니다. 대적자들 앞에서 승리자로서 어떻게 섬김의 자리에 들어가 있을 것인가를 우리더러 새로 열어 보라고 하십니다. 그것을 우리한테 해보라고 하십니다. 정말 하나님이 그 아들을 보내어 세상을 바꾸신 것 같이, 예수로 말미암아 하나님의 백성이 된 우리에게 세상을 살아 보라고 하십니다. 구약의 이스라엘은 실패했지만 신약시대에 이르러 우리 교회더러 멋진 삶을 살아 보라 하신 것입니다. 그러니까 그 대단하다는 것에 대하여 저는 '명예와 영광'이라는 단어를 늘 씁니다. 위대하다는 것은 우리가 잘 알듯이 보이는 업적을 말하는 것이 아니라 '인간성'에 관한 것을 말합니다. 그리스 신화에 나오는 영웅들은 못난 신들의 폭력에 저항하는 사람들을 다 영웅으로 그리고 있습니다. 그러나 그들이 실제로 인류를 위하여 섬긴 것은 없습니다. 『백경』 같은 소설에 나오듯이, 인간은 자기 숙명에 대한 반발, 실존주의적 반발 이외에는 선택의 여지가 없습니다. 이 짐을 벗어 버리는 것, 공포로부터 벗어나는 것 외에는 허우적거리는 것밖에 선택할 여지가 없었던 우리 인생입니다. 이런 인생이었지만, 이제 어떤 더 멋진 일을 위하여 쓰임을 받을 수 있다는 것입니다. 작은 야생화 하나가 피어나면 풍경을 바꿔 놓듯이, 우리도 세상을 그렇게 바꿔 놓는 것입니다. 대제사장으로서 예수님이 그런 일을 하고 계신다고 믿습니다.

시간 속에서 일하시는 하나님

11

자유, 관계를 맺으려고 주시다

그의 후기 설교 사역에서 자유라는 주제는 설교의 중요한 자리를 차지한다. 이 주제가 설교에 들어오게 된 이유를 묻자 그는 이렇게 대답한다. "신자에게 왜 고난이 있는가를 풀어내기 위함이었습니다.……성화나 고난이나 다 하나님이 우리한테 일단 기회를 주시는 것이었습니다." 왜 고난을 하나님이 우리에게 주시는 기회라고 본 것일까?

하나님은 인간을 어떤 존재로 대하시는가? 그는 우리를 조종하시지 않는다. 하나님이 인간에게 자유를 주셨기 때문이다. 인간은 독립된 인격을 가진 존재라는 것이다. 그러면 이 자유란 무엇일까? "자유란 한 인격이 다른 인격 앞에서 관계를 맺고 설 수 있는 조건"이라고 한다. 그리고 인간에게 이런 자유를 주신 목적을 무엇이라고 말하는가? "하나님이 인간과 더불어 사랑과 믿음의 관계를 맺으시려고" 주셨다는 것이다. "그것은 굉장한 선물"이다.

사람은 자신이 갖는 자유를 행사한다. 그는 사사기 설교와 열왕기서 설교에서 거기 등장하는 사람들의 자유 행사에 대하여 이렇게 설명한다. "사사기에서는 인간이 갖는 자유가 권리로 이해되어 모든 사람이 각기 자기 소견에 옳은 대로 행하는 이기심으로 드러납니다. 열왕기에서는 그 자유가 왕권이라는 지위와 관련해서 권력과 폭력으로 드러납니다." 자유가 이기심이나 폭력으로 드러났다는 것이다. 다시 말해 "사사기에서는 자기를 위해 타인을 괴롭히는 것은 자유가 아니라는 것을 다루었다면, 열왕기에서는 '네가 만국을 다스릴 하나님의 후사로서 훈련을 받는다' 하는 것이 되겠습니다."

그의 이런 관찰은 자유가 신자에게 어떤 것이어야 하겠는가 하는 문제를 생각하도록 자극한다. "하나님이 우리에게 주시는 자유는 하나님의 기업을 이어받은 존귀한 신분과 지위를 가진 자로서 그의 훈련에 쓰이는 것입니다. 그런 의미에서 자유의 행사는 통치가 된다고 말할 수 있습니다." 그래서 우리는 이런 차이를 알아야 한다고 말한다. "'너희는 죄의 종이 아니다. 너희는 자유인이다. 너희는 아들이다'라고 한 내용이 무엇인지 알아야 합니다. 이것은 굉장한 차이입니다. 우리는 흠 없고 꾸중 안 듣는 종이 되려고 하지, 후사로서 적극적으로 훈련을 받으려 하는 의식이 너무 없다는 것입니다."

신자가 갖는 자유는 권리나 권력이 아닌 하나님 앞에서 자신을 훈련하는 데 쓰여야 한다는 것이다. 왜냐하면 인간의 자유가 펼쳐지는 현장은 "인생과 사회"이고, 누구나 이 현장에서 다 같이 살아야 한다는 것을 알기 때문이라는 것이다.

그는 이 현장에서 신자의 삶에 늘 나타나는 실패에 대해서도 이야기한다. 실패는 훈련이라는 것이다. "우리에게서는 순종과 불순종의 긴장 관계가 곧 충돌입니다. 사람이 실력이 없는 것으로 드러나면 우리의 판단으로는 실패입니다. 그러나 하나님 쪽에서는 그것을 한 번의 훈련이라고 보시는 것입니다." 그런데 왜 그것을 훈련으로 보지 못하는 것일까? "언제나 이분법으로 그때마다 잘했다, 못했다 하는 식이 되는 바람에 자라난다는 것이 무엇인지"를 놓치기 때문이라고 한다. 실패란 자라나는 과정에 속하는 문제라는 것이다. 따라서 자신의 삶을 크게 보고서 그것이 어디를 지향하고 있는지 놓치지 말라고 그는 권한다.

이런 지향성을 놓칠 때 사람은 자신의 자유가 덧없다고 느낄 수 있다는 것이다. "공포와 압제에서 벗어나 만족할 수 있는 자랑스러운 자리로 가는 해방이 아니라면 그 자유가 덧없을 것입니다.……자유라는 것은 긍정적으로 더 앞으로 나아가라고 준 것입니다."

그러니 자유 자체가 목적이 될 수도 없다. "자유는 관계를 위해서 필요한 것입니다. 관계가 성립되려면 가장 기본적인 지위가 주어져야 합니다. 그렇게 할 수 있도록 하게 하는 것이 자유입니다. 그러면 그 자유가 하는 일이 무엇일까요? 그것은 사랑하고 신뢰하는 것입니다. 기독교 신앙의 최고의 핵심은 '아버지께서 내 안에, 내가 아버지 안에 있는 것같이 그들도 다 하나가 되어 우리 안에 있게 하소서'(요 17:21)라는 말씀에 있다고 봅니다. 그것이 최고의 목적입니다."

그는 사사기 설교에서 하나님의 자유에 대해서도 말한다. "하나님의 자유는 어떤 인과 관계를 벗어나 있습니다. 하나님은 우리가 잘못한 것도 그냥 넘어오십니다.

우리는 자기한테 유리하면 편을 들고, 불리하면 대적하고, 손해를 보면 안 하고, 이익을 보면 뭐든지 합니다. 우리는 이보다 더 크고 높은 차원의 관계를 하나님의 사랑을 통해 처음으로 경험하게 됩니다." 이런 "하나님의 자유가 무엇인지 알면 그것이 인간에게 부여된 자유를 이해하는 실마리가 풀릴" 수 있다고 말한다. 우리의 자유 행사도 인과 관계를 벗어나야 한다는 뜻으로 읽힌다.

이제 자유라는 주제를 그가 설교에 가져온 이유를 다시 떠올려 보자. 그는 우리가 당하는 고난을 풀기 위해서라고 앞서 답했다. 그에게 고난은 어떤 것인가? "고난은 이중적인 것입니다. 그것은 우리의 한계를 깨우치고, 그다음에 무한한 도전을 유발합니다." 어떤 한계일까? "늘 실망스러운 인생을 스스로 확인할 때 인간에게 남는 것은 죽음뿐"이라는 한계이리라. 무한한 도전을 유발한다는 것은 무엇일까? 그것은 "절망을 넘어 오는 소망과 기대에 대해서 너는 나한테 한번 물어보지 않겠느냐?"고 하는 도전이리라.

무신론적 실존주의가 사람들에게 매력적으로 보일 수 있다. 그것은 인간의 자유와 선택을 어떻게 보는가? 결코 그것들을 외면하지 않지만 기독교 신앙과는 달리 한계를 갖는다는 것이다. '자유와 선택은 인간에게 있으며 그로 인한 책임도 인간 스스로 지는 수밖에 없다.' 그들에게 죽음은 영원히 긍정하고 긍정하게 만드는 것입니다. 그 긍정이 끝나면 진정한 삶도 끝나고 만다는 것입니다." 소망도 기대도 없이 끝나는 허무주의일 따름이다.

"이 죽음을 건너야 살아 있는 것에 대한 진정한 권리가 무엇인지 깨우치게 됩니다."

독립된 인격

조주석 후기 설교 사역에서 자유라는 문제가 주요한 주제되었는데 왜 이 주제가 설교에 들어오게 되었습니까?

박영선 제가 설교 사역 후반에 들어와서 쭉 자유에 관한 이야기를 많이 했습니다. 그렇게 한 이유는 신자에게 왜 고난이 있는가를 풀어내기 위함이었습니다. 제 설교 사역 처음에는 성화라는 단어가 주요한 주제였습니다.

신자에게 고난은 성화의 과정이라고 했는데, 따지고 보니 성화나 고난이나 다 하나님이 우리한테 일단 기회를 주시는 것이었습니다. 그때 하나님이 우리를 조종하시지 않는다는 말을 많이 했습니다. 그러니까 우리에게 자유를 주신 것이지요.

조주석 자유를 생각할 때 맨 먼저 떠오르는 것은 무엇일까요?

박영선 먼저 권리가 생각납니다. 억압받지 않을 권리나 손해 보지 않을 권리 같은 것들이지요. 그러나 결국 자유에는 책임이 요구되는 것이더라고요. 이렇게 책임이 요구된다면 권리를 줄 필요가 뭐가 있겠는가 하는 문제도 따라 나왔습니다. 열왕기를 새로 시작해서 이제 설교를 두 번 했습니다(2021년 8월). 열왕기에 들어가자마자 자유와 순종이 대치되는 문제에 직면했습니다. 순종이라고 하면 우리는 상대방한테 완전히 모든 주권을 넘기는 것이라고 생각하는데, 열왕기 내내 남북 왕국이 다 실패해서 망하잖아요. 그러면 그들이 순종하지 않을 텐데 왜 순종하지 않을 기회를 주었느냐 하는 문제도 반드시 짚어 봐야 합니다. 자유라고 하면 권리도 있는 거지만 책임도 따른다는 것입니다. 그냥 책임만 지는 게 아니라 권리가 주어졌다면 거기에 긍정적인 내용도 있어야 합니다. 그것이 바로 명예입니다. 자유가 있어야 명예도 있습니다. 우리는 보통 믿음이 있어야 순종한다고 말합니다. 그래서 순종은 믿음의 열매라고 생각하지요. 순종에는 인내, 지혜라는 것들이 나옵니다. 그냥 다만 복종하는 것이라면 지혜라는 말은 필요하지 않습니다. 그래서 순종에는 분별이 들어가게 됩니다. 순종에 분별이 들어간다는 것은 우리의 선택이 개입된다는 말입니다. 그러니까 이 둘이 서로 긴밀하게 얽혀 있습니다. 우리가 가진 권리에는 선택권이 있는 것이고, 그 선택에 대해서 책임을 져야 하고, 잘한 선택에 대해서 명예가 있는 것이고, 잘못한 선택에 대하여 성경적으로 말해 징벌이 있게 됩니다.

시간 속에서 일하시는 하나님

조주석 그러면 쉽게 생각해서 그런 선택권을 주시지 말고 하나님이 다 하시면 되는데 왜 그렇게 하시는가 하는 문제가 대두됩니다.

박영선 그냥 우리가 생각도 할 것 없고 책임도 안 지고 하나님께 다 맡기면 되지 않느냐 하는 순환논법 식으로 생각합니다. 괜히 고생시킨다고 말입니다. 그런데 하나님이 그렇게 일을 하시겠다는데 어떻게 하겠습니까? 이 것이 논리적으로 맞느냐 안 맞느냐 할 문제가 아니라, 이것이 우리의 실존이라는 것입니다. 하나님이 그의 아들을 보내셨고, 또 그의 아들을 십자가에 내어놓으시잖아요. 그래서 부활을 만들어 내시는 성육신과 구원의 방법이 드러나게 됩니다. 다른 말로 하면 역사성을 갖는 것입니다. 그런데 오늘날 우리가 자신의 인생 내에서 그 성육신의 길을 이어가지 않는다면, 하나님의 목적뿐 아니라 그 목적을 이루는 방법도 외면하게 될 것입니다. 그 방법이 우리가 생각하는 손쉬운 방법보다 훨씬 신비롭고 놀랍다는 점을 깊이 따져야 하겠더라고요. 이 자유 문제가 어느 설교에서부터 나오던가요?

조주석 제가 확인한 바로는 자유의 문제가 누가복음 설교(『섬김으로 세우는 나라』)에서 다루어지고 있습니다. 그러니까 2010년 말부터입니다. 이 주제는 사사기 설교(『다시 보는 사사기』)를 하신 2014년에는 상당히 많이 다루어집니다. 그러면 사람이 무슨 일을 하든지 책임을 져야 하는데 이 책임을 지려면 무엇이 있어야 할까요?

박영선 책임을 지려면 일단 가치 기준이 있어야 합니다. 그리고 실력이 있어야 합니다. 명분으로 답을 해놓고 책임을 다 졌다고 말할 수도 있잖아요. '거룩하게 살자'와 같은 말을 많이 할 수 있는데, 책임을 진다는 것은 말을 하는 게 아니라 그렇게 살아야 하는 문제입니다. 그런 존재가 되어야 합니다. 그래서 가치 기준은 무엇인가 하고 물을 수 있습니다. 그 가치 기준은 하나님의 뜻입니다. '하나님이 우리를 무엇으로 만들려고 하시는가?' 저는 그것이 존재론에서 인간의 정체성과 관계가 있다고 생각하고서 "우리를 하나님의 영광의 찬송이 되게 하는 것"이라고 이야기했습니다. 우리는 하나님의 사랑의 대상이며 하나님은 우리의 근거가 되십니다. 그런데이 영광의 찬송이 된다는 게 무엇입니까? 그것은 '사랑과 믿음'입니다. 사랑은 연합이고 믿음은 관계인데, 이런 자리에 들어오려면 독립된 인격이 필요합니다. 그 이유는 독립된 인격만이 자유를 가질 수 있기 때문입니다. 그 자유는 순종으로 나아가야 합니다. 순종으로 나아가려면 실력이 있어야 합니다. 보통 우리가 말하는 순종은 나를 포기하고 "하나님 뜻대로 하소서"하는 식으로 표현되는데, 그것은 순종이 아닙니다. 왜냐하면 내가 기꺼이 순종한다는 것은 내가 할 수 있는 것을 하는 것보다 말할 수 없이 큰 것이기 때문입니다. 그것은 선택 곧 올바른 선택입니다. 우리가 가지는 자유는 일반적으로 자기가 하고 싶은 대로 하는 것을 말합니다. 그래서 그것은 방종으로 나타납니다. 방종이란 사람들이 일반적으로 도덕이나 일반적인 사회적 책임을 지지 않는 것과 관련시키지만, 성경적으로는 하나님의 영광이 되어야 할 존재가 그냥 썩어 버리고 마는 것을 말합니다. 성경은 그것을 죄라고 말합니다. 그래서 자유를 가지려면 가치 기준과 그 기준에 책임을 질 수 있는 실력이 있어야 한다는 것입니다. 그 실력은 경험에서 나옵니다. 자기 마음대로 행사한 자유 권리가 거둔 결과보다는 하나님이 내게 약속하신 것이 더 크다고 스스로 납득하여 순종하는 것을 말합니다. 이런 방향으로 나가는 것이 구원이라고 생각합니다.

관계를 맺으려고 주신 자유

조주석 목사님은 자유를 어떻게 정의하시겠어요.

시간 속에서 일하시는 하나님

박영선 자유란 한 인격이 다른 인격 앞에서 관계를 맺고 설 수 있는 조건이라고 말할 수 있겠습니다. 그것은 하나님과 관계를 맺게 하려고 우리에게 주신 것입니다. 하나님과 관계를 맺는 것은 자발성으로만 가능한 것이기 때문입니다. 하나님과 관계를 맺으려면 자기의 소원들이 말도 안 된다는 사실을 깊이 깨달아야 합니다. 그때 비로소 자유가 순종의 자리로 가게 됩니다.

조주석 이 자유라는 독립된 결정권을 제대로 행사하려면 어떤 인간 존재라야 가능할까요?

박영선 사랑을 받고 사랑을 하는 존재라야 가능합니다. 사랑할 실력이 있어야 합니다. 마이클 샌델 교수가 쓴 『정의란 무엇인가』라는 책이 있습니다. 그는 인간이 정의를 실현하려면 인간에게 도덕이 있어야 한다고 말합니다. 법으로는 안 된다는 것입니다. 왜냐하면 정의 실현이란 어차피 자발성을 필요로 하기 때문입니다. 이것은 굉장한 이야기입니다. 자발성에는 실력이 있어야 하잖아요. 하나님이 왜 인간에게 자유를 주신 것일까요? 인간과 더불어 사랑과 믿음의 관계를 맺으시려고 주셨습니다. 그것은 굉장한 선물입니다. 하지만 우리는 계속 자유를 다른 데 사용합니다. 저 멀리 아담에서부터 그렇게 했습니다. 아담이 그 자유를 잘못 사용하자 그에게 두려움과 부끄러움이 찾아옵니다. 이 두려움과 부끄러움은 존재의 기반을 상실하게 되자 나타납니다. 그가 그렇게 불순종했는데 하나님은 그것을 감수하기로 하십니다. 왜냐하면 이 문제는 결국 상대와 씨름해서 그를 하나님의 목표에 이르게 하려는 데 있었던 것이지, 그가 실패하면 죽여 버려야 할 존재로 창조하지 않으셨기 때문입니다.

조주석 목사님의 이야기는 성경과 신학에 기반을 둔 기독교 인간 존재론에

" 자유란 한 인격이 다른 인격 앞에서
관계를 맺고 설 수 있는 조건입니다.
하나님이 인간과 더불어
사랑과 믿음의 관계를 맺으시려고 주셨습니다.
그것은 굉장한 선물입니다. "

관한 것이라 생각합니다. 종교란 우리 존재의 가장 깊숙한 곳의 문제까지 다루기 때문에 그 문제를 생각하지 않을 수 없는데, 사람들은 대체로 여기까지 못 넘어오는 것 같습니다. 하나님과의 평화나 자신의 평안을 구하는 자리에 머문 채 더 깊이 들어가려 하지 않는 것 같습니다.

박영선 더 들어가면 골치 아프기 때문입니다. 그런데 왜 이 문제를 다루어야 하냐면 그것이 현실로 다가오는 것이기 때문입니다. 그것을 어떻게 피할 수 있겠어요. 실제로 절망하고 실패를 했는데 하나님이 안 데려가십니다. 그 문제를 자기 안에 묻어 둘 수 있는 것이 아니라 그것이 계속해서 자기를 누른다는 것입니다. 그러니 하여튼 그는 일어나야 합니다. 일어나지 않고서 어떡하겠어요. 여기서 이 문제를 생각해 볼 수 있습니다. '왜 하나님이 그를 일으키시는가?' 이 모든 것이 그를 죽이기 위해서 있지 않다는 것입니다. "내가 네게 준 자유를 너는 어떻게 쓸 것이냐?" 하나님은 계속 우리에게 이 물음을 던지십니다.

조주석 방금 하신 이야기는 "자유는 영광을 빚어 가는 과정 중에서 핵심"이라고 하신 것과 잘 연결되는 것 같습니다(『다시 보는 사사기』). 왜 그럴까요?

박영선 우리에게 영광은 승리입니다. 그런데 성경에서 말하는 모든 바는 사랑입니다. 우리가 이 사랑의 자리에 들어가는 것이 바로 최고의 영광입니다. 에베소서 1:3-6은 그런 사실을 드러내는 정말 대단히 놀라운 말씀입니다. 제가 한번 찾아서 읽어 보겠습니다. "찬송하리로다. 하나님 곧 우리 주 예수 그리스도의 아버지께서 그리스도 안에서 하늘에 속한 모든 신령한 복을 우리에게 주시되 곧 창세 전에 그리스도 안에서 우리를 택하사 우리로 사랑 안에서 그 앞에 거룩하고 흠이 없게 하시려고 그 기쁘신 뜻대로 우리를 예정하사 예수 그리스도로 말미암아 자기의 아들들이 되게 하셨으니 이는 그가 사랑하시는 자 안에서 우리에게 거저 주시는 바 그의 은혜의 영광을 찬송하게 하려는 것이라." 기가 막힌 표현입니다. 이런 시가 어느 역사에 있겠습니까?

조주석 우리가 자유를 누린 후에 세상이 거짓됐다는 사실을 깨닫지 못한다면 어떻게 될까요?

박영선 진리와 생명을 이해하지 못하게 됩니다. 세상이 헛되다고 깨닫고서 하나님께만 답이 있다는 데로 가지 않는다면 결국 허무주의에 빠지고 말 것입니다.

조주석 살다 보면 정말 어느 때는 자유가 부담스러울 때도 있습니다. 그 이유가 뭘까요?

박영선 자유라는 것이 우리한테 너무 버겁습니다. 차라리 규칙이 더 쉽습니다. 영화 「쇼생크 탈출」에도 그런 이야기가 나옵니다. 가석방되어 갓 출옥한 주인공이 사회에 나와서 "난 여기가 무서워. 그리로 돌아가고 싶어"라고 말합니다. 그는 익숙했던 교도소로 다시 돌아가고 싶었던 것입니다. 출애굽 한 이스라엘 백성도 그와 같은 모습을 보입니다. 출애굽 이후에 이스라엘 백성이 시험받을 때마다 애굽으로 돌아가자고 하잖아요. 그들이 애굽에서 벗어나 구원받았는데 다시 그곳으로 돌아가자고 한 것입니다. 그러니까 이 출애굽 과정의 이야기는 정말 기가 막힌 내용입니다. 그런데 우리는 그들이 믿음이 없어서 가나안에 들어가지 못했다고만 이야기합니다.

조주석 그렇겠습니다. 자유가 주어진다 해도 그것을 잘 누린다는 것은 정말 쉬운 일이 아닐 것 같습니다.

박영선 사람이 연약해서 그렇습니다. 하나님이 이 연약함을 어디까지 밀어붙일 것 같습니까? "그래, 나는 죽어도 좋다." 이 죽어도 좋다는 것이 무슨 뜻이냐면, "나는 죽어도 겁나지 않는다. 어차피 헛된 인생이다. 내가 뭘 바라겠느냐? 그러면 살아생전에 내가 할 수 있는 최고의 선택이란 무엇이란 말인가?" 이런 자리까지 오게 되더라는 것입니다. 이 죽음을 건너야 살아 있는 것에 대한 진정한 권리가 무엇인지 깨우치게 됩니다. 현실적으로는 그렇게 배운다고 생각합니다.

자유가 펼쳐지는 현장

조주석 멋있는데요. "자유란 독립적으로 선택하고 주장할 수 있는 권리입니다"라고 말씀하셨는데(『다시 보는 사사기』) 더 업그레이드된 것 같습니다. 그러면 이런 자유가 펼쳐지는 현장도 생각해 볼 수 있겠습니다.

박영선 인생과 사회는 자유가 펼쳐지는 현장입니다. 누구나 다 같이 살아야 한다는 것을 알기 때문입니다. 인간은 사회적 동물이라고 이야기합니다. 인간과 인간이 이해관계로 묶여 있다는 것은 죄가 들어와서 생긴 현상입니다. 우리는 창조 세계를 다스리도록 부름을 받지 않았습니까? 성경에서 누차 짚어 주는 명령도 하나님 사랑과 이웃 사랑입니다. 하나님 사랑과 이웃 사랑이 왜 같이 가야 하느냐면, 독립적인 주체들이 사랑의 관계를 맺어야 하기 때문입니다. 사랑이라는 말을 로맨틱하게만 생각하지, 인간이 상대와 관계를 맺는 가장 고급한 방법이라는 사실을 모른다는 것입니다. 우리가 현실 속의 이웃 앞에서 가난한 자를 도와야 한다고 하면 보육원을 찾아가고, 어려운 사람들을 돌아봐야 한다고 하는 바람에 원래의 의미가 사실은 좀 막혔다는 기분이 듭니다.

조주석 축소됐죠.

박영선 네, 사랑이란 그보다 훨씬 근본적인 문제잖아요. 사람을 힘이나 이해관계로 보지 말라는 뜻이 가난한 자를 돌아보라는 말에 담겨 있습니다. 가난한 자는 나에게 보상해 줄 수 없는 존재입니다. 내가 필요하지 않은 사람을 제대로 대접하라는 것이므로 그것이 제일 큽니다. 그것이 사랑이고 믿음입니다. 우리가 보통 이야기하는 대로 의리가 있어야 한다는 것은 사실 매우 중요합니다. 그 의리가 왜 조폭한테는 남아 있고 기독교 신앙에는 없느냐 하는 것이 한동안 우리 기독교가 놀림을 받았던 문제였습니다. 나와 맞으면 동지이고 서로 견해가 다르면 적이 되는 것은 안타까운 일입니다. 그것은 예수님이 죄인을 구하러 오셨다는 것과는 맞지 않습니다. 우리가 하나님에 대해서 적대적이었는데 그가 찾아오셨습니다. 그렇게 해서 하나님은 우리를 감정적으로 녹이기도 하시고 현실적으로 경험하게도 하십니다. "나는 안 그래" 혹은 "인간이 어떻게 저럴 수가 있어" 하지만, 살아 보면 우리도 그에 못지않은 존재들입니다. 예를 들어 위기에 처했다고 할 때, 본인이 그런 위기에 처한 경우라면 도덕성을 어느 정도는 지켜요. 그런데 자식 문제가 되면 도덕성이 뭐고 다 없어집니다. 자식을 더 사랑하기 때문에 도덕조차 깨 버립니다.

조주석 사랑이란 윤리와 어떤 차이를 가질까요?
박영선 윤리는 사람이 자기 스스로 자발성을 갖고서 행하는 것이기도 하지만 사회의 시선 때문에 강제성이 따를 수 있습니다. 그런데 사랑은 강제할 수 없고 백 퍼센트 자발적인 것이라서 통제나 강요가 불가능합니다.

조주석 사람이 자신의 자유와 권리를 우선으로 주장하면 어떤 일이 벌어질까요?
박영선 자신의 자유를 권리로 여기면 타인의 자유 영역을 침범하게 됩니다. 이웃의 것을 빼앗아 와야 하거든요. 십계명에서 보는 놀라운 통찰은,

1계명에서 4계명까지는 하나님이 우리에게 "나는 너에게 충분하다. 너에게 너무나 충분하다. 걱정하지 마라"는 것이고, 나머지 5계명에서 10계명은 "네 필요를 이웃에게서 빼앗아 올 필요가 없다"는 것입니다. 그렇게 제가 풀었습니다. 내가 사랑으로 행하지 않고 폭력을 쓰면 고급한 정신력이 무너집니다. 그것이 참 희한합니다. 주먹을 휘두르면 그 피가 나한테 튀는 것 같습니다.

실패가 아닌 훈련

조주석 그것은 부부생활에서도 많이 경험할 수 있는 부분이 아닐까 합니다. 이런 실패는 인간의 자유가 복된 것을 만들어 낼 만한 실력을 갖추지 않았다는 사실을 그대로 드러내는 것인데, 하나님은 이 불연속을 무엇으로 채우실까요?

박영선 어느 글에서 본 것인데, "신학이란 하나님의 정의와 은총 간의 긴장 관계"라고 하더라고요. 우리에게서는 순종과 불순종의 긴장 관계가 곧 충돌입니다. 사람이 실력이 없는 것으로 드러나면 우리의 판단으로는 실패입니다. 그러나 하나님 쪽에서는 그것을 한 번의 훈련이라고 보시는 것입니다.

조주석 그 이야기를 부정적으로 들으면 면피용으로 삼을 수도 있겠습니다.

박영선 그럼요. 언제나 제일 무서운 것이 변명입니다. 이런 예를 들 수 있어요. 농구에서 선수는 프리 드로우를 연습해야 합니다. 백 개 정도 연습하면 몇 개쯤 들어갈 것 같으세요? 선수에 따라서 다르겠지만 절반이 들어간다고 하면 절반은 안 들어가겠죠. 그런데 그것을 실패라고 합니까? 물론 실패입니다. 그러나 그것이 죽을 짓이냐 하는 것입니다. 죽을 짓이 아니라

확률을 높이기 위한 훈련이라는 것입니다. 그런데 우리는 실패와 성공이라는 긴장 속에 놓여 있다고 스스로 잘못 생각하고 있습니다. 하나님이 우리를 진정한 실력자로 만들기 위해서 준 기간이요 과정에 속한 현실로 생각하지 못합니다. 언제나 이분법으로 그때마다 잘했다, 못했다 하는 식이 되는 바람에 자라난다는 것이 무엇인지 모르는 것입니다. "모든 것이 합력하여 선을 이루느니라"(롬 8:28)가 무슨 뜻인지 알 수가 없습니다.

조주석 더 나은 선수가 되기 위한 연습으로 본다면, 그런 실패를 인생의 실패라고까지 말할 수는 없겠습니다.

박영선 실제 농구 경기에서 프리 드로우는 연습이 아니라 실제 시합에 속한 것입니다. 그러니까 그것이 안 들어가면 작은 것이 아닙니다. 매우 큰 것입니다. 그 한 골 때문에 질 수도 있잖아요. 그때는 완전히 망한 것 같습니다. 그러나 그것은 게임이었을 뿐입니다. 하나님이 우리 인생을 결국 그분의 원래 창조의 목적인 온전한 독립, 온전한 자유, 온전한 권리, 온전한 순종, 온전한 감사로 나아가게 하십니다.

조주석 그렇다면 우리의 삶을 크게 보고서 그것이 무엇을 지향한 것이냐 하는 점이 늘 중요할 것 같습니다.

박영선 네, 그렇게 보아야 본인이 일어설 수 있습니다. 치명적인 잘못일지라도 그것이 무엇으로도 만들지 못하는 것을 만들어 냅니다. 우리는 그것을 경험합니다.

조주석 그러면 사람이 어느 자리로 가지 않을 때 그 자유가 덧없다고 느끼게 될까요?

박영선 공포와 압제에서 벗어나 만족할 수 있는 자랑스러운 자리로 가는 해방이 아니라면 그 자유가 덧없을 것입니다. 소극적이고 부정적인 것이 없는, 다시 말해 슬픔과 고통이 없는 것이 자유를 주는 것이 아닙니다. 자유라는 것은 긍정적으로 더 앞으로 나아가라고 준 것입니다. 그러니까 우리는 자유를 쉽게 포기합니다. 순종을 말할 때 사람들은 보통 자유를 포기하는 순종으로 이해하지만, 하나님이 우리에게 요구하는 순종은 그런 것이 아닙니다. 자유를 소유한 자에게 실력이 없으면 그에게서 진정한 순종은 일어나지 않습니다. 우리가 구하는 것은 밤낮 만사형통 아닙니까?

조주석 그래서 자유가 예수님 안에만 있다고 말씀하신 것 같습니다.

박영선 자유는 예수님께 있습니다. 문제는 그것이 어떻게 내 것이 되느냐 하는 것입니다. 그것이 우리한테 이입이 된다는 것입니다. 이것은 성경이 하는 이야기입니다. 예수님의 죽음이 우리의 죽음이 되고 그의 부활이 우리의 부활이 되듯이, 그가 가졌던 순종, 사랑, 영광이 우리의 것이 됩니다. 우리의 것이 된다는 것은 궁극적인 약속입니다. 그것은 실패할 수 없는 약속이지만 그것이 만들어지는 정황 곧 각 단계는 마치 내가 혼자서 싸우는 것처럼 겪게 됩니다. 그래서 내가 성공했다, 실패했다 하는 것이 있는 것이고, 하나님 쪽에서 보면 그렇지 않습니다. 우리는 기도를 많이 합니다. "내가 이 길로 가지 않게 하나님께서 날 붙들어 주십시오" 하고 기도하지만, 기도 응답은 못 받고 스스로 그 길로 걸어 나갑니다. 요나서에서 읽듯이 "마침 다시스로 가는 배를 만난지라"(욘 1:3) 하는 것과 같습니다. 문제는 본인이 그렇게 가놓고 하나님을 원망합니다. 지금 우리 기독교 신앙의 단계를 들여다보면, 우리는 많은 문제를 보상의 원리로 풀려고 하는 것이 거의 절대적입니다. 기도를 많이 하고, 성결한 분위기를 잡으면 되는 것으로 생각합니다. 그러나 그와는 달리 우리의 존재는 진창 속에서 만들어지는 것 같습니다.

시간 속에서 일하시는 하나님

진정한 자유

조주석 사실 아무도 거기서 비껴갈 수 없을 것 같습니다. 사사기 설교에서 하나님 안에 들어가야 진정한 자유를 갖는다고 하셨는데, 그것이 사람의 고집과 어떻게 다른 것인가 하는 문제입니다.

박영선 그것은 역사 내내 나타납니다. 사사기에서는 인간이 갖는 자유가 권리로 이해되어 모든 사람이 각기 자기 소견에 옳은 대로 행하는 이기심으로 드러납니다. 열왕기에서는 그 자유가 왕권이라는 지위와 관련해서 권력과 폭력으로 드러납니다. 왕권이 주어진 이유는 그가 하나님의 후사로서 자유의 훈련을 하는 데 있습니다. 그런 존재인 왕자로서 훈련을 받습니다. 한 걸음 더 나아간 것입니다. 사사기에서 자기를 위해 타인을 괴롭히는 것은 자유가 아니라는 것을 다루었다면, 열왕기에서는 "네가 만국을 다스릴 하나님의 후사로서 훈련을 받는다" 하는 것이 되겠습니다. 하나님이 우리에게 주시는 자유는 하나님의 기업을 이어받은 존귀한 신분과 지위를 가진 자로서 그의 훈련에 쓰이는 것입니다. 그런 의미에서 자유의 행사는 통치가 된다고 말할 수 있습니다. 그런데 우리는 아무 책임도 안 지려고 합니다. 통치는 자기책임을 져야 실제로 드러납니다. 달란트 비유에서 다섯 달란트, 두 달란트 받은 자는 모두 각각 이익을 남겼는데, 한 달란트 받은 자는 그것을 땅에 묻어 두었다가 주인에게 내놓지 않습니까? 그러니까 주인이 몹시 꾸짖습니다. "악하고 게으른 종아, 네가 주인이 엄격하다는 것을 알았으면서도 그것을 가져다가 파묻었단 말이냐?" 누군가는 이것을 이렇게 해석합니다. "너와 나 사이가 그것밖에 안 되었느냐?" 다섯 달란트와 두 달란트를 받은 종들은 그것을 자신의 일로 생각한 것입니다. 그러니까 그들은 실제로 후사입니다. 그렇지만 한 달란트 받은 사람은 정말 종에 지나지 않았습니다. 우리는 이런 차이를 알아야 합니다. "너희는 죄의 종이 아니다. 너희는 자유인이다. 너희는 아들이다"라고 한 내용이 무엇인지 알아야 합니다. 이것은 굉장한 차이입니다. 우리는 흠 없고 꾸중 안 듣는 종이 되려고 하지, 후사로서 적극적으로 훈련을 받으려 하는 의식이 너무 없다는 것입니다.

조주석 열왕기의 왕들의 위치가 실제적으로 무엇인지 확 들어옵니다. 신학에서 다윗은 오실 메시아를 예표하는 존재요 이스라엘의 많은 왕들은 다윗 같지도 않았고 실패한 왕들이므로 마침내 메시아가 오셔야 했다고 하는 식으로 끝내고 맙니다. 그런데 왕이란 하나님이 그에게 맡겨 주신 백성을 그가 어떻게 다스려야 하는가, 왕의 지위를 가지고 어떻게 살아야 하는가 하는 차원을 갖는다고 하신 해석은 설득력 있고 가슴에 와 닿았습니다.

박영선 우리는 후사라는 이야기를 도무지 못 알아들어요. 천국에 가면 늘어지고 팔자 좋게 사는 것만 생각할 뿐이지 거기에 책임이 기다리고 있다는 것은 모릅니다.

조주석 우리가 후사 되었다는 것은 최종적인 구원의 완성, 영생을 갖는다는 것과 관계가 있지만, 우리가 이 땅을 살아갈 때 '후사란 어떤 존재인가, 후사됨의 능력 혹은 자질이 어떻게 드러나야 하는가' 하는 문제에 관해서는 많이 생각하지 못하는 것 같습니다.

박영선 우리는 그것을 봉사나 덕목으로 생각하지만, 왕이라면 사실 자신은 굶더라도 백성은 먹여야 할 위치에 있습니다. 그것이 진짜 왕입니다. 가짜는 빼앗아서 자기만 먹고 백성을 굶기잖아요. 그것이 교회나 개인 신앙에서 섬김이 강조되어야 할 이유라고 생각합니다.

조주석 그러면 좀 시선을 돌려서, 자유 자체가 과연 목적이 될 수 있겠는가

시간 속에서 일하시는 하나님

하는 부분이 궁금합니다.

박영선 절대로 그렇지 않습니다. 자유는 관계를 위해서 필요한 것입니다. 관계가 성립되려면 가장 기본적인 지위가 주어져야 합니다. 그렇게 할 수 있도록 하게 하는 것이 자유입니다. 그러면 그 자유가 하는 일이 무엇일까요? 그것은 사랑하고 신뢰하는 것입니다. 기독교 신앙의 최고의 핵심은 "아버지께서 내 안에, 내가 아버지 안에 있는 것같이 그들도 다 하나가 되어 우리 안에 있게 하소서"(요 17:21)라는 말씀에 있다고 봅니다. 그것이 최고의 목적입니다. 하나님을 아버지라 부르면서 예수님이 우리보고 친구라고 하는 부분들이 너무 약해졌습니다. 우리도 모르는 사이에 윤리와 도덕이 제일 크게 영향을 미치는 바람에 하나님이 우리를 얼마만큼 대접하시는지를 생각하지 못하고 있습니다. 창조자와 피조물이라는 차이가 모든 문제에 너무 크게 영향을 미칩니다. 하지만 양자의 관계에서는 서로 대등한 것입니다.

조주석 이 대등하다는 점에 대해서는 설명이 더 필요할 것 같습니다.

박영선 옛날부터 신학자들의 이야기가 많이 나오는데, 누구 글인가에 그렇게 나와요. "하나님의 죽음", "하나님을 죽이는 인간"이라는 표현입니다. 그것이 왜 접점이 되냐는 것입니다. 거기서부터 모든 문제가 풀리기 시작하는 것은 아닙니다. 우리가 신을 죽임으로써 구원이라는 것, 하나님의 뜻이라는 것, 인간이 무엇인가 하는 문제가 거기에 담기게 됩니다. 그것이 우리를 혼란에 빠뜨릴까요? 아니면 우리를 다시 생각하게 할까요? 우리에게는 신은 신이고, 인간은 인간인지라 한 번 쇼를 한 것에 지나지 않다고 생각할 뿐이지, 사랑을 증명한 것으로 생각하지 않습니다. 우리가 신을 죽일 수 있다, 그러면 정말 신을 죽여야 합니다. 우리가 아는 신을 죽여야 합니다. 하나님이 죽을 수 있다면, 우리는 그런 신은 신이 아니라고 합니다. 그

렇다면 다시 생각하라는 것이죠. '하나님은 정말 어떤 분이실까? 나하고 정말 사랑을 하자는 것인가? 정말 교제를 하자는 것인가? 너무 겁이 납니다.' 그렇게 겁을 내는 것은 알고 보면 신앙이 없다는 뜻입니다. 지난주에 엘리야에 대해서 설교했는데, 그에 대해 내가 다시 살피게 된 것은 이것입니다. 하나님이 엘리야보고 이렇게 저렇게 하라고 시킨 것이 아닌데 엘리야가 일어나서 제 마음대로 하니까 하나님이 따라오시는 것 같더라고요.

조주석 목사님의 말씀은 루터가 말한 그리스도인의 자유와 다를 바 없는 것 같습니다. 그것은 속박으로부터 해방된 자유이지만 또한 예속되어야 할 자유라고 주장합니다. 복음을 믿음으로 말미암아 누리는 자유가 있는가 하면, 그 자유는 방종이 아닌 섬김으로 나타나야 할 자유라고 규정합니다. 그리스도인의 자유가 이런 역설과 긴장을 갖는다고 이야기했더라고요.
박영선 네, 그렇습니다.

하나님의 자유

조주석 사사기 설교에서 "하나님의 자유가 무엇인지 알면 그것이 인간에게 부여된 자유를 이해하는 실마리가 풀릴 것"이라고 하셨어요(『다시 보는 사사기』).
박영선 하나님의 자유는 어떤 인과관계를 벗어나 있습니다. 하나님은 우리가 잘못한 것도 그냥 넘어오십니다. 우리는 자기한테 유리하면 편을 들고, 불리하면 대적하고, 손해를 보면 안 하고, 이익을 보면 뭐든지 합니다. 우리는 이보다 더 크고 높은 차원의 관계를 하나님의 사랑을 통해 처음으로 경험하게 됩니다. '내가 뭐가 필요하다고 하나님이 이렇게 하실까' 하는 의문을 가질 수 있습니다. 하나님은 우리를 사랑하십니다. 사랑에는 정말 이유가 없습니다. 결혼은 중매로 많이 이루어집니다. 그런데 중매를 통해 어떤 자리에 나와서 상대가 마음에 안 들면, 좋은 학교 나온 것이나 집안이 좋은 것도 다 꼴 보기 싫습니다. 그런데 연애를 하면 눈이 확 뒤집힙니다. 그가 죽을병이 있고, 집안이 어떻고 하는 것은 아무 상관도 없게 됩니다. 이와 같이 세상 역사가 우리에게 하나님의 사랑이 어떻게 작동하는지 가르치기도 합니다. "그것은 너희가 알고 있는 인과관계를 벗어난다." 그것은 무슨 정의나 윤리가 아닌 사랑이라는 단어로 묘사되며, 우리에게 이런 사랑을 요구하십니다.

조주석 사람들은 보통 자유를 자기 마음대로 하고 싶은 것이라고 생각하는 나머지 두드려 부수고 또 미우면 밉다고 표현하게 되는데, 그것은 자유라기보다는 폭력이잖아요. 그러니까 하나님의 자유가 무엇인지 사람이 알게 되면 내가 가져야 할 자유가 무엇인지도 깨닫게 된다는 말씀이시죠?
박영선 네, 맞습니다.

조주석 화제를 조금 돌려 보겠습니다. 『다시 보는 사사기』에서 언급하신 것인데, 세상에서 말하는 시민 정신의 권리 즉 자유는 우리 기독교의 자유와 차이가 난다고 하셨어요. 어디에서 차이가 날까요?
박영선 시민 정신에서의 자유는 그때의 역사적 정황에서 나온 것입니다. 전제정치 밑에서 억압받는 사람들이 자기네 권리를 주장하는 것으로부터 출발하지 않았습니까? 그때의 시민 정신이란 왕정을 폐하고 시민끼리 사회를 만들었을 때 반드시 자신들이 책임을 져야 한다는 어떤 의식을 말하는 것이었습니다. 이렇게 세상살이에서도 권리에는 책임이 동반한다는 것을 배웁니다. 지금에 와서 보면, 시민 정신이 책임을 지는 것으로 가지 않고 권리를 가져야 한다는 것으로 변하지 않았습니까? 그렇게 개인의 권리를 주장하면서 시민 정신은 다 사라지고 말았습니다. 시민 정신이 서구에서 시작되었는데 서구에서도 망하고 동양에서도 망해서 이제 보니까 옛날 동양의 가부장적 윤리 체계가 더 낫다고 하는 말까지 등장했다고 합니다. 이렇게 우리는 세상살이에서도 배울 수 있습니다. 세상에서는 최고의 미덕이 참고 사는 것입니다. 그것은 가장 소극적인 것이어서 허무주의로 갈 수밖에 없습니다. 프랑스가 괜히 허무주의로 갔겠습니까? 민주화가 덜 됐다고 느끼던 근현대사에서는 파리 혁명의 시민 정부, 파리 코뮌을 최고의 모델로 삼았습니다. 그들이 성공했다 해도 아마 망했을 것입니다. 평등이나 권리만으로 나라를 다스릴 수 없다는 것을 알게 되는 것입니다. 지금 서구나 한국을 볼 때 흥미로운 부분은 각각 민주주의의 병폐를 보고 있다는 것입니다. 모두를 만족시켜야 해서 혼란밖에 없습니다. 그래서 사회주의까지 경험하고, 이제는 독재도 좋다는 것이 아닙니까? 그러나 기독교의 자유는 그런 것이 아닙니다.

조주석 그러니까 목적지에 못 가더라도 그곳을 향해서 가는 어떤 노력이나, 그 과정 속에서 누리는 것이 있어야 하겠습니다. 그런 것들이 중요한데, 과거를 때려 부수겠다는 것에만 집중한다면 사실 목표가 없는 것이겠지요.

박영선 그저 보복하는 것에 불과합니다.

조주석 어떤 면에서 반작용으로서는 가치를 가질지 모르지만 방향에서 틀렸다는 것이겠지요. 그렇다면 희망이 없겠습니다.

박영선 네, 세상에는 희망이 없다는 것을 우리는 인정해야 합니다.

조주석 사람들에게 희망이 정말 없습니다.

박영선 그런데도 살아야 한다잖아요.

조주석 그래서 하는 수 없이 그냥 견뎌야 하겠지요. 목사님은 『다시 보는 사사기』에서 사람들에게 매력적으로 보일 수 있는 무신론적 실존주의가 말하는 인간의 자유와 선택도 어떤 한계를 갖는다고 하셨어요.

박영선 네, 이 문제는 제임스 사이어(James Sire)가 쓴 『기독교 세계관과 현대사상』에서 잘 다루고 있습니다. 무신론적 실존주의는 이렇게 말합니다. '신은 없다. 신이 있다면 이런 일이 일어날 리 없다. 신은 존재하지 않기 때문에 인간은 완전히 자유로운 존재다. 따라서 자유와 선택은 인간에게 있으며 그로 인한 책임도 인간 스스로 지는 수밖에 없다.' 그들에게 죽음은 영원히 긍정하게 만드는 것입니다. 그 긍정이 끝나면 진정한 삶도 끝나고 만다는 것입니다.

영광의 자유와 고난

조주석 바울 사도는 영광의 자유를 말하면서 고난을 이야기합니다. 우리가 당하는 고난이 마침내 무엇을 만들까요?

박영선 고난은 이중적인 것입니다. 그것은 우리의 한계를 깨우치고, 그다음에 무한한 도전을 유발합니다. 아무 쓸모도 없는 인생, 늘 실망스러운 인생을 스스로 확인할 때 인간에게 남는 것은 죽음뿐입니다. 죽는 게 낫다는 것입니다. 그렇지만 하나님은 그를 죽도록 놔두시지 않습니다. 그럼 무슨 다른 기대를 가지고 계시기에 하나님은 그를 남겨 두셨는가 하는 것입니다. "자신이 죽을 수밖에 없는 존재라는 걸 알았다면, 그 절망을 넘어 오는 소망과 기대에 대해서 너는 나한테 한번 물어보지 않겠느냐?" 기독교는 이렇게 말하는 셈입니다. 보통 예수님을 만나고 나서 먼저 시작되는 것이 있

시간 속에서 일하시는 하나님

습니다. 예수님을 만나고 기독교인이 된 다음에 가장 쉽게 타협하는 것에는 도덕주의적 신앙관이나 봉사 같은 것이 있습니다. 그런데 예수님을 믿기 전의 인생에서 그가 죽을 것 같은 어려움을 겪으면 자살을 유일한 탈출구로 여깁니다. 그런데 예수님을 믿었으니까 죽지도 못합니다. 이 죽지도 못한다는 것은 대단히 큰 하나님의 안전장치입니다. "그럼 어떻게 하겠느냐? 네가 한계와 부족함과 자책에 빠져 있어도 할 수 있는 것이 있다고 말한다면 믿겠느냐?" 그런 도전이 들어오게 됩니다. "네가 오늘 할 수 있는 것이 있다. 네 자신을 까발리고 회개하는 것으로 나는 만족하지 않는다. 네가 뭘 실패했는지 모를지라도 하루를 사는 동안 한 가지 더 나은 것부터 이제 해봐라." 신앙생활은 이렇게 시작된다는 것입니다. 그래서 저는 청중에게 먼저 상대방의 말에 공감하는 것부터 해보라고 권합니다. 우리는 상대방의 말을 안 듣습니다. 자기 말만 하려고 합니다. 그렇게 되면 상대방은 욥처럼 되는 것입니다. 더는 떠들 말이 없는 상태로 끌려가게 되는 것이고 자신을 다시 살펴보게 됩니다. '사람들은 어떻게 사는가?', '예수님을 믿는다는 것은 무엇인가?', '옛날에 성인들은 어떻게 살았는가?' 그런 과정 속에서 그가 공감하는 사람을 만나게 됩니다. 그러면서 그에게 길이 열립니다. 그런 것이 우리가 고난을 받는 이유입니다. 우리가 죽음을 맞이하지 않고서는 자기 욕심을 못 버립니다.

12
책임, 감수하는 것이다

"자유란 한 인격이 다른 인격 앞에서 관계를 맺고 설 수 있는 조건"이다. 그것은 "하나님이 인간과 더불어 사랑과 믿음의 관계를 맺으시려고" 주신 것이다. "그것은 굉장한 선물"이다. 인간의 자유는 이기적인 권리나 권력으로 이해될 수 없다. 거기에는 책임이 따르기 때문이다. 그렇지 아니한 자유를 우리가 상상이나 할 수 있겠는가? 인간은 죄로 부패한 까닭에 은혜 없이는 그 자유를 책임 있게 감당할 수 없다. 이 장에서는 책임이라는 주제 아래 성숙, 감수한다는 것, 선택, 책임에 대한 오해, 하나님의 일하심, 명예와 수치라는 이야기들이 오갔다.

이런 은혜 아래 있을 때 책임을 지면 어떤 일이 일어난다는 것인가? "거기서 성숙이라는 단어를 쓸 수 있겠습니다." 기독교적 성숙은 하나님 및 이웃과의 관계에서 일어난다. "하나님이 원하시는 하나님의 하나님 되시는 가장 중요한 특징 중 하나가 관계인 것 같습니다.……그 안에는 하나님 성 삼위의 연합 즉 연합적 교제의 긴밀성과 사랑과 기쁨과 영광이 있는 것이고, 우리를 그 상대로 부르시는 것이 있다는 것입니다." 이처럼 삼위 하나님의 관계성과 우리의 관계성의 문제가 신학적으로 심화되는 것을 엿볼 수 있다.

이 성숙은 시간 속에서 일어나며 하나님의 후사로서 경험하는 일이다. 하나님이 우리에게 "전후를 주시는 이유는 우리로 이해시키기 위한 것입니다." 따라서 우리는 그 시간을 이렇게 이해해야 한다. "우리는 시간에 의해서 구애를 받는다고 말할 것이 아니라, 시간에 의해서 누적되고 축적되는 과정을 겪는다고 말해야 할 것입니다." 이런 과정 속에서 우리는 그의 후사가 되어 간다. "예수님이 오셔서 새 세상을 연 것같이, 새 세상에서 하나님이 하시고 싶은 일, 사람들을 기르고 성경적으로 후사가 되는 일에서 우리가 실제로 해보는 것입니다.……예수님이 제자를 만들었다는 것을 우리는 자꾸 선교적 차원에서만 생각합니다. 그것이 아니라 하나님의 후사들을 만드는 것입니다.……아직 종말이 오지 않았다면, 우리가 지금 하는 일이 종말에 의해서 다 뒤집힐 수 있습니다.……예수님이 오시기 전까지는 평가가 다 유보되어 있다는 이야기입니다. 그러니까 우리는 희망을 품어야 합니다."

우리는 하나님의 크신 은혜에 답해야 할 책임을 갖는다. 그는 그것을 감수하는 것이라고 말한다. "신자는 자기 현실 앞에서 답을 내야 합니다. 그 답은 속 시원한 해결책은 아니고 감수를 해야 한다는 것입니다." 자신이 처한 현실 속에서 이 감수하는 문제는 결코 선택과 떼어 놓을 수 없다. 그 선택이 위대한 선택일 수도 있지만 대체로는 그렇지 않다는 것이다. 따라서 그는 위대한 선택이라는 말을 경계한다. "사람들이 말하는 위대한 선택이란 결과를 가지고 이전의 삶을 꿰맞추는 식을 말합니다." 하나님이 어느 시대 속에서 "영웅을 세우는 이유는 긴급한 시대에 표지판을 세우고, 가로등을 켜는 것과 같다"는 것이다. "그것은 절대다수를 위해서 필요한 것일 뿐이지, 성경에서는 각인에 대하여 영웅주의적 이해를 금한다고 봅니다.……우리는 이 다수가 무엇을 해야 하는지에 대해서 관심을 기울여야 합니다."

이 책임은 "최선을 다하는 것"이어야 하지만, 거듭 자신의 상태를 확인해 가야 할 것과도 연결시켜 말한다. "최선을 다한다는 것은 자기와 관계 속에서 예의를 표하고 짐을 나눠 지는 것이 대단히 큰 것입니다. 단번에 다 해결을 보겠다는 식이 아니라는 것입니다." 여기서 확인해 가야 하는 것들은 이런 것들이다. "우리는……거짓과 비겁함을 자꾸 확인해 가야 합니다. 내가 비겁하고, 내가 거짓되고, 내가 무력하다는 것을 늘 확인해 가야 합니다."

그는 '책임을 진다'는 말을 '순종'과 연결시키지만 순종의 성격이 어떤 것이어야 하는가 하는 문제도 짚어 낸다. "하나님이 나에게 준 자격과 조건하에서 현실적인 도전을 마주하여 살아가는 것이 순종입니다." 순종을 하나님의 어떤 특별한 부름 즉 소명에 반응하는 것 정도로만 좁혀 생각하는 경향도 있지만, "나를 보낸 자리에서 내가 알게 된 방향과 모든 가치와 모든 힘을 가지고 어떤 식으로 내 인생을 살아내는 것이 순종이라는 것입니다. 거기서 가장 필요한 것은 자신의 한계를 아는 것"이며 "자신의 순종을 돋보이게 하려는 태도는 바람직하지 않다"고 한다.

사람이 책임을 진다 할 때 여러 가지 조심해야 할 태도가 있다고 그는 말한다. "자기가 의욕적으로 책임을 지고 싶은 것과 자기 실력과는 다른 것입니다.……책임을 진다고 할 때, 우리는 어떤 관계성이나 자기의 현실 속에서 나누어야 하는 짐이나 혹은 유세를 떠는 것으로 넘어가지 않게 조심해야 합니다. 하나님이 우리와 함께하시는 것으로 사실은 문제가 해결된 것입니다. 그분은 언제든지 기적을 일으킬 수 있고, 조건 없이 여기 와 계시다는 것이 책임이라는 것입니다. 우리 모두 그런 길을 따라가야 합니다."

그뿐 아니다. 책임을 진다는 것을 다음과 같이 오해하는 것들도 있다. "책임을 진다고 하면 해결한다거나 그럴 능력이 있다"고 생각한다는 것이다. "그런데 예수님의 책임은 당하시는 것에 있습니다.……그는 아무도 도망갈 수 없는 자리까지 걸어 들어오십니다.……그 영광이란 자기 몫을 하는 것을 말합니다.……우리도 다른 사람들과 묶여 붙들려 있습니다. 그것을 살아내는 것이 책임입니다." 이런 관점에서 볼 때 다음과 같은 이해는 성경적이지 않다고 말한다. "아무것도 마음껏 할 수 없는 존재여서 한 번도 나답거나 내 꿈을 펼치지 못한 것으로 생각할 수 있습니다. 그러나 책임을 그런 식으로 이해하는 것은 성경적이지 않습니다."

사람이 책임을 지고 살아가야 하지만 선택이 잘못되는 경우들은 허다하다. 그는 이 문제를 우리가 어떻게 이해해야 한다고 말하는가? "우리는 그 속에서 몸부림쳐야 합니다." 우리의 몸부림 속에 하나님이 들어오셔서 일하신다는 것이다. "그 일하신다는 것은 우리의 생각에 빛을 비추시고 은혜를 베풀어서 결과적으로 좋은 쪽으로 오게 된 것을 말합니다. 선택을 잘한 것뿐 아니라 잘못한 것도 다 결합되어 나중에 좋은 쪽으로 결과가 나온다는 것입니다. 하나님이 우리에게 책임을 지라는 그 형편이 갖는 신비함이 거기에 있습니다." 더 나아가 그는 하나님의 일하심에 대해 '예술'이라는 말까지 동원한다. "지금은 과거의 그것이 평생 씻지 못할 실패인데, 그것이 없었다면 우리는 어떤 산을 못 넘었고 어떤 강을 건너지 못했을 것입니다.……하나님이 우리를 그렇게 만드시는 일을 저는 예술이라고 생각하고 있습니다."

사람은 대체로 잘하면 복 받고 못하면 벌 받는다고 하는 식의 이분법적 사고를 극복하지 못하고 있다. 그것이 물론 우리의 단단한 토대이기는 하지만, 그런 법적 개념보다는 명예와 수치라는 인격적 개념으로 넘어올 것을 제안하고 있다. "잘하는 것은 명예요, 못하는 것은 수치라고 이야기해야 합니다. 저는 신앙의 차원에서 '인간이 명예로울 것인가, 수치스러울 것인가' 하는 질문을 꼭 물어야 한다고 생각하게 되었습니다."

그는 자유와 선택을 "구원을 받는 조건이 아니라 구원의 목적"이라고 말한다. 이 말이 쉽게 이해되기는 어려울 것 같다. 그것들이 구원을 받는 조건이 아니라는 것은 인간이 자신의 구원을 자력으로 이룰 수 없다는 뜻인 것이 분명하다. 그렇다면 그것들이 구원의 목적이라고 한 것은 은혜 아래서 내가 인격적으로 자유의 행사 곧 선택을 할 수 있는 존재가 되었다는 의미로 이해될 수 있겠다. 그것이 우리를 구원하신 하나님의 구원의 목적이 될 것이다. 이런 이해가 틀리지 않다면, 그의 신학적 사유는 하나님의 주권을 강조하는 개혁신학에 바탕을 둔 것이 틀림없다.

자유에는 책임이 동반되며 은혜가 전제되어야 한다. 은혜가 전제되지 않는다면 기독교적 책임은 불가능하다. 책임은 성숙을 목표로 하는 것이지만 선택과 결정을 잘못할 때 꾸중도 따른다. 하나님은 우리의 이런 선택과 결정에 들어오셔서 일하심으로 좋은 쪽으로 결과를 이루실 것이다. 그것은 하나님의 신비요 예술이다. 책임은 자기 역할을 하는 것이요 관계의 역동성이 드러나게 한다. 이런 책임을 지고 살아가는 것이 순종이며 그 반대는 불순종이다. 여기에 명예와 수치가 있다.

자유에는 책임이 동반되어야 한다

조주석 지난번에는 자유에 관한 이야기를 나눴습니다. 이제 그 자유와 관련된 선택과 책임의 문제를 가지고 생각해 보시지요.

박영선 왜 자유에 관한 이야기가 나왔느냐 하면 기독교 신앙의 절정이라 할 수 있는 최고의 목표가 믿음과 사랑이기 때문입니다. 이 믿음과 사랑을 가지려면 자발성이 백 퍼센트 있어야 합니다. 자발성을 백 퍼센트 갖는다는 것은 그에게 자유가 있다는 이야기입니다. 그런데 사람들은 자유라고 하면 처음부터 꼭 권리부터 누리려고 합니다. 그래서 자유가 책임을 갖는다는 이야기를 하려고 자유를 도입했던 것입니다.

조주석 그렇다면 자유와 권리는 무엇이 동반되어야 제대로 누릴 수 있습니까?

박영선 우리에게서 자유와 권리가 성립되려면 먼저 은혜가 전제되어야 합니다. 우리는 스스로 자유를 만들어 낼 수 없습니다. 우리는 피조물이라서 방향과 가치를 만들 수 없습니다. 내가 나를 창조했다면 자유를 내가 가질 수 있겠지만 우리는 피조물입니다. 피조물이라고 하면 대단히 소극적으로 이해되겠는데, 하나님이 우리를 구체적으로 만들었다 하는 데까지 갈 겁니다. 그래서 자유나 권리는 무엇이 동반되어야 제대로 누리게 되는가에 대한 답은 물론 책임입니다. 책임이 동반되어야 합니다. 그러나 동반이라는 자리까지 가는 데는 굉장한 거리가 필요합니다. 하나님은 우리에게 율법을 주셔서 잘하는 것과 잘못하는 것을 알게 하는 대원칙을 일단 세우십니다. 그것을 도덕이라고도 할 수 있습니다. 잘하는 것과 못하는 것은 말하자면 긍정적인 것과 부정적인 것을 말하는 원칙입니다. 율법의 약점은 긍정적인 것을 만들 수 없다는 데 있습니다. 그 최대치는 부정적인 것을 안 하는 것이기 때문입니다. 그래서 그다음으로 나아가려면 율법이 긍정적인 것을 만들 수 없고 또 영혼의 긍정적인 욕구가 있다는 사실에 대한 갈등과 함께 절망을 느껴야 합니다. 그래야 우리가 은혜로 갈 수 있습니다. 앞에서 설명했듯이, 율법이 하는 일은 우리를 은혜로 미는 것입니다. 은혜란 비유를 들자면, 설치된 무대 위에서 작품을 만드는 것이라 할 수 있습니다. 무대가 없으면 작품은 만들어지지 않습니다. 율법이 은혜를 만든다는 것은 율법이 은혜를 창조한다는 것이 아니라, 율법이라는 그릇에 은혜가 담기게 된다는 뜻입니다. 그러니까 율법과 은혜 사이에 오해의 소지가 많습니다. 율법이 없으면 은혜도 없습니다. 그런데 우리가 은혜를 받으면 그 은혜가 우리를 책임으로 밀어냅니다. 우리가 율법 아래 있었을 때는 그것을 부정적인 잣대로 쓸 수밖에 없는 차원에 있었던 것이고, 은혜가 주어지자 더 높은 차원으로 가게 되었다는 것입니다. 더 높은 차원 혹은 더 깊은 차원이란 우리가 책임을 지는 것을 말합니다. 저는 그것을 순종이라고 합니다. 이

순종에 대해서 사람들이 오해하는 것은 이런 과정을 무시하고 "자기를 부인하고"라는 말씀이 무슨 뜻인지 잘 몰라서 생긴다고 봅니다. 다시 말해, "내 생각을 다 버릴 테니 하나님 마음대로 하십시오" 하고 조종받기를 요구한다는 말입니다. 그것은 일종의 굴종이지 순종이 아닙니다. 하나님은 굴종으로 갈지 순종으로 갈지 하는 문제를 놓고 우리와 싸우시고 역사 내내 싸우십니다. 하나님은 우리에게 자유를 주시고, 그 자유가 책임을 지는 자리까지 가는 것을 원하십니다. 그런데 우리는 그 자리까지 안 가고 중간 어디쯤에서 타협하려고 합니다. 율법을 놓고 타협하든가, 은혜를 놓고 타협하려 합니다. 저는 그렇게 타협하려는 것을 우상이라고 말합니다.

조주석 오늘 이야기 나눌 내용이 한눈에 들어옵니다.
박영선 이렇게 전체를 그려 놓고 그다음에 조목조목 들어가야 그것이 어떻게 조합되는지 알 수 있습니다. 그런 완성품이 제시되면 부속이 어디에 속하는 것인지 알 수 있지 않겠습니까?

성숙을 위해 자유와 시간을 주시다

조주석 그러면 먼저 하나님께서 왜 우리에게 자유와 시간을 주시는가 하는 문제부터 생각해 보시죠.
박영선 하나님이 원하시는 하나님의 하나님 되시는 가장 중요한 특징 중 하나가 관계인 것 같습니다. 그것은 우리로서는 상당히 낯선 신에 대한 이해입니다. 보통 신이라고 하면 전지전능하고 완전무결하다고 생각합니다. 신에 대한 우리의 개념이 그렇습니다. 곰곰이 생각해 보니 이런 이해는 율법적 기준에서 보는 것이었다고 생각합니다. 그런데 은혜로 올라가고 자유로 올라가서 보면 다르다는 것입니다. 요한복음에서 보듯이, 예수님은 "아버지께서 내 안에, 내가 아버지 안에 있는 것같이 그들도 하나가"(요 17:21) 되기를 원하십니다. 우리가 하나가 된 것같이 그들도 다 하나가 되기를 원하신다고 기도합니다. 그것이 '아들의 영광을 보는 것'입니다. 그 영광을 본다는 것은 아버지께서 아들과 하시는 것, 말하자면 모든 통치와 기쁨에서 우리를 동반자로 삼기 위해 부르시는 일에서부터 시작합니다. 그 부름에 응하여 믿음으로 사는 것이 우리의 순종이자 가장 큰 명예입니다. 그래서 "아버지께서 나를 세상에 보내신 것같이 나도 그들을 세상에 보내었다"고 하신 요한복음 17장의 예수님의 기도를 선교적·봉사적 차원으로 쉽게 말하지만, 그보다 훨씬 넘어서는 것이 있다고 생각합니다. 그 안에는 하나님 성 삼위의 연합 즉 연합적 교제의 긴밀성과 사랑과 기쁨과 영광이 있는 것이고, 우리를 그 상대로 부르시는 것이 있다는 것입니다.

조주석 성 삼위 하나님의 위격의 관계적 차원에서만 그치는 것이 아니라, 우리를 그 사귐의 대상으로 삼고자 부르시려고 우리에게 자유와 시간을 주신다는 것이죠.

박영선 그 자유와 시간에 대해서는 설명이 좀 더 필요하겠습니다. 사랑이란 혼자는 못 합니다. 사랑할 상대가 있어야 합니다. 이것을 설명하기 위해 제가 기껏 가져다 쓴 비유가 화음입니다. 혼자서는 아무리 해도 화음을 만들어 낼 수 없습니다. 그처럼 사랑을 하려면 대상이 있어야 하는 것입니다. 그리고 영광과 기쁨이라는 말도 대상과 나누는 교제의 측면에서 이해해야 합니다. 그러면 왜 거기에 시간이 들어가야 하는가 하는 문제가 있습니다. 우리에게 자유가 주어지고 그 자유로 무엇을 선택하면 그에 대한 책임도 지게 되는 어떤 과정이 있다는 것입니다. 그런 과정 속에서 기쁨과 영광을 갖게 되려면 우리는 시행착오를 겪을 수밖에 없고, 자발적인 헌신, 진정한 사랑과 교제를 나누는 자리에까지 이르게 될 것입니다.

시간 속에서 일하시는 하나님

조주석 자유와 시간을 주신 것과 관련해서 우리에 대한 어떤 목적이 있을 것 같습니다. 그저 시간을 축내면서 우리 맘대로 살라고 그것들을 주신 것이 아니라는 것이죠.

박영선 거기서 성숙이라는 단어를 쓸 수 있겠습니다. 우리가 창세기에서 아담의 타락 장면을 봐도 하나님이 그의 타락을 없애 주는 것이 아니라 그에게 벌을 내리십니다. 우리는 창조를 완성품을 만드는 것으로 생각합니다. 사람이 아이를 낳을 때 그 아이가 무슨 장애가 없다면 커야 합니다. 우리는 진심, 순전함이라는 말을 많이 씁니다. 이 말을 아기에게 적용할 때는 아직 그가 적극적으로 죄를 짓지 아니한 차원에서 순진하다는 뜻입니다. 그런데 사람이 나이가 들었는데도 순진하다는 말을 듣는다면, 그것은 큰 결함이 아닐 수 없습니다. 나이가 들면 순진함이 없어지는 게 아니라, 지혜와 실력을 갖춰 성숙해져야 합니다. 진실하다거나 순진하다는 것이 소극적으로는 흠이 없다는 말로는 쓰일 수 있어도 예술성에는 쓰일 수 없습니다. 그러니까 착하다는 말은 굉장히 모호한 말입니다. 그 말에 좋은 측면도 있지만 유아적인, 흠이 없고 백지가 되는 순진무구로 가는 것은 성숙과 상관이 없습니다. 성경에서 하나님이 시간을 주신다는 것은 전후를 준다는 뜻입니다. 전후를 주시는 이유는 우리로 이해시키기 위한 것입니다. 하나님은 시간에 구애를 받지 않습니다. 그러면 우리는 어떤가 할 때, 우리는 시간에 의해서 구애를 받는다고 말할 것이 아니라, 시간에 의해서 누적되고 축적되는 과정을 겪는다고 말해야 할 것입니다. 모든 것이 합력하여 선을 이룬다는 이 말씀을 실제로 겪어 봄으로써 우리는 대부분 지혜나 성숙을 갖게 됩니다.

조주석 그렇게 하자면 잘 분별하여 선택을 해야 할 텐데 그것이 단번에 생길 문제도 아닐 것 같습니다.

박영선 자유에는 책임이 따르는 것인데 우리는 먼저 그것을 권리로만 생각합니다. 보통 권리는 무책임해지는 것, 책임을 질 필요가 없는 것으로 오해됩니다. 책임을 지라는 것은 선택을 허락한다는 것입니다. 그렇게 선택권을 주시는 것인데, 선택하려면 분별이 있어야 하지 않겠습니까. 그리고 분별을 하려면 지혜도 있어야 합니다. 지혜가 생기려면 경험이라는 것도 있어야 합니다. 거기에 시간이 들어오는 것입니다.

선택과 결정을 잘못할 때

조주석 그런데 경험상으로 우리의 선택과 결정이 잘못될 때가 훨씬 많지 않습니까? 이런 경우에 하나님은 우리를 어떻게 대하실까요?

박영선 여기에는 잘잘못에 관한 기준점이 충분히 소개가 안 되어 있습니다. 잘잘못이란 율법에 근거하면 벌 받는 것, 망하는 것으로 갑니다. 그런데 예수님으로 말미암아 이 세상이 잘못하면 벌을 받는 것이 아니라 생명이 사망을 이긴 것이라서, 잘못이 벌로 갈 수 없다는 것입니다. 잘못한 것에 대해서도 생명이 어떤 작용을 합니다. 예를 들면, 학교 다닐 때 공부를 못한 것이 죽음으로 이끄는 것이 아니라 못난 것으로 여겨지지 않습니까? 그 잘못이 자기가 크는 데 반작용 곧 어떤 디딤돌이 됩니다. 성숙한 사람들을 보면, 정도(正道)를 따라 똑바로 걸어온 사람보다 돌고 돌아 온 사람들이 더 큰 지혜와 역량을 가지는 것을 보게 됩니다. 우리는 로마서 8장 처음에 나오는 선언, "그러므로 이제 그리스도 예수 안에 있는 자에게는 결코 정죄함이 없나니"(롬 8:1)라는 말씀을 충분히 못 읽어내고 있습니다. 뭘 해도 죄가 아니라는 말이 아니라, 망하지 않는다는 것입니다. "하나님을 사랑하는 자 곧 그의 뜻대로 부르심을 입은 자들에게는 모든 것이 합력하여 선을 이루느니라"(롬 8:28)는 말씀이 성립한다는 것입니다. 지금은 과거의 그것이 평생 씻지 못할 실패인데, 그것이 없었다면 우리는 어떤 산을 못 넘었고 어떤 강을 건너지 못했을 것입니다. 그저 자그마한 안심의 구도 속에서 그냥 편안하게 살려고 한 데서 우리를 불러내어 더 크고 명예로운 자리로 이끌어 가신다는 것입니다. 하나님이 우리를 그렇게 만드시는 일을 저는 예술이라고 생각하고 있습니다.

조주석 신앙생활을 할 때 사람은 아무래도 빨리 안심하는 쪽으로 향하고 싶지, 불안한 상태로 가고 싶지는 않을 겁니다. 사실 인간이 지적으로 혼란한 상태에 빠져 있으면 굉장히 불안해하고 그것이 해결되어야 답으로 갈 수 있는 것 아니겠어요? 그러니까 안심이라는 것이 신앙생활에서 긍정적인 측면도 갖겠지만, 어떤 측면에서는 신앙을 침체로 빠뜨릴 수도 있을 것 같아요.

박영선 우리를 어디로 못 나가게 만듭니다. 가두어 놓습니다. 루터가 "안심은 최고의 우상이다"라고 했습니다. 그것이 굉장한 이해인데, 무슨 소리인지 잘 모르는 것 같아요. 사람들이 루터 이야기는 많이 하는데 그것을 이야기하는 사람은 없는 것 같습니다. 자기가 오르는 산은 잘 안 보이듯이, 내가 살면서 자신이 어떤 사람이 될 것인가는 모르는 것 같다고 해야 할까요. 성경은 그 삶의 과정을 믿음으로 따라오라고 하는 것입니다. 성경에 그런 많은 증거가 있는데 요셉 이야기를 한번 생각해 보십니다. 이 이야기는 제일 많이 오해하는 사례입니다. 사람들은 이 이야기를 자기의 안심이나 이해와 묶어서 요셉을 비전의 사람으로 만듭니다. 그러나 요셉에게는 정말 많은 역설과 모순이 포함되어 있습니다. 형들이 그를 파는 바람에 실제로는 갈 이유가 없는 애굽으로 가게 됩니다. 그가 거기서 무고를 당함으로써 감옥에 갇히지만 시간이 흘러 결국 애굽의 총리가 됩니다. 그를 만드시는 과정들이 전부 우리의 논리로는 말이 안 되고 상상조차 할 수 없는 것들입니다. 거기다 그를 팔아먹은 형들이 구원까지 받지 않습니까? 그러니까 예수님을 믿어서 구원을 받는다는 말이 무슨 말인지 모르는 것입니다. 우리가 그를 죽여서 그것을 회개하라는 이야기가 아닙니다. 그를 죽여서 받는 구원이기 때문입니다. "너희가 가진 소원으로 만족하려고 하지 마라. 너희가 볼 때 아니라고 생각하는 것까지 다 창조와 구원 속에 있다"는 것입니다. 그래서 하나님은 창조의 하나님, 부활의 하나님이시잖아요? 죽은 자를 살리시는 하나님입니다. 그러니까 일차적으로 혼란이 일어날 수 있다는 것은 충분히 이해합니다. 이것은 혼란이 일어나게 되어 있습니다. 제가 이사야를 설교하면서 율법적 세계관과 은혜의 세계관과 자유의 세계관에 대해서 이야기한 적이 있습니다(『이사야서, 하나님의 비전』). 그것들이 우리 삶에 적용되는 것을 보면, 그 단계가 일관되게 차례로 적용되는 것이 아닙니다. 율법적 세계관을 하나 넘어가면 그다음에 은혜의 세계관이 펼쳐지고, 그것을 넘어가면 자유의 세계관이 있다는 식만은 아닙니다. 이 셋이 순서 없이 번갈아 와서 우리를 흔들어댑니다. 마치 우리가 국어 다 배우고 나면 수학을 배우고 수학을 다 배우고 나면 과학을 배우지 않듯이 말입니다.

하나님께 꾸중을 듣는 시간

조주석 선택과 결정을 잘못하는 경우에는 우리가 하나님께 꾸중을 들을 수 있습니다. 그런 차원에서 목사님께서 "서신서의 내용은 대부분 꾸중"이라고 하셨더라고요(『인생』). 상당히 재미있는 표현이었습니다. 그러면 그 꾸중을 받는 시간은 무엇을 확인하는 시간이 될까요?

박영선 활을 쏘려면 잡아당겨야 합니다. 화살이 나가야 하는 방향과는 반대 방향으로 잡아당깁니다. 많이 잡아당길수록 많이 나갑니다. 그래서 많이 잘못하면 많이 잘된다는 논리가 되고 맙니다. 만약 그렇게 일방적으로만 이해하고 말면 그는 '창조'라는 말을 모르는 것입니다. 성경에 나오는 몇 가지 이야기를 통해 설명해 보겠습니다. 먼저 욥입니다. 욥은 자기가 아는 논리에서는 고난을 당할 이유가 없다고 생각합니다. 그런데 하나님이 그를 끌고 나와 창조 질서에서는 무에서 유를 만들 수 있다고 답하십니다. 요셉의 경우에는 그가 당하는 것이 무엇인지 아무것도 모릅니다. 시편 105편에 보면, 요셉의 사건이 전부 수동태로 묘사되어 있습니다. 그가 종으로 팔려가고, 차꼬를 차고, 쇠사슬에 매이고, 풀려나고, 다스리게 되었다고 표현합니다(시 105:17-22). 본인은 선택의 여지가 없었습니다. 반면에 야곱의 이야기에서는 전부 선택입니다. 자기가 나올 때부터 발뒤꿈치를 잡고 나오고 속이고 도망갑니다. 신약에 와서는 예수님으로 말미암아 죽음을 생명으로 바꿔 놓을 수 있다고 이야기합니다. 성경을 추리소설 읽는 것처럼 읽어야 한다고 이야기했습니다. 우리가 퍼즐들을 어떻게 맞추어야 할지 모를 때에도 하나님은 일하고 계시고, 또 우리에게 직접 자기의 선택대로 한번 해보라고도 하십니다. 우리의 인생에는 그런 것들이 절묘하게 조합되어 있습니다. 그게 어떻게 조합이 됐는지는 개인마다 다르다는 것입니다.

조주석 성경의 인물들을 예로 들어 주셨는데, 우리가 보았을 때 그들의 생애라는 것은 결국 '내가 누구인가' 곧 자신의 정체성이 확인되는 시간인 것 같습니다. 이 정체성을 명확히 확인시켜 주시려 할 때 하나님은 우리를 꾸짖으실 겁니다. 그 가장 큰 꾸중이 우상숭배라고 생각합니다. 우상이란 과연 무엇일까요?

박영선 하나님이 하자고 하는 길이 아닌 데로 가면 다 우상입니다. 우리는 "돈이 우상이다", "뭐가 우상이다" 하고 말합니다. 사도행전에 보면, "예수 외에 구원을 받을 만한 다른 이름을 주신 적이 없다"(행 4:12)고 했습니다.

이 말이 무슨 뜻인가 하면, 이 방법, 이 내용, 이 목적이 아닌 길로 가지 말라는 것입니다. 그것이 구약에서는 우상인 것이고, 신약에서는 "예수님이 아니면"이라는 것이 우상인 것입니다. 하나님이 우리 안에 무엇을 만들고 싶어 하시냐 하면 그것은 자유입니다. 자유와 선택은 구원을 받는 조건이 아니라 구원의 목적입니다. 하나님은 우리가 올바른 선택과 헌신의 자리로 가는 것을 요구하십니다. 그런데 선택이나 헌신이 그저 명분으로 주어지는 것이라면, 다시 말해 인생에서 시행착오가 없다거나 자유가 필요하다고 깊이 느끼지 못한다거나 자유의 부작용을 크게 맛보는 것이 없다면, 자기부인이라는 말이 순종과 어떻게 연결되는지 이해하기가 어려울 것입니다. 우리는 자꾸 명분을 위해서 기도합니다. "하나님, 거룩하게 해주시고 지혜롭게 해주십시오" 하고 기도합니다. 그런데 하루하루 살아가면 지혜가 생깁니다.

조주석 솔로몬의 예를 봐도 사실 구체적인 현실 속에서 그가 지혜를 구했지 막연하게 "지혜를 주십시오" 하지 않았습니다. 지혜는 구체적인 현실 속에서 필요한 것이 아니겠습니까?

박영선 그렇습니다. 요셉의 이야기에서 보듯이 하나님이 매일 도전을 하십니다. 하나님은 우리에게 당신의 길로 걸으라고 도전하기 때문에, 우리가 매일 습관적으로 생각 없이 사는 것 같지만 다 선택의 연속입니다. 우리에게는 그냥 막연하게 이대로 가자고 하는 것이 많습니다. 그런 것들이 결과가 좋을 때는 그냥 생각 없이 지나가지만, 결과가 안 좋으면 이제 따지게 됩니다. "내 탓입니까? 왜 그러셨습니까?" 그것이 중간중간에 한 번씩 나오게 됩니다. 부모가 아이를 바로잡으려고 회초리를 들 때, "네가 이래서는 안 된다. 내가 네 부모이기 때문에 때리는 것이다"라는 말이 비로소 나옵니다. 그러나 자식은 자기가 하고 싶은 것을 부모가 막으면, '왜 막는 거지?

시간 속에서 일하시는 하나님

나는 이걸 하고 싶은데 어째서 못 하게 하나' 하고 따지게 됩니다. 그런 것들이 역사와 인생에서 반복되고 있습니다. 그런데 이런 부분이 치열하게 설명되지 않으면, 종교에 대하여 우리가 가지는 막연한 기대는 안심, 형통, 능력, 행복이란 단어들로 치환됩니다. 그래서 과정이 있어야 한다는 것입니다. 그것이 위대한 길로 가는 유일한 길이기 때문입니다.

조주석 어떤 문제를 만나 쉽게 해결되지 않으면 따져 보지도 않고 그냥 포기하고 다른 것을 구하기 쉽겠다는 생각이 듭니다.

박영선 욥같이 더 깊이 들어가야 하나님과 더불어 따지게 됩니다.

조주석 "우상은 타협입니다"라고도 말씀하셨더라고요(『안목』).

박영선 골로새서에서 탐심은 곧 우상숭배라고 말합니다(골 3:5). 탐심이란 자기 욕심이잖아요. 그 말을 사욕이라는 단어로 치환하지 않고 우리의 최고 기대치로 이해하면 그것은 우상이 됩니다. 그러니까 우리에게 하나님의 기대치로 오라고 하는 것입니다.

조주석 그 방향으로 나아가야 하는데, 내가 원하는 것은…….

박영선 내가 원하는 것은 죄악된 것입니다. "나는 이 정도면 됐다" 하고 생각하는 것, 스스로 율법적으로 완성되었다고 생각하는 것이 제일 무섭습니다. 사람이 율법의 완성으로 가면 만족하는 것이 아니라 이상하게 분노합니다. 그것은 그에게 보상이 없기 때문입니다. 율법은 우리의 정체성에 만족을 주지 못합니다. 그래서 율법적으로 잘못이 있는 자들을 비난함으로써 스스로를 안심시킵니다. 그렇게 되면 그는 사람을 사랑할 수 없습니다. 사랑 안에 두려움이 없다는 것은 굉장한 말씀입니다(요일 4:18). 사랑 안에는 공포가 없습니다. "공포가 있으면 넌 아직 아니다" 하는 그런 말입니다.

책임을 진다는 것은 감수하는 것

조주석 신앙생활을 오래 하다 보면 책임지는 것보다는 체념하는 것이 더 많은 것 같습니다. 왜 그런 일이 생길까요?

박영선 우리는 책임을 너무 능력의 차원에서 이해하는 경향이 많습니다. 책임을 진다고 하면 해결한다거나 그럴 능력이 있다고 생각합니다. 그런데 예수님의 책임은 당하시는 것에 있습니다. 그는 처음부터 죽으러 들어오신 것입니다. 죽음의 자리까지 끌어안습니다. 그는 아무도 도망갈 수 없는 자리까지 걸어 들어오십니다. 그 들어오심이 사람들에게 외면당한 이유는 그들의 기대와 달랐기 때문입니다. 그것은 하나님 나라가 사람들이 기대하는 힘, 평안, 형통으로 된 나라가 아니었다는 말입니다. 쉽게 말해서 그 나라는 섬기는 나라입니다. 사랑과 믿음, 기쁨과 영광의 나라입니다. 예수님은 죽으실 때가 되자 인자가 영광을 얻을 때가 왔다고 하십니다(요 12:23). "하나님의 영광을 보리라"는 표현이 성경에 자주 반복되는데, 그 영광이란 자기 몫을 하는 것을 말합니다. 그것은 개인의 욕심을 채우기 위해 다른 사람과 분리된 상태가 아닌, 모두와 엮여 있고 붙들려 있는 것을 말합니다. 우리의 사회생활이 딱 그렇지 않습니까? 우리도 다른 사람들과 묶여 붙들려 있습니다. 그것을 살아내는 것이 책임입니다. 이렇게 말하면 사람들은 체념이라는 말을 떠올릴 수 있습니다. 여기서는 이렇게 끌리고 저기서는 저렇게 끌려서 아무것도 마음껏 할 수 없는 존재여서 한 번도 나답거나 내 꿈을 펼치지 못한 것으로 생각할 수 있습니다. 그러나 책임을 그런 식으로 이해하는 것은 성경적이지 않습니다.

조주석 "나는 평생토록 가족만을 위해 직장에 다녀야 했다", "나는 평생 식구들을 위해 부엌일만 하다 늙었다." 사실 우리에게 이런 식의 불평이 많지요.

시간 속에서 일하시는 하나님

박영선 딱 그것입니다. 목사들도 그렇습니다. 목사들은 한 번도 빛을 보지 못하고 죽어야 맞습니다. 그것이 맞는 겁니다.

조주석 그 현실을 내가 어떻게 충실히 살아낼 것인가 하는 것에 초점을 맞추지 못하고, 이것은 내가 해야 할 일이 아닌데 여태까지 하고 있다고 생각할 수 있습니다.

박영선 우리에게 선택의 여지가 없는 것들은 많습니다. 언제 태어나느냐, 어느 시대에 태어나느냐, 어디에서 태어나느냐, 어느 집에서 태어나느냐, 어느 사회에서 태어나느냐 하는 것들은 우리가 선택할 수 없는 것들입니다. 우리는 그 속에서 몸부림쳐야 합니다. 하나님은 우리의 그 몸부림 속에 들어오셔서 일하십니다. 그 일하신다는 것은 우리의 생각에 빛을 비추시고 은혜를 베풀어서 결과적으로 좋은 쪽으로 오게 된 것을 말합니다. 선택을 잘한 것뿐 아니라 잘못한 것도 다 결합되어 나중에 좋은 쪽으로 결과가 나온다는 것입니다. 하나님이 우리에게 책임을 지라는 그 형편이 갖는 신비함이 거기에 있습니다.

조주석 그러면 신자는 하나님의 크신 은혜에 답해야 할 책임을 갖는데 자신의 무엇 앞에서 답을 해야 할까요?

박영선 신자는 자기 현실 앞에서 답을 내야 합니다. 그 답은 속 시원한 해결책은 아니고 감수를 해야 한다는 것입니다.

조주석 속 시원하지 않다.

박영선 그렇죠. '자식은 왜 낳았나' 하는 것에서부터 시작해서 '나는 왜 이런가', '하나님은 뭐하고 계시는가' 하는 자리까지 오게 됩니다. 하나님이 모세를 불렀을 때 그가 분통을 터뜨리잖아요. "도대체 하나님, 어떻게 되신 겁니까" 하고 묻자, "나는 스스로 있는 자이니라"(출 3:14)고 답하십니다. 정말 굉장한 답 아니에요? 나는 하나님이기를 중단한 적이 없다는 말씀입니다. 이렇게 해서 건강한 보통 사람이 많이 나와야 합니다. 모세는 마침내 말 안 듣는 이스라엘 백성을 데리고 나와 광야생활을 이끌어 나갑니다. 그가 사실 광야에서 반드시 죽어야 했을까요? 그가 가나안에 들어가도 되는데 하나님이 "너 여기서 죽어"라고 하십니다. 그것이 므리바 사건입니다(민 21:1-13). 모세가 하나님이 "너 여기서 죽어"라고 한 말씀을 알아들었다고 저는 해석합니다. "아, 그렇구나. 나는 이 사람들을 위해서 부름을 받았는데, 그들은 다 죽고 나 혼자 들어간다는 것은 말이 안 된다." 그가 이렇게 이해했다고 해야 말이 맞을 것 같습니다.

조주석 우리는 책임이라는 것을 지지 않아도 될 의무감 정도로 생각하는 것 같습니다. 그런데 책임이라는 것이 의무와는 어떻게 다를까요? 그리고 목사님이 말씀하시는 "위대한 선택"이라는 것은 무엇인가요?

박영선 사람들이 말하는 위대한 선택이란 결과를 가지고 이전의 삶을 꿰맞추는 식을 말합니다. 정말 잘 살았지만 위대한 선택이라고 평가받지 못하는, 사소한 일에 진실하게 산 사람들은 너무나 많습니다. 하나님이 목표하시는 것이 바로 그런 것입니다. 영웅을 세우는 이유는 긴급한 시대에 표지판을 세우고, 가로등을 켜는 것과 같다고 할 수 있습니다. 그것은 절대다수를 위해서 필요한 것일 뿐이지, 성경에서는 각인에 대하여 영웅주의적 이해를 금한다고 봅니다. 사관에도 '영웅사관'이라는 것이 있습니다. 19세기에 크게 영향을 미쳤는데 그 사관이 적합하지 않다는 비판이 따랐습니다. 그 비판에 따르면, '역사를 영웅들과 연결하는 것은 맞지 않다. 역사는 결국 민중들의 것이다. 민중들을 위해서 영웅이 있는 것이지 영웅을 위해서 민중들이 있는 것이 아니다'라고 말합니다. 다 맞는 말입니다.

조주석 전에는 역사 기술에서 정치사를 중심으로 기록했다고 합니다. 그러나 근래에 들어와서는 그것을 경계하는 역사가들도 있더라고요. 역사에서 일반 사람들의 삶을 무시할 수 없다는 것이겠지요.

박영선 우리가 이순신을 이야기할 때 조선 시대의 애달픔을 이야기합니다. 다시 말해, 그가 그렇게 목숨을 걸고 과연 지킬 게 있었느냐 하는 것입니다. 이순신이 구한 나라가 어떤 가치나 쓸데 있는 나라였느냐 하는 반문이지요. 그때부터 우리는 계속 내리막길을 걸어서 여기까지 온 것이 아닙니까? 군인들이 나라를 지킨다는 것은 적을 무찌르는 것이 전부가 아니라 정말 지킬 것이 있어서 싸우는 것입니다. 그들은 나라의 문화, 예술, 정신 같은 것을 위해서 목숨을 걸고 싸우는 것인데, 우리는 결과를 만든 영웅들에게만 관심이 있고, 다수가 뭘 해야 하는지에 대해서는 무관심하다는 것입니다. 우리는 이 다수가 무엇을 해야 하는지에 대해서 관심을 기울여야 합니다.

조주석 우리가 책임을 지고 살아갈 때 조심해야 할 태도가 있을 것 같습니다. 자기가 책임지는 것에 대해서 상대에게 자신의 능력이나 자랑거리처럼 이야기할 위험성이 있잖아요.

박영선 책임을 진다는 말은 굉장히 어려운 것입니다. 상대에게 책임을 지우는 것이 아니라 자기가 책임을 지는 것입니다. 자기가 의욕적으로 책임을 지고 싶은 것과 자기 실력과는 다른 것입니다. 그 격차를 매번 확인해야 합니다. 그래서 실력을 길러야 합니다. 내가 상대방에게 도움이 될 수 있다는 것은 물론 좋습니다. 그러나 상대방에게 도움을 주는 것이 문제의 해결이 아니라 인간의 가장 중요한 정체성, 삶의 중요한 가치, 보람을 놓고서 책임을 지는 것을 궁극적 목표로 삼아야 합니다. 그렇게 하는 데 얼마나 많은 시행착오와 작은 걸음들이 누적되어야 하는가를 배우는 것입니다. 물론 한 번 기세 좋게 큰돈 들여 밥을 살 수 있습니다. 그러나 일단 우리가 만나면 반가워해야 하는 것이 첫걸음입니다. 만나서 반갑다고 말해야 합니다. 전에 정직에 관해서 이야기할 때 제가 그런 말을 했습니다. 정직하다는 것은 거짓말하지 않는 것이 아닙니다. 거짓말을 하지 않는다는 것은 가장 소극적인 표현입니다. 왜냐하면 정직은 세상에 없기 때문입니다. 다 거짓말을 한다는 뜻이 아니라, 생명의 충만함과 생명의 영광이 드러나는 것이 정직이라는 말입니다. 인간이 누구를 만나면 반가워하고, 칭찬하고 기쁨을 나눌 수 있는 것이 정직입니다. 그것은 예수님 안에 들어와 있지 않으면 할 수 없는 것입니다. 세상에서는 누구나 다 인사치레를 합니다. 그것은 처세론입니다. 그것은 수단과 방법에 불과한 것이지, 거기에는 자신의 어떠함에서 발산하는 생명력과 영광이 없습니다. 그러니까 책임을 진다고 할 때, 우리는 어떤 관계성이나 자기의 현실 속에서 나누어야 하는 짐이나 혹은 유세를 떠는 것으로 넘어가지 않게 조심해야 합니다. 하나님이 우리와 함께하시는 것으로 사실은 문제가 해결된 것입니다. 그분은 언제든지 기적을 일으킬 수 있고, 조건 없이 여기 와 계시다는 것이 책임이라는 것입니다. 우리 모두 그런 길을 따라가야 합니다.

순종이란 자기 역할을 잘 해내는 것

조주석 그러면 '책임을 진다'는 말을 '순종'이라는 말로 대신할 수 있을까요?
박영선 말하자면 우리가 하나님께 접속해야 에너지나 그 어떤 것이 나옵니다. 우리가 아무리 하고 싶은 것이 많다 해도 사실 동력도 없는 존재입니다. 하나님께 접속할 때 비로소 꿈이나 동력이나 실제적인 과정이 생기는 것입니다. 에베소서 4:17-19에서 보는 대로 예수님이 없는 인생일 때, 저들은 마음이 굳어지고 감각이 없어서 방탕하게 됩니다. 이 방탕하다는 것

시간 속에서 일하시는 하나님

은 시간을 그냥 흘려보내는 것을 말합니다. 그래서 그들에게는 진정한 삶의 연극 무대가 없으니, 역할도 없고, 대사도 없는 것입니다. 그들은 하나님이 만드시는 작품이라는 인생을 갖지 못합니다. 우리는 그렇지 않습니다. 우리에게는 희곡의 3대 요소인 무대, 각본, 청중이 있습니다. 그런데 그 요소에 의외로 배우는 안 들어갑니다. 배우는 당연히 있어야 해서 뺐나 봅니다. 연극에서 배우가 된다는 것은 연기로 창작하는 것이어서 굉장한 것입니다. 우리가 보는 작품 중에서 가장 놀라운 것은 사극입니다. 우리는 사극의 결말을 이미 다 압니다. 그렇지만 사람들은 왜 그런 영화를 반복해서 만들어 낼까요? 그것은 거기에 등장하는 인물이나 사건을 새롭게 조명하고 해석해 내기 때문입니다. 사람들이 못나게 구는 것, 외면당하는 사람의 비극, 무능한 정치, 국제 정세의 변화를 못 따라가는 것을 새롭게 보여줍니다. 셰익스피어의 작품은 수없이 반복해서 공연됩니다. 관객은 그 작품의 내용을 알고 있지만 무엇을 보러 가겠습니까? 연기자의 연기를 보러가는 것 아니겠습니까? 요즘 배우 이순재 씨가 리어왕 역을 맡아 연기하잖아요. 그 캐릭터는 연기자에 따라 새롭게 비춰집니다. 그래서 예술 작품은 반복되어 나오는 것입니다. 같은 풍경을 그렸는데 마네의 그림과 고흐의 그림이 다르듯이, 각각의 아름다움과 비교 불가능한 창조의 자리로 우리가 인도되는 것입니다.

조주석 목사님의 말씀을 정리해 보면, '우리의 순종이란 각각 양태가 다 다르므로 굉장히 창조적이다'라고 정리해도 되겠습니까?

박영선 그렇습니다. 하나님이 나에게 준 자격과 조건하에서 현실적인 도전을 마주하여 살아가는 것이 순종입니다.

조주석 반응이라는 말씀이군요.

박영선 예, 그런데 우리는 순종을 하나님의 어떤 특별한 부름 즉 소명에 반응하는 것 정도로만 좁혀 생각하는 경향도 드러냅니다. 사실 우리가 이 세상의 현실에 대해 아무리 비난하고 부정한다 할지라도 거기서 도망갈 수 없습니다. 그렇다면 어떻게 사는 것이 최선이냐? 서구식으로 하면 시민 정신을 가지고 사는 것입니다. 그 사회가 유지되어야 할 어떤 윤리와 상식과 책임을 그리스도인도 지고 살아야 한다는 것입니다. 저는 그것을 넓은 의미의 순종이라고 생각합니다. 나를 보낸 자리에서 내가 알게 된 방향과 모든 가치와 모든 힘을 가지고 어떤 식으로 내 인생을 살아내는 것이 순종이라는 것입니다. 거기서 가장 필요한 것은 자신의 한계를 아는 것입니다. 왜 한계를 알아야 하냐면, 순종이니 헌신이니 이런 단어가 나오면 메시아가 되고자 합니다. 사람은 전지전능한 존재가 아닙니다. 순종이란 자신이 할 수 있는 데까지 하는 것입니다. 그것은 자기만 드러나게 하려는 것이 아니라 자기 역할을 잘하는 것을 말합니다. 예컨대 합창에서 어떤 소리가 확 튀어나오면 아름다운 합창이 될 수 없잖습니까? 자기 파트가 다른 파트와 조화를 이룰 때 멋진 합창이 울려 퍼지듯이 우리의 순종도 그래야 한다는 것입니다. 따라서 자신의 순종을 돋보이게 하려는 태도는 바람직하지 않다는 것이지요.

조주석 그렇게 이야기하시니까 설교에서 많이 말씀하셨던 '콘텍스트와 텍스트'의 관계 문제도 잠시 이야기 나눌 수 있겠습니다.

박영선 콘텍스트라는 것은 우리가 처한 정황입니다. 우리가 사는 현실입니다. 거기에는 너무나 당연한 것들 즉 최소한의 건강, 의무, 상식 같은 것들이 있습니다. 그런 현실 속에서 나라는 존재가 무엇을 담고 있느냐 하는 문제가 텍스트와 관계된 것입니다. 링컨의 예를 들어 보겠습니다. 링컨은 정치를 잘하고 싶은 사람이었습니다. 그래서 꼭 대통령을 하고 싶었다고 합

　　　　　　　　　　　　　　　시간 속에서 일하시는 하나님

니다. 그는 자신이 어렵게 살았고, 정치인들이 하는 말들은 책임져야 했는데 거기서 멀다고 느낀 사람입니다. 링컨의 많은 일화들이 유머입니다. 그의 말에 유머가 넘쳤던 이유는 실제적이지 않은 이야기에 말려들지 않으려고 한 목적이 컸습니다. 젊은 시절 그가 하원 의원에 출마했을 때 예배당에서 정견 발표를 했습니다. 당시 미국에서는 예배당이 회합 장소로서 가장 좋았습니다. 링컨보다 먼저 발표한 상대 후보가 내가 당선되면 어떻게 하고 어떻게 하겠다고 하는데도 반응이 없자, "여러분, 여러분은 오늘 죽으면 천국 갈 것을 믿습니까? 천국에 가고 싶습니까?" 하고 묻습니다. 그러자 사람들이 하나같이 "네!" 하며 손을 듭니다. 그런데 그가 링컨을 돌아보는데 시큰둥하게 앉아 있으니까 "당신은 그럼 어디로 가고 싶단 말이요?" 하고 묻습니다. 그러자 링컨이 한 말이 걸작입니다. "당신은 천국 가시오. 나는 국회로 가겠소." (웃음) 이것이 콘텍스트와 텍스트의 관계입니다. 텍스트가 언제나 정황과 시간을 초월하는 것들을 담고 있는 것이 아니라, 현실에 방향을 담고 있어야 한다는 것입니다. 나는 국회로 가겠다는 것이 가장 절묘한 예가 아닙니까?

조주석 그렇다면 우리의 순종이라는 것이 신자의 정체성과 어떤 관계가 있는 것인가 하는 문제까지도 생각해 볼 수 있겠습니다.

박영선 하나님이 말하자면 우리에게 역사를 만들어 가자고 하십니다. 그것은 우리가 역사에 참여하는 것을 말합니다. 고린도전서 3장에서 바울은 그 교회 교인들을 향해 "나는 바울파다", "나는 아볼로파다", "나는 게바파다" 라 하지 말라고 말합니다. "너희 자신이 하나님의 목적이고 모든 약속의 대상이다. 너희가 하나님의 집이고 하나님의 밭이다. 우리는 동역자요 종이다. 하나님이 너희를 목적으로 삼으시려고 나를 종으로 쓰고 계신다"고 말합니다. 따지고 보면 하나님이 부르신 모든 자녀는 하나님이 하시는 일에 동참하고 있는 것입니다. 제가 욥기와 관련해서도 그 부분에 대해 말했습니다. 왜 하나님이 창조 세계를 보여주시는가? 하나님이 욥을 손님으로 대접하는 것이 아니라, 자기 자식으로 대접해서 그것을 보여주시는 것입니다. 하나님이 우리를 그렇게 부르고 계시다는 것을 이해해야 합니다. 그것이 순종입니다. 우리는 예수님 안에서 그 모범을 찾아야 합니다. 우리는 더욱 거기에 자기를 참여시켜야 합니다. 일반 역사도 예수님에 대해서 대수롭지 않게 여기는 인생을 사셨다고 말합니다. 그러나 우리는 하나님이 십자가라는 방법으로 기적을 이루신 것을 아는 데까지 더 나와야 합니다. 그것이야말로 정말 깊은 믿음입니다.

조주석 그런 말씀을 하시니까 아직 멀었다는 생각이 듭니다.

박영선 이 사실을 알고만 있어도 굉장해지더라고요. 어처구니없는 일을 당했을 때 양보할 수 있다는 그런 것이 아니라, 하나님이 일하신다는 것이 무엇인지 아주 크게 알게 됨으로써 그냥 일희일비하지 않는다는 것입니다. 그렇지만 지혜가 필요할 때 어떻게 해야 하는가 하는 문제는 늘 숙제입니다. 말하자면 여기서 참아야 하는지 일어나야 하는지 하는 문제에 대해서는 잘 모르겠습니다.

관계의 역동성이 살아나야 한다

조주석 삼위 하나님의 관계성과 우리의 관계성의 문제로 끌어가신 이야기는 신학적으로도 상당히 심화시킨 말씀이라는 생각이 들었습니다.

박영선 요한복음 14장에서 "나를 믿는 자는 내가 하는 일을 그도 할 것이요 또한 그보다 큰일도 하리니 이는 내가 아버지께로 감이라"(요 14:12)고 말합니다. 말하자면 성부 하나님이 성자 하나님을 보내서 하신 일보다 성부

와 성자와 성령이 함께 우리한테 부어 주신 일이 더 크다는 뜻입니다. 어떻게 이렇게 되냐 하면, 예수님은 오셔서 구원을 열고 세상을 바꾸는 일을 하시고 가십니다. 그렇게 열어 놓은 세상, 바꾼 세상에서 우리가 그를 본받아 성육신해야 합니다. 예수님이 오셔서 새 세상을 연 것같이, 새 세상에서 하나님이 하시고 싶은 일, 사람들을 기르고 성경적으로 후사가 되는 일에서 우리가 실제로 해보는 것입니다. 세대가 이어지는 가운데 계속 제자를 만드는 것입니다. 예수님이 제자를 만들었다는 것을 우리는 자꾸 선교적 차원에서만 생각합니다. 그것이 아니라 하나님의 후사들을 만드는 것입니다. 창조 속에 반역이 허락되고, 하나님은 그 반역을 끌어안으십니다. 창조 때는 나타나지 않았던 믿음도 집어넣어 주십니다. 하나님은 역사도 허락하시고, 사사기에서처럼 우리에게 기회도 주십니다. 사사기가 책임이 그 백성 각각에게로 넘어간 이야기라고 한다면, 열왕기는 통치자 곧 후사가 되는 것이니까 통치를 맡겼던 것인데 왕들이 그것을 못한 것입니다. 열왕기는 그것을 여실히 보여준다고 생각합니다. 우리는 그저 "그들이 천국 갔느냐, 지옥 갔느냐" 하는 부분에 대해서만 궁금해합니다. 그러한 유산이 우리 후손들에게 풍성하게 다 도움이 되어야 합니다. 그런 식으로 성경을 보는 시각을 아직 보지 못했습니다. 그 이유를 예를 들어 이야기해 보겠습니다. 제가 '시간의 역순'에 대해서 이야기했었지요. 아직 종말이 오지 않았다면, 우리가 지금 하는 일이 종말에 의해서 다 뒤집힐 수 있습니다. 우리가 나이 들면 과거에 성공했던 일이 성공이 아니고, 실패했던 일이 실패가 아닌 것을 보잖아요. 우리가 아직 안 죽었잖아요. 내가 죽어야만, 다시 말해 맨 끝에 가야만 평가가 나오는 것입니다. 예수님이 오시기 전까지는 평가가 다 유보되어 있다는 이야기입니다. 그러니까 우리는 희망을 품어야 합니다.

조주석 아까 말씀하신 이야기의 연장선상에서 떠오르는 생각이 하나 있었습니다. 우리는 삼위일체 하나님의 세계에서 살고 있습니다. 그 세계가 굉장히 다이내믹하다는 것입니다. 이 역동적인 것을 우리가 잘 모르니까 평범하게 보이는 것 같습니다. 그리스 로마 신화가 인간들의 삶을 설명하기 위해서 신들을 동원시키고 그 역할들을 하게 하는 이야기도 담고 있다고 말합니다. 그들은 여러 신들을 등장시켜서 역동성을 만들어 냈지만, 그와는 달리 기독교는 삼위일체 하나님, 한분 하나님 안에서 그 역동성을 담아내는 것 같습니다. 이게 너무 멋있다는 생각이 들었어요.

박영선 맞습니다.

조주석 사람들은 그리스 로마 신화의 역동성을 이야기하는데, 왜 우리는 기독교의 삼위일체 하나님의 세계가 가지는 역동성에 눈감고 있는지 잘 모르겠습니다.

박영선 우리가 다 하나님의 자녀 곧 그 후사인데 말입니다. 참 그게 안타까운 일입니다. 지금은 하나님이 우리와 무슨 일을 하시면서 동시에 우리를 기르시는 중입니다. 학교생활로 따지면 우리가 급우들 사이에 있는 것입니다. 공부해야 하면서 동시에 친구들과 관계를 맺는 두 영역을 삽니다. 공부를 열심히 해서 월반하는 친구들이 있는데, 그러면 정규 코스를 밟지 않고 건너뛰지 않습니까? 도중에 검정고시를 보는 친구들도 있습니다. 그러면 결정적으로 부족한 게 동창이 없다는 것입니다. 그게 얼마나 중요합니까? 나이 들어서 보니 고등학교 동창만큼 친한 친구도 없고, 그때 모습이 늘 생각납니다. 우리가 크는 데 있어서 지적인 부분만이 아니라 사회적 관계도 풍성하게 유지했다 하는 것들이 지금 말하자면 다이내믹하다는 것입니다. 다이내믹이 한국교회에서는 부흥이나 순교 같은 데로만 쓰였지, 일상에는 없었습니다. 일상은 최선이 공부 잘하는 것이고, 이웃과 함께 사는 것은 별로 쳐주지 않았습니다.

조주석 그러니까 실패나 성공 이 모든 것들이 다 엮어져야 역동성이 있는 것이잖아요. 어떤 단일한 것으로는 역동성이 만들어지지 않습니다.

박영선 우리나라에는 궁상각치우 다섯 음밖에 없다는 사실이 안타까워요. 그것으로는 음이 모자랍니다. 교회가 교회의 재미를 못 누리게 됐습니다. 보란 듯한 어떤 종교적 형태를 띠어야만 뭐가 된다고 생각합니다. 세상에서는 긴밀도가 가장 많이 나타나는 영역이 가족이지만, 어떻게 따지면 교인에게는 교회가 더 긴밀도가 높고 깊은 영역이 아니겠어요. 우리가 친척들하고도 이렇게 교회에서처럼 자주는 못 만납니다. 이 영역에서 활용이 두드러지게 안 나타나고, 몇 가지 명분으로만 채색되어서 안타깝습니다.

명예로운 것과 수치스러운 것

조주석 우리가 책임을 이야기할 때 잘못 이해하는 측면은 어디에 있을까요?

박영선 우리는 이런 이분법에 잡혀 있습니다. 잘하면 복 받고 못하면 벌 받는다는 데에서 헤어 나오지 못합니다. 그것은 물론 우리의 단단한 토대입니다. 그런 보응을 말하는 율법은 우리에게 너무나 중요한 토대입니다. 윤리나 도덕은 지켜져야 합니다. 그래서 율법은 우리에게 그릇과 같은 것입니다. 그런데 그릇이 깨끗하면 되는 것이 아니라 그릇에는 내용물이 담겨야 합니다. 그 내용물은 본문입니다. 그릇이 깨지면 내용물은 흘러 나가고 맙니다. 도덕이 얼마나 중요한지 모르겠어요. 그러나 율법이라는 것이 내용을 담기 위해 있다는 이 사실을 놓치지 않아야 합니다. 하나님께서 이 내용물을 담는 데 절대 실패하지 않으신 것이 예수님의 십자가라고 생각합니다. 사람들이 예수님을 배척하고 영접하지 않습니다. 그리고 그가 마침내 죽임을 당합니다. 이렇게 해서 예수님에게 내용물이 담깁니다. 그러면 '우리가 잘못해도 된다는 것인가', '무엇 때문에 열심히 살아야 하는가' 하는 문제가 생길 것입니다. 그래서 이 문제와 관련해서 잘하는 것은 명예요, 못하는 것은 수치라고 이야기해야 합니다. 저는 신앙의 차원에서 '인간이 명예로울 것인가, 수치스러울 것인가' 하는 질문을 꼭 던져야 한다고 생각하게 되었습니다.

조주석 사람들은 보통 상당한 지위에 오르거나 특별한 상을 받을 때 그것을 명예라고 생각하는데, 목사님은 설교에서 명예라는 말을 그런 용도로 쓰시지 않습니다. 하나님께서 우리를 구원하시고 그가 원하시는 사람으로 장성해 가고 살아가는 데서 드러나는 어떤 충만함, 풍부함, 멋짐과 같은 것을 명예라고 하십니다. 그래서 '아, 이거 참 좋다'고 생각했습니다.

박영선 인간에 대한 이해나 지위가 격상되어야 합니다. 인간에 대한 기대를 갖기 때문에 말하는 격상이 아니라 하나님의 뜻이 그렇더라는 것입니다. 요한복음을 설교하다 보니, 우리가 성부 하나님과 성자 하나님이 하나라고 하면서도 또 서로 구별되십니다. 그런데 우리가 별로 관심도 두지 않았고 종교적인 용어로도 쓰지 않았던 '연합'이라는 단어가 굉장히 크게 부각되어 나타나 있습니다. 요한복음 17장에서 하나가 되는 것, 그러니까 혼자서 다 가지는 것이 아니라 서로 다른 둘이 하나가 되어 갖는 것의 부요함 말입니다. 아담에게 하와가 있고, 남편에게 아내가 있고, 나와 네가 있지 않습니까? 성경이 이 사실을 매우 강조하고 있는데 기독교 신앙에서는 크게 강조되지 않았던 것 같습니다. 누구나 인간은 사회성을 갖는다고 이야기합니다. 자신이 누군가에게 인정을 받는다는 것은 굉장한 기쁨입니다. 그 인정이 세상에서는 이해관계요 권력관계지만, 신자가 돼서 보면 그것은 정다움이요 반가움입니다. 이런 것들은 대단한 것입니다. 그래서 예수께서 계속 강조하십니다. 세례는 연합입니다. 말하자면 "너 혼자 살던 데서 나와 이제 나랑 살자"고 이야기하시는 것 같습니다. "너 혼자, 너 하나를

시간 속에서 일하시는 하나님

위해서 살던 데서 벗어나서 이제부터는 나랑 같이 살자"고 하는 인격적 연결입니다. 이렇게 우리는 예수님과 연합된 것입니다. 세례를 받음으로 우리는 예수와 함께 죽고 예수와 함께 살아난 것입니다. 그의 죽음이 너희에게 이렇게 큰일을 했다면 그의 살아나심은 얼마나 많은 일을 하겠느냐? 예수께서 우리를 위하여 대신 죽었다는 것은 굉장한 일인데, 그가 살아나 계시다면 얼마나 더 풍성하겠냐는 것입니다. 우리가 여기에 못 들어오고 있습니다. 살아 있으면 매일 만나고 매일 반갑고 또 기쁘지 않겠어요. 저한테 그런 식의 이해와 생각의 틀이 성경적으로 바뀌는 것이 일어난 것입니다.

책임을 어디까지 져야 하는가

조주석 책임을 지고 살아간다고 할 때 신자는 어디까지 책임을 지는 것일까요?

박영선 최선을 다하는 것이라고 할 수 있겠습니다. 최선을 다한다는 것은 자기와 관계 속에서 예의를 표하고 짐을 나눠 지는 것이 대단히 큰 것입니다. 단번에 다 해결을 보겠다는 식이 아니라는 것입니다. 그런 해결에 필요한 힘을 갖겠다고 추구하지 말고, 말하자면 동정하고 편을 들고 하는 것이 구체적으로 책임은 진다는 뜻입니다. 그렇게 하려면 인간성을 어지간히 훈련해서는 안 됩니다. 그래서 우리가 맨 처음에 하는 것은 도망가는 것입니다. "너 왜 그딴 소리 해" 하고 상대방에게 짐을 쏟아붓습니다. 그것은 비겁한 것이요, 거짓된 것이요, 헛된 것입니다. 우리는 이런 거짓과 비겁함을 자꾸 확인해 가야 합니다. 내가 비겁하고, 내가 거짓되고, 내가 무력하다는 것을 늘 확인해 가야 합니다. 책임을 키우려면 먼저 그렇게 해야 한다는 것입니다. 우리가 선진국이라고 하는 나라에 가 보면 약속을 잘 지킵니다. 시간을 내줄 줄 압니다. 그것이 굉장히 보편화된 시민 정신입니다. 우리는 시간을 잘 못 내어 줍니다. 그것은 서로 같이 있는 게 불편해서 그렇습니다. 반가운 것은 잠깐이고, 그다음에 무엇을 어떻게 같이 할 것인가 하는 관계성의 긴밀도에서 실력이 부족하다는 것입니다. 그것을 자꾸 염두에 둔다면 책임을 지는 실력도 늘 것입니다.

조주석 말씀하신 내용이 줄곧 본질적인 측면으로 향하는 것 같습니다. 기독교 신앙이 우리 안에 어떻게 드러나야 하는가를 깊이 생각하다 보면 철학적이지 않을 수 없겠습니다.

박영선 우리가 과학이 주인이 된 역사를 밟아 왔기 때문에 그렇습니다. 뭐든지 다 과학이 최우선이잖습니까? 약만 해도 화학요법이 주류이지 않습니까?

조주석 인격적 치료, 그런 것은 찾아보기 힘들죠. (웃음)

박영선 인간은 생각을 멈출 수 없고 생각을 안 할 수가 없는데 시대사조가 생각을 못 하게 만들고 있습니다. 사람들은 방법론으로 모든 것을 하려고 합니다. 그러나 하나님은 그렇게 하시지 않습니다. 하나님은 먼저 우리에게 회개라는 첫 관문을 공통으로 경험하게 하십니다. 그런 회개의 경험은 하나님이 우리를 고장 난 기계를 고치듯 기술적으로 고치시는 문제가 아니라는 것이죠. 왜냐하면 우리는 인격적 존재인 것이고 기계는 비인격 물질이기 때문입니다. 회개는 정말 최고의 형이상학적인 것입니다. '하나님은 어떤 분인가', '신앙생활이란 무엇인가' 하는 기독교 신앙의 문제들은 정말 하나님과 인간의 깊은 관계를 성립시킬 수 있는 것들입니다. 인간의 정체성, 본질, 가치가 그것들과 관계가 있습니다.

조주석 목사님은 설교에서 "책임을 진다는 것은 멋진 배역을 맡는 것이다"라고 여러 번 이야기하셨어요.

시간 속에서 일하시는 하나님

박영선 내 친구가 유명해지면 나는 그의 친구로서 그것을 함께 기뻐하는 것입니다. 그런데 이 시대는 우리에게 "너도 한번 유명해져봐" 하고 유혹합니다. 유명해진다는 것은 굉장히 애매한 것입니다. 그것은 시대의 사조나 유행과 관계되어 있기 때문입니다. 모두 다 유명해져야 하겠다든가 무슨 실력이 있어야 하겠다든가 하는 것은 진정한 존재의 정체성과 상관없는 세계에 붙잡혀 가라는 이야기가 될 것입니다. 서로 만나 이야기를 하면 유명 연예인들과 관계된 우스갯소리나 주고받습니다. 그런 이야기나 나누고 그런 것에 붙잡혀 가는 바람에 자기의 자리가 없다는 것입니다. 속 이야기도 얼마만큼 친해야 조금씩 하게 되는 진정한 자기 자리를 갖게 되지요. 속 깊은 이야기가 필요 없는 것처럼 그냥 어물쩍거리고 사는 것은 낭비라는 것입니다.

조주석 방금 하신 말씀은 일상으로 좁혀서 하신 이야기이고 훨씬 크게도 이야기할 수 있겠죠.

박영선 세상에서는 크게 유명해지면 글을 이렇게 씁니다. "그의 집안은……" 이렇게 선조부터 나열해서 어느 학교를 나왔고 뭐 어땠고 어땠다는 식으로 나열한다는 것입니다. 그런데 누가 그런 이야기를 했습니다. "누구에 관해서 글을 쓰려면 그의 업적을 써라." '그의 생애는 무엇을 남겼는가' 하는 것 이외에 다른 것은 이야기할 필요가 없다는 것입니다. 굉장히 의미가 있는 말입니다.

조주석 사람이 시대 속에서 어떤 역할을 맡는다는 것은 어떤 힘든 상대나 일들을 만났을 때 자신이 그것을 어떻게 감수하느냐에 따라 그 사람의 됨됨이가 드러나지 않겠습니까? 세상에서도 그런 사람을 멋있다고 말하고 그리스도인의 멋도 거기 있겠지요?

박영선 맞습니다.

13

고난, 틀을 깨나간다

사람은 감격과 소원으로 신앙생활을 시작한다. 이렇게 시작된 구원일지라도 삶에는 어려움이 따르기 마련이다. 이런 현실을 경험하는데도 이 문제를 외면해 온 것이 사실이다. 그런 일은 한국뿐 아니라 서구에서도 마찬가지였다. "우리만 오해한 것이 아니고, 서구에서도 이 오해는 깊은 것으로 알고 있습니다." 그 한 예를 그는 이렇게 이야기한다. "우리는 사실 태어난 사실만 확인했습니다. 그래서 '구원의 확신이 있으세요?' 이렇게 물은 것입니다. '지금은 몇 살이신가요' 하고 묻지는 않았습니다."

왜 이런 오해가 생긴 것일까? 그것은 신앙이 자라난다는 사실이 무엇인지 명확히 모른 데 있었다는 것이다. 그에게는 자신의 젊은 날에 풀기 어려웠던 숙제가 있었다. "우리는 그런 의문을 진지하게 가져야 합니다. '하나님은 대체 어떻게 하시려고 그러시는가?' 우리는 믿음의 대상에 대해 그런 의문을 던질 뿐 아니라 끝까지 간직하고 가야 합니다.……그것이 자라나는 문제와는 아무 상관이 없었다는 것입니다. 이것이 젊은 날의 저한테는 매우 풀기 어려운 숙제였습니다." 신앙의 의문조차도 자라나는 과정에 속한 문제라는 것이다.

"자라남은 우리가 현실에서 보듯이 각종 위기, 도전, 부족감 같은 경험을 통해 일어납니다. 수고하는 것 자체도 다 고난에 들어갑니다.……그런데 교회가 그 모든 것을 전부 천국으로 돌려 났다는 것입니다. 지금도 우리 주변을 보면 열심히 기도해서 천국생활을 자기 안에 어떻게 이루어 보려는 노력이 아주 많습니다."

신앙의 자라남은 자신의 현실 곧 현재와 떼어 놓고 생각할 수 없다. "믿음을 통해 우리의 운명을 과거(십자가 사건)에서 확인하게 하고서 최종 운명의 시간까지 우리한테 살아 보라고 하는 것이 현재입니다." "그 전에는 죄와 사망의 법이 우리를 지배했고 무엇을 해도 망하는 영역에 속해 있었습니다." 그러나 "예수님께서 생명과 성령의 법이 질서인 새 세상을 만드시고 우리더러 거기에서 살아 보라"고 하셨다는 것이다.

이 새 질서는 결론이 날 때까지 열려 있다. "이 새 질서는 열려 있는 것입니다. 이런 질서 속에서 살고 있기 때문에 결론이 날 때까지 우리는 자신의 현재를 제대로 평가할 수 없습니다. 우리가 잘못한 것으로도 하나님이 일하신다는 것을 우리는 나중에 알게 될 것이고, 잘한 것이 잘한 것이 아니었다는 사실도 알게 될 것입니다. 결론이 날 때까지는 다 열려 있습니다.……나를 불러서 뭘 하시려고 하는지 모른다면, 그의 삶은 빈방에 그냥 앉아 있는 꼴이 될 것입니다."

고난이란 무엇인가? 그것은 신앙의 자라남과 떼어 놓을 수 없다. 고난은 우리의 구원과 마지막 승리 사이에 놓여 있기 때문이다. "성경은 우리의 구원과 마지막 승리 사이에 고난과 환란이 끼여 있다고 말씀합니다. 우리는 그 고난과 환란이 자라난다는 것과 어떤 관계가 있는지 잘 모르는 것 같습니다." 이런 관계를 모를 때 다음과 같은 일이 일어날 수 있다. "현장에서 우리가 요구하는 답과 하나님이 주시는 답이 다르기 때문에 갈등을 느끼게 됩니다. 그런데 이런 갈등을 느끼는 것에 대해 사람들은 죄악시했습니다." 그는 의심 없이 믿는 것을 빗대어 이렇게 말한다. "의심 없이 믿는 것이란 비유컨대 그냥 공식을 외우는 것 같은 식입니다."

고난은 하나님의 흔드심이다. "코로나 현실에서도 그것을 그대로 확인할 수 있습니다. 세상에 감당할 수 없는 일들이 일어나는 것은 세상이 우리를 대적해서 생긴 것이라고 생각합니다. 그렇지 않습니다. 하나님이 우리를 흔드시는 것입니다.……사람들은 대부분 자신이 하나님 앞에서 정당하게 반응하는 것을 신앙으로 생각하는데, 신앙이란 하나님이 우리를 더 깊이 만들기 위해서 쥐어짜는 것과 관계가 있습니다. 하나님이 쥐어짜시면 우리는 비명을 지를 수밖에 없습니다. 욥기와 시편에서 그런 예를 많이 찾을 수 있습니다. 그것이 우리 편에서는 비명이겠지만, 하나님 편에서는 '조금만 더 참아라' 하는 이야기가 될 것입니다."

고난은 일상생활 속에서 감수하는 것이다. "내가 게으르게 살고 제대로 살지 못하는 이유는 하나님이 그런 조건과 지위를 주시지 않았기 때문이라고 하면서 하나님께 그 문제를 떠넘긴다는 것입니다. 그러나 자신이 실제로 할 수 있는 숙제를 해야 합니다. 어떤 큰 명분과 상관없이 가족에 대한 책임, 직장인으로서의 책임을 지는 일상을 살아야 합니다. 바로 그곳이 자기 자리인 것입니다."

고난은 교회 안에서도 감수해야 한다. 교회 안에서는 "자기가 잘못한 것이 아닌 것으로 받는 고난이 있습니다. 이제 자기가 부모 노릇을 해야 하는 고난이 있다는 것입니다." 그보다 더 큰 맥락 속에서도 고난은 감수해야 한다. "우리의 교리적 대립, 교파적 대립, 다른 종교와의 대립, 이런 것들은 따지고 보면 하나님의 통치에 전 우주와 인류, 전 역사를 포함시키지 않고 봐서 나오는 싸움이라는 것입니다. 그들을 끌어안아서 물 타기를 하자는 뜻이 아닙니다. 우리는 우리가 가진 위대한 것들을 저들이 고집하는 자랑과 대조시키는 책임을 계속 지고 나가야 합니다. 거기서 엉기고 있는 사람들, 안 믿고, 믿을 이유가 없고, 믿었으나 아무 쓸모 없고, 저 사람이 믿는 게 맞나 싶은 이런 모든 사람을 감수해야 합니다. 그것이 고난 아닌 고난입니다."

승리주의와 갑작스런 부흥은 고난을 잘못 이해하게 한 것이기도 하다. "사람들이 그동안 기독교 신앙을 승리주의로 만들었습니다. 이런 태도를 갖게 되면 고난은 무슨 잘못 때문에 오는 것이고, '더 열심히 하면 하나님이 승리를 주실 것이다' 하는 논리에 빠지고 맙니다.……기독교 신앙이 하나님의 목적, 우리를 향한 하나님의 뜻을 이해하는 방향으로 나가지 못하고 점점 더 신앙의 명분을 강조하는 방향으로 이상하게 흐른 것 같습니다. 그런 우리 현실 속에서 갑자기 부흥이 일어나는 바람에 더더욱 그렇게 됐습니다." 이에 대한 안타까움과 바람을 그는 이렇게 표현한다. "우리는 한 인간으로 자라난다는 것이 무엇인지 가르쳐야 했습니다."

고난이 하는 일이란 무엇일까? "고난은 일단 우리로 하여금 생각하게 만들고, 한계를 느끼게 하고, 본질을 묻게 합니다. 그 세 가지가 제일 큽니다. 그다음에는 고난 속에서 허우적대기도 합니다." 그러나 "나중에 위대함이라는 가치를 가지게 됩니다. 명예, 영광이라는 말이 그런 뜻과 관계가 있습니다.……구원이란 목적의 측면에서 보면 우리를 영광으로 부르는 것입니다.……이런 명예와 수치라는 것이 인간의 현실 구원생활 속에는 다 함께 들어 있습니다." 그런 이유로 "우리는 자기 시대의 수준을 갖습니다. 그 시대의 수준에 절대다수가 묶여 있습니다. 우리는 일차적으로 부흥 시대에 묶여 있습니다. 그리고 이제 코로나로 인해 다가오는 다음 시대의 도전을 받고 있는데 어떤 것이 만들어질지는 잘 모르겠습니다."

"내 자리란 피아노의 건반 같다고 했습니다. 나를 누르면 그 소리가 나야 합니다. 한계란 그렇게 구체적인 것입니다. 따라서 내 자신이 타인 및 사물과 다 합쳐지는 가운데 하나님이 영광의 찬송을 만드신다는 것입니다."

자라난다는 것이 무엇인지 몰랐다

조주석 우리가 신앙생활을 감격과 소원으로 시작하지만, 그다음에 오는 것
은 어려움을 겪는다는 현실입니다. 사람들은 다 이런 현실을 경험하는데
도 한국교회는 이 문제를 외면해 왔다고 목사님은 지적하셨어요.

박영선 그 문제에 대해서 우리만 오해한 것이 아니고, 서구에서도 이 오해
는 깊은 것으로 알고 있습니다. 사람이 종교에 대한 기대는 영생복락입니
다. 그런 종교의 시작은 일단 감동적이므로 감동적인 결과를 요구하게 됩
니다. 사람이 태어나면 감격스럽습니다. 하지만 아이가 태어나는 것으로
다 된 것이 아니라 이제 자라나야 합니다. 아이가 자라려면 부모가 길러야
합니다. 이것은 우리가 다 현실에서 경험하듯 굉장히 지루하고 어려운 일
입니다. 그것은 답이 없는 길을 가는 것이요, 왜 해야 하는지 모르는 공부
를 하는 것과 같습니다. 교육의 어려운 점은 이런 것입니다. 공부란 스스
로 필요하다고 생각할 때 배우는 것이 아니라, 그런 필요를 아직 모를 때
배워야 한다는 것입니다. 미국의 대각성 운동에 관한 글을 읽어 보면 그 당
시에 유행한 말이 있습니다. "최고의 복이란 무엇인가? 톱밥길을 따라 강
대상까지 걸어 나간 후 축복기도를 받고 다시 돌아 나온 다음 천막 밖에서
트럭에 치여 죽는 것이다"라고 했습니다. 톱밥길이란 천막 부흥 집회 때
회심자가 앞으로 걸어 나갈 수 있게 강대상 앞까지 이르는 통로에 톱밥을
깔아 만든 길을 말합니다. 그 길을 걷는다는 것은 그가 회심했다는 의미입
니다. 그런데 왜 트럭에 치여 죽어야 한다고 했느냐 하면, 구원의 삶이 감
격으로 시작하지만 사는 게 얼마나 힘든 것인지 다 알았기 때문입니다. 고
생을 해야 한다는 것입니다. 그러니까 그곳에서 죽는 것이 최고라고 생각

했던 것이지요. 예전에 우리에게 이런 말이 있었는데, 콘스탄티누스 황제처럼 죽기 직전에 세례를 받는 것이 최고라고 하는 말입니다. 여기에는 하나님이 우리를 기르시고 만드신다고 하는 개념이 들어 있지 않습니다. 만약 하나님이 우리를 기르실 이유가 없다면, 우리의 초월적 기대에 부응해서 그냥 다 주시면 됩니다. 그러나 에베소서에 보면, 믿는 자가 자라나야 한다는 이야기를 계속 하고 있습니다. "교회는 그의 몸이니 만물 안에서 만물을 충만하게 하시는 이의 충만함이니라"(엡 1:23). 교회는 그리스도의 충만한 장성한 분량까지 갈 것이라고 합니다. 이런 자라남은 우리가 현실에서 보듯이 각종 위기, 도전, 부족감 같은 경험을 통해 일어납니다. 수고하는 것 자체도 다 고난에 들어갑니다. 수고 중에는 정신적 수고가 제일 많습니다. '이게 뭔가' 하는 것이 정신적 수고에서 제일 큰 것입니다. 그런데 교회가 그 모든 것을 전부 천국으로 돌려 났다는 것입니다. 지금도 우리 주변을 보면 열심히 기도해서 천국생활을 자기 안에 어떻게 이루어 보려는 노력이 아주 많습니다. 우리의 현실생활을 기회와 현장으로 이해하지 못하고 있습니다.

조주석 그러니까 믿음으로 살아가는 우리의 현실이 어떤 것인지 잘 알아야 할 것 같습니다.

박영선 제가 요한복음을 다시 설교할 기회를 갖게 되었습니다. 요한복음에 보면 "아버지께서 나를 보내신 것같이 나도 너희를 보내노라"(요 20:21)고 하시고, "너희는 나보다 큰일도 할 것이다"(요 14:12)라고 하십니다. 이 두 말씀을 서로 연결해 보면, 예수님께서 생명과 성령의 법이 질서인 새 세상을 만드시고 우리더러 거기에서 살아 보라고 하신 말씀으로 생각해 볼 수 있습니다. 그 전에는 죄와 사망의 법이 우리를 지배했고 무엇을 해도 망하는 영역에 속해 있었습니다. 그러나 새 세상은 무엇을 해도 이기는 영역입니다. 예수님은 제자들에게 그런 새 세상에서 살아 보라고 하신 것입니다. "죄와 사망의 법 아래 살던 인생을 이제 생명의 성령의 법 아래 사는 인생과 대조해 보고, 여기서 살아내어 증거를 만들어 보라. 세상을 그렇게 만들어 보라"고 하신 것입니다. 로마서 5장에 보면, 사망이 어떻게 왕 노릇했는지를 율법을 주시기 전에도 사람은 다 죽었다는 데서 확인할 수 있습니다. "그러나 이제는 새 세상이다. 새 질서가 왔다. 너희는 새 사람이다. 다 살수 있는 세상이 됐다. 이제 너희가 이런 세상에서 살아내야 한다"는 것입니다. 그러니까 이 새 질서는 열려 있는 것입니다. 이런 질서 속에서 살고있기 때문에 결론이 날 때까지 우리는 자신의 현재를 제대로 평가할 수 없습니다. 우리가 잘못한 것으로도 하나님이 일하신다는 것을 우리는 나중에 알게 될 것이고, 잘한 것이 잘한 것이 아니었다는 사실도 알게 될 것입니다. 결론이 날 때까지는 다 열려 있습니다. 이렇게 다 열려 있다는 사실은 누가 그 시간을 더 명예롭게 살 수 있느냐 하는 것과 관련이 있습니다. 하나님이 우리를 불러서 어떤 조건, 어떤 약속, 어떤 실제 속에 두셨느냐하는 것을 알지 못하면 명예롭게 살 수 없습니다. 나를 불러서 뭘 하시려고 하는지 모른다면, 그의 삶은 빈방에 그냥 앉아 있는 꼴이 될 것입니다. 그런 신앙 인생이 되지 말라는 것입니다. 관객은 다 와서 무대에서 펼쳐지는 배우의 연기를 보고자 하는데, 리어왕이든 오셀로이든 간에 그 역할을 맡은 배우가 "난 뭐야"라고 말하고 있다면 어떻게 되겠습니까? 그가 무대에서 펼치는 연기를 관객이 볼 수 없는 것 아니겠습니까?

조주석 히브리서를 설교하실 때 "고난 속에 처한 히브리서 독자들을 격려하기 위해서 히브리서를 썼다"고 하셨어요(『다시 보는 히브리서』).
박영선 히브리서는 이분법을 넘어서는 것에 대해 가르칩니다. 이분법이란 잘하고 못하는 것, 천당과 지옥, 이렇게 둘로 나누는 것을 말합니다. 그런데 히브리서에 따르면, 이스라엘 백성에게 "너희는 애굽에서 나와서 가나안으로 가야 하는 백성들이다. 너희는 자라나야 한다"고 이야기합니다. 히브리서 5:11 이하를 보면, 어린아이와 장성한 자가 어떤 자들인지에 대해 말씀합니다. "멜기세덱에 관하여는 우리가 할 말이 많으나 너희가 듣는 것이 둔하므로 설명하기 어려우니라. 때가 오래 되었으므로 너희가 마땅히 선생이 되었을 터인데 너희가 다시 하나님의 말씀의 초보에 대하여 누구에게서 가르침을 받아야 할 처지이니 단단한 음식은 못 먹고 젖이나 먹어야 할 자가 되었도다. 이는 젖을 먹는 자마다 어린아이니 의의 말씀을 경험하지 못한 자요 단단한 음식은 장성한 자의 것이니 그들은 지각을 사용함으로 연단을 받아 선악을 분별하는 자들이니라"(히 5:11-14). 이렇게 어린아이와 장성한 자를 구별한 다음에 6:1 이하에서 이렇게 말씀합니다. "그러므로 우리가 그리스도의 도의 초보를 버리고 죽은 행실을 회개함과 하나님께 대한 신앙과 세례들과 안수와 죽은 자의 부활과 영원한 심판에 관한 교훈의 터를 다시 닦지 말고 완전한 데로 나아갈지니라. 하나님께서 허락하시면 우리가 이것을 하리라. 한 번 빛을 받고 하늘의 은사를 맛보고 성령에 참여한 바 되고 하나님의 선한 말씀과 내세의 능력을 맛보고도 타락한 자들은 다시 새롭게 하여 회개하게 할 수 없나니 이는 그들이 하나님의 아들을 다시 십자가에 못 박아 드러내 놓고 욕되게 함이라"(히 6:1-6). 이 말씀을 출애굽 사건과 연결시켜 생각해 보겠습니다. 그들이 애굽을 나온 이유는 출애굽 자체가 최종 목적이 아니라 가나안에 가는 것입니다. 가나안에 가려면 애굽에서 나와야 합니다. 애굽에서 나올 때 마주한 열 가지 재앙, 광야에서의 만나와 메추라기, 불기둥과 구름 기둥은 다 하나님이 하신 것들입니다. 그런데 가나안에 들어가는 일에서는 그들에게 선택권을 주십니다. 그들이 못 들어가겠다고 하니까, "그래, 너희는 못 들어간다" 하시고서 그들을 죽여 버리십니다. 그들이 광야생활에서 어려울 때마다 했던 이

시간 속에서 일하시는 하나님

야기는 애굽으로 돌아가자고 하는 것 아니었습니까? 그것은 예수님을 다시 십자가에 못 박겠다고 하는 짓과 같은 것입니다. "애굽에서 나와 여기까지 왔다면 그만큼 자라났어야 하는데, 너희는 어떻게 다시 어머니 배 속으로 들어가겠다고 하느냐? 그것이 말이 되는 소리냐?" 이런 이야기라는 것입니다. 그런데 우리에게서는 이것이 한 번 구원을 얻고서 부인하면 용서 못 받는 것으로 되어 버렸습니다. 그게 아닙니다. 지금 하고 싶은 이야기는 "너희가 언제까지 어린아이로 있겠느냐? 당연히 커야 하는 것이 아니냐? 너희가 자라나지 않는다면 밤낮 돌아가서 다시 태어나겠다고 할 것이냐?"는 것입니다. 우리는 사실 태어난 사실만 확인했습니다. 그래서 "구원의 확신이 있으세요?" 이렇게 물은 것입니다. "지금은 몇 살이신가요?" 하고 묻지는 않았습니다.

조주석 그런 경험과 이해가 사실 부족했습니다.

박영선 그렇죠. 눈금이 없어서 그랬던 것입니다. 이 사람이 중학생인지 고등학생인지 확인할 어떤 척도가 없었던 것입니다. 분명히 한국교회에 그런 인식이 없었습니다.

조주석 목사님은 젊은 날에 이 자라난다는 것이 어떤 것인지 몰라서 쩔쩔맸던 의문은 없으셨나요?

박영선 우리는 그런 의문을 진지하게 가져야 합니다. '하나님은 대체 어떻게 하시려고 그러시는가?' 우리는 믿음의 대상에 대해 그런 의문을 던질 뿐 아니라 끝까지 간직하고 가야 합니다. 그런데 옆 사람한테 내가 가지고 있는 의문들에 대해 물어보면, 한국교회는 이에 대한 가르침을 주지 못했던 까닭에 다 "나도 몰라. 됐어" 하고 끝내 버렸습니다. 그도 답을 가지고 있지 않았던 것입니다. 그리고 상대에게서 돌아왔던 말은 "좀 더 기도해

봐"라든지 "믿음이 더 커야 해"라는 것이었습니다. 우리는 이런 순환 논리에 갇혀 있었고, 또 근심과 걱정이 있다는 것은 믿음이 없는 문제가 되었습니다. 그것이 자라나는 문제와는 아무 상관이 없었다는 것입니다. 이것이 젊은 날의 저한테는 매우 풀기 어려운 숙제였습니다.

조주석 사람은 신앙이 자라나는 과정 속에서 실패하면 사실 불안해합니다. 하지만 이 문제는 목사님께서 "시간의 역순을 발견했다"고 하신 것과 어떤 연결이 있을 것 같습니다(『다시 보는 로마서』).

박영선 로마서 5:8에 따르면, 우리가 태어나기 전에 구원이 이루어졌습니다. 그것은 역사적 사실입니다. 그러니까 믿음을 통해 우리의 운명을 과거(십자가 사건)에서 확인하게 하고서 최종 운명의 시간까지 우리한테 살아 보라고 하는 것이 현재입니다. 사극의 가치가 무엇입니까? 우리는 사극의 결론을 이미 알고 있습니다. 사극에 등장하는 인물이 이순신이든 그 누구든지 간에 그들이 어떻게 될지 다 알고 있습니다. 우리가 사극을 볼 때 "아, 저렇게도 못나게 구는 인생도 있구나", "아니, 저렇게도 멋있게 사는 사람도 있구나", "아, 저런 경우에는 사람이 흔들리는구나" 하는 것을 볼 수 있습니다. 우리도 자신의 생애 속에서 그런 것을 다 볼 수 있지 않겠어요? 역사는 과거이므로 어느 누구도 그 결론을 바꿀 수 없습니다. 히브리서에 모든 유언은 유언한 자가 죽어야 효력이 발생한다는 말씀이 있습니다(히 9:16-17). 예수님은 죽으셨기 때문에 그가 죽지 않으셨다고 말할 수 없습니다. 그 사실은 변경될 수 없습니다. 우리 구원이 영원히 결정되어 있다는 의미는 그런 뜻입니다.

조주석 성경의 교훈에서 "무엇을 하라", "어디에 이르라"고 하면, 그것은 글이기 때문에 사실 시간을 생각하기가 어렵습니다. 그러나 사실 그것이 자라나는 시간과 관련이 있지 않습니까?

박영선 그렇습니다. 시간을 아는 것이 그렇게 어렵습니다. "방향은 길을 가르쳐 주지 않는다"고 하는 말이 있습니다. 방향을 지시하는 표지판을 본 것으로 목적지에 이른 것이 아니기 때문입니다.

자라남은 고난과 관계가 있다

조주석 우리는 자신이 지금 어떤 정황 가운데 놓여 있느냐 하는 것을 잘 알아야 할 것 같습니다.

박영선 우리의 구원이 예수님으로 말미암는다고 다 고백합니다. 그런데 예수님이 육신으로 오셔서 시간 속에서 고난을 받으시므로 구원을 완성하셨다고 하는 사실은 주목하지 못합니다. 사람들은 예수께서 정성의 지극함을 통해 구원을 완성하신 것으로 생각한다는 것입니다. 그렇지 않습니다. 예수께서는 십자가에서 피 흘리시고 돌아가셨습니다. 그것은 아주 구체적인 사건입니다.

조주석 구체적이라는 말은 어떤 뜻일까요?

박영선 구체적이라는 말은 시간이 있고, 육체가 있고, 주체가 있다는 뜻입니다. 그것을 이루라고 요구하시는 분이 있고, 그 요구를 받아들이시는 분이 있다는 말입니다. 그것을 받아들이는 분은 몸으로 순종해야 합니다. 그 순종에는 어떤 실력과 모든 경우가 포함되어 있다는 것을 깨우쳐야 하는데 우리는 그렇지 못했습니다. 사람들이 그동안 기독교 신앙을 승리주의로 만들었습니다. 이런 태도를 갖게 되면 고난은 무슨 잘못 때문에 오는 것이고, "더 열심히 하면 하나님이 승리를 주실 것이다" 하는 논리에 빠지고 맙니다. "예수님을 믿으면 뭐든지 더 잘해야 한다. 공부도 더 잘해야 한다.

남들보다 더 우세해야 한다."이런 식이 될 수 있습니다. 그런 것이 아니라면 무속신앙을 갖게 됩니다. 간절히 빌면 하나님이 답하신다는 것이었습니다. 그래서 기독교가 일반 종교의 색채를 띠게 되었습니다. 사람들이 점을 치러 가는 것도 다 그들 나름대로 승리주의가 아니니까? 그날은 하면 괜찮고, 재난이 있는 날은 피하는 식이 그런 것이지요. 기독교 신앙이 하나님의 목적, 우리를 향한 하나님의 뜻을 이해하는 방향으로 나가지 못하고 점점 더 신앙의 명분을 강조하는 방향으로 이상하게 흐른 것 같습니다. 그런 우리 현실 속에서 갑자기 부흥이 일어나는 바람에 더더욱 그렇게 됐습니다. 우리가 빌지도 않았는데 복을 받았다면, 우리가 기도하면 얼마나 복을 더 받겠느냐 하는 것으로 넘어온 것입니다. 그런 과정을 거쳐 이제 우리 시대가 펼쳐진 것입니다. 이제 이 부분을 밝혀서 차근차근 풀어야 합니다.

조주석 성경은 우리의 구원과 마지막 승리 사이에 고난과 환난이 끼여 있다고 말씀합니다. 우리는 그 고난과 환난이 자라난다는 것과 어떤 관계가 있는지 잘 모르는 것 같습니다.

박영선 고난이 없고, 의심이 없으면 믿음이 아니라고 합니다. 의심이 없이 믿는 것은 믿는 것이 아니라고 합니다. 의심 없이 믿는 것이란 비유컨대 그냥 공식을 외우는 것 같은 식입니다. 사람은 자기 이해가 필요한 존재입니다. 인간이라는 존재가 앞을 향해 나간다는 것은 기계처럼 움직여서 나가는 것이 아닙니다. 그것과는 다른 요소들이 작용합니다. 감정이라든가 지식이라든가 의지라는 것이 동원되는 것이고, 그것들은 어떤 도전을 받아야 작용합니다. 다시 말해, 어떤 구체적인 현장이 필요한 것입니다. 그 현장에서 우리가 요구하는 답과 하나님이 주시는 답이 다르기 때문에 갈등을 느끼게 됩니다. 그런데 이런 갈등을 느끼는 것에 대해 사람들은 죄악시했습니다. 왜냐하면 이 길을 가야 하는데 아직 그 길을 가 보지 못했기 때문입니다. 이 길을 앞서 걸었다는 고대 신비주의자들인 성자들의 이야기만 남아 있을 뿐이지, 일반 현실 속에서 신앙의 길을 걸어간 사람들의 이야기는 이상하게도 별로 후세에 남아 있지 않습니다. 그것이 있다 해도 높이 평가되지 않은 것 같습니다. 우리는 한 인간으로 자라난다는 것이 무엇인지 가르쳐야 했습니다. 인간이 인문학을 한다는 것은 중시되어야 합니다. 인문학이란 인간의 정체성과 운명을 묻는 것입니다. '인간이란 무엇인가?', '우리는 어디로 가는가?' 하는 것들을 묻는 것입니다. 고갱이 타히티에서 그린 「우리는 어디서 왔는가, 우리는 무엇인가, 우리는 어디로 가는가」라는 그림이 있습니다. 이 그림은 '서구인이 비문명인들보다 훨씬 더 잘 사는 것은 아니다. 보이는 것이 전부는 아니다. 그렇다고 하면 비문명인들이 더 낫다는 말인가?' 하는 질문을 품게 합니다. 이런 물음들이 파고들면 정신이 멍하고 아찔해질 수밖에 없습니다. '그러면 우리는 무엇인가? 우리는 어디로 가는 것인가?' 그런데 종교라는 것이 들어오면 그런 생각을 다 막아 버립니다. 신에게 빌면 될 수 있다고 생각하기 때문입니다. 현실은 자꾸 집요하게 그런 생각을 하게 만듭니다.

내 자리를 알아야 한다

조주석 우리 앞에는 갖가지 어려운 현실이 나타납니다. 그러면 신자라도 그것들이 귀찮으니까 자꾸 회피하고 싶은 마음이 일어날 수 있을 것 같습니다.

박영선 코로나 현실에서도 그것을 그대로 확인할 수 있습니다. 세상에 감당할 수 없는 일들이 일어나는 것은 세상이 우리를 대적해서 생긴 것이라고 생각합니다. 그렇지 않습니다. 하나님이 우리를 흔드시는 것입니다. 전쟁이 일어나거나 이런 역병이 도는 것은 하나님이 우리에게 도전하시고, 지금도 성실하게 당신의 약속을 지키고 계신다는 표라는 것입니다. 그러니까 그런 상황에서 우리는 자신이 해야 할 것들을 해야 합니다. 그런데 현실적 문제를 해결하는 일에 급급할 뿐, 그 도전을 받고서 어떤 새로운 이해를 갖지도 않는 것 같고 우리 자체의 열매들도 전혀 보이지 않는 것 같습니다.

조주석 제자들이 승천 직전의 예수님께 한 질문을 보면 하나님의 뜻보다는 고난이 없는 세상이 언제 열리는가 하는 것에 주목했던 것 같아요. 사도행전 강해에서 그런 것을 지적하셨어요. 그들이 "주께서 이스라엘 나라를 회복하심이 이 때니이까" 하고 묻자, 예수님은 "때와 시기는 아버지께서 자기의 권한에 두셨으니 너희가 알 바 아니요"(행 1:6-7)라고 답하십니다. 이 예수님의 답변을 "무서운 답변"이라 하시고서 그 답변으로 "사도행전을 시작해야 합니다"라고 말씀하셨어요(『다시 보는 사도행전』).

박영선 그렇습니다. 예수님은 그들의 질문에 다른 시각을 갖게 하시지요. 그런 다음에 그들이 어느 자리가 서야 할 것인지 말씀하십니다.

조주석 사람이 신앙생활을 하다 보면 고난이라는 것은 피할 수 없는 문제니까 적당히 거기에 순응하고 살아야지 어찌할 도리가 없지 않겠느냐 할 수 있을 것 같습니다.

박영선 고난과 순응이라는 문제는 딱히 둘을 나누기가 굉장히 어렵습니다. 야곱은 장남으로 태어난 것이 아닙니다. 그럼에도 불구하고 그는 거기에 순응하지 않습니다. 그것을 끝까지 못 참습니다. 야곱은 "어린 자"로 왔지만 순응하지 않고 반발합니다. 그가 그 문제로 반발해서 장자권을 얻은 것은 아닙니다. 그러니까 어떤 의미에서 그의 반발은 무의미한 것이었습니다. 자신이 차남으로 태어난 것에 대한 울분과 원망이었겠습니다. 그러나 성경은 거기에 대해서 뭐라고 흠을 안 봅니다. 그리고 "큰 자가 어린 자를

시간 속에서 일하시는 하나님

섬기리라"(창 25:23)고 한 하나님의 약속은 이루어집니다. 요셉의 경우도 보면, 그가 순응한 것은 아니지만 선택의 여지가 없는 현실에 묶이게 됩니다. 그에게 순응이고 뭐고 어디 있겠어요? 그냥 매일 죽어나는 것이지요. 그 앞에 무슨 희망의 조짐이라도 보여야 할 텐데 전혀 그런 것이 없었습니다. 그런데 어느 날 느닷없이 감옥살이한 것이 총리 노릇을 하는 데 너무나 잘 쓰이게 됩니다. 가난한 백성들의 처지를 아는 사람이 된 것입니다. 억울한 사람들의 처지, 정치 사회의 결함들을 감옥에서 실컷 봤을 것입니다.

조주석　신자에게 이 순응이라는 문제는 세상 사람들이 말하는 운명론과 다른 것 같습니다.

박영선　그것이 본인으로서는 운명론이나 숙명론이 될 수 있습니다. 왜냐하면 자신이 문제로 삼고 있는 것이 해결되지 않기 때문입니다. 야곱이 둘째로 태어났는데 무슨 수로 장남이 되겠습니까? 세상은 이런 질서가 끝이지만, 기독교에서만은 하나님이 "큰 자가 어린 자를 섬기리라"를 할 수 있다는 것입니다. 내가 내 인생을 뒤집는 것이 아니라, 내 인생은 하나님의 기적과 약속 속에 있다는 것으로 풀어야 합니다.

조주석　신앙생활에서 고난을 회피하려는 것은 무엇을 외면하는 것일까요? 사람이 자기 몸을 산 제물로 드리는 일에서 회피하려는 것일 것 같습니다.

박영선　그렇죠. 내가 게으르게 살고 제대로 살지 못하는 이유는 하나님이 그런 조건과 지위를 주시지 않았기 때문이라고 하면서 하나님께 그 문제를 떠넘긴다는 것입니다. 그러나 자신이 실제로 할 수 있는 숙제를 해야 합니다. 어떤 큰 명분과 상관없이 가족에 대한 책임, 직장인으로서의 책임을 지는 일상을 살아야 합니다. 바로 그곳이 자기 자리인 것입니다. 연극 무대에서 "당신은 여기 앉으시오", "당신은 이 대사를 하십시오", 이렇게 되는 것과 같습니다. 그래서 자기 차례가 오면 자기 대사를 해야 합니다. 그런데 자꾸 그가 주인공 대사를 하려고 한다는 것입니다. 그 역할이 아니면 안 하겠다는 뜻이 아니겠어요. 하지만 하나님은 그렇게 하지 않으신다는 것입니다. 영화 「쇼생크 탈출」을 보면 스토리상 주인공은 앤디입니다. 그런데 우리에게는 주인공이 레드로 보입니다. 레드가 앤디를 보고 내레이션을 합니다. 그 표현이 참 기가 막힙니다. "우리도 처음에는 앤디가 누구인지 몰랐다. 나는 그가 어린이처럼 올 줄 알았다. 그러나 그렇지 않았다." 이 표현이 그 영화를 크게 살립니다. 당사자가 자기주장을 하거나 우리를 항복시키려 들지 않고, 제삼자가 한 다리 넘어서 느슨하게 이야기한 것입니다. 그런데 그런 것들이 바닷물이 밀려와 채워지듯이 채워지는 것입니다. 이처럼 우리도 얼마든지 세컨드 맨을 할 수 있습니다. 영웅이 될 필요가 없다는 것을 알게 되는 것입니다.

조주석 우리는 자기 역할이 무엇인지 잘 알지도 못하는 것 같고 알아도 자기 자리를 싫어하는 것 같습니다.

박영선 그러니까 우리가 세상 풍조와 싸우는 것입니다. 그 풍조에 안 넘어가는 것이 다가 아니라 더 깊은 자리로, 더 놀라운 자리로 가야 합니다. 이런 자리로 갈지라도 우리는 하나님께 뭔가를 확인해 달라고 요구합니다. "나는 제대로 했지만 하나님의 보상이 없었어요." 이렇게 하나님을 원망합니다. 그리고 덕성의 차원으로 가면 "난 성실했고, 거짓말 안 했고, 열심히 했어요. 그런데도 아무런 보상도 못 받았어요" 하는 식이 될 수 있습니다. 그러나 이 지점을 넘어서야 합니다. 예전에 우리 어른들은 이 문제를 거의 윤리적 차원에서 희생하고 금욕하셨습니다. 그러나 그분들도 아무런 보상을 못 받으셨습니다.

시간 속에서 일하시는 하나님

조주석 다큐멘터리 같은 것만 봐도, 보통 일상을 살아가는 사람들 중에도 큰 것이 아닌 지극히 작은 것, 사소한 것을 몇십 년씩 하면서도 그것을 굉장히 즐겁게 하시는 분들이 있습니다. 신앙생활에서도 소소한 것들을 즐길 수 있고, 자랑할 수 있고, 자부심을 느낄 수 있어야 할 텐데 말입니다.

박영선 기본적으로 상식과 교양의 문제 아닙니까? 우리에게 신앙인의 상식과 교양이라는 수준이 없습니다. 그런 것 자체가 없습니다. 신앙인의 상식과 교양이라는 잣대는 없고, 이렇게 툭 불거져 나와서 영웅주의만 있습니다. 그런 사람을 부러워합니다. 우리는 바울을 부러워합니다. 그러나 정작 바울은 그런 대접을 못 받았습니다.

교회 안에서 고난을 감수해야 한다

조주석 우리는 신앙생활을 하면서 다른 사람이 나보다 좀 뛰어나면 시기하고 질투하는 측면이 적지 않습니다. 그럴 수도 있겠다고 생각하지만 그렇게 되면 삶의 아름다움은 망가지고 말잖아요.

박영선 네, 늘 있는 일입니다. 그것이 없는 교회는 없습니다. 그것을 바라면 안 됩니다.

조주석 왜 바라면 안 될까요?

박영선 목회론에서는 이렇게 말합니다. 교회에는 어린아이부터 장성한 자에 이르기까지 다 있다는 것입니다. 따라서 교회 안에서는 당연히 질투하는 사람이 있습니다. 신앙의 사춘기에 들어선 자는 우쭐대기도 합니다. 그로 인해 피해는 다른 사람이 다 봐야 합니다. 이렇게 되면 교회가 받는 유혹이 있습니다. 이런 것들을 다 걸러내고 말씀으로 하나되는 교회를 세우자는 유혹입니다. 그러나 그것은 교회가 무엇인지 잘 모르는 것입니다. 교회는 가족과 같은 사회입니다. 가정에서는 다 걸러내는 것이 아니잖아요? 자식은 결혼해야 철이 들고, 자녀를 낳아야 철이 듭니다. 뭐 오죽하면 '평생 웬수'라는 말까지 생겨났겠어요? 그런데 그런 것들이 우리를 만든다는 것을 알아야 합니다. 그것이 있어야 가족이고, 거기서 비로소 사랑이라는 것을 배우는 것이고 섬김이라는 것도 배웁니다. 어느 다른 곳에도 이만한 콘텍스트는 없습니다. 그것이 교회인 것입니다.

조주석 교회 안에서 각자 어떤 것은 감수해야 할 부분, 고난을 받아야 할 부분이 분명히 있을 것 같습니다.

박영선 그렇습니다. 자기가 잘못한 것이 아닌 것으로 받는 고난이 있습니다. 이제 자기가 부모 노릇을 해야 하는 고난이 있다는 것입니다. 우리는 아직 거기까지는 못 왔습니다. 서구 사회같이 이천 년 역사를 가진 데나 있지, 우리나라에는 없습니다. 손양원 목사님의 이야기를 듣기도 하지만, 그것이 우리의 전체 수준은 아닙니다. 순교처럼 어느 특별한 사람에 의해서 그 시대에 한 획을 긋는 앞선 사람은 나올 수 있어도 그것이 전체 수준일 수는 없습니다. '누가 잘했다. 우리도 누가 있다.' 이렇게 이야기하는 것으로는 모자랍니다.

조주석 손 목사님이 자기 두 아들을 죽인 사람을 양자로 삼았잖아요? 손 목사님이 돌아가시고 나자 그가 굉장히 자책하게 되고 그의 삶이 계속 망가져 삶을 감당해 내지 못하더라고요.

박영선 죽은 사람들은 따지고 보면 그 죽은 것으로 끝입니다. 순교에 대해서 글을 쓴 사람이 이런 말을 합니다. "순교자 본인은 죽은 것으로 끝이 나지만, 살아 있는 사람은 그 죽음을 넘어선 고난까지 책임져야 한다. 이것이 순교보다 몇 배 더 어려운 것이다. 그런데 사람들은 한결같이 순교한 사람만 영웅으로 취급한다." 비겁하게 살아남은 것이 얼마나 굉장한 고난의 길 인지는 이해하지 못한다고 하더라고요.

조주석 그가 손 목사님 집회에 따라다니면서 간증할 때는 굉장히 좋았었는데, 손 목사님이 돌아가시고 나자 '이제 내 삶은 무엇이냐' 하는 문제에 크게 부딪혔던 것 같았어요.

박영선 그것은 손 목사님이 마치 꼭 안 해야 할 일을 하신 것처럼 보이겠지만 그렇지 않습니다. 손 목사님은 당신이 해야 할 일을 하신 것이고, 그 양자는 자신의 삶을 살아가야 하는 것 아니겠어요?

조주석 바울 사도가 로마로 호송되면서 2년 동안 가이사랴 감옥에 갇혔잖아요. 사도행전을 설교하실 때 바울 사도의 그런 처지를 이렇게 표현하셨어요. "뒷방에 버려둔 신세가 된 고난도 있을 것 같다"(『다시 보는 사도행전』).

박영선 하나님이 구원하고자 하는 대상들이 어떤 자들입니까? 전도자는 그들이 누구인지도 모르고, 어떤 쓸모가 있는지도 모르는 사람들입니다. 전도자는 그들에게 방향을 제시하고 그들을 품고 같이 가야 합니다. 이것이 예수님이 하시는 일이었습니다. 예수님이 죄인을 구하러 왔다는 말씀의 의미는 우리 신자들에게 예수님이 누군지도 모르는 인류를 구원하라고 하는 뜻입니다. 그러니까 교회에서도 당연히 딴말하는 사람들이 있고, 왜 교회에 와서 어지럽히나 싶은 사람들조차 품어야 합니다. 사람이 제일 속상한 게 무시당하는 것이라고 합니다. 무시라는 것은 "없는 것 같은 대접을 받는다"라는 말입니다. 군중, 전체로 말하면 인류는 그렇게 무지합니다. 세상이 아직 끝나지 않아서 감히 다 모르겠지만, 대강 믿는 사람들에서 믿지 않는 사람들까지, 우리는 그들을 어떻게 봐야 할 것인가? 저는 너무 날이 서게 선을 긋는 것은 적절하지 않다고 봅니다. 우리는 저들을 구원하기 위해 이렇게 말해야 합니다. "너희의 삶을 봐라. 너희의 삶은 부끄러운 것밖에 할 수가 없다. 너희는 무지하다. 우리한테는 이런 소망과 약속이 있다. 이 명예를 봐라." 이렇게 대조해서 저들을 불러들이자는 것이지, 저들을 정죄해서 못 박아 버리자는 것은 아니잖아요? 그러니까 우리의 교리적 대립, 교파적 대립, 다른 종교와의 대립, 이런 것들은 따지고 보면 하나님의 통치에 전 우주와 인류, 전 역사를 포함시키지 않고 봐서 나오는 싸움이라는 것입니다. 그들을 끌어안아서 물 타기를 하자는 뜻이 아닙니다. 우리는 우리가 가진 위대한 것들을 저들이 고집하는 자랑과 대조시키는 책임을 계속 지고 나가야 합니다. 거기서 엉기고 있는 사람들, 안 믿고, 믿을 이유가 없고, 믿었으나 아무 쓸모 없고, 저 사람이 믿는 게 맞나 싶은 이런 모든 사람을 감수해야 합니다. 그것이 고난 아닌 고난입니다.

조주석 이 이야기는 목사님이 많이 쓰시는 표현인 '묶는다'라는 말과 자연스레 연결될 것 같습니다.

박영선 예수님은 우리를 당신과 묶으셨습니다. 다음의 말씀이 그런 것입니다. "아버지께서 내 안에, 내가 아버지 안에 있는 것같이 그들도 다 하나가 되어 우리 안에 있게 하사 세상으로 아버지께서 나를 보내신 것을 믿게 하옵소서"(요 17:21). 이것은 굉장한 말씀입니다. 예수님은 오신 것이 아니라 아버지께서 보내셨다고 말합니다. 우리가 믿는 하나님은 묶으시고 품으시고 끌어안는 하나님이십니다. 그렇게 하나님은 구체적으로 오셨습니다. 그런 하나님께서 우리보고 그 뒤를 따라오라고 하십니다. 그러니까 "우리는 믿었고 너희는 믿지 않았다"는 식으로 나누는 것은 어린아이 같은 발상이라는 것입니다. 묶는다는 말은 그렇게 나누는 것보다 훨씬 큰 것입니다. 그리고 우리를 아주 고통스럽고 곤란하게 만드는 것은 신자들 안에 있는 원색주의자들에게 받는 방해입니다. "우리는 열심히 잘 믿었는데 저들까지 다 괜찮다고 하면 그럼 우리는 뭐야?" 이런 것이 있습니다.

약한 자의 약한 것을 쓰신다

조주석 왜 그런 오해가 일어날까요?

박영선 하나님이 약한 자를 쓰신다는 것을 오해한 나머지 사람들이 약한 자를 들어서 영웅을 만드시는 줄 압니다. 하나님이 약함을 쓰신다는 것이 무엇인지 잘 모릅니다. 하나님은 약한 자의 약한 것을 쓰십니다. 약한 자의 약한 것을 쓰시지, 약한 자를 들어서 영웅을 만드시는 게 아닙니다.

조주석 바울 사도는 하나님이 자신을 쓰시는데 "하나님이 사도인 우리를 죽이기로 작정된 자같이 끄트머리에 두셨으매 우리는 세계 곧 천사와 사람에게 구경거리가 되었노라"(고전 4:9)고 했습니다. 사도의 이 중요한 이해를 교회사 내내 외면했다고 지적하셨어요(『다시 보는 사도행전』). 왜 그랬을까요?

박영선 네, 외면했습니다. 선지자나 사도들은 자신을 영웅이라고 생각하지 않았습니다. 그들은 모든 성도의 부모였습니다. 그들에 의해서 자라난 교회의 역사는 이름 없는 어머니 아버지가 자기들을 길러 준 것도 모르고, 스스로 영웅들의 자손이라고 생각하고 호적을 고치듯이 그렇게 교회사를 쓴 셈입니다.

조주석 "고생한 바울은 절대 안 좋아하고, 이천 년이나 지나서 유명해진 바울을 좋아한다"고 말씀하셨어요(『믿음은 사람보다 크다』).

박영선 그것은 인기에 연연하는 것입니다. 세상에 나가면 누가 바울을 알기나 하겠어요? 그런데 교회 안에 들어와 신앙생활을 하는 가운데 바울, 바울 하니까 바울이 최고의 인기인이 된 것입니다. 바울 자신은 예수님처럼 고난을 받고 모든 사도 중에 가장 큰일을 했으면서도, 사실 그 당시에는 붙잡혀 있고 감춰졌습니다. 그는 양쪽으로 손해를 본 사람입니다. 그가 유대인이어서 이방인들에게 오해를 받았고, 또 유대인으로서 예수님을 믿게 되어 율법주의자들한테 외면을 당합니다. 어찌 보면 그는 어느 한 군데도 도망갈 데가 없고 의지할 데가 없는 그런 현실 속을 걸었다고 생각합니다.

조주석 바울 사도는 공수특전단원과 같다고나 할까요. 그가 얼마나 어려운 상황 속에서 자신의 사명을 감당했는가 하는 것보다는 후대에 기억되는 그의 유명세만 부러워하는 것 같습니다.

박영선 신앙생활에서 자기가 굉장해졌다는 것이 무엇인지 확인시켜 줘야 합니다. '내가 상대에게 질 수 있다. 그를 이기려고 할 필요가 없다. 인생에서 꼭 이겨야 하는 것은 없다'고 말입니다. 이 진다는 것은 양보하는 것과는 비교가 안 되는 것입니다. 양보라는 것은 이래도 좋고 저래도 좋다는 것이지만, 진다는 것은 목숨이 왔다 갔다 하는 크기로 다가오는 것입니다. 우리는 그 문제에서 질 수 있습니다. 그리고 우리는 좋은 말을 할 수 있고 섬길 수 있습니다. 이것이 인간다움입니다. 이것이 없으면 다른 것으로 자기 자신을 덧칠해야 합니다.

고난은 하나님의 일하심이다

조주석 신앙생활에서 맞닥뜨리는 의심은 고난과도 관계가 있을 것 같습니다.

박영선 '영혼의 밤'이라는 표현이 있습니다. 믿음이 사라지고 모든 것이 무의미해질 때 그것이 찾아온다고 합니다. 그러나 우리는 믿음을 이렇게 생각해야 합니다. 믿음 자체란 내가 가지고 있는 방법론이 아니라, 하나님의 방법론이라는 것입니다. 믿음은 내가 확신을 갖는 것이 아니라, 하나님이 이 방법으로 일하시겠다고 선언한 것입니다. 그런데 의심 가운데 놓인 사람들은 다시 처음으로 돌아가서 하나님이 계시는가 안 계시는가, 하나님을 믿을 것인가 말 것인가를 묻게 된다는 것입니다. 내가 순탄할 때는 하나님이 하나님다우시고 내 믿음도 믿음답지만, 현실 속에서 흔들리면 하나님뿐 아니라 자기 자신에 대해서도 의심이 가는 것은 당연한 과정입니다. 우리 일반 인생에서도 사춘기가 그런 시기 아닙니까? '부모님이 정말 내 부모가 맞나?', '나는 우리 부모의 기대와 목적을 만족시킬 수 있는가?' 자기 생각은 부모의 기대와 다릅니다. 그래서 네 생각은 뭐냐고 물으면, 지금은 모르겠고 무조건 싫다고 하는 것입니다. 그 사춘기라는 시절이 한 인간이 크는 데 있어서 가장 중요한 시기가 아닌가요? 그런 반발이 없으면 인간으로 성숙하지 못할 수 있습니다. 그 시절 무엇을 깨우치느냐 하면, 한계가 있다는 것을 깨우치게 됩니다. 그것이 제일 중요합니다. 한계를 왜 깨달아야 하느냐 하면, 그 한계가 구체적으로 자기 정체의 실체를 만들기 때문입니다. 저것도 없고 이것도 없고 나는 이 정도에 불과하다고 아는 것이 한계가 아닙니다. 한계란 자신이 실제로 증언하고 행동하고 결과를 만들어 내는 실제가 되는 것을 말합니다. 너와 내가 구별이 안 되고, 사물과 내가 구별이 되지 않는다면 어떻게 되겠습니까? 그렇게 되면 관념만 돌아다닐 뿐 실제 인물, 내 자리, 내 몫은 없어지는 것입니다. 내 자리란 피아노의 건반 같다고 했습니다. 나를 누르면 그 소리가 나야 합니다. 한계란 그렇게 구체적인 것입니다. 따라서 내 자신이 타인 및 사물과 다 합쳐지는 가운데 하나님이 영광의 찬송을 만드신다는 것입니다. 그것이 창조의 궁극적 목적입니다. 우리는 그 방향으로 가는 것입니다.

조주석 사도 바울은 빌립보 교인들에게 "너희는 함께 나를 본받으라"(빌 3:17)고 하셨는데 그것이 고난과 어떻게 연결될까요?

박영선 그렇죠. 바울이 자신을 본받으라고 한 것은 자기가 모범이라는 뜻이 아닙니다. "날 봐라. 나는 고난 속에 있다." 고린도 교회하고 싸우는 것이 그 문제입니다. "네가 하나님의 사자라면 왜 그 모양이냐?" 그러자 바울이 "그래, 내가 잘난 척 한번 해보마. 나는 학력으로나 경력으로나 가문으로나 꿀릴 게 없다. 그러나 그런 것은 아무것도 아니다. 나보고 자랑하라면 내가 고난받은 것을 자랑하겠다" 이렇게 말합니다. 그것은 신비입니다. 고난이 하나님의 일하심인데, 우리의 눈에는 모순으로 보입니다. 그것이 우리가 넘지 못하는 것을 넘어가고 있다는 증거라는 것입니다. 우리에게는 동과 서가 서로 먼데, 하나님은 동과 서를 합치십니다. 우리로서는 죽음이 끝인데, 죽음이 뒤집혀서 꽃을 피운다고 한다면, 우리가 두려워해야 할 것도 없고, 우리가 감당하지 못할 것도 없다는 것입니다. 감당한다는 것은 문제를 해결해야 한다는 것이 아니라, 칼이 들어오더라도 칼에 맞고, 십자가에 달려 죽는 것을 말합니다. 이것을 세상의 판정으로는 판단할 수 없습니다. 하나님이 이 세상 만물의 어느 것, 어느 경우, 어느 곳, 어느 누구라도 하나님의 의로우심과 선하심과 성실하심의 통치 아래 있지 않고 벗어나 있는 것이 없다는 것입니다. 그것이 바울 사도가 "나를 본받으라"고 한 말의 의미입니다.

조주석 그런데 고난을 받을 때 사람은 힘들잖아요.

박영선 힘들죠. 그 힘든 것에 대해 다시 생각해 보자고요. 힘들다는 것은 스스로 해결할 수 없기 때문입니다. 우리는 이 문제에서 갈등과 불안감이 해소되길 바랍니다. 그러나 하나님은 "네가 이 문제를 이해하거나 해결받는 방식이 아니라 그것을 끌어안고 가야 한다"고 하십니다. 이렇게 고민이 사람을 만듭니다. 해결하지 못하는 것들이 사람을 만듭니다. 거기에 더 큰 것을 담아 주십니다. "땅이 넓었으면 좋겠다"고 했더니, 하나님이 "그 너머까지 너희 것이다" 하는 식으로 우리를 반전시키십니다.

조주석 예수님을 믿는 삶이 기쁨은 없고 계속 고난의 연속이라면 하나님이 너무하시는 것 아닐까 하는 의문이 들지 않겠어요?

박영선 대부분 문제는 해결되지 않고 지나가면 없어집니다. 초등학교 때 가졌던 고민, 고등학교 때 가졌던 고민은 위로 올라가면서 다 없어지고, 또 다른 도전이 다가옵니다. 그러니까 어떤 해결이 없고 깊이 사색을 하지 않아도 자기도 모르는 사이에 키가 큽니다. 궁극적으로는 하나님이 우리의 생각 체계, 이해 체계를 바꾸는 데까지 우리에게 요구하십니다. 우리는 거기까지 가야 합니다. 한국교회가 이것을 가르쳐야 합니다. "고난이나 절망이 십자가에서 어떻게 작용하는가를 봐라." 십자가란 "하나님이 우리를 위해서 이렇게 하셨다" 하고 울고 넘겨 버릴 지극정성과 다르다는 것입니다. 성찬 예식 때 고린도전서 11장을 읽는데, 거기 보면 "주의 죽으심을 그가 오실 때까지 전하는 것이니라"(고전 11:26)는 말씀이 있습니다. 저는 이 구절을 이렇게 풉니다. 주님이 오실 때까지는 고생 가운데 있어야 합니다. 이것을 기억하십시오. 예수께서 아직 안 오셨습니다. 아직 우리는 예수님의 죽음 속에 있습니다. 사람들은 우리를 향해 비웃습니다. "너희는 바보가 아니냐?" 그러나 속으로 우리는 믿고 있습니다. 하나님이 거기서 일을 하십니다. 예수님은 부활하시고 보란 듯이 사람들 앞에 나타나지 않으셨습니다. 세상은 예수님과 우리를 모릅니다. 하나님은 우리를 조롱과 핍박 속에 놔두셨습니다. 왜 그러셨을까요? 우리에게는 다른 세계와 질서를 주셨지만, 우리가 놓인 현실은 아직도 죽음이 왕 노릇을 하는 세상이고 우리를 조롱하는 세상입니다. 그런 세상 속에서 예수님이 십자가를 통해서 하나님의 영광을 증명하시고 당신의 증명을 영광으로 받으셨듯이 우리에게도 그렇게 요구하신다는 것입니다.

고난에 관한 풍성한 유산

조주석 현실 속에서 겪는 고난은 그 정황이 다 같을 수 없겠다는 생각이 듭니다. 이천 년 전 사람과 지금의 사람이 다 같을 수 없잖아요. 이런 차원에서 요셉, 욥, 예레미야, 바울 같은 사람을 들어서 설명해 볼 수 있지 않을까요?

박영선 구약의 인물들은 그 사람들을 통해서 하나의 장르를 만들어 주는 것입니다. 교육으로 치자면 교과 과목을 만들어 주는 것이라 할 수 있습니다. 그래서 그 과목을 다 합쳐서 학생은 공부합니다. 그런 인물들이 당하는 고난을 보면서 고난의 양상이나 고난의 정도나 고난의 목적 같은 것들에 대하여 우리는 풍부한 유산을 갖게 되었습니다. 현실에서 우리가 당하는 것은 그 사람들이 당한 것과 다르지 않습니다. 말씀하신 대로 지금은 시대가 다르니까 문화가 달라서 형태만 다르게 나타나지 내용상으로는 그렇지 않습니다. 우리는 누구 한 사람의 뒤를 좇는 것이 아닙니다. 우리는 못난 역할을 한 사람조차 우리 유산으로 갖습니다. 그래서 풍성합니다. 장르가 하나뿐이라면 답답할 텐데 여러 개라서 풍성합니다. 우리에게는 트로트 뽕짝만 있습니다. 오음 음계로 된 정형화된 반복적인 리듬이고 또 민요의 영향을 받아 떠는 창법이 특징이지 않습니까? 그것이 아무리 좋다가도 몇 번 듣다 보면 그 리듬에 질려 버립니다. 구약은 우리에게 정말 많은 힘을 줍니다. 내 자신이 고민하는 것이 하나님의 통치나 하나님의 사람들의 경험 밖에 있지 않다는 위안을 그런 인물들에게서 받습니다.

조주석 유명한 사람들의 전기나 평전은 있는데, 평범한 사람들의 것들은 없습니다. 사실 우리는 거기서 평범한 자기 자신을 더 많이 들여다볼 수 있고 배울 수 있을 텐데요.

박영선 세상은 늘 상품성에 의존하고 사람의 기대에 부응하는 법입니다. 하지만 하나님이 하시는 일은 우리에게 낯설고 잘 모르겠습니다. 늘 새롭습니다. 우리가 현실에서 보는 세상 가치들의 도전과 유혹이 물밀듯이 들어오지만, 다 하나님의 일하심의 크기와 진정성의 표현이라고 생각합니다. 거기에 놀랄 것 없이 '아, 하나님이 일하신다'라고 생각해야 할 것입니다. 하나님이 욥을 만나실 때 폭풍우 가운데 계십니다. 하나님이 벼락 치듯 등장하시지 않습니까? 하나님이 율법을 주실 때도 그렇습니다. 하나님이 막 성급하게, 참을 수 없게 나타나시는 것들이 얼마나 고마운지 알 수 없습니다. 옛 표현에 "버선발로 나왔다"라는 말에는 굉장한 반김이라는 뜻이 들어 있지 않습니까? 하나님이 큰 호통을 치시는 것에서도 하나님의 일하심을 보아야 합니다.

조주석 고난의 꽃이라고 할 수 있는 순교의 고난은 어떤 것일까요?

박영선 기독교가 가지는 하나님의 약속과 일하심의 무게와 깊이는 순교에 있습니다. 죽음이란 가장 지극한 것이기 때문입니다. 그렇게 함으로써 우리를 생명으로 불러 가십니다. 그런데 순교를 영웅화하면 아무것도 아닌 것이 되고 맙니다. 예수님의 죽음은 부활의 문을 여는 것이었는데, 그 죽음을 영웅화하면 그 고난이나 충성이 최고의 상징으로 환영을 받겠지만 그 죽음이 부활의 문을 열지는 못합니다. 우리는 그런 역사를 지나서 여기 와 있습니다. 우리가 몸을 바쳐 국가를 지키는 이유가 무엇입니까? 가족들을 살게 하려고 지키는 것이 아닙니까? 가족들이 살아 있다는 것은 목숨이 유지되는 차원보다 더 큰 것입니다. 그것은 정신적·문화적·사상적 정체성을 번성시키는 것입니다. 그러니까 신앙이 부활 생명으로 연결되어 어떤 풍성함과 영광을 나타내는 것과 연결되지 못한다면 언제나 막다른 골목이 되고 말 것입니다. 죽음을 이긴다는 것은 정말 어마어마한 가치입니다. 그것은 어떤 것과도 대조할 수 없는 역설입니다. 죽음을 이긴다는 것은 그 어떤 것도 우리를 포기시킬 수 없고 손해 보게 할 수 없습니다. 죽음이 우리가 알고 있는 최고의 진실이라면, 그것을 넘어선 다음에 주어지는 생명은 죽음 없이 그냥 간 영생이 아닙니다. 그것이 죽음을 경험하고 들어가는 생명이라면, 얼마나 큰 반전이겠느냐 하는 것입니다.

조주석 한국교회가 순교의 시대를 지난 후 순교를 자랑거리로 삼았습니다. 순교가 갖는 올바른 의미에 대해서도 생각해 봐야 할 것 같습니다.
박영선 그렇지요. 저는 어렸을 적에 매주 그런 설교만 들어서 사실 지겨웠습니다.

조주석 목사님은 십자가의 죽음을 가리켜 "가장 무시무시한 기독교의 신비"라고 하셨어요(『믿음은 사람보다 크다』).
박영선 죽은 우리를 살려내신 것도 신비입니다. 그런데 신이 죽는다는 것은 말이 안 됩니다. 신이 어떻게 죽어요. 그런데 죽었다가 다시 사시잖아요. 하나님께 있어서 죽음은 소멸이 아니라는 뜻입니다. 죽음이란 소멸이 아니고 영생의 어떤 눈금, 그 가치의 어떤 중요한 문턱이라고 생각해야 합니다. 그 문턱을 넘어서는 것이기 때문에 신비입니다. 목숨을 건다는 것은 우리의 최선의 표현입니다. 죽음이 우리의 한계이기 때문입니다. 그것은 영생으로 가는 데 있어서 첫 문턱입니다. 그 죽음의 문턱을 넘어가면 얼마나 굉장할까 하는 뜻으로 신비라고 이야기했습니다. 죽음 자체가 신비롭다는 말이 아닙니다. 기독교는 신이 죽음을 문으로 삼는다고 이야기할 수 있는데, 그것은 우리의 최상의 생각과 우리의 좌절 이 두 가지를 다 넘어서

시간 속에서 일하시는 하나님

는 자리라는 것입니다. 그렇기 때문에 신비라고 한 것입니다.

조주석 로마서를 설교하시면서 "고난을 하나님의 일하심의 무게, 어떤 흔적"이라고 말씀하셨어요(『다시 보는 로마서』). 왜 그렇게 말씀하신 건가요?
박영선 하나님이 힘을 다하신 것이기 때문입니다. 우리를 향하여 가지신 하나님의 의지는 말 한마디로 드러난 것이 아닙니다. 그가 직접 찾아오시고 우리의 형편에 들어오시고 우리의 최악의 자리까지 다 도망가지 못하게 끌어안으심으로 보이신 것입니다. 그렇게 이해를 해서 정성의 무게라는 말을 하게 된 것입니다.

조주석 자식이 정말 저렇게 가면 안 되겠다고 하는 상황에 이르면 부모는 그냥 저렇게 내버려둘 수 없다고 생각하지 않겠습니까? 이런 부모의 심정과 같은 것이 아닐까 하는 생각이 듭니다.
박영선 맞습니다. 그 정성을 하나님의 성실하심과 그 뜻의 무게라고 하는 것이 좋겠습니다. 흔적이라는 것도 그런 차원입니다. 예수님의 못 자국도 굉장하다고 생각합니다. 사실 부활하신 후 그 부활한 몸에 못 자국을 흔적으로 가지실 필요가 없지 않겠어요? 그런데 그것을 흔적으로 가지심으로써 마치 그 흔적을 자랑으로 여기시고, 어떤 증거로 삼으시며, 당신의 기쁨으로 삼으시는 그런 측면이 저에게 아주 놀랍습니다.

조주석 재미있는 표현들도 몇 가지 있었는데 고난을 빗대서 "유학 보낸 시간"이라고도 하셨어요(『다시 보는 히브리서』).
박영선 그렇습니다. 유학 가면 다 고생하지 않습니까.

고난이 하는 일

조주석 고난이나 환난이 신자에게 어떤 경험을 갖게 할 것 같습니까? 목사님은 어떤 두드러진 경험을 가지신 것 같습니다.

박영선 저는 그냥 '정체성'이었습니다. '나는 하나님 앞에서 어떤 존재인가?' 자식들이 부모에게 묻습니다. "형이랑 누나는 잘해 주고 왜 나한테는 안 그랬어요?" 하나님이 저는 적극적으로 대해 주시지 않으셨습니다. '내가 이렇게 허전하고, 자랑할 게 없고, 사는 데 통쾌하지 않고, 왜 살아야 하나 하는 의미도 모르겠고, 분명한 것도 없고, 한 걸음 더 나아가서는 뭐가 뭔지 모르겠고, 주변에 전부 사기꾼만 있는 것 같고, 잘난 척하는 사람들과 빈정거리는 사람들 속에서 살아야 하는가?' 이것들이 제가 겪은 절망입니다.

조주석 소책자인 『고난이 하는 일』에서 고난이 어떤 일을 하는가에 대해서 말씀하셨어요.

박영선 고난은 일단 우리로 하여금 생각하게 만들고, 한계를 느끼게 하고, 본질을 묻게 합니다. 그 세 가지가 제일 큽니다. 그다음에는 고난 속에서 허우적대기도 합니다. 그러는 사이에 자기도 모르게 살도 좀 찌고 근력도 붙습니다. 그래서 해결 아닌 해결을 보게 됩니다. 그러면 다음 학년으로 넘어갈 때 만점을 받고 넘어가는 게 아니라, 한 칠팔십 점 맞고 넘어갑니다. 그래서 의외로 답은 나중에 얻게 됩니다. 그런데 우리는 이런 식으로 후회합니다. "내가 다시 한번 고등학교 때로 돌아가고 싶네. 한번 잘해 보고 싶어." 그렇게 말하면 제가 주는 답은 이것입니다. "그 시절을 다시 잘 사는 게 답이 아니라, 그렇게 후회한 것을 지금 네가 서 있는 이 자리에서 살아내야 한다. 그때 제 나잇값 하지 못한 것이 있으면, 지금 그 나이에서 할 수 있는 것에 힘써야 한다. 자기 과거를 고치려 하지 말고, 과거의 실패를 현재의 숙제, 현재의 책임에 유익하게 갖다 쓰면 잘하는 것이다." 사람들이 이 지점을 잘 연결하지 못합니다.

조주석 신앙을 가지고 살아갈 때 현실이 무엇이고 자기가 어떤 존재인지 훨씬 더 구체적으로 배운다는 말씀 아니겠어요?

박영선 네, 그렇습니다.

조주석 우리는 육체적으로나 정신적으로 쩔쩔맬 수 있습니다. 그래서 '이게 뭘까?' 하고 스스로 물을 수 있겠는데, 이런 것들이 신앙과 동떨어진 것일까요?

박영선 그렇지 않습니다. 사람들은 대부분 자신이 하나님 앞에서 정당하게 반응하는 것을 신앙으로 생각하는데, 신앙이란 하나님이 우리를 더 깊이 만들기 위해서 쥐어짜는 것과 관계가 있습니다. 하나님이 쥐어짜시면 우리는 비명을 지를 수밖에 없습니다. 욥기와 시편에서 그런 예를 많이 찾을 수 있습니다. 그것이 우리 편에서는 비명이겠지만, 하나님 편에서는 "조금만 더 참아라" 하는 이야기가 될 것입니다.

조주석 하나님이 우리를 구원하시고 이런 쪽으로 인도하신다면 누가 좋아하겠나 하는 의문도 들겠습니다.

박영선 그런 의문이 들 수도 있지만, 그렇게 인도함을 받으면 나중에 위대함이라는 가치를 가지게 됩니다. 명예, 영광이라는 말이 그런 뜻과 관계가 있습니다. 에베소서 1장에서 그것은 영광으로 나옵니다. 로마서 3장에서도 우리가 다 죄를 지었기 때문에 하나님의 영광에 이르지 못한다고 말합니다(롬 3:23). 구원이란 목적의 측면에서 보면 우리를 영광으로 부르는 것입니다. 그런데 우리는 죄로부터의 구원을 너무 강조한 까닭에 이 구원을 천국에 가고 지옥에 안 가는 것 정도로 좁혀 생각하게 되었습니다. 그렇게 되면 구원의 삶이 무엇인지 도무지 생각할 여지조차 갖지 못합니다. 구원의 삶에는 성실함, 정직함 등이 들어 있습니다. 그것이 단지 윤리나 도덕의 문제 정도가 아니라 명예에 속한다는 것입니다. 그것에 반대되는 것에는 폭력, 거짓말, 어리석음, 비겁함, 부끄러움이 있습니다. 그것들은 다 수치에 속하는 것들입니다. 이런 명예와 수치라는 것이 인간의 현실 구원생활 속에 다 함께 들어 있습니다. 그래서 우리의 구원은 다 완성된 것이 아니라 이루어지는 과정 속에 있는 것입니다. 우리는 이런 대조를 알아야 합니다. 그런데 이런 일을 하면 천국 가고 저런 일을 하면 지옥 간다고 설명하는 바람에 구원 이해에 대한 발전이 없습니다.

조주석 우리의 신앙이 그런 방향으로 더 깊어지고 구체화되어 자랑으로 삼을 수 있어야 하겠습니다. 그런데 어떤 것이 더 효과를 내겠느냐 하는 데 치우치는 것 같습니다.

박영선 실용적으로만 가죠. 그것은 세상 문화가 우리를 미혹하는 것입니다. 우리가 이 세상 속에 있는 한 물들지 않을 수 없습니다. 오랜 시간에 걸쳐서 우리가 순화되는 것입니다. 시간이 일을 한다는 것입니다.

조주석 자신이 어려운 현실에 처했을 때 그것이 무엇을 요구하는 것인지 모른다면 가난한 신앙을 갖겠지만, 그것을 알고 전진한다면 신앙이 더 풍요로워질 수 있겠습니다.

박영선 우리는 자기 시대의 수준을 갖습니다. 그 시대의 수준에 절대다수가 묶여 있습니다. 우리는 일차적으로 부흥 시대에 묶여 있습니다. 그리고 이제 코로나로 인해 다가오는 다음 시대의 도전을 받고 있는데 어떤 것이 만들어질지는 잘 모르겠습니다. 우리는 본질적인 것을 더 생각해야 할 것입니다. 신앙인은 대부분 출애굽 과정에서 보듯이 그저 불평했다가 회개했다 하는 상태에 묶여 있습니다. 하지만 그런 과정에서 주인공은 백성입니다. 모세가 고생은 하지만 하나님이 불러내고자 하신 백성은 모세 하나가 아니라 이스라엘 백성입니다. 그들을 계속 훈련시키시는 것입니다. 그때 필요하시니까 모세를 지도자로 세우신 것인데, '우리는 다 지도자가 되면 얼마나 굉장하겠는가' 하고 생각합니다. 저는 그런 기대가 맞는지는 잘 모르겠습니다. 역사에서 그런 일이 일어난 적이 없기 때문입니다. 교회에서도 하는 실수 가운데 하나가 뭐냐 하면, 교회에서 당연히 성경공부를 시키고 지도자를 키워야 합니다만, 그렇게 키워서 그들이 짐을 나눠 질 것으로 생각한다는 것입니다. 그러나 목사의 책임은 대단히 고유하고 특별한 것입니다. 지도자로 세워도 그들이 그렇게 크게 도움이 되는 것은 아닙니다. 그냥 우리의 책임이라서 하는 것입니다. 그중에 어떤 사람이 그 역할을 제대로 해서 모르는 곳에서 면면히 이어지기를 바랄 뿐입니다. 프로그램이나 시스템을 만들어 놓으면 이런 내용이 보존되고 효율적으로 될 것으로 생각하는데 목회를 해보니까 다르더라고요. 그래서 저는 이제 쉬운 설교와 목회에 대해서도 많이 열려 있습니다. 그렇게 뭐라고 그럴 문제가 아니지 않나 싶습니다.

14

역사, 하나님의 일하심이다

그는 후반기 설교 사역에 역사라는 주제를 가져와 설교 세계를 확장시켜 나간다. 역사란 그에게 무엇인가? "역사란 하나님이 인간에게 준 콘텍스트라는 것입니다. 역사에는 단지 시간만 있는 게 아니고 경우도 있습니다. 경우라는 것은 어떤 전후, 목적 그리고 본문을 담으려 할 때 꼭 필요한 것입니다.……하나님은 우리를 어떤 내용에 도달하게 하려고 물질적 차원과 정신적 차원에서 우리 인생을 누적시켜 주십니다. 그것이 제가 이해하는 역사입니다."

그는 성경의 실패 이야기에서 두 가지 교훈을 찾았다고 말한다. 하나는 실패하지 않고 "제대로 왔다면 어디까지 올 수 있었을까" 하는 것이었고, 다른 하나는 "역사는 그런 실패의 과정을 통과해야 한다"는 것이었다. 그는 설교에서 이 실패의 문제가 무엇이며 그것이 어떤 역할을 하는지에 천착한다. 그의 역사관은 기독교의 직선적 역사관을 그 바탕에 깔고 있으며, 이런 전제 아래 그는 역사의 주체, 사사 시대, 왕국 시대, 바벨론 포로 시대, 역사에서 개인의 문제 등을 다룬다.

이사야 설교에서 그는 역사적 사건들 위에 "큰 주체가 있다"고 말한다. 성경의 두 가지 큰 증언이 그 증거라는 것이다. "'나는 너희 조상의 하나님 여호와 곧 아브라함의 하나님, 이삭의 하나님, 야곱의 하나님이다'(출 3:15). 이런 말씀은 어느 인생도 하나님이 외면하는 인생은 있을 수 없다는 뜻입니다. 그다음에 또 하나의 증언은 이것입니다. '나는 너를 애굽 땅, 종 되었던 집에서 인도하여 낸 네 하나님 여호와니라'(출 20:2). 여기서 우리가 알아야 할 바는 창조 세계를 역사와 서로 떼어 놓고 생각해서는 안 된다는 것입니다."

그는 사사 시대와 왕국 시대를 어떻게 이해하고 있는가? 이스라엘 백성이 출애

시간 속에서 일하시는 하나님

굽 한 후 가나안에서 "자유를 갖게 되지만 자기 생각, 자기 안에 있는 질문들로 인해서 혼란을 겪습니다. 저는 그게 사사기라고 보았습니다.……뒤에 와서 열왕기를 보면, 어떤 능력을 갖추게 되었을 때, 사춘기를 지나서 필요한 어떤 권리들을 가지고 있었을 때 어떤 재능이나 성숙을 어떻게 쓸 것인가 하는 문제로 더 나아가는 것을 보게 됩니다."

사사 시대가 비록 이스라엘의 암흑기였지만, 그는 그것을 "철없는 시절"로 이해한다. "혼란스럽다고 비명을 지르고 나 죽겠다고 아우성치는 자신의 존재와 나아갈 길에 대하여 답을 요구하는 것이 속에서 분출하는 시기"로 본 것이다. 그러면 왕정 시대에서 왕이 된다는 것은 어떤 것이었는가? "왕이 된다는 것은 권력을 갖는 것입니다.……(그러나) 창조 세계에서는 인간을 청지기요 후사라고 합니다. 왕정 시대에는 권력과 순종이 어떻게 연결되었느냐 하면, 왕들은 권력을 지키려는 데 급급해합니다. 권력을 행사하는 게 아니라 권력을 지키기에 바쁩니다. 그래서 권력은 폭력이 되었지 권위가 되지는 못합니다.……열왕기에서 우상을 섬기는 왕들은 다 선지자들하고 충돌합니다. 충돌이 일어날 때 폭력적으로 대합니다.……하나님은 그렇게 긴 역사의 시간을 허락하십니다."

그는 이 왕정 시대 초기에 등장한 다윗 왕을 독특하게 살피고 있다. "그는 사사 시대에서 왕정으로 넘어가는 징검다리입니다. 그러면 다윗은 도대체 무엇인가?……제가 알고 있는 다윗은 문제가 생겼을 때 하나님께 와서 호소한 사람이라는 것입니다. 그가 그렇게 은혜를 구합니다.……절망에 부딪혔을 때 호소할 하나님이 있다는 것을 알게 된 대표라는 것입니다. 아브라함이 믿음의 조상이듯이 다윗은 은혜의 조상이라는 것입니다.……열왕기에서 왕들이 다윗의 길로 행하지 않았다고 평가하는 것은 '너희가 이제 은혜를 구해야 한다, 다윗이 있지 않았느냐'라고 말하는 셈이라고 보는 것입니다.……그가 잘못을 안 한 것이 아니라, 그런 잘못들로도 하나님 앞에 실려 가는 그런 대표로 우리 앞에 섰다는 것입니다."

불순종한 이스라엘은 하나님의 징벌을 받고 바벨론의 포로로 잡혀간다. 거기서 그들은 그대로 망하고 마는가? 아니라는 것이다. "가장 강해 보이고 모든 것이 완벽하다고 생각되는 곳이 얼마나 허술하고 헛된지를 보게 된다는 것입니다. 국력이 센 것, 군사력이 강한 것, 경제력이 탁월한 것이 최고의 힘이 아니라는 것입니다. 그제야 그들에게 가치, 의미, 정체성 같은 것이 생깁니다.……자기네가 가진 정신과 문화가 훨씬 고급이더라는 것입니다. 바벨론의 신들을 자기네 신과 비교했을 때 그것들은 신이 아닌 것입니다. 그래서 거기서 르네상스와 같은 새로운 각성이 일어납니다."

그는 역사에서 개인의 문제를 인간의 자유와 연결시켜 그것이 어떻게 작동되어야 하는가도 살피고 있다. "구약이 내내 하는 이야기는 '네가 하고 싶은 대로 하면 뭐가 나오는가 보라'고 하는 이것이 아니겠습니까? 아담으로부터 시작해서 우리는 자신들이 하고 싶었던 것을 해왔습니다. 이처럼 자유라는 것은 우리가 하고 싶은 것을 할 수 있는 것입니다." 그러나 예수님은 구약의 왕들과 달랐다는 것이다. 제자들은 "역사의 주인이 권력을 갖고 있지 않다는 것"을 봤다는 것이다. "자기를 부인하고 십자가를 짊으로써 하나님이 만들고 싶어 하신 것에 항복하는 것이 바로 하나님의 뜻인 것입니다. 그것은 권력이 아닙니다. 예수님은 하나님의 뜻에 순종하셔서 십자가를 지심으로 하나님의 뜻을 드러내십니다. 이렇게 예수님은 섬기러 오신 것입니다." 인간의 자유는 자신이 하고 싶은 대로 하는 권력이 아닌, 하나님의 뜻을 드러내는 섬기는 방식으로 작동되어야 한다는 것이다.

성화는 그가 전반기 설교 사역에서 내내 천착한 주제다. 이 주제는 후반기 설교 사역에서 역사라는 큰 맥락 속에서 다루어진다. "신자들은 신앙생활에서 자신의 많은 실패들이 그가 통과해야 할 과정일 뿐 아니라 또 이것이 일을 한다는 것도 알아야 합니다.……이것을 이스라엘 역사 속에서 내내 보이시고, 우리의 개인 인생 속에서도 이 기회와 결말을 우리에게 보이신다는 것입니다." "……순종을 했다가 배반을 하곤 하는 그날이 그날 같은 식으로 이어지는 우리의 삶이 무엇이겠느냐 하는 것입니다.……결국 이스라엘이 다 망하는 자리까지 간다는 것은 종말을 내다볼 수 있게 하는 하나의 역사적 증거가 된다는 것입니다. 그러니 너희도 제대로 살지 못하면 다 망하겠지만 거기에 회복이 있을 것이라고 말씀하십니다.……(그렇게 반전시킬 수 있는) 그것이 바로 십자가와 부활입니다."

그는 신자 개인이든 교회든 그 존재 이유를 역사 속에서 그 정체성을 드러내는 데 있다고 본다. "우리가 세상에 보내졌다는 것은 마치 가로등과 같은 것입니다." 그리고 교회도 종교적인 특징보다는 성도의 교통이라는 교회의 본질을 드러내자는 것이다. "우리가 큰 교회를 지향하는 가장 큰 이유는, 수적으로 일단 우위에 서고 싶고, 재정적으로 뭘 나눔으로써 어떤 역할을 증명하고 싶어 하는 데 있다고 봅니다. 그런데 저는 교회가 교인들끼리 일단 위로를 주고받고 결속력을 갖는 교제를 가져야 한다고 생각합니다.……교회를 허락한 삼위 하나님의 교제와 긴밀한 연합에 우리를 이렇게 부르신다는 것입니다.……(세상 사람들이) 볼 때 어떤 종교적인 특징을 보는 것이 아니라, 인간이라면 마땅히 이러해야 한다는 것을 느끼게 하는 증인으로 그들 가운데 서야 한다는 것입니다."

역사란 "하나님께서 그의 형상으로 지은 인간을 만족할 만한 자리까지 만드는 구체적인 방법입니다."

역사의 큰 주체

조주석 설교의 주제가 역사 문제로까지 확장되셨더라고요. 『다시 보는 사사기』와 『이사야서, 하나님의 비전』에서 말입니다. 어떤 계기가 있으셨어요?

박영선 그것은 '역사가 우리에게 어떤 교훈을 주려고 기록되었을까' 하는 문제였습니다. 역사가 그저 실패의 이야기들에 불과하다면 굳이 찾아볼 필요가 없을 것입니다. 그 실패 이야기를 남겨 놓은 이유는 '제대로 왔다면 어디까지 올 수 있었을까' 하는 것이었습니다. 그리고 한 발짝 더 나와 보니까 역사는 그런 실패의 과정을 통과해야 한다는 것이었습니다. 보통 생각하는 방식은 실패한 과정을 들여다봄으로써 거기서 지혜를 얻고 교훈을 얻어 다음에는 그런 실수를 하지 말자 하는 식입니다. 그러나 저는 그 실패를 해야 지금 여기에 올 수 있다고 이해한 것입니다. 앞의 것과 사뭇 다르죠. 왜 그렇게 생각했느냐 하면, 우리가 성숙하려 할 때 실패 없이 성숙으로 나아가는 것이 아니라고 생각했기 때문입니다. 축구에서 슛을 때릴 때 때리는 것마다 골이 된다면 그것이 무엇이겠습니까? 선수는 그렇게 할 수 없습니다. 사실 마음먹은 대로 안 되니까 연습하는 것 아니겠어요. 골대 바로 앞에 가서 찬다면 그것이 연습이겠습니까? 공을 차는 사람 앞에는 수비도 있는 것이고 급박한 동작, 찰나적인 동작도 다 있다는 것입니다. 하나님이 우리에게 이런 것들을 자꾸 시키신다는 것입니다. 그러나 우리는 잘하지 못합니다. 이런 과정을 통해 하나님은 나에게 다음으로 가자고 하시는 것입니다. 말하자면 역사는 우리에게 그런 도전을 하고 있다고 생각합니다.

조주석 전반기 설교에서 성화 문제를 다루실 때 그런 문제까지 다 포괄해서 다루기가 힘드셨겠지만, 더 넓은 역사의 영역으로 넘어오게 되자 많은 내용을 다루실 수 있었겠습니다.

박영선 성화는 말하자면 완성되지 못해서 일어나는 것입니다. 그런데 성화에 대해 이야기하면 자꾸 완벽을 논하려고 듭니다. 그러나 성화라는 것은 영화로 가는 과정인 것이고, 끝도 없는 실패가 이어질 수밖에 없습니다. 그것이 정상적인 것입니다. 신자들은 신앙생활에서 자신의 많은 실패들이 통과해야 할 과정일 뿐 아니라 또 그것이 일을 한다는 것도 알아야 합니다. 예를 들자면 이런 것과 같습니다. 아무 생각 없이 일 년을 지낼지라도 우리는 나이를 한 살 더 먹습니다. 그리고 하루의 24시간도 흘러간다는 것입니다. 하나님은 우리의 이런 시간 속에서 성실히 일하고 계십니다. 우리는 그 사실을 성경을 통해서 배워야 합니다.

조주석 그러면 성경을 역사적으로 이해한다는 것은 무슨 말일까요?

박영선 우리가 보통 성경을 이야기하면 성경 세계와 일반 세계가 이분법적으로 다가옵니다. 그러나 성경을 역사적으로 이해한다고 말할 때는 그 둘을 뭉쳐야 합니다. 그것을 하나로 합친다는 것은 이런 뜻입니다. 역사란 하나님이 인간에게 준 콘텍스트라는 것입니다. 역사에는 단지 시간만 있는 게 아니라 경우도 있습니다. 경우라는 것은 어떤 전후, 목적 그리고 본문을 담으려 할 때 꼭 필요한 것입니다. 우리는 헬레니즘의 영향을 받아서 그런지 몰라도 시간과 공간을 제약이라고 생각하지만, 구약에서는 그 제약 속에서 초월로 가는 것을 득도라 하고, 동양에서는 해탈이라고 합니다.

시간 속에서 일하시는 하나님

우리는 창조라는 말을 오해해서는 안 됩니다. 창조는 매우 구체적인 것입니다. 추상적인 내용을 담고 있을지라도 구체적인 것입니다. 성육신에서 보는 바와 같이 하나님은 인간의 몸을 입고 오십니다. 이렇게 오실 수 있다는 것은 무한이 어떻게 유한에 담기느냐 하는 그런 차원보다는 육신이라는 것이 얼마나 중요하고 가치 있는 것인지를 생각해 보게 합니다. 시간과 공간에 제약을 받는다는 것은 달리 말하면 스토리가 전개된다는 뜻입니다. 앞뒤가 있고 공간이 있어야 사정, 경우, 정황이 가능합니다. 절정과 목적을 향한 누적이 발생하는 것입니다. 그런 기승전결이 가능합니다. 앞의 일이 없으면 뒤의 일은 공허해지고, 의미가 없어지고, 담을 데가 없어지는 것입니다. 하나님은 우리를 어떤 내용에 도달하게 하려고 물질적 차원과 정신적 차원에서 우리 인생을 누적시켜 주십니다. 그것이 제가 이해하는 역사입니다.

조주석 그러니까 역사에서 일어난 사건들 위에 "큰 주체가 있다"는 말씀이겠습니다. 그런 이해는 "역사는 의식이 없다"고 하는 역사가들의 이해와 상반된다고 생각할 수 있겠습니다(『이사야서, 하나님의 비전』).

박영선 하나님이 역사에 어떻게 간섭하고 계시는가 하는 큰 증언은 이것입니다. "나는 너희 조상의 하나님 여호와 곧 아브라함의 하나님, 이삭의 하나님, 야곱의 하나님이다"(출 3:15). 이런 말씀은 어느 인생도 하나님이 외면하는 인생은 있을 수 없다는 뜻입니다. 그다음에 또 하나의 증언은 이것입니다. "나는 너를 애굽 땅, 종 되었던 집에서 인도하여 낸 네 하나님 여호와니라"(출 20:2). 여기서 우리가 알아야 할 바는 창조 세계를 역사와 서로 떼어 놓고 생각해서는 안 된다는 것입니다. 그러면 왜 출애굽이나 바벨론 포로 같은 큰 사건은 그렇게 조명되면서도 삶의 사소한 사건은 제외되는가 하는 문제가 대두됩니다. 말하자면 순종을 했다가 배반을 하곤 하는 그날이 그날 같은 식으로 이어지는 우리의 삶이 무엇이겠느냐 하는 것입니다. 하나님은 우리가 농사를 짓는 것처럼 일하고 계십니다. 우리는 이것을 구약에서 읽어내야 합니다. 결국 이스라엘이 다 망하는 자리까지 간다는 것은 종말을 내다볼 수 있게 하는 하나의 역사적 증거가 된다는 것입니다. 그러니 너희도 제대로 살지 못하면 다 망하겠지만 거기에 회복이 있을 것이라고 말씀하십니다. 하루하루 종말론적 신앙을 가지고 하나님 앞에 반응해야 한다는 것입니다. 그런 까닭에 너희에게 어떤 시련이 있을지라도 내가 그것을 뒤집을 수 있다고 하신 것입니다. 그것이 바로 십자가와 부활입니다.

조주석 구약의 백성이든 신약의 우리이든 다 하나님과의 언약관계 속에 있는 자들이어서 역사적 사건들 위에 큰 주체가 있다고 생각하겠지만, 일반 역사가들은 그런 지식을 배제하니까 역사에는 의식이 없다고 말할 수밖에 없을 것 같습니다.

박영선 전제가 다르기 때문입니다. 우리가 세상 사람들하고 이야기할 때 문제되는 것이 있습니다. 저들은 자연이 자존한다고 생각합니다. 그러나 우리에게는 그것이 창조물입니다. 로마서 3:23은 "모든 사람이 죄를 범하였으매 하나님의 영광에 이르지 못하더니"라고 말씀합니다. 이것은 굉장한 선언입니다. 하나님이 목적하신 바는 우리를 하나님의 영광에 초대하시는 것입니다. 따라서 구원을 생각할 때 지옥에 갈 것을 면해 주는 것 정도로 이해한다면 그것은 치사한 것입니다. 우리가 예수님을 믿음으로 말미암아 얻는 의라는 것이 있습니다. 예수 믿는 자들도 의롭다 하시고 하나님은 자기의 의를 드러내십니다. 그 의란 신학적으로 말하자면 법정적인 용어가 되겠지요. 그것은 최우선적 것입니다. 다시 말해, 그것은 의리라는 것입니다. 하나님이 영광에 이르지 못한 인류에 대하여 의리를 지키기로 하셨다는 것입니다. 어떤 의리입니까? 창조주의 의리를 지키기로 하신 것입니다. 이렇게 그의 의지가 들어옵니다. 그래서 우리가 역사를 그냥 두고보아야 하는 것은 내가 커야 그것이 보이기 때문입니다. 그러니까 역사를다룰 때 성급히 어떤 결론을 거기에 집어넣어 이해할 수 없습니다. 그대로그냥 놔두어야 합니다. 사사기에서 보듯이 하나님은 주변 이민족으로 침범하게 해서 이스라엘을 울게 만들고, 사사를 세워서 다시 평안을 주십니다. 이런 일들이 반복됩니다. 그렇게 반복하시는 데에는 가르치고 싶으신게 있습니다. 자기 백성으로 하여금 스스로를 이해할 수 있게 하신다는 것입니다. 바벨론 포로 때 제일 많은 반성이 일어나지 않습니까? 자기네 역사와 율법에 대해서 그런 식의 이해가 일어나는 바탕 위에 예수님이 오십니다. 그러니까 이 예수님은 그들에게 "하나님은 너희 편이다"라고 하는최종적 증거가 되는 것입니다.

조주석 역사에는 의식이 없다고 말하는 이해 속에는 하나님의 구원에 대한이해도 있을 수 없겠습니다.

박영선 역사가들은 세상에서 어떤 가치를 찾아야 합니다. 그런데 그 가치가 어떤 일관성을 갖거나 법칙을 갖지 않는다는 것입니다. 원인은 있지만그에 부합하지 못한 결과들만 계속 반복될 뿐입니다. 사실 그 원인이라는것에는 기대도 포함되는 것인데, 아무리 노력해도 그 기대에 부합한 세상은 오지 않는다는 것입니다.

철이 없었던 사사기 시절

조주석 그럼 이런 이해를 가지고서 역사 문제를 계속 생각해 보시지요. 목사님은 『다시 보는 사사기』에서 그 시대는 이스라엘의 암흑기인데 이런 역사도 성경의 한 내용을 이루고 있다는 것이 성경의 위대함이라고 말씀하셨어요. 그렇게 말씀하신 이유가 있을 것 같습니다.

박영선 저는 그 시대를 철없는 시절이었다고 봅니다. 우리 인생에서 한 인간이 성숙하려면 꼭 거쳐야 하는 게 사춘기입니다. 사춘기는 사실 암흑기입니다. 인생에서 제일 혼란스럽고 죽음을 제일 많이 생각하는 때입니다. 그때를 암흑기라고 이야기할 수 있는 것은 모든 것이 혼란스럽고, 모든 것이 부조리하다고 느끼기 때문입니다. 산다는 게 그렇고 인간의 가치라는 것이 너무나 덧없고 길이 안 보인다는 것입니다. 그래서 어떻게 살아야 하고 공부는 무엇 때문에 해야 하며 왜 성실히 살아야 하는가 하는 문제에서 답을 찾지 못하는 시기라는 것입니다. 우리가 교육을 생각할 때 교육의 어려움은 교육이 필요하다고 할 때는 배움에 게으르거나 배우려 하지 않는다는 데 있습니다. 먼저 배우고 나중에야 "아, 이래서 교육이 필요한 것이구나" 하는 것을 알게 되듯이 사춘기라는 것도 그와 비슷하다고 생각합니다. 사춘기란 혼란과 절망과 낙담을 겪는 시기이지만, 말하자면 그것은 자기를 만드는 첫걸음을 떼는 시기입니다. 혼란스럽다고 비명을 지르고 나 죽겠다고 아우성치는 자신의 존재와 나아갈 길에 대하여 답을 요구하는 것이 속에서 분출하는 시기라는 것입니다. 저는 사사기를 그와 같은 시기로 보기 때문에 위대하다고 한 것입니다.

조주석 우리 인생에서도 보면 부모가 자녀에게 어떤 목표를 주지 않겠어요? 그와 마찬가지로 하나님께서 이스라엘 백성들을 구원해 내시고서 그들에게 목적 또는 목표를 주신 것 아니겠어요?

박영선 하나님이 우리에게 주시는 것은 맨 끝에 가 보면 사랑입니다. 그런데 사랑으로 가려면 전(前) 단계를 거쳐야 합니다. 그가 사랑할 인격적 성숙과 책임을 질 실력이 있어야 합니다. 사랑하는 데 있어서 최고의 조건

시간 속에서 일하시는 하나님

은 자기만 좋아하면 되는 게 아니라, 상대와 동등한 인격적 교류가 가능해야 한다는 것입니다. 그러기 위해서 가져야 하는 것이 있습니다. 세상에서도 당장 한 여자가 한 남자에게 반할지라도, 결혼하려고 하면 이 사람이 나를 경제적으로 책임질 수 있겠는가를 빼놓고 생각할 수 없잖아요? 그것은 사랑 앞에서 치사한 생각이 아니냐고 반문할 수도 있겠지만 그런 것이 아닙니다. 사랑이란 그냥 막무가내로 열정을 뿜어내는 것이 아니라, 한 인간 존재를 자기와 함께 묶어서 모든 경우에 자기 짐을 질 각오도 해야 하는 것이기 때문입니다. 우리가 구약성경을 읽을 때 창세기 1장에서 11장까지는 보통 외면합니다. 아브라함부터 읽기 시작합니다. 아마 그것은 성경이 아브라함 이전에는 '인간에게 희망이 없다', '망해야 한다'는 결론을 내려놓고 그다음에 아브라함을 등장시키기 때문일 것입니다. 답이 없는 인간들에게 답으로 믿음을 주시고 목적을 주십니다. 그 결말을 승리로 만들겠다는 것이 하나님의 제2 창조입니다. 그런데 그 창조가 이스라엘 백성에게 있어서는 다른 나라의 노예로 있다가 자유민의 자리에 오는 것으로 시작합니다. 그들이 자유를 갖게 되지만 자기 생각, 자기 안에 있는 질문들로 인해서 혼란을 겪습니다. 저는 그게 사사기라고 보았습니다. 마치 사춘기에 접어들면 부모의 말이라고 무조건 다 들을 수 없고, 선생의 말이라고 다 옳은 게 아니라고 반발하듯이 말입니다. 뒤에 와서 열왕기를 보면, 어떤 능력을 갖추게 되었을 때, 사춘기를 지나서 필요한 어떤 권리들을 가지고 있었을 때 어떤 재능이나 성숙을 어떻게 쓸 것인가 하는 문제로 더 나아가는 것을 보게 됩니다. 이 문제는 여기서 한꺼번에 다 다룰 수는 없겠습니다. 그러나 하여튼 사사기에 나타난 대로 그들이 자유를 가졌을 때 반항하고 혼란스러워하고 아무것도 이루지 못한 것 같은 암흑기를 보내게 된다는 것입니다. 그들이 왕이 없어서 자기 소견대로 행했다는 것은 제가 변명하는 것이라고 했습니다. 우리도 철이 없을 때 그렇게 하지 않습니까? 그때는 그들이 철이 없었다는 것입니다.

조주석 철이 없으면 천방지축이죠.

박영선 지내 놓고 보면 그 험한 길을 지나 왔는데 매우 간단하게 넘어갑니다. 그런 길이 심한 후유증을 낳는 것이 아니라, 그다음 단계인 성숙으로 밀어 넣기 때문에 그때 잘못한 것도 그냥 괜찮게 넘길 수가 있습니다.

조주석 그러니까 이스라엘 백성을 한 인간의 삶에 비유해 볼 수 있겠다는 말씀이군요.

박영선 하나님이 사춘기를 허락하시지 않으면 그냥 애어른이 됩니다. 모범생으로 쭉 자라고 사춘기를 모르고 자라는 사람들이 있습니다. 그냥 시키는 대로 다 하는 이런 사람들은 어른이 안 되더라고요.

조주석 영화 「쇼생크 탈출」을 예로 드시면서 자유를 주어도 자유를 어떻게 행사할지 모르니까 자꾸 묻는 어이없는 일이 벌어졌다고 하셨잖아요?

박영선 그렇습니다. 자유를 반납하고 있으면 모든 것이 괜찮습니다. 거기가 교도소지요.

조주석 사사기에는 이스라엘의 거듭된 실패가 고스란히 나옵니다. 이런 실패의 역사를 기술하는 주된 목적에 대해 목사님은 어떻게 살피셨나요?

박영선 자유와 책임입니다. '자유를 어떻게 쓸 것인가' 하는 문제입니다. 제2차 세계대전 말기에 유대인 수용소의 문이 열리게 됩니다. 빅터 프랭클의 『죽음의 수용소에서』를 보면, 그때 살아남은 자들이 밖으로 나온 다음에 맨 처음에 한 행동이 무엇인지 아세요? 남의 논밭에 가서 짓밟았다는 것입니다. "우리는 이렇게 고생하고 있었는데 너희는 태평하게 농사를 짓고 있

시간 속에서 일하시는 하나님

어”하고 화를 냈답니다. 자유를 얻고서 '정말 이래도 돼. 이래도 돼. 이래도 돼' 하는 상황까지 가본 것입니다. 그렇게 자기가 한 일로 벌을 받는 것보다 더 큰 것을 알게 될 수 있습니다. 말하자면 '유리창을 깨면 바람이 들어온다', '유리병을 집어 던지면 사람이 걸을 때 그것을 밟아서 피를 흘린다' 이런 것을 알게 됩니다. 하나님이 이런 인과관계를 만들어서 우리를 가르치십니다. 잘못하면 어떻게 벌을 받는가 하는 우리의 판단이 생기기 시작합니다. 물론 그것은 손해입니다. 제 방에서 롯데백화점에 가려면 밖으로 나가서 차를 잡아타야 합니다. 그렇게 하려면 맨 먼저 이 문을 열고 나가야겠지요. 백화점은 저쪽에 있고 문은 여기에 있으니까 문으로 나가면 반대로 나갔다는 생각이 들 수 있습니다. 그런데 실제로 살아 보면 저기로 가려 할 때 문은 이쪽에서 열고 나가야 하더라 하는 식으로 인류 역사의 하나님이 우리에게 자유와 책임을 주신다는 것입니다. 사람이 자유를 갖고 책임을 질 수 있어야 사랑과 믿음을 가질 수 있습니다. 관계적으로 서로 동등한 인격적 지위를 가져야 합니다. 물론 존재론적으로는 그렇지 않습니다. 관계를 위해서는 동등한 지위를 지녀야 하는 것이고, 자발성이 백 퍼센트 요구되는 까닭에 실력이 있어야 합니다. 그렇게 하려면 여기 이 문에서 나가야 하듯이, 우리의 한계를 알아야 하고 우리의 속성을 알아야 합니다. 우리는 자신이 신이 되려고 하는 자들입니다. 신앙적으로 너무 쉽게 원죄와 죄성을 말하지만, 창조론적으로 보자면 인간은 신이 되고 싶은 욕망이 있습니다. C. S. 루이스가 이런 것을 '갈망'이라고 표현합니다. 답할 수 없는 갈망이 인간에게서 계속 나오는 것입니다. 그 답이 하나님께만 있다는 것을 나중에 알게 되지요. 그래서 사실 자유의 최고 경지는 순종이라는 것입니다. 자유를 권리로 알고 있는데, 왜 자유가 순종과 결부되는 것일까요? 순종은 권리를 포기하는 것이 아니라, 자신을 최고의 자리에 가져다가 접속시키는 것이기 때문입니다.

은혜를 구한 자의 대표로서 다윗

조주석 사사 시대를 지나 왕정 시대로 넘어가게 되는데 사울 왕에 이어 다윗 왕이 있습니다. 그를 어떻게 생각하시는지요?

박영선 제가 보는 관점은 이런 것입니다. '이스라엘 백성이 사사 시대에는 그럴 수밖에 없었다. 그때는 그들이 무지했고 철이 없었다.' 물론 무지하고 철이 없었다는 것이 잘한 것은 아닙니다. 거기에 혼란이 있고 악용이 나옵니다. 자유는 허락되었으나 길은 모르니 난장판을 만들 수밖에 없었다는 것입니다. 그런 역사의 과정을 거칩니다. 이런 과정을 지나서 다음으로 가는데 사무엘 시대를 지나고 다윗이 나옵니다. 다윗이 중요하다는 것은 그가 중간 징검다리가 되어야 한다는 것입니다. 그는 사사 시대에서 왕정으로 넘어가는 징검다리입니다. 그러면 다윗은 도대체 무엇인가? '다윗은 순종한 사람이다'라는 식으로 쉽게 이야기할 수도 있지만, 제가 알고 있는 다윗은 문제가 생겼을 때 하나님께 와서 호소한 사람이라는 것입니다. 그가 그렇게 은혜를 구합니다. 그가 도를 닦고 지식을 쌓듯이 하나님을 만난 것이 아니라, 절망에 부딪혔을 때 호소할 하나님이 있다는 것을 알게 된 대표라는 것입니다. 아브라함이 믿음의 조상이듯이, 다윗은 은혜의 조상이라는 것입니다. 그가 혼란 속에 있고 무지할 때 곁길로 빠질 수 있습니다. 말하자면 자살을 할 수도 있고 자폭을 할 수도 있고 무슨 폭력을 행사할 수도 있는데, 그렇게 하지 않고 그가 하나님께 나아옵니다. 그가 뛰어났기 때문에 그렇게 한 것이라고 말하는 것은 너무 쉬운 이야기 같습니다. 다윗이 은혜의 모범인 이유는, 그때마다 그가 하나님께 와서 문을 두드렸는데 그렇게 하게 한 것이 은혜라는 것입니다. 그러니까 열왕기에서 왕들이 다윗의 길로 행하지 않았다고 평가하는 것은 "너희가 이제 은혜를 구해야 한다. 다윗이 있지 않았느냐"라고 말하는 셈이라고 보는 것입니다.

조주석 그가 은혜를 구했다는 것이 무슨 뜻인가요?

박영선 다윗은 위기에 몰렸을 때 그 최후의 자리가 하나님의 면전이 됐다는 것입니다. 욥이 그렇지 않습니까? 욥이 호소할 데가 하나님밖에 없었듯이, 다윗도 호소할 데는 하나님밖에 없었습니다. 그가 그렇게 몰려서 하나님을 만난 것입니다. 그러니까 사실 말이 앞뒤가 맞지 않습니다. 그냥은 못 만날 하나님이었는데, 위기에 몰려서 하나님을 만났다는 것입니다. 큰 위기의 사건은 밧세바 사건만 있는 것이 아니라, 나중에 인구 조사한 것도 있습니다. 시편 51편의 회개 시를 보면, 다윗의 회개는 사건에 대한 회개가 아니라 존재론적 회개입니다. "나는 기본적으로 죄인입니다. 나는 죄밖에 지을 수 없습니다." 본인이 이것을 스스로 안 것이 아닙니다. 그 죄는 하나님께 지은 죄입니다. 단지 윤리 문제만이 아니고 그것으로 그가 하나님 앞에 세워진 것입니다. 그런 일들로 그 자리까지 떠밀려간 것입니다. 아브라함도 제가 그런 식으로 풀었습니다. '아브라함은 정신이 하나도 없었다. 하나님이 누구신지 알지도 못했다. 그런데 꿈에 나타나자 거절할 수가 없었다.' 스데반의 설교에 그렇게 나옵니다. 영광의 하나님이 나타나자 아브라함은 얼이 빠집니다. 하나님께서 가라고 하시자 그래서 간 것입니다. 그렇게 갔으나 그가 헤매잖아요? 그런 과정 가운데서 일어난 하나의 가장 큰 전기(轉機)는 이삭입니다. 그가 어디까지 나아갔느냐 하면 이삭을 바치는 데까지 나아갑니다. 이렇게 해서 믿음이 그의 것이 됩니다. 다윗도 그렇게 만들어집니다. 그가 밧세바 사건 이후에도 범죄를 하지만 그때도 하나님 앞에 다시 돌아옵니다. 그가 잘못을 안 한 것이 아니라, 그런 잘못들로도 하나님 앞에 실려 가는 그런 대표로 우리 앞에 섰다는 것입니다.

조주석 우리도 자신의 실패나 범죄를 놓고 다윗처럼 은혜를 구해야 할 자리나 처지로 인식하지 못하면 결국 성경과 유리되겠지요?

박영선 요한복음 15장 포도나무 비유를 설명하면서도 이 문제를 굉장히 심각하게 다루었습니다. "너희가 내 안에 붙어 있으면, 너희가 많은 열매를 맺는다. 그럼 붙어만 있다면 열매가 가지에 달리는 것은 당연한 것 아니냐?" 여기까지는 쉽게 이해될 수 있습니다. "그런데 열매가 없으면 내가 나무에서 떨어진 것이요 분리된 것이다." 이렇게 생각하기 쉽다는 것입니다. 그렇다면 이 비유가 열매를 보고 붙었는지 떨어졌는지를 이야기하는 말씀이냐 하는 것입니다. 마태복음 7장에서 반석 위에 지은 집과 모래 위에 지은 집을 꾸중할 때 뭐라고 하십니까? 예수님은 그들에게 "거짓 선지자들을 삼가라"(마 7:15)고 하십니다. 그런데 사람들이 뭐라고 답할 것이라고 하십니까? "주여, 주여, 우리가 주의 이름으로 선지자 노릇 하며 주의 이름으로 귀신을 쫓아내며 주의 이름으로 많은 권능을 행하지 아니하였나이까"(마 7:22)라고 대답하리라는 것입니다. 그때 예수께서 뭐라고 다시 말씀하십니까? "내가 너희를 도무지 알지 못하니 불법을 행하는 자들아, 내게서 떠나가라"(마 7:23)고 말씀하십니다. 그러니까 열매를 보고 나무를 알라는 것입니다. 나무가 스스로 포도 열매를 맺겠다고 해서 포도 열매가 맺히거나, 사과를 맺겠다고 해서 사과가 맺히는 것이 아니라는 것입니다. 그렇다면 '좋은 나무가 좋은 열매를 맺는다는 것은 무슨 싸움이겠는가' 하는 물음을 던질 수 있게 될 것입니다. 예수님께 붙어 있고 예수님을 믿는다는 것은 자유민이 되어 선택권이 생겼다는 뜻입니다. 로마서 6장에 보면, "은혜를 더하게 하려고 죄에 거하겠느냐" 하고 묻고서 그럴 수 없다고 합니다(롬 6:1-2). 너희는 예수님과 함께 죽었고, 예수님과 함께 부활해서 새 생명을 얻었으며, 새 사람이 됐다고 합니다. 그런데 이어서 뭐라고 하는가 하면, "너희를 누구한테 바칠 것이냐" 하고 묻습니다. 이 말은 구원을 얻었는데 육체의 열매를 맺을 수도 있고 성령의 열매를 맺을 수도 있다는 것입니다. 그러니까 그것은 '천당 간다, 지옥 간다'고 하는 것을 말하는 것이 아니라, "너희가 하나님의 자녀로 부름을 받았으니 정당하고 당연한 명예로운 길을 선택해서 너희 인생의 꽃을 피워 보라"는 뜻이 될 것입니다. 그래서 저는 그 둘을 이렇게 나눕니다. 하나는 명예로운 길이요, 다른 하나는 수치, 비겁함, 어리석음의 길이라고 말합니다. 이것이 에베소서 5장에 쭉 나옵니다. 어리석은 자가 되어 방탕하지 말라는 것이 하나 있고, 그와 대비되는 우리의 싸움을 해보는 것 하나가 있습니다. 오늘은 어제와는 다른 것을 해보는 진전을 갖자는 것입니다. 그러니까 사람들이 하나님께 순종했다 불순종했다 하는 식이라든지, 하나님을 알았다 몰랐다 하는 식이라든지, 하나님을 따랐다 따르지 않았다 하는 식으로 단순하게 이해하지 말아야 한다는 것입니다. 포도나무 비유를 우리에게 적용할 때, 가지가 나무에 붙었다 떨어졌다 하는 식의 이분법으로 나누기 시작하면 끝이 없습니다. 앞으로 나가는 삶의 진전은 없고 반복만 있을 뿐입니다. 그래서 제가 설교할 때 회개하지 말라고 합니다. 그 말뜻은 어제 한 일을 지우려는 데 초점을 맞추지 말고, 그것이 잘못이었다고 느꼈으면 오늘은 다르게 해봐야 한다는 것입니다. 그것이 신앙생활의 진전이라는 것입니다.

조주석 이런 이야기는 구원의 확신이라는 문제와도 연결될 수 있겠습니다. 자꾸 내 의지, 내 정서 같은 것으로 구원이 왔다 갔다 하는 식으로 생각하는 것은 한국교회 안에 있는 그릇된 오해로 보입니다.

박영선 뭐라고 할까요. 더 세밀해진 것입니다. 우리는 구체적인 삶을 잘 살아내지 못합니다. 내 구원이 밤낮 붙어 있느냐 떨어져 있느냐만 확인했다고 할까요? 과거의 역사가 오늘의 후손들에게 유익이 되어야 합니다. 역사를 읽으면서 그때 누가 잘했고 누가 못했다고 평가하려는 식은 조심해야 할 태도라는 것입니다.

가진 권력에 권위가 없었다

조주석 이야기를 다시 돌려 보겠습니다. 이스라엘이 맞이한 왕정 시기는 수백 년 동안 펼쳐집니다. 그때 왕이 된다는 것은 어떤 것이었을까요?

박영선 왕이 된다는 것은 권력을 갖는 것입니다. 인간에게는 어떤 권력이 있습니다. 만물의 영장이라는 것입니다. 창조 세계에서는 인간을 청지기요 후사라고 합니다. 왕정 시대에 권력과 순종이 어떻게 연결되었느냐 하면, 왕들은 권력을 지키는 데 급급해합니다. 권력을 행사하는 게 아니라 지키기에 바쁩니다. 그래서 권력은 폭력이 되었지 권위가 되지는 못합니다. 그런 까닭에 그 권력이 순종과 손을 잡으려 할 때 아주 멀었던 것입니다. 백성이 왕에게 순종하게 되려면 왕에게 권위가 있어야 하는데 권력만 있었습니다. 제가 읽고 있는 어떤 책에 이런 말이 나옵니다. 군주제에서는 폭력을 행사할 수밖에 없는데 "폭력은 자기네가 가지고 있는 권력이 실패한 것의 고백"이라고 했습니다. 폭력을 쓸 수밖에 없다는 것은 권위가 없다는 것이 아니겠어요? 자기가 가진 권력에 권위가 없다는 것입니다. 정말 멋진 말입니다. 열왕기에서 우상을 섬기는 왕들은 다 선지자들하고 충돌합니다. 충돌이 일어날 때 폭력적으로 대합니다. 그때 선지자들이 죽습니다. 그렇게 죽는 이유는 선지자들이 왕들에게 틀렸다고 지적하기 때문입니다. 왕 자신이 틀렸다는 것은 선지자를 죽이는 것으로 나타납니다. 하나님은 그렇게 긴 역사의 시간을 허락하십니다. 권력이 권위가 되어야 한다는 것입니다. 제가 많이 쓰는 단어로는 "위대해져라", "명예로워라" 하는 것입니다. 그래서 왕정에서 그렇게 많은 시간을 주신 것 같습니다.

조주석 그 시간이 정말 깁니다.

박영선 천 년이 하루 같다고 하셨으니까 그것을 믿는 것입니다.

조주석 그런데 사람은 자신들 앞에 있었던 일들을 보고도 또 그와 똑같이 행합니다.

박영선 기독교 역사가 그렇습니다. 신약 시대에 와서도 기독교 역사가 구약 역사보다 낫지 않습니다. 우리는 그때 정말 소름이 돋습니다. 그런데도 그 역사를 면면히 이어가시는 하나님의 일하심, 은혜와 성실하심이 있는 것이고 오늘 우리에게까지 연결되어 있습니다. 다른 사람들은 이것을 모르지만 우리는 압니다. 그것은 차별을 말하는 것이 아니라 언제나 그 등불은 꺼지지 않더라는 것입니다. 열왕기에서 하는 이야기는 다윗에게 준 등불은 꺼지지 않는다는 것입니다. 우리의 신약 역사에서도 예수 그리스도의 진리와 생명은 결단코 그 등불이 꺼지지 않는다는 것입니다. 그런데 하나님이 하시고자 하는 바는 이 땅에 완전한 천국을 이루라는 것이 아니라, 성숙한 인간이 되어야 한다는 것입니다. 우리는 어떤 방편도 도구도 아닌 하나님의 목적입니다. 그래서 우리의 잘못들조차 우리를 만들어 갑니다. 목회를 하면서 제일 재미있는 것을 확인하게 됩니다. 죽을 때는 예수를 믿습니다. 반대하고 완강했던 사람들도 죽을 때는 믿습니다. 나중에 세례를 받겠다고 합니다. 평생 식구들을 못살게 굴었던 사람들도 믿습니다. 그냥 죽지 않습니다. 그래서 훨씬 더 놀랍습니다.

조주석 예수님은 구약의 왕들과 다르셨다고 하셨어요. 그것을 이렇게 말씀하십니다. 제자들은 "역사의 주인이 권력을 갖고 있지 않다는 것을 봤습니다"(『이사야서, 하나님의 비전』).

박영선 예수께서 내가 죽어야 한다고 하시자 베드로가 "그리 마옵소서. 이 일이 결코 주께 미치지 아니하리이다"라고 말합니다. 그러자 "사탄아, 내 뒤로 물러가라" 그러시잖아요. "네가 하나님의 일은 생각하지 아니하고 도리어 사람의 일을 생각하는도다"라고 하시면서 "나를 따라오려거든 자기를 부인하고 자기 십자가를 지고 나를 따를 것이니라"고 말씀하십니다(마 16:22-24). 자기를 부인한다는 것은 어느 정도 득도를 하면 어떻게 할 수 있겠지만, 십자가를 지라고 하는 말은 그렇지 않습니다. 그것은 하나님의 일하심에 동참하라는 것입니다. 우리는 신앙생활 속에서 순종이라는 말을 비틀어서 쓰는 경우가 많습니다. 가령 내 욕심을 버리면 그것이 단번에 하나님의 뜻이라고 생각하는 것입니다. 물론 내 욕심을 버리는 것이 순수한 것이기는 하지만 성경적으로 이야기하면 그것은 죄입니다. 왜냐하면 그것은 내용이 없는 것이기 때문입니다. 자기를 부인하고 십자가를 짊으로써 하나님이 만들고 싶어 하신 것에 항복하는 것이 바로 하나님의 뜻인 것입니다. 그것은 권력이 아닙니다. 예수님은 하나님의 뜻에 순종하셔서 십자가를 지심으로 하나님의 뜻을 드러내십니다. 이렇게 예수님은 섬기러 오신 것입니다.

조주석 "하나님이 우리한테 권력을 주시지" 않았는데도 우리는 섬김보다는 권력을 요구하기가 쉬운 것 같습니다(『이사야서, 하나님의 비전』).

박영선 우리가 큰 교회를 지향하는 가장 큰 이유는, 수적으로 일단 우위에 서고 싶고, 재정적으로 뭘 나눔으로써 어떤 역할을 증명하고 싶어 하는 데 있다고 봅니다. 그런데 저는 교회가 교인들끼리 일단 위로를 주고받고 결속력을 갖는 교제를 가져야 한다고 생각합니다. "교회는 그의 몸이니 만물 안에서 만물을 충만하게 하시는 이의 충만함이니라"(엡 1:23)고 말씀하는 것은 자기 혼자로는 그것을 다 드러낼 수 없기 때문입니다. 그것은 마치 합창을 하는 것과 같습니다. 한 교회로 모인 모든 사람이 수많은 교제 가운데서 그의 풍성함을 드러내는 것입니다. 내가 겪지 않고 내가 하지 않은 일에 참여하고, 사랑을 나누고, 편이 되는 것입니다. 교회를 허락한 삼위 하나님의 교제와 긴밀한 연합에 우리를 이렇게 부르신다는 것입니다. "너는 가서 세상 사람들 가운데서 임마누엘이 되어라. 위로가 되고 소망이 되어라."
그들이 볼 때 어떤 종교적인 특징을 보는 것이 아니라, 인간이라면 마땅히
이러해야 한다는 것을 느끼게 하는 증인으로 그들 가운데 서야 한다는 것
입니다. 저는 교회를 이렇게 이해하고 있습니다.

조주석 사실 권력을 요구하는 것은 자기가 우위에 서겠다는 것이 가장 크
겠습니다.

박영선 본질은 만들어 내지 않으면서 힘을 가지려 드는 까닭에 그러는 것
입니다. 그 본질은 십계명에서 보는 바와 같이 하나님 사랑, 이웃 사랑입니
다. 이웃이란 하나님이 나를 보내신 곳에 있습니다. 내가 만나는 사람들이
다 내 이웃입니다. 강도 만난 사람들입니다. 그들을 돕는다는 차원이 아닌
인간은 다르다는 것, 곧 정체성이 다르다는 것을 보여야 합니다. 우리가 세
상에 보내졌다는 것은 마치 가로등과 같은 것입니다. 구약에서 이스라엘
왕들은 백성을 위해서 해야 하는 일과 본인이 하나님과의 관계를 지켜내
야 하는 일을 서로 조화시켜 통치해야 했습니다. 그런데 보면 자기의 권력
을 유지하기 위해서 우상을 섬겼고, 하나님이 하자고 하는 문제는 놓침으
로써 왕으로서의 역할을 전혀 수행하지 못합니다. 신약적으로 이야기하자
면, 우리는 먹고살기에 급급한 나머지 왕의 자리를 언제나 놓치고 있습니
다. 우리는 왕이라고 하면 자꾸 군림하는 것을 생각합니다. "하나님, 내가
하나님을 향해서 불타는 헌신이 있는데, 뭘 주셔야 할 거 아닙니까?" 그렇
지 않다는 것입니다. 나라는 존재 하나가 세상의 도전과 시련 속에서 그것
을 어떻게 이해하고 반응해야 할 것인가 하는 것이 중요하다는 것입니다.

실패조차 손해 보지 않게 하신다

조주석 이제 다음 이야기로 넘어가겠습니다. 하나님이 이스라엘을 바벨론 포로로 허락하신 데에는 그분의 깊은 뜻이 있었을 것 같습니다.

박영선 먼저 애굽에서 400년을 기른 것은 무엇이냐 하는 데서부터 살펴야 합니다. 애굽에서 보낸 400년 종살이를 모판에 비유할 수 있겠습니다. 종 노릇이라는 것이 뭐냐 하는 것을 뼛속 깊이 알 수 있게 할 적당한 사례로는 미국에 온 아프리카 흑인들의 삶일 것입니다. 그들이 노예의 신분으로 산 기간은 300여 년이 됩니다. 종살이도 그쯤 하면 그게 유전자가 된다고 합니다. 자신의 몸에 노예의 태도가 배어 거기서 벗어나지를 못한다는 것입니다. 그래서 많은 시간이 흘러야 비로소 자기 몸에 밴 것들을 하나씩 벗겨가면서 자유인 노릇을 할 수 있다는 것입니다. 그런 기간을 주시는 것입니다. 우리 역사를 보면, 근대화되기 전에 백성들이 군주 밑에서 종살이를 하지 않습니까? 그런 삶에서 자유를 확보하는 데로 넘어옵니다. 그렇게 해서 근대가 시작합니다. 이제 개인의 권리가 생긴 것입니다. 자유가 개인의 권리로 확보되어 우리가 20세기를 거쳐 21세기에 살고 있는데, 권리의 혼란을 겪고 있습니다. 성경과 굉장히 비슷한 데가 있습니다. 그런 혼란 속에 살다가 이스라엘은 바벨론의 포로로 잡혀갑니다. 그 장소가 왜 하필 바벨론이었을까요? 가장 강해 보이고 모든 것이 완벽하다고 생각되는 곳이 얼마나 허술하고 헛된지를 보게 된다는 것입니다. 국력이 센 것, 군사력이 강한 것, 경제력이 탁월한 것이 최고의 힘이 아니라는 것입니다. 그제야 그들에게 가치, 의미, 정체성 같은 것이 생깁니다. 그러한 포로기의 기록을 정리하여 돌아보건대, 자기네가 가진 정신과 문화가 훨씬 고급이더라는 것입니다. 바벨론의 신들을 자기네 신과 비교했을 때 그것들은 신이 아닌 것입니다. 그래서 거기서 르네상스와 같은 새로운 각성이 일어납니다. "우리의 역사가 참 귀한 것이었구나." 이 바벨론 포로 때 유대교는 모든 교류가 제국으로 통하니까 세계화된 것이라고 합니다. 사람들은 역사에서 의미를 못 찾겠다고 말합니다. 왜 그런 일이 일어났고 또 그 후에 발생한 일들도 있으나 그것들이 일관성이 없어 보인다는 것입니다. 그러나 사실 더 지나고 보면 하나님께서 개입하신 것이 아니었다면 그런 일들은 의미와 가치를 정말 가질 수 없는 것이라고 이야기할 수밖에 없을 것입니다. 그렇게 해서 그것들이 다음의 눈금들이 된다고 생각합니다.

조주석 이스라엘을 패망시킨 바벨론도 결국 망합니다. 그러한 흥망성쇠를 이런 식으로 말씀하셨어요. "역사에서 나라들의 흥망성쇠란 사실 사망이 왕 노릇할 수 없다는 것을 반복적으로 보여주는 증거라는 뜻입니다"(『이사야서, 하나님의 비전』).

박영선 폭력은 남의 것을 빼앗아 오는 데 쓰는 것 아닙니까? 그렇게 빼앗아 오면 영원무궁하거나 천년만년 장수해야 하는데 폭력으로 얻은 것은 영생을 못 만들더라는 것입니다. 그것이 제국들의 흥망성쇠에서 드러납니다. 이스라엘 백성이 바벨론에 포로로 잡혀간 이유는 단지 하나님이 벌을 주시는 데 있지 않습니다. "너희는 봐라. 아하스 왕이 몰록에게 자녀들을 바치고 우상을 섬기고 아람의 성전을 본뜨고 권력과 물욕에 대한 기대가 항상 컸지만, 그게 다 망하고 말았다." 그 망할 수밖에 없는 이유는 말하자면 부도덕성입니다. 진리와 생명이 없어서 영원할 수 없었다는 사실을 보여줍니다.

조주석 역사를 이해한다는 것이 쉽지 않을 것 같습니다.

박영선 역사란 사실이 역사가 아니고 돌아보는 것입니다. 돌아본다는 것은 지금 자기의 자리가 있다는 말입니다. 하지만 이 자리는 그들 자신에게는 잘 보이지 않습니다. 그들의 후손이 갖는 변한 현실에서 과거를 되돌아볼 때 더 잘 보인다는 것입니다. 이것을 종말론하고 연결해 보자면, 맨 끝에 가서 최후의 승자가 될 때 과거의 모든 실패조차 다 영웅담이 된다는 것입니다. 한국시리즈에서 영웅이 된 KT 위즈의 박경수라는 야구선수가 있습니다. 고등학교를 마치고 '고교 최고의 내야수'라는 극찬 속에 프로에 입단했는데, 19년 동안 무명으로 큰 주목을 받지 못하다가 2021년 서른일곱의 나이에 MVP를 받았습니다. 열정은 있었으나 결과가 안 나오는 야구인생을 살다가 이런 자리에 오르자 과거의 모든 것이 자랑거리가 됩니다. 그의 절망과 약점까지도 다 자랑거리가 되더라고요. 하나님이 역사 가운데 이런 약속을 하셨습니다. "결국 하나님의 뜻이 승리한다. 하나님 나라가 온다. 하나님의 약속이 이루어진다"고 말입니다. 그렇다면 우리는 자신의 과거를 돌아볼 때 이렇게 생각할 수 있습니다. "우리의 실패조차 손해를 보지 않는다. 내가 지금 실패한 것으로 역사와 운명은 끝나는 것이 아니다" 하는 소망을 다시 가질 수 있습니다. 최후의 승리가 일어난다면 과거의 못난 이야기조차 더 멋있어지지 않겠어요? 물론 일부러 못날 필요는 없겠지요.

조주석 그런데 그런 실패조차 손해를 보지 않는다고 하면 사람들이 오해하는 지점도 있을 것 같습니다.

박영선 네, 일부러 못난 짓을 하는 경우겠지요. 그런 부작용이 있을 수 있는데, 그것의 뿌리는 죄성(罪性)입니다. 우리 안에 죄가 있어서 의심하고, 반대하고, 무책임한 반론을 펴는 것에 대해서 부끄러워해야 합니다. 옛날에는 그것을 사탄이라고 했습니다. "사탄아, 물러가라"고 한 것입니다. 이제 우리는 그렇게 말하는 것을 고치는 것이 좋습니다. "그런 일은 부끄러운 것입니다. 왜 그런 생각을 하십니까? 궁극적인 승리가 주어진다면, 일어나서 후회와 절망 속에서라도 새로 할 수 있다는 믿음의 행위를 펼쳐 보십시오."이렇게 하는 것이 당연하겠는데 그것이 쉽지는 않습니다.

조주석 그렇다면 그런 방향으로 나아가려 할 때 우리에게는 어떤 과정이 필요할까요?

박영선 하나님께서 우리에게 영광의 소망을 허락하신다는 말을 들으면 감동해야 하고, 반응해야 하고, 명예와 영광으로 가야 합니다. 그런데 그 여정에는 무수히 반복되는 훈련이 필요하다는 것입니다. 그가 일어섰다 넘어지고, 다시 일어섰다 넘어진다는 것입니다. 그의 기억에는 넘어진 것만 크게 남겠지만, 그래도 그가 앞으로 나아간다는 것입니다. 그러니 우리는 그를 향해 "그럼 지옥 가. 죄야"하고 잘라 버리면 안 됩니다. 이런 식으로 말하는 바람에 그것이 일할 기회를 얻지 못했다고 봅니다.

조주석 서양권의 기독교에서는 상대의 약점이나 부족한 것들도 상당히 감싸 주는데, 우리는 문화적으로 그런 부분이 상당히 부족한 것 같습니다.

박영선 우리는 정죄와 비난이 너무 많아요.

조주석 그렇지요. 역사가 우리에게 반복해서 던지는 질문들도 있을 것 같습니다.

박영선 정체성을 묻습니다. 처음에는 '넌 뭐야' 하는 정체성을 묻고, 그다음에는 운명을 묻습니다. 역사는 '네 정체성은 무엇이며, 네 운명은 무엇인가'를 묻는다고 봅니다. 왜냐하면 역사와 인생은 누구에게나 혹독하기 때문입니다. 사람마다 "나는 뭐야?", "내 운명은 뭐야?"라는 질문을 할 수밖에 없습니다. 그것을 일반 역사에서는 계몽주의나 자연과학 같은 것들로 답을 대신했습니다. 고대 사회에서는 영웅주의 같은 것으로 답을 했습니다. 그런데 이제 포스트모던 시대에 들어와서는 어떤 답도 없다고 말합니다. 인류 스스로 항복한 것입니다. 계몽주의나 자연과학으로 안 된다고 항복을 했는데, 아직 기독교가 그 말을 못 알아듣고 있습니다. 기독교는 지금 우리의 존재 가치와 인생이 주는 어떤 기회에 대해 설명해 내지 못하고 있고, 운명에 대한 설명도 제대로 하지 못하고 있습니다. 운명에 대해서도 다만 천국과 지옥, 영생과 형벌로만 나누고 있을 뿐입니다. 지금이라는 것이 무엇인가에 대하여 잘 설명하지 못하고 있습니다. 인생의 운명은 약속되었지만, 현실의 혹독함을 어떻게 이해해야 하며, 거기서 우리가 할 수 있는 것은 무엇인가 하는 것입니다. 제가 처음 설교 사역을 시작할 때 그것을 '성화'로 제시했고, 거기에 따라 들어온 것이 '고난'입니다. 이렇게 성화와 고난이라는 주제를 등장시켰습니다. 우리한테는 선택의 기회라든지 구체적인 순종이라는 말이 굉장히 약하게 들리고 수동적으로 들립니다. 그런데 그것은 굉장히 위대한 것이고 영광의 자리를 택하는 것입니다.

조주석 순종이라는 말을 복종으로 이해하면 굉장히 수동적인 것이 되겠는데 성경에서 순종이라 할 때는 적극적인 의미도 있을 것 같습니다.
박영선 사람들은 자기의 권리를 포기해야 하는 것을 순종으로 생각합니다.

조주석 예수님의 십자가와 부활로 아름다운 새 세계가 출범하지만 사실 우리가 사는 현실은 너무 혹독하고 고난의 연속입니다. 그렇다면 구약 시대와 신약 시대는 어떤 차이가 있는 것일까 하는 물음이 뒤따라 나올 수 있을 것 같습니다.
박영선 구약에서는 차별이 율법이었습니다. 신약에 오면 그 차별이 은혜입니다. 은혜라는 것이 왜 은혜가 되느냐 하면, 율법에서는 잘한 것과 잘못한 것으로 나누지만, 은혜에서는 생명이 사망을 이긴다는 것입니다. 이런 승리가 있습니다. 여기서 우리는 승리와 실패를 생각해 볼 수 있습니다. 실패란 거짓된 것, 헛된 것, 원망, 불만, 이런 것들입니다. 그러니까 실패란 경쟁의 문제가 아니라 가치와 궁극적 목표에서 헛된 것을 뜻하게 됩니다. 그럼 성공이란 무엇인가? 그것은 만족, 자기 가치, 자기 존재입니다. 다시 말해 자기에게 주어진 구체적인 조건에 대한 감사, 그런 조건 속에서 자기가 할 수 있는 일에 대한 깨우침과 권리, 혹독함 가운데서도 자기 자신의 존재와 인생이 위대함으로 가는 과정에 있다고 구체적으로 배우고 키워가는 것이겠지요.

역사를 통해 가르치시는 교훈

조주석 이스라엘의 역사는 우리에게 무엇을 가르칠까요?

박영선 이스라엘의 역사를 통해서 구약이 우리에게 가르치는 것은 이런 것입니다. 그들의 실패를 통해서 우리에게 뭔가를 교훈한다는 것입니다. 우리가 실패라는 단어를 쓰면 먼저 부정적인 생각을 떠올리겠지만, 구약이 내내 하는 이야기는 "네가 하고 싶은 대로 하면 뭐가 나오는가 보라"고 하는 이것이 아니겠습니까? 아담으로부터 시작해서 우리는 자신들이 하고 싶었던 것을 해왔습니다. 이처럼 자유라는 것은 우리가 하고 싶은 것을 할수 있는 것입니다. 예수님에게는 그 하고 싶은 것의 최고의 것이 아버지의 뜻이었습니다. 예수님이 그런 선택을 하십니다. 그냥 아무 고민도 없이 아버지의 뜻에 자기를 다 맡긴 순종이었다고 이야기할 수 없습니다. 그렇게 이해하려는 태도는 구약 내내 있었던 이 치열한 도전을 극구 외면하는 것이라고 생각합니다. 하나님이 우리 인간에게 주신 도전은 "너희가 어디까지 할 수 있나 보라"는 것이었습니다. 이것은 아담에게 이미 주셨던 자유요 선택권이었습니다. 하나님이 선악을 알게 하는 나무를 없앤 것도 아니고, 아담이 가까이 갈 수 없게 막으신 것도 아닙니다. 다만 그에게 먹지 말라는 금령만 내리십니다. 그런데 그가 그 실과를 따먹었습니다. 말하자면, 이것은 그가 자기 의지대로 할 수 있는 자유를 충분히 가졌다는 뜻입니다. 그러나 그 자유는 실력 없는 자유로 드러나게 됩니다. 이런 실력 없는 자유가 만들어 내는 모든 것에 대해서 말할 때 우리는 윤리적인 표현들을 씁니다. 그런 표현들로는 교만이나 방탕 같은 것들이 있습니다. 하지만 이런 것들을 인간 중심적인 윤리나 도덕적인 의미로 제한하지 말고 더 넓혀 크게 실존적으로 보자는 것입니다. 다시 말해 하나님이 우리에게 무엇을 목적하셨는가, 무엇을 기대하셨는가, 그것을 어떻게 이루어 내시려 하셨는가 하는 데 있어서 그 방법이 얼마나 철저한 방법이었는가 하는 것을 생각해 보자는 것입니다. 우리를 항복시키려는 하나님의 방법이 우리 자신의 것보다 얼마나 더 크고 놀라운지 깨우치게 하여 우리 스스로 항복해서 하나님을 소원하고 열망하는 수준에까지 끌어올리려는 데 있었다는 것입니다. 그 소원은 부정적인 것들, 소극적인 것들, 잘못된 것들을 지우고 만회하는 것이 아니라, 정말 선을 사모하는 것입니다. 한국교회의 신앙관은, 달라스 윌라드의 표현대로 말하자면, "죄 관리 복음"이라 할 수 있겠습니다. 죄를 안 지려 하고 또 죄를 지우려고 하는 것이 전부라는 것입니다. 그러나 그것이 기독교 신앙의 전부가 아니라는 것입니다. 갈라디아서 5장은 성령을 따라 행하면 육체의 일을 할 수 없고, 육체를 따라 살면 성령을 따를 수 없다고 말합니다. 비유컨대 동으로 가면 서로 갈 수 없고, 서로 가면 동으로 갈 수 없지 않습니까? 이렇게 둘로 나누자는 데 목적이 있는 것이 아니라, 적극적인 의와 기쁨을 추구하는 것이 우리에게 주어졌다는 것입니다. 탕자의 비유에서 보는 바와 같이 우리의 인생을 낭비하지 말자는 것입니다. 에베소서 5장에 보면 "술 취하지 말라. 이는 방탕한 것이니 오직 성령으로 충만함을 받으라"(엡 5:18)는 말씀이 나옵니다. 이 말씀을 다만 내가 고집을 부리지 않고 내가 없어지는 자기부인 정도로만 생각하지 말고, 깨우치고 항복하여 더 큰 기쁨과 영광이 아버지에게 있다는 것을 아는, 아버지가 나에게 주시기를 원하는 것을 내가 승복하고 소원하는 방향으로 나가라는 말씀으로 배우자는 것입니다. 이것이 기독교가 추구하고 있는 신앙입니다. 이것을 이스라엘 역사 속에서 내내 보이시고, 우리의 개인 인생 속에서도 이 기회와 결말을 보이신다는 것입니다.

조주석 얼마 전에 톰 라이트의 책들을 읽었습니다. 그는 개혁주의 입장에서도 비판의 대상이고, 자유주의 입장에서도 비판을 받는다고 합니다. 그래서 신학적으로 그를 선뜻 동조하고 나서지 못하는 것 같습니다. 그런데 그에게서 우리에게 없는 것도 보였습니다.

박영선 제가 라이트를 만나기 전에는 어떻게 표현해야 할지 몰랐던 것이 있었습니다. 성경에서 "이제 너희는 새 사람이다"라고 할 때 그 말을 쉽게 나타낼 표현을 찾지 못했습니다. 라이트는 그 표현을 "혁명이 시작된 날"로 표현하더라고요. 그래서 저는 그 말이 윤리적·도덕적 이야기가 아닌 판이 바뀌었다는 말로 이해하고서 그런 식으로 고쳐 쓰게 되었습니다. "이제는 그 어느 것도 너희를 가로막거나 실패하게 할 것이 없다. 너희가 순종하고 얼마든지 기쁨과 기적을 만들어 낼 수 있다." 그렇게 말하는 것이 신약입니다. "사망이 힘을 못 쓰고 있고, 모든 것이 합력해서 선을 이룰 것이며, 성령이 너희를 위하여 기도하고 또 너희 안에 거주하며, 내가 하늘 보좌 우편에 있으며 세상 끝날까지 너희와 함께 있을 것이다. 겁내지 마라." 이것이 성경의 약속입니다. 이것이 내 것이 되었는데 자유의 문제, 순종의 문제, 믿음의 문제 같은 것들이 얽혀서 우리를 혼란스럽게 합니다. 그리고 신약성경은 뭐라고 선포합니까? "이제부터 너희는 내 이름으로 기도해라. 내게 구하면 내가 다 듣는다." 우리는 이런 엄청난 약속을 받았지만 믿기를 주저합니다. 저는 톰 라이트를 읽으면서 그런 것들이 연결되어서 좋았습니다.

조주석 구약의 성도든 신약의 성도든 간에 인격의 성숙이라는 차원에서 보자면 별로 큰 차이가 안 나는 것 같은데 그 두 시대를 어떻게 비교하시겠습니까?

박영선 우리나라 역사로만 따진다 해도 조선 시대와 지금을 비교하면, 생각과 선택과 누리는 다양함과 풍성함에 있어서 분명히 차이가 납니다. 그때도 행복은 행복이고, 사랑은 사랑이고, 슬픔은 슬픔이었겠지만, 지금은 오케스트라처럼 굉장히 웅장한 콘텍스트 속에 우리가 존재합니다. 거기서 누릴 수 있고 자기를 표현하고 훈련을 받을 수 있는 다양한 것들이 주어져 있어서 좀 더 생생하고 풍성하다는 것입니다. 악기를 부는 것이나 스포츠를 즐긴다는 것이 얼마나 즐거운 일인지 다 누립니다. 패배하면 슬픈 것이 어느 시대든 마찬가지고, 성공하면 기쁜 것도 어느 시대든 다 마찬가지입니다. 그러나 그런 도구, 그런 것이 펼쳐지는 장이 훨씬 더 커졌다는 것입니다. 신약은 구약하고 비교할 수 없을 만큼 콘텍스트가 커진 것입니다.

조주석 정리하는 차원에서 역사란 무엇인가에 대해 간략히 말씀해 주시지요.

박영선 하나님께서 그의 형상으로 지은 인간을 만족할 만한 자리까지 만드는 구체적인 방법입니다. 사실 심판이라는 말이 부정적으로 오염된 것 같습니다. 심판이란 궁극적 결론, 약속의 성취가 있다는 말입니다. 성경이 심판이라는 말을 쓰는 것은 세상이 만든 것이 아닌, 하나님이 목적한 것으로 끝나는 역사의 종점을 가리키는 말입니다.

시간 속에서 일하시는 하나님

15

설교, 하나님의 뜻을
인간 현실과 연결하는 것이다

그는 설교자로서 여태껏 무엇을 지향해 온 것일까? 노년에 이른 설교자의 담담한 이야기를 들어 보자. "이제 저는 복음주의나 자유주의가 내놓은 신학 지식이 아니라, 하나님이 무엇을 하시려고 하는가 하는 것에 대한 성경 전체의 개관을 알게 되었습니다. 하나님은 우리한테 후사가 되라고 하십니다." "안목이나 성숙이라는 개념은 '옳게 되는 것', '지식이 쌓이는 것'이 아니라 '사람이 크는 것'이라고 생각해야 합니다. 어느 날 보이지 않던 것이 보이게 된 것은 키가 커서 담벼락 너머가 보이기 시작했다는 뜻이 될 것입니다. 하나님이 우리를 그렇게 만드신다고 이해하게 되었습니다." 그의 설교의 지향성은 신앙인의 성숙이었다.

설교가 무엇인지 묻자 간단히 이렇게 답한다. "설교란 하나님의 뜻을 인간 현실과 연결하는 것입니다." 이 관점은 그가 설교에 대해서 "하나님을 편드는 행위"라고 말했던 전반기의 것보다 더 포괄적인 것이다. 방황의 연속이었던 학창 시절, 외롭고 고단했던 40여 년 설교 사역에서 퍼 올린 결정체이리라.

그는 학창 시절에 가졌던 의문과 방황을 다음과 같이 회고한다. "'내 인생의 운명은 내가 정하는 것인가, 하나님이 정하시는 것인가?'……'하나님은 왜 정한 운명에 걸맞은 평탄한 과정을 허락하시지 않는가?'……중학생 시절에 막연하게 가졌던 생각입니다.……대학 입학을 앞두고는 제 실력이 확연히 드러났습니다.……그때 저는 '우리의 운명을 누가 책임지는가' 하는 문제에 대해서 생각하게 되었습니다.…… 고등학교 시절과 대학생 시절에 적어도 한 10년은 방황했습니다."

이런 방황은 막다른 곳에 이르러 끝이 난다. "제가 달리 해병대에 지원했겠어요? 죽기 살기로 하나님께 도전한 것입니다. 내가 쓸모없으면 그냥 가서 죽게 놔두시라고 한 것입니다. 그러나 쓸모 있다면 하여튼 답을 달라고 했습니다.……반드시 월남전에 참전하겠다고 해병대를 지원한 것인데 월남전에는 못 갔습니다. 그때 하나님이 묘하게 답을 주셨습니다. '이것은 하나님의 책임이 아니다. 내 인생은 내가 책임져야 하고 그것이 하나님의 뜻이다'라는 해결을 얻었습니다.……(그런) 답을 갖고서 내가 어떤 책임을 져야 하는지 또 할 수 있는 것은 무엇인지 찾게 된 것입니다.……막다른 곳에 다다라서야 신학교의 문이 보였습니다."

그러면 그가 관심을 가졌던 문제들이 신학교에 가서 풀렸을까? "저는 시키는 대로 해본 적이 없었는데 신학교에 가서는 시키는 대로 열심히 공부했습니다.……그렇게 신학교에는 갔지만, 제가 관심을 두고 있는 것에 대해서는 하나도 안 가르쳐 주었습니다. 그런 것을 문제 삼지 않았고 대화에서조차 꺼낼 수 없었습니다.……미국에 유학을 가면 그런 문제들을 다루어 줄 줄 알았는데 여전히 똑같았습니다.……저는 어디서도 내 질문에 대해 답을 찾을 수 없어서 스스로 답을 내야 했습니다. 그런 답들은 인생 속에서 왔습니다."

그는 세간에 강해 설교자로 알려져 있다. 어떻게 해서 그런 자리로 그가 인도함을 받았을까? 그의 많은 문제의식들이 그리로 이끈 것 같다. "'왜 내 인생은 고달픈가? 나는 무엇이 안 되는가?' 이런 질문들에 대한 세상에서의 답은 악바리가 되라는 것이었습니다. 사람이 착하게만 살아서는 험한 세상을 살아낼 수 없다는 것입니다. 그런데 예수님을 믿는 사람은 그 믿는 것으로 보상을 받고 싶어 합니다. 똑같은 승부의 자리에서 세상 사람들은 하나님 없이 움켜쥐려 하는 반면에, 신자들에게는 하나님을 핑계로 승리를 얻으려는 승리주의가 그 맨 밑바닥에 있습니다. 하나님을 내 편으로 만들려는 것입니다. 그런데 하나님은 그런 식으로 답을 안 하시잖아요? 그래서 이렇게 질문한 것입니다. '이것은 어디서 어긋난 것입니까?' 이 질문에 대한 답도 성경에서 찾아야 했습니다. 그래서 성경 강해 설교를 하게 된 것입니다."

로이든 존스는 그를 이쪽으로 인도해 준 결정적인 설교자였다. 그 덕분에 성경을 진지하게 대하는 태도를 갖게 되었다고 회고한 데서 알 수 있다. "성경을 단지 도덕적으로 보지 않고 '하나님이 뭐라고 하시는가' 하는 하나님의 주도권을 꽉 붙들고 출발할 수 있었습니다. 그렇게 하면서 이제 성경본문이 더 보이기 시작한 것입니다.……본문에 대한 해석이란 구절 전체의 흐름이 무엇인지 이해해야 하는 것이어야 합니다. 하나님이 무슨 이야기를 하시고 싶어 하는 것인지 말입니다.……그렇게 하면서 저는 내 은사라고 할 수도 있는 '문맥'을 알게 됐습니다."

그는 설교자들이 외면해 온 주제를 정면으로 대면한 설교자로 유명하다. 그의 설교에 절망, 분노, 체념, 의문, 실패 등이 등장하기 때문이다. 그것들은 우리 인생 속에 늘 있는 것들이다. 그는 이런 것들조차도 우리를 만들어 가는 과정에 속하는 훈련으로 이해한다. "고난이 있다는 것, 그리고 실패를 용납해 주시는 것이 저에게 '그것에 대해 납득해라. 이것이 더 큰 데로 나아가는 길이다'라는 말씀으로 다가왔 습니다. 그래서 이런 것들이 훈련인 것을 알게 되었습니다. 우리를 납득시키고 훈련 하게 하는 것들은 다 나를 만들어 가는 과정에 속한다는 것입니다." 그래서 설교자 는 "'체념하는 것은 비겁한 것이다. 타협하는 것은 비겁한 것이다. 더 진지하게 고 민해라. 누구한테 네 것을 까발릴 필요 없다. 그런 식으로 자기의 책임을 떠넘기지 마라. 네가 끝내 찾아내어 맛을 보아라. 여호와의 선하심을 맛보아 알지어다.'…… 그것을 자꾸 강조해야 합니다."

그는 설교자로서 자신의 자리가 어디인가 하는 것도 명확히 인식한다. "시대마 다……모세 같은 사람이 있어야 할 것입니다. 하지만 하나님은 동장이나 반장 정도 의 사람들도 끊임없이 세우신다는 것입니다. 그런 측면에서 책임 있는 저의 자리가 있다고 생각합니다.……저에게 인상적인 사람을 들자면, 레슬리 뉴비긴, 달라스 윌 라드, 로완 윌리암스와 같은 사람들입니다.……그들이 제게 도움이 되었습니다. 그 러나 그들이 나를 대신할 수 없는 사고와 내용과 현재 상황에 대해서는 내 책임이 겠다는 것이 있습니다. 그들로 인해서 제가 도움을 받을 때마다 '아, 여기는 내 책임 이구나' 하는 것이 점점 더 확실해집니다."

그의 이런 인식은 아쉬움의 표현인 동시에 자신이 풀어내야 할 숙제들이 있다 는 표현으로 읽힌다. 그가 말하는 책임이란 무엇일까? 그것은 그가 앞서 말한 설교 의 정의를 다시 떠올려 볼 때 풀리지 않을까? "설교란 하나님의 뜻을 인간 현실과 연결하는 것입니다." 그의 설교는 자연스레 그렇게 연결시키는 무수한 작업의 연속 이었다. 그는 어떤 식으로 설교를 해왔던 것일까? 본문을 차례차례 치밀하게 해석 하는 강해 설교 방식이 아닌, 인간 현실을 하나님의 말씀으로 비추어 그들의 운명 과 인생과 가치와 지위와 정체성이 어떠해야 할 것인가를 보여주는 기승전결을 갖 춘 주제 설교 방식이었다.

그는 이런 방식을 통해 인간 현실을 하나님의 일하심과 연결시키려고 노력했 다. 이렇게 해서 하나님과 인간의 친밀한 관계를 구체적으로 보여주려고 한 것이다. "하나님이 우리를 만들어 가시는 과정은 역사에서 일어납니다. 거기서 하나님이 우리에게 항복을 받아내는 일을 하십니다. 하나님이 만족하시기 위해서 그렇게 하시는 것이 아닙니다. 성부 하나님과 성자 하나님의 연합처럼, 하나님은 자신의 백성을 두고 부모가 되겠다고 하신 것입니다. 그렇게 기르시겠다고 약속하셨습니다." 이런 친밀한 관계가 구체적으로 어떤 것인지를 성경으로 풀어내는 작업이 그의 몫이라고 인식한 것이 분명하다.

끝으로, 그에게 설교자의 명예에 대해 묻자 이런 답이 왔다. "하나님이 일하신다는 것을 청중에게 가르쳐 주는 것입니다. 하나님이 인간과 인간의 운명과 가치와 신분과 지위에 대해서 얼마나 큰 약속과 목적을 가지고 계시며 지금 일하고 계시는지를 저는 설교할 때마다 전합니다. 이것이 저의 자랑입니다. 이게 없으면 설교를 못 합니다.……제가 설교를 한다는 것은 하나님이 오늘 일하시겠다는 것이고, 저에게 하나님이 일하시는 것을 선포하라고 하시는 것입니다. '들으러 오는 사람들을 위하여 네가 거기 서 있다. 너를 세운 것이나 저들이 와서 듣는 것이나 모두 다 내가 인류를 위하여 가진 창조와 부활의 최고의 자랑이다.' 이 사실을 밤낮 확인하는 것입니다."

그의 설교는 현실적이지만 이상을 지향한다. 인간 현실을 있는 그대로 직시하면서도 항복을 받아내시는 하나님의 열심과 그분의 뜻을 앞세우기 때문이다. 광활한 설교 세계에서 이 같은 오솔길 하나 내려고 미지의 땅을 비뚤비뚤 뚫고 걸어 나왔다고 이전에 회고한 적이 있다. 이 개척자의 노정에서 그는 뿌듯함도 누렸겠지만 그 곁에 불안함도 자리했을 것이다. 그의 탐험은 아직 끝나지 않았다.

하나님의 뜻과 인간 현실의 연결

조주석 목사님은 40여 년 동안 설교를 해오셨어요. '설교가 무엇입니까?'라고 묻는다면 너무 원초적인 질문일 것 같지만 그래도 질문을 드리는 것이 좋을 것 같습니다.

박영선 간단히 답하자면 '설교란 하나님의 뜻을 인간 현실과 연결하는 것이다'라고 할 수 있습니다. 이러한 말에는 좀 설명이 필요합니다. 우리는 부흥 설교를 하든가 아니면 교리 설교를 주로 하지 않았습니까? 청교도 신앙도 돌아보면, 하나님의 뜻이라는 것이 굉장히 금욕적 경지까지 가는 도덕성에 붙들려 있는 것으로 보입니다. 거기에는 인간의 비명이 들어갈 자리가 없습니다. 그런데 제가 설교에서 갖는 중요한 이해는 이런 것입니다. '우리의 질문이 있어야 하나님의 답은 성립된다.' 질문이 나한테서 제기되지 않았는데 답이 온다면 이해가 되기 어렵습니다. 그 답이 저뿐 아니라 청중에게 양식이 안 된다고 생각했습니다. 그래서 저의 전제는 하나님은 얼마든지 질문을 허락하신다고 하는 것이었습니다. 그것이 저에게는 이런 도전으로 왔습니다. '하나님이 허용하시는 범주 밖으로 나간다면 그것은 누구의 책임인가? 인간의 운명을 결정하는 것은 인간 자신의 책임인가, 하나님의 책임인가?' 이런 질문은 제가 신앙적 사색을 할 때 던진 큰 문제였습니다. '그러면 기독교는 거기에 대해서 어디까지 약속하는가?' 답은 하나님이 책임을 지신다는 것이었습니다. '그렇다면 인간이 정답을 이해도 못하고 따르지도 못하고 실패를 하는데 왜 하나님은 그것을 용납하시는가?' 물음들이 이렇게 술술 따라 나오기 시작했어요. 그것이 저에게는 정말 흥미로웠습니다. 하나님이 세상을 창조하시고 인간을 만드실 때 하나님의 형상대로 지으시고 세상을 다스리라고 약속하셨는데, 인간이 불순종함으로 창조 세계가 죄와 저주 아래 들어가지 않습니까? 그렇게 된 세상이 그대로 가면 어떻게 되는가 하는 것을 창세기 11장까지 보여주었다는 것입니다. 그리고 느닷없이 아브라함이 부름을 받습니다. 그는 하나님께 "땅의 모든 족속이 너로 말미암아 복을 얻을 것이다"(창 12:3)라는 약속을 받습니다. 그런데 제가 태어나서 신앙생활을 하는데, 믿는 자들만 복을 받고 안 믿는 자들은 믿지 아니한다는 이유로 벌을 받는다는 것이 저한테는 무척 혼란스러웠습니다. 다시 말해 믿은 사람은 복을 받는다는 약속 안에 있고 안 믿는 자들은 벌을 받아야 하는데, 도리어 세상에서는 저들이 더 형통하고 우리는 그들에게 피해를 받고 숨어 살듯이 사는 현실이 혼란스러왔습니다. '이런 현실이란 도대체 무엇인가?' 질문은 자연스럽게 여기까지 이어지게 됐습니다. 여기서 생각할 수 있는 것은 기독교 신앙에 대해 가르치는 자들은 하나님 통치의 범위가 어떤 것인지를 가르쳐 주어야 한다는 것이었습니다. 다시 말해, 그 통치 범위는 '믿는다, 믿지 않는다' 하는 것을 다 포괄하는 문제라는 뜻입니다. '그러면 왜 하나님은 그런 통치 방법을 택하시는가? 하나님이 구원하시기로 약속하셨는데 왜 실패하는 자들이 있는 것인가?' 우리가 모두 아는 것은 아니지만 한 가지 알 수 있는 사실은, 그들이 처음부터 버려진 자로 만들어지지는 않았다는 것입니다. 그들이 끝까지 믿지 않으면 어떻게 될 것인가에 대해서 우리로서는 지금 답을 갖지 못한 상태입니다. 여기서 그들이 아닌 우리로 좁혀서 생각하다 보니 '그러면 우리는 어떻게 살 것인가?' 하는 물음을 갖게 됐습니다. 그리고 그런 삶에서 우리의 복이나 명예라는 것은 세상이 말하는 단순히 경쟁에서 승리한 자가 되는 차원이 아니라고 하는 자리에까지 오게 되었습니다. 그런데 그런 삶은 너무 고달프잖아요? 그래서 왜 고달픈 것인가 하는 문제를 생각하게 되었고, 거기에 자유, 책임, 실력, 과정과 같은 부제들이 따라 나온 것입니다. '설교란 무엇인가?' 하는 물음에 답하려면 먼저 그런 이야기를 다 해야 해서 이렇게 이야기가 길어졌습니다. 말하자면 우리는 믿어서 복 받는 자리에 있고, 너희는 안 믿어서 지금은 성공하고 있지만 결국 지옥에 간다 하는 식으로 나눈다면, 우리를 확인하는 방법으로서 그것은 너무 부정적이고 비겁하다는 것입니다. 그래서 이렇게 질문한 것입니다. '예수님을 믿으면 저들과 다른 무슨 가치와 다름을 갖게 되는가?' 이런 가치와 다름이 우리의 신앙생활 과정에 들어온다고 생각한 것입니다. 우리가 공부를 오래 하면 고달프잖아요? 그래도 그 공부가 복되다는 것입니다. 저는 설교에서 이런 식의 이해를 만들어 내는 싸움을 계속 해온 것입니다.

시간 속에서 일하시는 하나님

막다른 곳에서 신학교의 문이 보이다

조주석 그러면 이런 문제의식은 언제부터 시작되었나요?

박영선 저는 예수님을 믿는 모태 신앙이었으니까 하나님을 안 믿는다는 영역에 대해서는 모릅니다. 그래서 던진 질문은 '내 인생의 운명은 내가 정하는 것인가, 하나님이 정하시는 것인가' 하는 것이었습니다. 칼빈주의는 하나님이 정하신다는 것 아닙니까? '하나님이 정하신다면 내가 할 일은 무엇인가?', '하나님은 왜 정한 운명에 걸맞은 평탄한 과정을 허락하시지 않는가?', '나는 왜 실력이 없는가?'와 같은 질문들로부터 시작했어요. 중학생 시절에 막연하게 가졌던 생각입니다. 저는 모범적인 신앙 분위기 속에 처해 있었는데 모범적인 것이란 이런 것입니다. 공부를 잘하는 것입니다. 공부를 잘하는 첫 번째 조건은 부모님과 선생님의 말씀을 잘 듣는 것인데 저는 그러지 못했습니다. 특별히 사고를 친 것은 아니지만 이상하게 공부에 집중하지 못했습니다. 중고등학교 들어가기까지는 공부를 안 하고도 괜찮았는데, 대학 입학을 앞두고는 제 실력이 확연히 드러났습니다. 차근차근 성실히 쌓아 온 사람을 당해낼 수 없었던 것입니다. 머리 좋다는 말을 듣는 사람의 한계가 이런 데 있을 겁니다. 그때 저는 '우리의 운명을 누가 책임지는가' 하는 문제에 대해서 생각하게 되었습니다. '자신의 인생을 책임져야 하는 몫이 있을 텐데, 그것을 책임지려면 그것이 의지이지 않겠는가? 그런데 왜 나는 의지가 없는 것인가? 의지가 박약한 것인가?' 우리가 많이 쓰는 말로 작심삼일이라는 것이 그런 뜻이죠? '왜 노는 것은 결심을 안 해도 잘 되는데, 하라는 것은 안 되는 것인가?' 그때 저에게는 이 문제가 아주 중요한 질문이었습니다. '나는 의지가 박약하다.' 이렇게 결론을 내릴 수밖에 없었고 그래서 저는 굉장히 헤맸습니다. 교회에서는 계속 순차적이고 점진적이고 평탄한 전진에 의해서 목적지에 도달하는 것처럼 이야기했는데,

다 그렇게는 살지 않으면서 그렇다고 우기더라고요. 그러나 저는 그런 식으로 살 수 없었습니다. '이런 과정 속에서 왜 고난을 겪어야 하는가' 하고 물었어요. 그런 고통 가운데 자괴감, 절망감 같은 것들이 굉장히 크게 다가왔습니다. 이런 의문에 따라 이어진 질문은 '기독교는 어디까지 책임지겠다는 것인가' 하는 것이었습니다. 그 어디까지라는 것에는 많은 것들이 들어갈 수 있겠습니다. 청춘을 책임지는 것, 질병을 책임지는 것, 우리 경험에 실제로 있는 환경에 관한 것들입니다. 이런 것들을 물어볼 수밖에 없었습니다. 그리고 또 '잘 믿고 열심히 살려고 발버둥 치는데도 왜 보상해 주지 않는가' 하는 문제가 자연스럽게 나왔습니다. '그것이 삶의 현실이라면 무슨 가치가 있는 것인가?' 이 문제에서 풀린 중요한 실마리는 정답으로 사는 사람들은 인간미가 없다는 것이었습니다. 폭이 좁았습니다. 그래서 인간이 이런 정답의 집합체에 불과한 것이라면 그런 것은 나는 싫다고 했습니다. 왜냐하면 그것은 문제집 뒤에 나오는 해답집에 불과한 것 같았기 때문입니다. 그래서 젊은 시절을 그런 틈바구니에서 보내면서 무척 헤맸습니다. 고등학교 시절과 대학생 시절에 적어도 한 10년은 방황했습니다.

조주석 그런 방황의 끝 무렵에 군에 자원입대하신 것이군요?

박영선 제가 달리 해병대에 지원했겠어요? 죽기 살기로 하나님께 도전한 것입니다. 내가 쓸모없으면 그냥 가서 죽게 놔두시라고 한 것입니다. 그러나 쓸모 있다면 하여튼 답을 달라고 했습니다. 그러니까 저의 해병대 입대는 사실 죽으러 가는 선택이었던 셈입니다. 반드시 월남전에 참전하겠다고 해병대에 지원한 것인데 월남전에는 못 갔습니다. 그때 하나님이 묘하게 답을 주셨습니다. '이것은 하나님의 책임이 아니다. 내 인생은 내가 책임져야 하고 그것이 하나님의 뜻이다'라는 해결을 얻었습니다. 그러니까 내가 물어본 답을 주신 것이 아니라 '하나님은 잘못이 없다' 이것 딱 하나

가르쳐 주셨습니다. 하나님이 불공평하거나 불의하시지 않고 성실하시다는 것까지는 알게 되었어요. 그래서 '내가 하나님을 원망하지는 않겠습니다' 하는 자리까지 오게 된 것입니다. 그렇게 항복은 했지만 다 이해가 된 것은 아닙니다. 그래서 '이렇게 항복한 것이 무엇인가' 하는 문제를 두고 스스로 풀어야 했었습니다. 하나님이 답을 주신 것이 아니라, 반대로 내가 나한테 답을 줘야 했습니다. 정말 말이 안 맞았습니다. 이해가 안 되는 말이지만 어떻게 답이 됐는지 모르겠습니다. '하나님의 책임이 아니고 내 책임입니다' 하는 답을 갖고서 내가 어떤 책임을 져야 하는지 또 할 수 있는 것은 무엇인지 찾게 된 것입니다. 그러니까 길이 다 막혀 '이대로는 못 살겠다. 내 인생은 가치가 없나 보다' 하는 막다른 곳에 다다라서야 신학교의 문이 보였습니다.

조주석 그러면 신학교 시절에 그런 문제들이 풀렸나요?

박영선 신학교에 들어가서는 먼저 죽기 살기로 공부했습니다. 사색하는 쪽으로 향하지 않고 그냥 열심히 공부만 했습니다. 그런데 지금 생각해 보면 저의 태도는 이중적이었던 것 같습니다. 저는 시키는 대로 해본 적이 없었는데 신학교에 가서는 시키는 대로 열심히 공부했습니다. 그리고 교회에서 설교할 때는 제가 생각하는 신앙의 고민들을 쏟아냈습니다. 첫 사역으로 고등부를 맡았을 때가 신학교 재학 시절이었는데, 학생들한테 질문들을 막 해댔습니다. 질문을 유도한 것이 아니라 내 질문을 막 쏟아낸 것입니다. 그렇게 질문을 쏟아내면서 가장 처음에 많이 던진 질문은 '왜 예수 믿는 사람이 믿지 않는 사람의 평균치 인성보다 부족한가' 하는 문제였습니다. 신앙이라는 이름으로 편협하고 냉정한 모습들에 대한 반발이 맨 처음 불씨가 됐습니다. '아량이 더 있어야 하지 않느냐?', '좀 더 품이 넓어져야 하지 않느냐?' 그런 질문들을 대학부를 맡으면서도 계속 던졌어요. 제가 옥한흠 목사님의 뒤를 이어서 대학부를 맡았는데 너무나 시스템이 잘 되어 있었습니다. 프로그램이 원활하게 진행되고 조직도 완벽했습니다. 그런 것은 아주 모범적이었는데 문제는 생각이 없다는 것이었습니다. 인간의 품격이란 순수한 것과 성실한 것 외에 보통 이야기하는 식으로 인문학적 바탕, 제가 보기엔 예술성과 인간성에서 성숙한 것, 말하자면 유머 감각이나 융통성 같은 것이 없었던 것입니다. 좀 더 높은 경지의 분별력 같은 것이 없었습니다. 제가 맡았던 대학부는 시스템에 의해 움직여서 주일에 담당 교역자에게 설교할 시간이나 간단히 무슨 말을 할 시간이 주어진 것도 아니었습니다. 한국대학생선교회 교재로 했는지 네비게이토 교재로 했는지 정확하게 기억이 안 나지만, 하여튼 분반공부를 하듯 조를 나누어서 모임을 진행하였습니다. 그때는 그것이 제일 좋은 교재였으니까 그것만 열심히 했습니다. 아시다시피 예수 믿는 가장 기초 단계의 교재잖아요? 당시에는 그렇게 교재 자체가 제한되어 있었습니다. 교회에는 그것마저도 없었고, 또 계속 어떤 결과를 거두니까 신이 나서 했습니다. 그러다가 한마디 할 시간을 주시라고 했더니, 그날의 모임을 마무리 짓는 '5분 스피치' 기회가 저한테 주어졌습니다. 그때 제가 아주 촌철살인 같은 말들을 하나씩 했습니다. 그것들을 묶어 처음에는 『청소년 기독교 교육』이라는 이름으로 책이 나왔고, 최근에는 『흔들어 보기도 하고 거꾸로 쏟아 보기도 하고』라는 책으로 이름이 바뀌어 나왔습니다. 그때 한 이야기는 "인간이라면 이런 정도의 안목과 인성을 가지고 있어야 하지 않겠느냐? 지금 우리가 하는 삶의 방식은 너무 기계적이다"하는 것이었습니다. 다시 이야기를 신학교 시절로 돌려 보겠습니다. 그렇게 신학교에 갔지만, 제가 관심을 두고 있는 것에 대해서는 하나도 안 가르쳐 주었습니다. 그런 것을 문제 삼지 않았고 대화에서조차 꺼낼 수 없었습니다. 그것이 참 신기했습니다. 미국에 유학을 가면 그런 문제들을 다루어 줄 줄 알았는데 여전히 똑같았습니다. 그래서 학위도 마치지 않고 유학에서 돌아왔습니다. 저는 어디서도 내 질문에 대해 답을 찾을 수 없어서 스스로 답을 내야 했습니다. 그런 답들은 인생 속에서 왔습니다. 위기 속에서 실패는 했지만 그것이 끝이 아니라는 것을 아는 데까지 참 오래 걸렸던 것입니다. '나는 다시 일어설 수 있다'고 생각하게 되었고, 그러면서 이제 내가 할 수 있는 일과 할 수 없는 일, 할 수 없는 일에 대한 가치, 수치와 비겁함과 같은 것들에 대해 어떻게 이해해야 할 것인가를 풀어야 했습니다. 아마 이런 문제들을 서구식으로 풀었더라면 철학이 되었을 것입니다. 그러나 그런 식으로 사고하지 않고 '하나님이 이것을 우리에게 허락하신다면 하나님이 허락하시는 이유나 뜻은 무엇일까? 이렇게 해서 무엇을 만드시는 것일까?' 이렇게 묻고 나오기 시작했습니다. '하나님이 틀릴 수 없고 기독교 신앙이 잘못된 것이 아니다' 하는 데까지 왔지만, 풀리지 않는 문제를 스스로 풀어야 했습니다. 저는 그런 주제가 등장하는 현실을 여러 번 맞이했습니다.

내 은사인 '문맥'을 알게 되다

조주석 목사님의 문제의식은 당시 한국교회의 정황과 깊은 관계가 있었을 것 같습니다.

박영선 제가 자라던 때는 순교 후 시대와 부흥 시대였습니다. 그때는 굉장한 율법주의 시대였어요. 신앙의 내용이 아주 가난했지요. 성수주일이 굉장히 강조되었습니다. 그런 믿음을 가진 모범적인 순종을 보이는 사람들일지라도 제가 보통 보는 인간의 기준으로도 그 수준은 높지 않았습니다. 그들은 그냥 순수해지려고만 들었습니다. 기도해도 어린아이같이 되려고 했습니다. 어린아이와 어른이 어떻게 다른가를 전혀 보이지 못했습니다. 순진한 어린아이의 상태가 계속 지속되는 것을 어른의 장성으로 보는 것 같았습니다. 그래서 그들은 세상과 인생에 대해 완전히 부정적인 시각을 드러냈습니다. '그렇다면 왜 하나님이 우리를 일찍 데려가시지 않는가? 어떤 신앙적인 발전도 없고 순수함을 지키는 것이 전부라고 한다면, 예컨대 깨끗한 옷을 입지도 않고 보관만 하는 식이라면, 도대체 그것을 어디에다 쓸 것인가?' 이런 자문을 하고서 나는 그렇게 못 하겠다고 한 것입니다. 저는 그때 독특한 안목이 있었어요. 영화를 보면 대사나 장면 속에서 영화의 재미를 금방 끄집어냈습니다. 거기에 있는 유머나 삶의 어떤 경지만 해도 그것들이 신앙인들의 것보다 훨씬 높았습니다. 그때 할리우드 영화가 우리나라에 들어왔어요. 예전의 흑백 영화나 초기 영화를 보면 교양이나 예의범절은 기본이었습니다. 예를 들면, 서부 영화에서는 삼대 원칙이 있었다고 합니다. '여자와 어린아이를 죽이지 않는다. 말을 쏘지 않는다.' 사실 좀 웃기지 않습니까? 총격전을 하면 말이 먼저 맞을 텐데 말입니다. 나머지 하나는 '등을 쏘지 않는다.' 이런 게 참 멋지지 않아요? 하여튼 난폭한 영화인데도 그런 원칙이 있었습니다. 어린이용 디즈니 영화에는 이런 것도 있었습니다. '주인공이 그가 어떤 상태에 있다는 것을 스스로 의식하지 않는 한 다치지 않는다'는 것입니다. 「피터 팬」 같은 영화를 보면, 돛대에서 싸우다가 허공으로 쑥 나왔는데, 그가 공중에 떠 있다는 것을 모르면 안 떨어집니다. 그런데 어느 순간 아래를 보고 '앗!' 하고 소리치면 그때 떨어지는 겁니다. 그는 절대로 죽지 않습니다. 그냥 납작해졌다가 다시 펴집니다. 그러다가 일본 만화 영화가 들어왔는데 디즈니 영화와는 완전히 달랐습니다. 괴물이 나오고, 죽고, 잡아먹습니다. 요괴 인간이라는 것이 얼마나 무서워요? 그런 것들이 저한테는 다 기독교하고 상관이 있었습니다. '왜 우리 기독교는 어린아이들을 보호하고 용납하려는 포용력도 없고, 성장하도록 품어 주는 어른의 지위를 하나도 제시하지 못하는가? 왜 이런 질문 자체를 외면하는가?' 이런 것이 저한테는 해결해야 할 큰 문제였습니다.

시간 속에서 일하시는 하나님

조주석 그다음 부흥 시대는요?

박영선 그다음에 제가 걸어온 시절은 부흥 시기였습니다. 1970년대부터 부흥 시대로 접어들기 시작했어요. 부흥이 일어난 것은 전부 하나님이 하신 일입니다. 저도 경험을 했습니다. 이유도 없고 조건도 없이 어느 날 갑자기 저도 부흥의 감동을 함께 받았습니다. 그때가 1966년입니다. 우리 교회 중고등부가 수련회에 가서 모두 다 그런 체험을 한 것입니다. 그때는 부흥 운동이 소문나기 전이라서 우리 스스로도 그것이 뭔지 몰랐습니다. 우리가 은혜를 받았는데, 중학생부터 고등학생까지 뭔지 모를 회개의 기도를 했습니다. 사실 회개 기도라고 말하는 것은 정확한 표현이 못 됩니다. 그보다는 영적인 감동이라는 표현이 더 맞을 것입니다. 그런데 그것을 회개라고 이름 붙이는 바람에 그다음에는 잘못을 고백하는 것으로 바뀌게 되었습니다. 하지만 그것보다는 훨씬 더 큰 것이었습니다. 그런 경험이 저한테는 계속되지 않았어요. 다 알다시피 그것이 계속되는 것은 아니지만 반복 경험을 하는 사람도 있더라고요. 은혜를 입고 몇 년 있다가 또다시 은혜를 입었어요. 저는 딱 한 번 그런 경험을 했는데, 얼마 안 가서 그것이 식는다는 것을 알게 되었습니다. 그다음에 어떤 일이 일어났느냐면 자기가 걸어온 경험이나 영적 감동을 가지고 재탕하는 것이었습니다. 왜 그랬냐 하면 그에게 그다음이 없었기 때문입니다. 제가 나중에 그것을 이렇게 정리했어요. 출산을 했다면 그다음에는 길러야 하고 가르쳐야 한다는 것입니다. 기른다는 것은 그냥 먹고 크는 것을 말합니다. 거기에는 시간이 걸립니다. 아무 문제의식도 없이 크는 때입니다. 그다음에는 가르쳐야 합니다. '국산사자음미체'(국어, 산수, 사회, 자연, 음악, 미술, 체육 교과목에 대한 약칭)를 배우는 것입니다. 이 배움의 시기에 많은 질문들이 생겨날 것입니다. '하나님, 왜 저한테 이런 것을 물어보십니까? 왜 이런 시련을 주십니까?' 비유컨대 이런 물음들을 던지게 하는 것이 그런 과목이라고 봤던 것입니다.

하나님이 저한테 그렇게 도전해 오시는데 세상의 것으로는 답이 되지 않는다는 것을 하나씩 배워 갔습니다. '영광이란 무엇인가? 영생이란 무엇인가? 확신이란 무엇인가?' 이런 것들을 설명해야 했습니다. 우리가 병원에 가면 제일 먼저 의사가 하는 일은 환자를 진찰하는 것입니다. 감기가 들면 의사는 증상을 완화시킬 뿐 치료하지는 못하잖아요? 우리는 증상을 치료하려 들었지, 그 병을 치료하는 것에는 무지했습니다. '하나님은 우리를 무엇으로 만드시려고 하는가? 왜 우리에게 이런 과정을 요구하시는가?' 이런 밑바닥 질문에 대하여 답을 내려 하지 않고, 그저 증상을 잠재우려고만 했다는 것입니다. '약을 먹으면 열이 내려가고 콧물이 나지 않습니다'라는 식의 답이 저에게는 해답이 되지 않는 지점까지 온 것입니다. 그때까지 제가 교회에서 들은 설교는 모두 옛날로 돌아가자는 이야기였고, 또 부흥에 관해 이야기를 하지만 그것은 출생에 관한 것이잖아요. 사실 태어나서 양육을 받는 동안에는 그냥 잘 커야 하는 것이고, 그다음에는 이런 도전을 받게 됩니다. '왜 내 인생은 고달픈가? 나는 무엇이 안 되는가?' 이런 질문들에 대한 세상에서의 답은 악바리가 되라는 것이었습니다. 사람이 착하게만 살아서는 험한 세상을 살아낼 수 없다는 것입니다. 그런데 예수님을 믿는 사람은 그 믿는 것으로 보상을 받고 싶어 합니다. 똑같은 승부의 자리에서 세상 사람들은 하나님 없이 움켜쥐려 하는 반면에, 신자들에게는 하나님을 핑계로 승리를 얻으려는 승리주의가 그 맨 밑바닥에 있습니다. 하나님을 내 편으로 만들려는 것입니다. 그런데 하나님은 그런 식으로 답을 안 하시잖아요? 그래서 이렇게 질문한 것입니다. '이것은 어디서 어긋난 것입니까?' 이 질문에 대한 답도 성경에서 찾아야 했습니다. 그래서 성경 강해 설교를 하게 된 것입니다. 그런 질문을 가지고 성경 어느 구절에 가면 이런 내용을 다루는 데가 있을 것이다 하고 찾은 것입니다. 그런데 제가 들었던 설교는 밤낮 같아서 어느 구절에서든 다 같은 이야기였습니다. 그래서

시간 속에서 일하시는 하나님

성경구절들을 다 따라가 보자고 한 것입니다. 그렇게 하면서 저는 내 은사라고 할 수도 있는 '문맥'을 알게 됐습니다. 설교가 전부 단어에서 그치고 단어를 명분과 묶어 버리니까 문맥이 없었던 것입니다. 문맥이 없으면 줄거리가 없잖아요. 그러나 줄거리에는 질문이 들어 있습니다. 거기에 질문이 감춰져 있기 때문입니다. 이런 식으로 한 가지 이유를 찾아보면 질문과 답이 있고 질문과 답 사이에 많은 단계가 있다는 것을 하나씩 알게 됐습니다. 이제 저는 복음주의나 자유주의가 내놓은 신학 지식이 아니라, '하나님이 무엇을 하시려고 하는가'에 대한 성경 전체의 개관을 알게 되었습니다. 하나님은 우리한테 후사가 되라고 하십니다. 그것은 말하자면 대기업가가 자기 자식을 건설 현장부터 보내는 것과 같다고 할 수 있습니다. 예전에 그런 이야기를 들은 적이 있습니다. 재벌의 아들인데 작업복을 입혀서 건설 현장에 보냈는데 그에게 아무 일도 못 시켰다고 합니다. (웃음) 그 아들이 화가 치밀고 또 거기 가 있는 것 자체가 싫어서 넥타이 매고 나갔다는 것입니다. 그러자 아버지가 불렀습니다. "네가 회사를 이어가려면 거기서부터 경험해야 한다." 얼마나 당연한 이야기입니까? 우리는 그것을 다 거부합니다. 다들 재정 담당 이사쯤 되고 싶어 하고 기획실로 가고자 합니다. 하지만 하나님은 그렇게 안 하십니다.

조주석 출판되는 책들에서 도움을 받으신 적이 있으세요?

박영선 해외에서 들어오는 책들도 보면 제가 관심을 갖는 부분에 대해 이야기하는 사람들은 거의 없었습니다. 달라스 윌라드나 오스 기니스와 같은 기독교 사상가들은 이미 어느 단계에 올라가서 그런지 제가 문제로 삼았던 과정을 그렇게 구체적으로 설명하지는 않았습니다. 본인들은 상당히 위로 올라가 있는 것이 분명했습니다.

조주석 목사님은 성경과 인간 현실을 연결하는 것이 설교라고 하셨는데 성경에서 말하는 큰 문제를 무엇으로 보게 되셨어요?

박영선 성경에서 말하는 제일 큰 문제 중 하나는 우리의 정체성에 관한 것입니다. 인문학에서도 정체성과 운명을 중요한 주제로 생각합니다. '이 문제에서 인간의 본문은 무엇이 되어야 하는가? 그 본문이 만들어지는 문맥은 왜 이런 것들인가? 부조리는 왜 있는가?' 이런 것들이 아닙니까? 그래서 성경이 그 문제에 대해서 어떻게 푸는지 보고 싶었습니다. 그 이야기를 안 하면 성경이 성경일 수 없다고 생각한 것입니다. 성경은 그 문제를 다루어 줍니다. 그런데 그 문제는 워낙 심오하기도 하고, 또 성경의 장르나 기법이나 표현이 정말 심오해서 이렇게 맞추면 보물이 이렇게 나오고, 저렇게 맞추면 보물이 저렇게 나왔습니다. 사실 저한테는 기가 막혔습니다. 그래서 제가 이것을 개괄하고 싶었던 것입니다. 우리는 다 실존적 신앙으로 시작하지 않습니까? 그것은 누구나 피할 수 없는 사실입니다. 내가 태어난 것은 이미 일어난 과거 사건이고, 또 지금의 나는 시간이 많이 흘러 지나온 그 과거의 결과물인 것이고, 앞으로는 내가 책임져야 할 미래가 나의 한 부분으로 남아 있습니다. 그러니까 사실 정신이 없습니다. 과거의 인물을 만난 적도 없고, 미래의 인물은 어떻게 될지 모르지만 하나님이 만들고자 하시는 경우에 나도 한 자리를 차지하고 있다는 것입니다. 아브라함 이야기만 해도 그런 식으로 봐야 하고, 이삭이나 야곱도 다 그렇습니다. 그렇게 앞뒤가 있는 시간 속에 전체 이야기가 나옵니다. 지난번에 이야기한 대로 "성경 읽기는 추리소설을 읽는 것과 같다"는 것입니다. 성경은 이렇게 저렇게 보이는데, 그 보이는 것이 다만 우리에게 결론을 확인시켜 주려고 하는 것이 아니라 그것 자체가 중요하다는 것입니다. 애거사 크리스티의 추리소설을 토대로 한 영화 「오리엔트 특급 살인」이 있습니다. 초호화열차인 오리엔트 특급 열차가 이스탄불에서 런던으로 향해 가던 중 한 골동품

판매상이 열차 안에서 살해됩니다. 이때 사건이 일어난 객차 안에는 한 탐정을 제외한 승객 열두 명이 타고 있었고 그들 모두 수사 대상에 오르게 됩니다. 그 탐정이 수사를 맡게 되고, 현장에 남겨진 단서와 용의자들의 증언을 토대로 수사가 진행됩니다. 살해당한 자는 이전에 섬기던 주인인 암스트롱 대령의 딸을 납치하여 살해한 자였습니다. 수사 대상에 오른 사람들은 모두 암스트롱 일가의 가족이거나 지인 또는 그 대령에게 신세를 졌던 사람들입니다. 그래서 그들이 모의하여 한 사람씩 그를 칼로 찔러 죽이기로 한 것입니다. 그러나 그 일이 실행되기 전에 이미 그는 살해당하고 맙니다. 수사가 끝마무리될 즈음에 진범에 가까운 허바드 부인 즉 살해된 딸의 외할머니가 이렇게 부탁합니다. "사회는 이미 그에게 사형을 선고했고 우리는 다만 그 판결을 집행했을 뿐입니다. 만일 탐정께서 공개하실 뜻이 있다면 나 혼자 단독 범행한 것으로 해주시지 않겠습니까?" 이처럼 열두 사람 모두 범인이지만 선량한 사람들이었고, 도리어 피해자가 악당이었습니다. 탐정은 범인의 정체를 밝혀내지만 사건을 은폐하는 쪽으로 결말을 짓습니다. 이처럼 우리도 사회적·시대적 갈등 속에서 피해를 보거나 우연한 이유로 그런 자리에 처해 있을 수 있습니다. 그 우연이란 굉장한 조건입니다. 정당한 것만이 조건이 아니라 우연한 이유라는 것도 있습니다. 우리는 그것을 우연이라고 이야기할 수밖에 없습니다. 행불행이란 말 자체는 사실 책임 소재를 따지는 말은 아닙니다. 하나님은 그런 결과를 가져다준 책임이 누구에게 있느냐 하는 것과는 상관없이 그것을 얼마든지 당신의 창조 능력 안에서 다루실 수 있습니다. 저는 그 영화를 통해 하나님의 통치가 정도를 벗어나는, 공정함을 벗어나는, 규칙과 법도를 벗어나 더 좋은 쪽으로 쓰인다는 점을 알게 되었습니다. 그렇다면 우리의 고난이나 억울함에 대해 이렇게 생각할 수 있습니다. '이것으로 손해를 보지 않는다. 하나님은 이보다 더 적극적인 것을 만들어 내실 것이다.' 저한테는 성경의 많은 구절들이 그렇게 풀렸던 것입니다.

조주석 그러면 목사님은 설교자로서 자신의 자리가 어떻다고 말씀하실 수 있겠어요?

박영선 청중은 자신들이 아는 이야기를 설교자가 해줘야 은혜를 받습니다. 설교자는 그들이 알고 있고 할 수 있는 것을 말해 줘야 합니다. 타이태닉호는 침몰한 것으로 유명하지만 나는 배가 멋있어서 이야기합니다. 승객들이 배에 탄 다음에는 아무 생각도 안 합니다. 목적지에 도착할 때까지 그냥 쉬고 노는 것입니다. 교인이 그런 것 같습니다. 그러면 누가 그들을 데려가느냐? 승무원들이 데려갑니다. 그래서 목사인 우리는 승무원이라는 생각이 듭니다. 절대다수는 승객이 뭐가 불편하다고 하면 그것을 들어 주고 돌봐 주는 것이 승무원이 해야 할 가장 보편적인 임무라고 보는 것 같습니다. 하지만 배에는 선장도 있습니다. 그는 방향과 타이밍을 결정하는 사람입니다. 시대마다 그런 사람 즉 모세 같은 사람이 있어야 할 것입니다. 하지만 하나님은 동장이나 반장 정도의 사람들도 끊임없이 세우신다는 것입니다. 그런 측면에서 책임 있는 저의 자리가 있다고 생각합니다. 그것을 생각하지 않을 수 없는 자리에 왔다는 생각이 듭니다. 저에게 인상적인 사람을 들자면, 레슬리 뉴비긴, 달라스 윌라드, 로완 윌리암스와 같은 사람들입니다. 그들은 자신들이 상상하지 못한 독자를 가진 셈입니다. 그들이 제게 도움이 되었습니다. 그러나 그들이 나를 대신할 수 없는 사고와 내용과 현재 상황에 대해서는 내 책임이겠다는 것이 있습니다. 그들로 인해서 제가 도움을 받을 때마다 "아, 여기는 내 책임이구나" 하는 것이 점점 더 확실해집니다. 다시 말해, 내 배는 내가 조종해야 한다는 것입니다. 그들에게 항해 일지가 있고, 소감이 있고, 지침서가 있다고 할지라도 나로서는 하루하루 살고 또 책임져야 할 사람들이 있다는 그런 실존적 자세가 저한테 꽝장히 강합니다. 그래서 구름 위에 뜬 이야기를 하면 저는 질색합니다.

외면해 온 주제들을 다루다

조주석 목사님의 설교 사역을 2010년을 기준으로 해서 전후로 나눌 수 있다면, 그 이전과 이후의 설교 방향이 어떤 방향으로 진행되었는지 살펴보는 것도 흥미 있을 것 같습니다.

박영선 전반기 설교에서 제일 중요한 것은 '인생'이었습니다. 제가 생각지도 않았던 도전과 위기를 만났어요. 그래서 그 문제를 생각하지 않을 수 없었습니다. 이것은 하나님 없이는 해결할 수 없잖아요? '하나님은 왜 이렇게 하시는가?' 우리도 다 그 질문을 합니다. 사람들은 그에 대한 답을 제대로 풀지 않고 지나갈 수도 있습니다. 그러나 하나님이 저한테는 그냥 넘어가지 않게 하셨습니다. 그 문제를 풀어야 했습니다. 제가 자주 인용하는 말씀인데 저도 그와 같은 경험을 한 것입니다. "그의 발은 차꼬를 차고 그의 몸은 쇠사슬에 매였으니"(시 105:18). 제가 고난과 억울함을 당했다는 것이 아니라, 답을 찾을 때까지 하나님이 저를 놔두지 않으셨다는 겁니다. 그래서 저에게는 통일성 같은 것이 없습니다. 저로서는 가장 뼈아픈 것입니다. 우리는 사실 보고 배울 게 적었습니다. 돌아보면 한국교회는 정신없이 100년을 지내 왔습니다. 순교와 부흥이라는 역사로 인해 깊이 사고하고 연구할 기회를 얻지 못했다고 이야기해야 맞을 것 같습니다. 위대한 신앙인들이 우리 선배 중에 많지만 '어떻게 신앙적으로 사고하며 일상을 어떻게 살 것인가' 하는 것에 대하여 정리한 것도 극히 드물었고, 한 분에게서 하나씩 하나씩 우리가 배웠지만 정리할 틈도 없었습니다.

조주석 후반기로 접어들어 60대에 설교하시면서 '다시 보는' 시리즈를 계속하셨어요? 왜 다시 봐야 한다고 생각하셨습니까?

박영선 처음에 설교할 때는 모르고 지나온 것이 너무 많았습니다. '다시 보는'에 '또다시 보는'이라는 시리즈를 할 수 있을지 모르겠지만 그 나이에 보는 것이 달랐습니다. 손주를 길러 보니까 이전에 자식을 길렀던 생각이 나더라고요. '그때는 제대로 사랑해 준 적이 없구나' 하는 생각이 들었습니다. 그 시절에는 치열해서 정신적으로나 현실적으로 사랑할 여유가 없었습니다. 사실 후회가 되고 다시 잘하고 싶은 마음이 들어 성경을 다시 보게 되었습니다.

조주석 그러면 이전에 봤던 것에서 더 발전한 부분에는 어떤 것들이 있을까요?

박영선 종교성에 관한 문제였습니다. 종교가 성립하는 데는 설교에서 이야기한 대로 믿는 대상 곧 신이 있어야 합니다. 그러나 무속 신앙은 그 대상이 없으니 치성을 드리는 자만 있습니다. 그것은 저리 젖혀 놔야죠. 그다음에 신들을 믿는다고 할 때 그 신이 요구하는 기본적인 것은 도덕성입니다. 이것이 없다면 신으로서 가치가 없습니다. 그런데 그것이 단지 도덕성에 그친다면 그 신에게 가서 빌 필요가 없는 것입니다. 신은 보상을 해줄 능력이 있어야 합니다. 그런데 여기서 신이 초월적인 힘을 갖고 있다 해도 와서 비는 자가 자신의 필요를 요구하니까 보상해 주는 정도의 신에 그친다면 그 신은 어떤 신이겠습니까? 그것은 그가 만든 신에 불과한 것이 아니겠습니까? 신이라면 인간보다 큰 가치와 운명을 쥐고 있어야 한다는 것입니다. 이런 맥락에서 이전의 한국교회 설교는 성경을 읽고서 도덕성과 종교성으로 결론을 내리고 실천윤리를 강조하는 것이 대다수였다고 생각합니다. 그래서 저는 이제 '하나님은 뭘 원하시는가', '우리는 왜 그 문제에서 실패하는가' 하는 문제를 생각하게 되었고, 저의 설교도 그다음으로 넘어온 셈입니다. 하나님이 우리에게 무엇을 요구하시는가를 아는 데는 시간이 꽤 걸렸습니다. 성부 하나님과 성자 하나님이 사랑으로 묶여 있듯이, 하나님이 우리보고 사랑을 나누자고 하십니다. 사랑을 나누고 믿음을 나누려면 상대는 자발성을 가지고 있어야 합니다. 하나님이 우리에게 자유를 주셔야 합니다. 우리는 이 자유를 자신의 권리로 쓰게 되는데 거기에는 책임이 따른다는 것입니다. 여기에서 수많은 갈등들이 생기는 것입니다.

조주석 로이드 존스에게서 받은 영향과 자세에 관해서도 이야기하셨어요. "나는 로이드 존스의 어깨에 올라서서 또 다른 이야기를 했다"고 말입니다 (『직설』). 그것이 무엇이었는지요.

박영선 그 말은 서양 사람들이 쓰는 표현입니다. 거인의 어깨에 앉아서 보면 자신의 키보다 더 크니까 멀리 있는 것까지 볼 수 있지 않겠어요? 그것이 선조들에 대한 고마움입니다. 선조들이 우리를 여기까지 데려왔기 때문에 그다음을 할 수 있었다는 뜻이죠. 저는 처음에 로이드 존스를 하나의 롤 모델로 삼고, 교인들에게 그의 설교집을 가지고 설교한다고 말했습니다. 그렇게 로마서와 에베소서를 했습니다. 이렇게 하는 것이 제가 커 가는 과정이었을 것입니다. 그의 설교는 굉장한 권위를 가지고 있습니다. 하지만 그의 본문 해석이 저한테는 충분하지 않았습니다. 제가 로마서와 에베소서를 설교하면서 느낀 것입니다. 본문을 깊이 해석한다는 것은 설교가 힘이 있고 정직하다는 것과는 또 다른 하나의 숙제이겠다고 생각하게 되었습니다. 그것을 배운 것이지요. 저는 로이드 존스 덕분에 성경을 진지하게 대하는, 단지 도덕적으로 보지 않고 '하나님이 뭐라고 하시는가' 하는 하나님의 주도권을 꽉 붙들고 출발할 수 있었습니다. 그렇게 하면서 이제 성경본문이 더 보이기 시작한 것입니다. 이것은 하나님이 저에게 준 은사라고 생각합니다.

조주석 한두 가지 예를 들어 주시면 좋겠습니다.

박영선 본문에 대한 해석이란 구절 전체의 흐름이 무엇인지 이해해야 하는 것이어야 합니다. 하나님이 무슨 이야기를 하시고 싶어 하는 것인지 말입니다. 이사야서는 명확하게 이스라엘의 멸망을 논하고 있습니다. 그것이 현실입니다. 그러나 하나님이 이스라엘에게 "너희는 망할 수밖에 없다"고 말씀하시는 것은 경고에 그치는 것도 아니고, 그들을 외면하시겠다는 것도 아닙니다. "너희가 왜 이것을 모르느냐" 하는 하나님의 비명 같은 것이거든요. 그 안에 다 그런 것들이 녹아 있다고 봅니다. 은혜로 회복시켜 주시겠다고 하는 약속이 있는데도 그들을 결국 바벨론에 보내십니다. 그러니까 그것은 형벌이 아니고 그들에게 뭔가 가르치시기 위한 것입니다. 우리는 그들에게 하신 약속이 결단코 취소되지 않는다는 것을 알고 있습니다. 그 약속한 것이 어느 때는 우리를 내버리시는 것 같고 형벌에 처하시는 것 같은 현실 속에서 이루어지고 있다는 것입니다. 우리는 본문에서 이것을 잘 구별해 내야 합니다. 제 앞에 계셨던 분들에게서는 그런 것들이 시원치 않았습니다. 그분들은 "이러면 안 된다"고 하는 데까지만 가신 것 같습니다. 하나님이 이 징벌을 교육용으로 내리신 것은 이스라엘 백성을 돌이키시고 찬송을 받아내시려는 데 있었다는 것입니다. 저는 바벨론이 쳐들어온 게 아니라, 하나님이 그들에게 이스라엘을 팔아 버리신 것이라고 봅니다. 이것은 성경이 보여주는 무시무시한 시각입니다.

조주석 하나님의 징벌이란 고치기 위한 징벌이지 멸망으로 집어넣는 것이 아니라는 말씀이시죠?

박영선 고친다는 게 굉장히 많습니다. 우리의 기대와 다르다는 것을 우선 알아야겠습니다. 그 다르다는 것은 하나님이 목적하시는, 에베소서에서 말씀한 대로, 우리가 "하나님의 영광의 찬송"(엡 1:12)이 되는 것을 뜻합니

시간 속에서 일하시는 하나님

다. 이것은 윤리 도덕만을 가지고서는 다 설명할 수 없습니다. 그것이 바로 제가 윤리 도덕을 자꾸 과소평가하는 이유이기도 합니다. 윤리 도덕이라 하면 그것은 잘못을 안 하는, 나쁜 짓을 안 하는 데 초점이 맞춰지기 때문입니다. 우리가 하는 칭찬은 상대를 가리켜 착하다고 하는 것이 최고요 최종이겠지만, 하나님은 그보다 훨씬 더 나아가서 성숙한 인간을 만들겠다고 하셨습니다. 그것은 우리가 아는 인간보다 훨씬 더 나아가는, 예수님에게서 보는 것입니다.

조주석 창조, 구원, 완성이라는 큰 구도 속에서 보자면 개인이든지 교회든지 결국은 그 정점을 향해서 가는 것이지 않겠습니까? 이 사실을 놓치지 않아야 건실한 시각을 가질 수 있겠습니다.

박영선 형벌이니 구원이니 하는 이야기를 하게 되면 그것은 역사여야 합니다. 현실에 드러나는 구체적 과정이 들어가 있다는 것입니다. 우리가 자꾸 놓치는 것이 바로 그 지점입니다. 시간과 경우라는 것을 놓치고 본문을 이야기하게 되면, "왜 이랬어? 당신들 그러지 마" 하는 정도에서 끝나 버립니다. 그리고 이제 다른 탈을 쓰고 나타납니다. 자신에게 실력은 없고 또 무너지는 현실들을 겪으면서 "하나님, 어찌하란 말입니까? 언제 나를 평안하게 해주시겠습니까?" 하고 대듭니다. 그러면 하나님은 "다시 생각해 봐라" 하십니다. 성경 전체가 이런 경우들을 펼쳐 보인다는 것입니다. 성경은 그런 경우들에서 왜곡과 실패를 펼쳐 보일 뿐 아니라 거기에 답도 담아 놓고 있습니다. 우리는 성경에서 그것을 읽어내야 합니다.

조주석 후배들은 선배의 어깨를 딛고 선다는 말이 있습니다. 그 말은 그보다 더 뛰어나거나 훌륭해야 한다는 말이 아니라, 후배는 다른 차원에서 봐야 한다는 뜻으로 이해됩니다.

박영선 언제나 과거를 되풀이할 뿐이지 더 나아가지 못하는 것 같습니다.

조주석 그런 점도 좀 언급해 주셨으면 합니다.

박영선 제가 정답을 이야기할 필요는 없으니까 제가 겪은 이야기, 제가 생각하고 받은 유익이나 한계 같은 것들을 이야기하겠습니다. 어떤 한계에 관해 이야기하는 것은 굉장히 중요하다고 생각합니다. 정말 착실히 자기가 쌓아 놓은 층위에서 자기 주위를 돌아본 이야기를 해야지, 자기 것은 없고 돌아다닌 이야기만 한다면 그것은 그냥 관광 가이드북이 되고 말 것입니다. 기독교가 이해가 되면 틀린 것입니다. 우리의 생각과는 다른, '다른'이라고 하면 대척점이 생기게 되니까, 우리의 생각을 '넘어서는' 이야기를 해야 합니다. '죽음을 이긴다', '영생을 가졌다' 하는 내용이 이해되어야 합니다. 영생도 없고 가치도 없고 운명을 이겨낼 수도 없는 우리의 조건에서 하나님은 그것을 이기는 쪽으로 우리를 끌고 가십니다. 하나님은 우리가 그것에 대해 알기를 원하십니다. 제가 성육신에 관해 이야기할 때 이렇게 이야기했습니다. "하나님이 그 아들을 보내셔서 하나님이 이 땅에 오신 것 같이, 마치 우리도 또 다른 예수가 되어 우리의 인생을 살고 있다." 예수께서는 신의 모습과 신의 권력을 가지고 계시지 않는 것처럼 보여서 사람들에게 배척받았습니다. 마치 우리의 신앙 수준이 연약하고 믿음이 별 볼 일 없어서 당하는 모든 것이 그것과 굉장히 비슷하다는 것입니다. 물론 예수님은 모든 것을 가지셨으나 포기하신 것이고, 우리에게도 믿음과 능력은 있지만 사람들의 눈에는 그것들이 거짓말처럼 들릴 것입니다. 우리의 이런 현실이 예수님의 성육신과 똑같은 조건을 형성한다는 것입니다. 그의 공생애가 일을 한 것처럼 우리의 생애도 일한다는 것을 알아야 합니다. 물론 우리의 약점은 인정할 수 있어야 합니다. 그러면 이때 언제나 등장하는 것이 있습니다. '그래, 아무것을 안 해도 되잖아' 하는 유혹입니다. 우리는 그것을 이겨내야 합니다.

조주석 로마서 설교에서 이런 이야기를 하십니다. "진실이란 시간을 초월한 개념이 아닙니다. 시간 속에서 만들어지는, 반성하고 덧입혀 구체화되는 것입니다. 욕먹고 후회하고 그렇게 죽어 누적되고, 누적되어 우리 다음 세대가 디디고 넘어갈 수 있게 해야 합니다"(『다시 보는 로마서』). 이 '누적론'에는 '성화'의 개념도 들어 있다는 생각이 듭니다.

박영선 우리는 성화 혹은 안목이나 분별에 대하여 '개안한다', '득도한다'라는 개념으로 가지고 있습니다. 그런데 기독교에서는 인간의 실수를 인정하고 실패를 인정합니다. 그 실패가 우리를 만드는 데 있어서 하나의 역할을 한다는 것입니다. 그것을 '잘했다, 잘못했다'라든지 '죄와 의'라는 이분법으로 나누지 말고, 예수님을 만난 이후의 삶에 대해서는 부끄러운 것과 명예로운 것으로 나눠야 한다는 것입니다. 부끄럽다는 것은 죄를 지었으니까 벌을 받아야 한다는 것과는 다른 것입니다. 그것은 마음에 반발력을 가질 수 있는 수치감을 갖게 한다는 뜻입니다. 그래서 명예로운 삶으로 가려면 이 반발력이 굉장히 중요하다고 생각합니다. 잘못한 것에 대한 이러한 후회가 우리를 크게 합니다. 그것이 바로 잘못한 것이 하는 역할이어야 합니다. 그래서 안목이나 성숙이라는 개념은 '옳게 되는 것', '지식이 쌓이는 것'이 아니라 '사람이 크는 것'이라고 생각해야 합니다. 어느 날 보이지 않던 것이 보이게 된 것은 키가 커서 담벼락 너머가 보이기 시작했다는 뜻이 될 것입니다. 하나님이 우리를 그렇게 만드신다고 이해하게 되었습니다. "걱정하지 마라. 당신의 실패가 당신에게 결격 사유가 되지 않는다. 그 상처가 당신에게 수치로 남지 않는다. 예수님도 손에 못 자국을 가지고 계셨다." 제가 그렇게 설명했던 것 같습니다.

조주석 2017년 일병목회강좌에서 이런 말씀도 하셨어요. "자꾸 자기 자신을 씻어내려 하지 말고 땟국물이 줄줄 흐르는 몸이 커 나가야 합니다"(『안목』). '누적론'과도 일맥상통하는 것 같습니다.

박영선 그럼요. 예를 들면, 삼국지에서 우리 뇌리에 박혀 있는 것은 그들이 어떤 고난을 이겨냈는가 하는 것이었습니다. 어떤 좋은 부모 밑에서 쑥 컸다는 사람들은 다 망했잖아요. 사람을 만드는 데 있어서 스스로 자기 한계를 아는 것이 가장 중요합니다. 그것을 넘어설 때 그가 위대해지는 것입니다. 한계를 가진 우리에게 하나님이 "너희는 성공하게 돼 있다"라는 약속의 테두리 안에서 우리에게 기회를 주신다는 사실을 잊지 않아야 책임과 소망을 가질 수 있습니다.

조주석 그 부분을 많이 놓치는 것 같습니다.

박영선 자책을 해서 체념 상태에 빠지는 것이 제일 무섭습니다.

조주석 설교에서 목사님은 절망, 분노, 체념, 의문, 실패가 신자의 인생에서 무엇을 하는지 적극적으로 다루셨어요. 이런 주제는 사실 설교자나 신학자들이 거의 외면해 온 것 같은데요. 그렇게 하신 특별한 이유나 목적이 있을까요?

박영선 인간에게는 고유한 자기 질문이 있습니다. 앞서 이야기한 정체성에 관한 것도 그런 것이고, 인생의 가치와 보람은 누구나 원하는 것입니다. 세상은 거짓말을 합니다. 사람이 성공하고 소유하면 답을 갖는다고 말합니다. 하지만 그것이 아니라는 것은 이미 인류 역사 속에서 확인된 것이 아닙니까? 그런데도 다른 수가 없고 대안이 없어서 그렇게 사는 것입니다. 인간이 정말 인간다워야겠다는 도전은 인문학에서도 넘쳐나게 나오고 있습니다. 문학에서도 마찬가지고요. 인문학은 결국 인간의 정체성과 운명을 묻는 것입니다. 그래서 '살아 있다는 것, 살아야 한다는 것은 뭘 해야 하는 것인가'라는 데로 향했습니다. 아마 가장 중요한 해답으로 제시됐던 것이 실존주의 같습니다. 그러나 실존주의는 허무주의에 대한 반발에 불과한 것이었지 대안을 내놓지는 못했습니다. 대안은 기독교밖에 없습니다. 불교가 하는 이야기는 정직합니다. "다 헛되다. 다 놔버려라." '그렇다면 우리 인간이라는 존재와 한 번 살아야 하는 삶이란 그냥 아무것도 아니란 말인가?' 그래서 그럴 수 없다는 것이 인간이 가지는 갈증이라는 것입니다. C. S. 루이스가 실존적으로 출발할 때 이 갈증을 느낍니다. '저 너머, 실제로는 가볼 수도 없고 그런 것이 있다는 약속도 없는데, 마음속에 일어나는 더 높은 곳에 이르고 싶은 끝없는 갈증과 갈망이란 어떤 것인가?' 사람이 이런 갈증을 갖게 되면 한 인간으로서 그는 그 답을 기어코 찾아야 합니다. 그것을 찾으려면 일단 거짓말들을 걷어내야 합니다. (웃음) 먼저는 유혹과 가짜가 있습니다. 그다음에 특히 잘못하는 것은 자폭하는 것, 체념하는 것, 외면하는 것들입니다. 그런 것들을 걷어내야 합니다. 그런데 우리에게는 체념이 제일 많습니다. 설교자는 그것을 비겁한 짓이라고 가르쳐야 합니다. "체념하는 것은 비겁한 것이다. 타협하는 것은 비겁한 것이다. 더 진지하게 고민해라. 누구한테 네 것을 까발릴 필요 없다. 그런 식으로 자기의 책임을 떠넘기지 마라. 네가 끝내 찾아내어 맛을 보아라. 여호와의 선하심을 맛보아 알지어다." 이렇게 되는 것입니다. 설교자는 그것을 자꾸 강조해야 합니다.

조주석 이런 것들은 목사님의 인생과도 관련되어 있을 것 같습니다.

박영선 당연히 그렇습니다. 예전에 부흥 시대 때는 그런 방황의 시간을 이야기하는 것이 회개였고, 또 답을 얻었다는 방증으로 제시되었습니다. 하지만 답은 그렇게 간단하게 나오지 않습니다. 부흥 시대에 가졌던 우리의 감동이란 시작이고 동력일 뿐이었고, 아직 신앙의 충만한 내용에까지 다 들어간 것은 아니었다는 것입니다. 그 내용은 너무나 많고 끝이 없어서 멀리서 바라볼 뿐이었고, 그중에서 우리는 어떤 열매 하나를 맛본 것에 불과합니다. 그런 측면에 대해 우리는 다 열어 놓아야 합니다.

개혁주의 신학을 삶의 언어로 풀어내다

조주석 목사님은 전통적인 개혁주의 노선에 서서 설교를 교리적 언어가 아닌 삶의 언어로 풀어내셨다고 생각합니다. 그렇게 하신 이유가 무엇인가요?
박영선 기승전결 방식이 여기에 쓰인 것입니다. 텍스트는 콘텍스트가 없으면 담기지 않습니다. 콘텍스트 자체만 이야기하면 그것은 그냥 단어에 불과합니다. 제가 수사법을 쓸 때 구약의 이야기를 많이 등장시키는 이유도 그런 까닭입니다. 거기에는 콘텍스트가 분명히 있습니다. 그렇게 해서 결론에서 공감으로 이어지게 합니다. 어떤 분이 사람을 잘 기억해서 어떻게 그렇게 잘 기억하시느냐 묻자, 그가 콘텍스트를 꼭 기억한다고 했습니다. '언제 같이 식사한 사람이다'라는 식으로 말입니다. 우리가 이름만 놓고 쭉 외우면 콘텍스트가 없으니까 그 사람이 쉽게 떠오르지 않습니다. 하나님이 우리에게 콘텍스트를 주신 것은 굉장한 것입니다. '거기서 내가 무슨 이유로 싸웠고, 무슨 이유로 도움이 되었다' 하는 것들이 있게 하시는 것이 하나님이 우리를 기르시는 방법입니다. 그래서 시공간 없이 무엇을 개념화하는 것에 대해서 제가 펄쩍 뛴 것입니다. 누군가 옳은 이야기만 혼자 다 쏟아내면 정말 참지 못하겠더라고요. 제가 늘 이야기하듯이 "물 좀 줘"라고 했을 때 물이라고 쓴 종이를 갖다 주면 누가 좋아하겠어요? 실제로 물을 컵에 담아서 갖다 줘야 하잖아요? 그래서 수사적 표현도 전부 그런 맥락에서 나왔습니다. 예화를 들거나, 풀어가는 것을 이야기 속에 초대해야 합니다. 무슨

시간 속에서 일하시는 하나님

영화 이야기를 하더라도 그 영화를 봤어야 서로 통하잖아요? "예수님이 벤허한테 물 한 바가지 준 장면에서 말이야." 이렇게 이야기를 할 때 그 앞뒤를 모르면 "예수님이 벤허한테 물 한 바가지를 주셨어요?" 이런 엉뚱한 말이 나올 수 있습니다. 이렇게 어떤 맥락 속에서 설교가 진행되어야 사람들이 본문을 기억하고 자기 콘텍스트에 사용할 수 있다고 생각했습니다.

조주석 설교에서 독특한 표현들도 많이 사용하셨어요. 그중에서도 "묶여 있다"라는 말이 있는데, 최근에는 다른 말들과 묶어서 쓰시더라고요. "던져지고 묶인 자리", "묶인 우리", "묶인 관계", "정황에 묶여서"와 같은 표현들입니다. 왜 이런 표현을 쓰시게 되었나요?

박영선 그 표현에 대해서 가장 크게 도움을 준 것은 요셉 사건이었습니다. 앞에서도 이야기했는데, 시편 105편에 보면 요셉을 묘사할 때 전부 수동태로 묘사됩니다. 종으로 팔려가고, 차꼬를 차고, 쇠사슬에 매이고, 전부 이런 식입니다(시 105:17-18). 우리가 선택해야 한다고 할 때, 뜻밖에도 환경적이고 외부적인 것은 선택할 게 거의 없습니다. 우리는 인간성에 대해서만 선택할 뿐입니다. 자기의 인격, 어떤 영적 신앙 같은 부분은 자기가 선택하지만, 자기 외부에 있는 콘텍스트는 선택을 못 합니다. 언제 태어나고 어디서 태어나고 하는 환경이나 집안의 문제일 때는 전부 수동태입니다. 그래서 하나님이 일하신다고 강조한 것입니다. 하나님이 우리를 이런 콘텍스트 속에 데려다 놓으시면, 우리는 이 환경 속에서 몸부림쳐야 합니다. 거기서 무엇을 만들어 내야 하는지 고민하고, 반응하고, 책임지는 일들이 생기게 됩니다. 그런 문제에 대해 훨씬 적극적으로 논하자면 요한복음 17장에서 찾을 수 있습니다. "아버지여, 아버지께서 내 안에, 내가 아버지 안에 있는 것같이 그들도 다 하나가 되어 우리 안에 있게 하사 세상으로 아버지께서 나를 보내신 것을 믿게 하옵소서. 내게 주신 영광을 내가 그들에게 주었사오니 이는 우리가 하나가 된 것같이 그들도 하나가 되게 하려 함이니이다"(요 17:21). "아버지께서 나를 너희에게 보내신 것같이 나도 너희를 보낸다. 너희도 하나가 되어 우리 안에 있게 하려고 한다. 너희는 성부와 성자의 관계에 부름을 받는 것이다." 우리의 상태는 이처럼 수동태적입니다. 그것은 우리가 선택해서 가는 최대치가 아닙니다. 우리는 신적 창조의 최대치에 부름을 받아 연합되어 있습니다. 이것은 신앙상의 굉장한 내용을 말하고 있는 것입니다.

조주석 그러니까 '묶다'라는 말은 콘텍스트 즉 정황을 중심으로 말씀하신 것이고, 그 '묶여 있는 상태'에 들어와야 신앙생활이 이루어진다. 신앙이라는 것이 형성되고 장성한다. 그런 차원에서 '묶다'라는 말을 쓰셨다는 뜻이죠?

박영선 네, 그렇습니다.

조주석 하나님의 속성을 말씀할 때도 조직신학에서 쓰는 용어는 거의 쓰시지 않습니다. "무시무시한 하나님"(『호세아 설교』), "우리를 그물코처럼 묶어 놓으신 하나님"(『다시 보는 사사기』), "피투성이가 된 하나님"(『다시 보는 로마서』)과 같은 표현을 쓰셨어요. 좀 쓰기에 머뭇머뭇하고 주저할 만한 표현입니다. 제 기억으로는 호세아서를 설교하시면서 "무시무시한 하나님"이라는 표현을 자주 쓰셨던 것 같아요. 어떤 의미로 쓰셨습니까?

박영선 그것은 공포를 말하는 것이 아닙니다. 하나님이 진정성에 있어서 우리를 어떻게 하시나 본다는 뜻입니다. 명령하시고 지령을 내리시는 하나님이 아니라, 우리의 현실에 동참하신다는 것입니다. 하나님은 우리의 존재와 삶과 현실에 동참하시는 임마누엘의 하나님이십니다. 하나님이 거기까지 우리의 손을 잡고 따라 들어오십니다. 우리의 선택을 허락하시므로 하나님이 거기에 묶이시는 것입니다. 하나님이 강제로 우리를 꼼짝달싹 못하도록 묶고 끌어가시는 것이 아니라, 우리의 선택권을 보장해 주십니다. 하나님은 우리의 잘못된 선택에도 따라 들어오십니다. 그래서 저는 이것을 설명하기 위해 「디어 헌터」라는 영화 이야기를 했었습니다. 주인공이 친구를 살려내려고 러시안 룰렛을 하지 않습니까? (웃음) 친구를 살려내려면 그쯤 되어야 합니다. 하나님이 우리 손에 죽는 데까지 오신다고 가르치는 것이 기독교입니다. 무시무시한 하나님 아닙니까?

조주석 그런 관계적 표현을 쓰면 청중도 금방 이해할 수 있겠어요. 어쨌든 그런 표현들이 목사님의 설교에 굉장히 많이 등장합니다.

박영선 제가 고민을 많이 해서 그래요. (웃음)

조주석 설교에서 예화도 많이 사용하십니다. 영화나 스포츠, 무술, 인생, 역사 이야기 말입니다. 이런 예화도 어느 맥락에서 쓰느냐가 굉장히 중요할 것 같습니다. 예화를 잘못 사용하면 양념처럼 될 수 있기 때문입니다.

박영선 그 점이 굉장히 중요합니다. 말하자면 그런 예화가 열쇠 같은 느낌을 주어야 합니다. 우리가 신앙을 가질 때는 초월적 상상력에 붙잡힙니다. 그래서 현실적인 이해를 놓치게 됩니다. 다 좋은 말씀이지만 좀 막연할 수 있다는 것입니다. 영화마다 정말 생과 사가 갈리는 순간들이 나오죠. 영화에 그런 반전이 있습니다. 그런 예화를 들면 실체로 느껴지게 된다는 것입니다. '아, 이것이 그런 문제구나. 이 지점에서 방아쇠를 당길까 말까 하는 문제구나.' 이렇게 현실감을 느낄 수 있게 됩니다. 사실 설교에 쓰려고 준비한 예화는 훨씬 적은데 준비하지 않은 예화가 툭 튀어나옵니다. 제가 설교를 하다가 보면 청중이 못 알아듣는 것을 알아챕니다. 그러면 저는 그 대목에서 예화를 동원합니다. "이랬을 때는 이러지 않았느냐. 이것이 바로 그런 경우를 말한다" 하는 식으로 말입니다.

조주석 말씀과 예화가 서로 겹쳐지면서 그 예화가 말씀을 설명해 준다고나 할까요.

박영선 청중이 설교를 따라오지 못하고 적극적으로 반응을 보이지 않을 때가 있습니다.

조주석 목사님께서 후반기 설교에서 '명예'라는 말을 많이 사용하셨어요. 그 말은 누구나 쓸 수 있지만 목사님은 그 말에다 새로운 의미를 담아서 전달하셨어요. 이렇게 이중 언어를 쓰면 설교가 훨씬 더 풍부해질 것 같습니다. 이런 풍부함을 갖지 못하면 단세포적이고 적대적이고 배타적인 태도를 보일 것 같습니다.

박영선 네, 이분법입니다.

조주석 기독교 안에서 반공 이념 문제만 놓고 보더라도 자신의 정치적 성향에 따라 보수와 진보가 굉장히 적대적 태도를 보이거든요.

박영선 그냥 옛날에는 그것으로 끝이었습니다. 더는 대화가 안 되고 적의를 나타낼 뿐이었습니다. 누구를 비난해서 자기 지위와 존재가 설명되는 것은 비겁하다고 생각합니다.

기승전결 식의 설교를 하다

조주석 목사님의 설교에서 사유 방식을 보면 전반기 설교에서는 실제적·직설적·실존적인 측면이 부각된 것 같고요. 후반기 설교에서는 직관적·전체적·인문학적 측면이 부각된 것으로 보입니다. 이런 관찰이 적절한지

시간 속에서 일하시는 하나님

는 잘 모르겠으나 왜 이런 사유가 필요하셨던 것인가요?

박영선 처음에는 부정과 반발이 시작점이었습니다. "억울하다", "이것은 납득이 안 된다"는 식이었습니다. 내가 기대하는 하나님의 약속과 책임에 대한 반발이었습니다. 그 반발이라는 것은 다만 "왜 이러셨어요?" 하는 정도가 아니라, "하나님은 이러셔야 하지 않아요?" 하는 문제였습니다. 그 말 속에는 "내가 나를 납득할 수 있도록 해주셔야 합니다" 하는 것이 들어 있습니다. 그 납득이란 말하자면 사실 굉장히 세상적이고 형통한 것을 말합니다. 우리한테는 그런 형통과 안심이 전부입니다. 그런데 여기서 더 나아가 "하나님은 왜 나를 괴롭히십니까? 이 괴롭히는 것이 어떤 의미가 있습니까? 이 죽어 나가는 것이 과연 일을 합니까?"라는 방향으로 선회하게 되었어요. 처음에는 '부정과 반발'이었다면, 나중에는 '약속과 명예'라는 쪽으로 나아가게 되어 처음과는 달라진 것입니다. 구원에 관한 이해에서도 죄를 면제받고 영생을 얻는다고 하는 것에서, 로마서를 다시 보며 그 이해가 넓혀지게 되었어요. "모든 사람이 죄를 범하였으매 하나님의 영광에 이르지 못하더니"(롬 3:23)라는 말씀에서 구원 이해의 기준점을 '영광'으로 보게 된 것입니다. 하나님 앞에 칭찬받는 사람에서 하나님의 고난에 참여하는 자가 되어야 한다는 것입니다. 하나님의 고난은 하나님이 우리를 낳고 기르시는 것입니다. 부모는 고생하지 않습니까? 거기에 하나님은 우리를 동역자로 부르십니다. 그 점이 바울의 생애에 두드러지게 나타납니다. 그렇게 책임을 지는 것을 진정한 명예와 가치로 알지 못하면 우리는 불평만 하다 마는 인생으로 끝날 것입니다.

조주석 목사님은 "나는 기승전결을 갖는 그런 설교를 원한다. 늘 그렇게 해 왔다"고 하셨어요. 이런 방식을 취하시게 된 계기가 있을까요? 그리고 그 방법에는 어떤 장점이 있다고 생각하세요?

박영선 하나님이 우리를 기계처럼 다루지 않으신다는 것을 알게 되었습니다. 고난이 있다는 것, 그리고 실패를 용납해 주시는 것이 저에게 "그것에 대해 납득해라. 이것이 더 큰 데로 나아가는 길이다"라는 말씀으로 다가왔습니다. 그래서 이런 것들이 훈련인 것을 알게 되었습니다. 우리를 납득시키고 훈련하게 하는 것들은 다 나를 만들어 가는 과정에 속한다는 것입니다. 결국 납득하고 누적이 일어나는 것은 이 몸뚱이입니다. 이 몸뚱이 속에 정신이 들어 있습니다. 우리가 물질을 부정적으로 생각하는 그리스 이원론 같은 사상에 영향을 받아 금욕적으로 향하고 물질에 대해 부정적인 시각을 갖는 것으로는 안 되더라는 것입니다. 이런 실제적인 것들을 외면하면 상상의 세계, 추상적인 세계로 도망가고 맙니다. 하나님이 육체를 지으셨고 시간 속에서 일하시기 때문에, '내가 어떤 나인가' 하는 문제는 '내가 하는 것만큼 나다' 하는 것과 관계가 있습니다. 이렇게 기승전결을 만드는 것입니다. 어떤 사람이 어떤 도전을 받고서, 이렇게 잘하고 싶어서 삭발했다고 하면, 그 사람한테 삭발하지 말고 그 시간에 볼 한 번 더 차라고 합니다. 그렇게 바뀌어야 합니다. 어떤 긴장도와 각오를 나타내는 것으로 만족할 게 아니라 자신을 만들어 가야 합니다. 내 말을 고쳐야 하고, 내 생각을 고쳐야 하고, 내 성품을 고쳐야 한다는 것입니다. 이런 일들이 일어나는 데는 기승전결이 있는 것입니다. "내가 친구를 만났는데 친구가 뭐라고 해서 거기에 뭐라고 대꾸하다가 좀 늦었어." 이렇게 앞뒤가 있어야 납득이 되는 것이고, 내가 그런 현장을 가져야 자신도 고칠 수 있습니다. "그러니 그런 눈금들이 사라진 상상의 세계 속에서 살지 마라." 이것이 기승전결의 방식입니다.

조주석 목사님이 설교에서 현실을 성경과 연결해서 신앙이 무엇이라고 풀어내셨기에 구체적인 내용을 갖게 되신 것 같습니다.

시간 속에서 일하시는 하나님

박영선 현실을 성경과 연결해야 한다는 것은 모두가 이해하는 실재입니다. 자기도 그렇게 살고 있고, 매일 경험하는 물질세계입니다. 몸뚱이와 몸뚱이가 부딪히는 세계에서 인격이 드러나고 교양이 표출되는 것입니다. 이 몸뚱이가 부딪히는 현장은 없고 단어들만 남발되기 시작하면 구체적인 것은 없어집니다. 사람들은 '하나님이 구체적이시다' 하는 말을 못 알아들어요.

조주석 프랑스 철학자 메를로-퐁티가 인간의 육체성을 철학적 대상으로 삼아 그 사유를 어마어마하게 펼치는 것도 읽어 본 적이 있습니다.

박영선 우리는 가장 크게 유교의 영향을 받았습니다. 유교가 명분을 이야기하는 바람에 시간과 공간이 없어졌습니다. 그런데 기독교는 시간과 공간을 이야기합니다. 역사가 있잖아요. 그 역사 속에는 약속이 있습니다. 그런데 자기 혼자서 "나는 약속이 있어" 하면 말이 안 됩니다. 그것이 무슨 약속이냐는 것입니다. 그 약속은 미래지향적인 것입니다. 지금은 안 일어났지만 미래에 일어날 약속입니다. 누가 누구에게 뭘 했느냐 하는 것도 다 구체적인 등장인물이 있는 것 아닙니까? 우리가 영화를 보러 갔는데 찰턴 헤스턴이라는 배우가 어느 영화에 출연해서 연기는 하지 않고 "여러분, 정직하게 살아야 합니다. 예수 잘 믿으십시오" 하고 들어가면서 관람객에게 집에 가라고 한다면 그게 말이 되겠어요? (웃음)

조주석 설교 전개 방식에 관한 것인데요. 목사님은 어느 설교든지 간에 읽은 본문을 먼저 간단히 설명하십니다. 그러고서 그날 전하고 싶은 메시지로 넘어가십니다. 일반적인 강해 설교와는 다른 방식으로 보였습니다.

박영선 내가 어떻게 설교하는지 생각해 본 적이 없습니다. 그날그날 하는 것입니다. 방법론은 저한테 없습니다. 그런 특징이 있다고 하니까 그랬나 하고 이제 생각을 해봐야죠.

조주석 제가 살핀 바로는 목사님은 일반적인 강해 설교가 아닌 주제 설교를 하신 것 같습니다. 설교에 기독교 신앙 내용을 풍부히 담고 있지만, 본문을 차례차례 치밀하게 해석하고 들어가는 방식을 취한 것으로는 보이지 않기 때문입니다. 그것은 목사님의 여러 문제의식들과 깊은 관계가 있는 것이 아닐까 합니다.

박영선 그러니까 엄격한 강해 설교는 아니네요. 성경 이야기를 하고 싶은데 내 주제를 끌어다 쓴 셈입니다. 그래서 인용이 많았습니다. 성경구절을 많이 인용했는데 설명은 하지 않고 넘어간 게 많았습니다. 왜 이런 방식을 취하게 되었는지는 설명이 좀 필요할 것 같습니다. 하나님이 우리를 만들어 가시는 과정은 역사에서 일어납니다. 거기서 하나님이 우리에게 항복을 받아내는 일을 하십니다. 하나님이 만족하시기 위해서 그렇게 하시는 것이 아닙니다. 성부 하나님과 성자 하나님의 연합처럼, 하나님은 자신의 백성을 두고 부모가 되겠다고 하신 것입니다. 그렇게 기르시겠다고 약속하셨습니다. 그러니까 우리가 이해하고 쌓아 올리는 콘텍스트를 허락하시는 것입니다. 예수님이 육신을 입으신 것처럼 우리도 역사, 세상을 갖게 됩니다. 여기서 살면서 생기는 모든 것, 말하자면 질투, 이해관계 등이 메시지와 본문을 담는 콘텍스트가 된다는 것입니다. 그런데 설교를 할 때 현실을 외면하고 구름 위에 뜬 채 거룩함과 경건을 강조하게 되면, 설교자가 대상으로 삼는 당시의 청중이나 나중에 그 설교를 책으로 접할 독자들과 어떤 단절이 생길 수 있다는 것입니다. 설교자는 저 구름 위가 아니라, 여기 이곳에서 설교해야 합니다. 설교자는 본문을 꺼낼 때 그 본문의 이야기들이 우리에게서 밤낮 일어날 수 있는 일이라고 먼저 지시해야 합니다. 그렇게 안 하면 본문과 현실이 분리되는 이야기처럼 들릴 수 있기 때문입니다. 그래서 콘텍스트가 중요하다는 것입니다. 어느 큰 모임에서 강의를 마치고 질의응답 시간을 가졌는데, 어떤 목사님이 저한테 "목사님, 책을 좀 추천해 주십시오"해서 두 권을 추천했습니다. 하나는 허영만 씨가 쓴 『타짜』라는 만화이고, 또 하나는 시바 료타로가 쓴 『료마가 간다』라는 소설입니다. 『타짜』는 우리가 꼴도 보기 싫고 입에 올리기도 싫어하는 막장을 사는 사람들의 이야기입니다. 우리는 거기에 보냄을 받게 되고 거기에서 크고 거기에서 증언해야 한다는 사실을 자꾸 잊습니다. 시바 료타로가 쓴 소설의 백미는 당시의 시대상을 보여준다는 데 있습니다. 일본이 서구열강 앞에서 속수무책의 상태로 어쩔 줄 몰라 합니다. 이런 상황에서 사람은 자신이 할 수 있는 일에서 상당히 제한을 받을 수밖에 없습니다. 그러니까 사람들의 태도도 다 다르게 나타납니다. "우리는 개방을 해야 한다"와 "그럴 수 없다"고 하는 주장이 서로 팽팽히 맞섭니다. "못 연다"는 주장은 자존심 때문입니다. 외세의 무력에 꿀려 여는 것은 못 한다는 것입니다. 그런데 선각자들은 자신들이 그들과는 싸움이 되지 않는다고 하는 사람들입니다. 하지만 그것을 모르는 수구파는 그렇게 생각하지 않습니다. "우리가 전 세계 최고의 칼잡이들이다. 누구한테도 질 리가 없다." 그런데 현실파는 다릅니다. "아니, 6킬로미터 밖에서 포를 쏘는데 무슨 싸움이 되겠느냐?" 이런 이야기들이 매우 재미있습니다. 시바 료타로가 그런 이야기를 쓴 것은 자신의 배경과 관계가 있습니다. 그는 대학 시절인 1945년 군에 징집됩니다. 일본이 패망하던 해입니다. 징집 대상자가 고갈되자 재학생마저 잡아간 것입니다. 그가 소속된 기갑부대는 원래 만주에 있었습니다. 그 부대는 러시아하고 경계하는 지역에 있었는데, 미군이 본토 섬들로 쳐 올라오자 본토 수비를 위해 기갑부대를 옮겨 옵니다. 본토에서 항전해야 한다는 것이었습니다. 그런데 싸움 한 번 해보지 못하고 원자탄 두 방에 항복하고 맙니다. 그렇게 패배한 이후 일본은 모든 것이 다 핍절한 상태가 되고 맙니다. 먹을 것도 없고, 입을 것도 없습니다. 그는 기갑부대에서 준 장화를 신고 다녔는데 대단히 불편했다고 합니다. 평상화를 신어야 하는데 돈도 없고 살 수도 없었으며 쓸 만한 것은 다 군수품뿐이었습니다. 그래서 그는 "대체 우리가 어쩌다 이 지경까지 되었는가" 하는 질문을 던지고서 답을 찾아 들어가기로 한 것입니다. 자신이 궁금해서 그런 것입니다. 『대망』을 쓴 도쿠가와 이에야스는 이야기를 15-16세기 전국 시대부터 풀어나가지만, 시바 료타로는 그와는 달리 막부 말기부터 이야기를 시작합니다. 그런 현실 속에서 "인간이 할 수 있는 것과 할 수 없는 것이 무엇이며, 이렇게 당할 수밖에 없다는 것이 꼭 불행인 것인가? 책임은 없는 것인가?" 하고 묻습니다. 그렇지 않더라는 것입니다. "사람이 크는 것은 사실 환경에 좌우되는 것이 아니다. 그렇게 말하는 것은 다 핑계에 불과할 뿐이다." 이런 것들을 그가 소설에서 말하고 있습니다. 제가 설교를 할 때 굉장히 현장감 있게 우리가 다 아는 이야기를 하곤 합니다. 가끔 험한 소리도 하는 것은 구름 위로 뜰까 봐 그렇습니다. 동창들을 만나면 이런 이야기가 오갑니다. "나오면 안 되는 애가 밤낮 나와요. 그 애는 학교 다닐 때도 밉게 놀더니, 나이가 이만큼 들어서도 나오면 지랄을 떠네." 그러면 친구들이 그럽니다. "학교 다닐 때도 그랬는데 그 버릇 개 주겠냐. 그냥 네가 참아라." 이 나이가 되면 이렇게 넘어간다는 것입니다. 그 사람이 고치는 게 아니라 우리가 넘어가는 것이 답이라는 것입니다. "쟤는 왜 그래"가 답은 아닙니다. 청중은 그런 이야기들을 다 알아듣습니다.

조주석 설교 행위와 관련해서 이런 이야기를 하셨어요. "설교는 성경의 재료로 먹을 수 있는 음식을 요리해 내는 일입니다. 때가 되면 라면이라도 끓여 줘야 합니다. 영혼의 양식을 끊임없이 공급해 주어야 합니다"(『안목』). 설교자란 전문 요리사라기보다는 가정주부나 엄마와 같겠다는 생각이 들었습니다.

박영선 설교자는 그 시대의 인물이어야 합니다. 이 말은 자기가 태어나서 설교할 때 청중들과 같은 환경과 조건 속에 있다는 뜻입니다. 그러니까 설교자가 자신을 청중과 구별시켜 거룩한 자리에 있다고 생각하면 안 됩니다. 설교자는 성육신해야 합니다. 그들과 같이 고민하고 같이 몸부림치는 것입니다. 설교자가 답을 다 갖고 있다는 것이 아닙니다. 제가 설교나 신앙 상담과 관련해서 자주 쓰는 예화가 있습니다. "식당에 음식을 먹으러 갔는데 쌀, 고기, 야채 등 칼로리가 얼마라고 적힌 식단표는 보이는데 음식이 나오지 않는다면 말이 되겠는가? 설교자가 청중에게 어떤 음식을 먹으면 힘이 나고, 어떤 음식은 먹으면 비만이 생기고, 어떤 음식은 먹으면 몸에 안 좋다고만 이야기하고 끝낸다면 어떻게 되겠는가?" 메뉴판만 보여주고 식사가 나오지 않았다는 것입니다. 식사가 나온다는 것은 오늘도 하나님이 나를 붙잡고 계시고, 나를 인도하고 계시다는 것을 확인하는 것과 같다는 것입니다. 그게 정말 밥 한 그릇인 것입니다.

조주석 설교를 비유해서 "라면이라도 끓여 내라"고 빗댄 것은 아주 현실적이라는 생각이 들었습니다. 엄마가 늘 맛있는 밥을 식구한테 해내는 것만은 아니잖아요. 몸이 아프거나 시간이 없으면 라면이라도 끓여야 합니다. 청중이 설교자에 대해서 이런 자세를 갖는 것이 현실적이지 않을까요?

박영선 그게 바로 집밥이라는 것입니다.

조주석 네, 설교는 집밥이다. (웃음) 로마서를 설교하시면서 사적인 고민도 털어놓으신 적이 있습니다. "저는 이 이야기를 왜 부드럽게 설교하지 못하고 격한 어조로 말할 수밖에 없을까요? 이런 미련함과 무지함이 평생 저를 붙잡아 늘 억울하게 했기 때문입니다. '하나님, 억울합니다. 제게는 진심이 있는데 제 꼴이 이게 뭡니까?' 이것이 제 발목을 잡았던 것입니다"(『다시보는 로마서』). 어떤 맥락에서 하신 말씀인가요?

박영선 지금 『한국 정치 사상사』를 읽고 있는 중인데, 동양에서 정치가들의 정치 사상은 백성을 가르쳐야 한다는 것이 공통이었다고 말합니다. 백성은 가르쳐야 하는 대상이었다는 것입니다. 도덕법도 왕의 통치법입니다. 그 도덕법이 백성들의 법으로 있는 것이 아니라 왕의 통치법이라는 것입니다. 그러니까 왕은 우월감을 가지고 있는 것입니다. 서구 문명이 우리나라 초기에 기독교와 더불어 들어왔는데, 언제나 목사는 앞에 서 있다고 생각한 것입니다. 그러니까 그것을 지키기 위해서 자신의 이야기를 못 한 것입니다. 제가 그 말을 했던 이유는 청중에게 "당신이 못나서 그런 처지에 있는 것이 아니다. 나도 그런 처지에 있다. 그러나 내가 여러분에게 오늘 전하는 것은 우리가 우리의 문제를 다 해결할 수 없을지라도 하나님이 우리를 당신의 손에서 놓지 않으시고, 우리의 처지를 인정하시고, 함께하신다. 하나님이 쓰시는 방법이 바로 이런 것이다"라는 것을 이야기하고 싶었던 것입니다.

조주석 혹시 성경을 인간 현실과 연결하는 설교 방법에 대해 한계를 느끼신 적은 없으세요?

박영선 아직은 없습니다. 왜냐하면 캐들어 가야 할 산이 너무 크기 때문입니다. 제가 힘이 부칠 뿐이지 매장량이 부족한 것은 아닙니다.

설교자로서의 명예

조주석 설교자로 부름을 받고 오랜 시간 동안 설교 사역을 해오셨는데, 설교자로서 부름을 받은 것의 최고의 명예를 무엇이라고 말씀하실 수 있을까요?

박영선 하나님이 일하신다는 것을 청중에게 가르쳐 주는 것입니다. 하나님이 인간과 인간의 운명과 가치와 신분과 지위에 대해서 얼마나 큰 약속과 목적을 가지고 계시며 지금 일하고 계시는지를 저는 설교할 때마다 전합니다. 이것이 저의 자랑입니다. 이게 없으면 설교를 못 합니다. 제가 설교하면서 사이사이에 청중을 놀리는 일이 있습니다. "못 알아들으셨죠?" 이런 말입니다. 그 말을 하는 것은 분위기를 환기하기 위해서 하는 말이지 실제로 놀리는 말이 아닙니다. 너무 치열하게 설교하다 보면 어느 순간 청중과 분리되는 때가 있습니다. 설교자는 자기 길만 가고 있고 청중은 그냥 저만치 떨어져 있는 것입니다. 기차 칸이 끊어진 것처럼 되니까 한번 그것을 다시 끌어다 매려고 그런 말을 사용합니다. 아무리 신앙의 수준이 낮을지라도 모두를 하나님이 지금 붙잡고 계시며 이 강단 앞에 앉혀 놓고 함께하신다는 것을 설교할 때마다 누리는 것입니다. 크게 감동적으로 오지는 않지만, 그것을 기본으로 가지고 있습니다. 제가 설교를 한다는 것은 하나님이 오늘 일하시겠다는 것이고, 저에게 하나님이 일하시는 것을 선포하라고 하시는 것입니다. "들으러 오는 사람들을 위하여 네가 거기 서 있다. 너를 세운 것이나 저들이 와서 듣는 것이나 모두 다 내가 인류를 위하여 가진 창조와 부활의 최고의 자랑이다." 이 사실을 밤낮 확인하는 것입니다.

조주석 깊이 새겨 보아야 할 말씀입니다.

박영선 제가 부정적이고 쓸데없다고 생각했던 실패와 절망도 일한다는 것을 알았기 때문입니다. 없는 것도 만드시고 죽은 것도 살리신다는 데는 할 말이 없습니다. 그 말을 어느 주석에서 이렇게 이야기한 적이 있습니다. 한나의 찬송이나 마리아의 찬송에 따르면, 하나님은 세우기도 하시고 낮추기도 하시며 꺾기도 하시고 불러일으키기도 하신다고 노래합니다. 이것은 굉장한 것입니다. 우리가 아는 공식으로 담으려고 하면 그 풍성함을 다 담을 수 없습니다. 도덕이나 과학의 인과 법칙 같은 것이 그 풍성하고 굉장한 것을 자꾸 배척합니다. 물을 그릇에 담으려고 하면 그것들이 물을 뱉어 냅니다. '사람들이 하나님을 반대하거나 역행할 수도 없는데, 지금 그들이 하는 행위들은 정말 말이 안 되는 것들임에도 불구하고 왜 그대로 가만두 시는 것일까?' 어쨌든 우리는 그 이유가 무엇인지 모릅니다. 우리는 사실 아무도 십자가를 기대하지 않았잖아요? 이렇게 대입을 시키면 내가 놓여 있는 현실이 정말 힘들기는 한데 절망은 없어집니다.

조주석 마지막으로 목사님께서 설교에 대해서 더 하실 이야기가 있으면 말 씀해 주십시오.

박영선 한 설교자가 서면, 그의 생애, 지식의 정도, 신분, 여타 다른 모든 조 건이 다 그에게 최선인 것입니다. 왜냐하면 그 조건에서 청중을 만나고 가 는 것이기 때문입니다. 이제는 청중들이 설교자를 찾아다니는 시대, 선택 하는 시대가 되었어요. 설교자는 자기가 맡은 분야나 실력까지라도 하나 님께서 충분히 일하시는 자기 자리라고 이해해 주셨으면 합니다. 그래서 자기가 모르는 것, 자기가 이해하지 못하는 것을 넘겨다볼 것이 없도록 하 나님이 목사를 가만 놔두시지 않습니다. 내가 감격한 것 하나로 설교자가 평생 설교에 우려먹도록 놔두시지 않습니다. "그다음과 그다음이 있으니 까 그것을 계속 살아 나가라. 나이를 따라가라. 네 실력만큼 하고 그 실력 이 자신에게 부족감이나 불만으로 찾아오면 몸부림을 쳐라. 그것까지 다 하나님이 쓰신다. 너는 예수님 안에 있다." 이 말은 참으로 대단한 말입니 다. 예수님 안에 있다는 것은 다 안심해도 좋다는 말이 아니라 가장 치열해 야 한다는 말입니다. 예수님처럼 죽으라는 말이기 때문입니다. 그러면서 도 삶의 어떤 것조차도 부활이라는 약속에서 배제된 것은 없다는 것입니 다. 이 두 가지를 설교자께 꼭 기억해 달라고 당부하고 싶습니다.

조주석 오랫동안 인터뷰에 응해 주셔서 감사합니다. 이번 추가 대담을 통해 목사님의 후반기 설교가 얼마만큼 정리됐는지는 잘 모르겠습니다. 그래도 일단은 이렇게 정리할 수 있어서 감사합니다.

박영선 지난번 대담보다는 훨씬 수월했습니다. 처음 할 때는 서로 다 어떻게 해야 할지 몰랐습니다. 그때는 지금처럼 생각이 정리된 때도 아니었고 내 생각들을 막 발산하던 때였기 때문입니다. 이번에 함께 나누면서 저도 다시 돌아보게 되었고, 말년에 대한 어떤 하나의 준비가 되었습니다. 그동안 수고하셨습니다.

창의적 설교자

박영선 목사는 무엇으로 언제 설교자로서 자신의 사명을 크게 확신한 것인가? 그는 1980년대 초반 미국 리버티 신학대학원으로 유학을 떠났다. 거기서 그는 존 헌터의 *Let Us Go on to Maturity*를 접하게 된다. 그 책은 신앙의 성숙 문제 곧 성화를 다룬 것인데, 이 성화는 평생 살펴 온 그의 주제가 되었다. 여기에 붙들려 그는 지체 없이 유학 7개월 만에 조국교회로 돌아온다.

설교의 지향성: 신자의 성숙

그는 처음부터 자신의 설교 콘텍스트가 무엇인지 잘 알고 있었다. 그가 대면했던 한국교회의 신앙 특징은 신앙 정절의 강조, 주일성수, 새벽기도 같은 실천에 있었고, 1970년대부터 시작된 부흥 시대에는 구원의 확신, 제자 양육, 전도, 해외선교, 예배당 건축, 교회 봉사, 사회 봉사라는 실천으로 옮겨 갔다. 그는 교회가 이런 것들로 신앙의 모범을 삼으려고 한 것에 크게 반발한다. 왜냐하면 '은혜로 구원받은 사람이 평생 어떻게 살아야 할 것인가' 하는 삶의 문제를 강단에서 외면한 것으로 보였기 때문이다. 다시 말해, 구원의 삶이 그런 신앙 특징들로는 다 담길 수 없다고 본 것이다. 따라서 이 문제에 대한 답을 성경에서 찾기 위해서 강해 설교를 시작했다고 회고한다.

그가 처음에는 '은혜'와 '믿음'에 집중한 반면에 나중에는 '자유'와 '사랑'에 주목한다. 이러한 주제들은 '신자가 평생 어떻게 살아야 하는가' 하는 문제인 성화 곧 구원의 삶과 관계된 것들이다. 그는 구원의 삶을 신자가 커 가는 문제로 보았다. 그가 성화라는 개념을 '수준의 구원'이라는 말로 바꿔 말한 데서도 잘 드러난다. 추상성이 강한 성화 개념을 구체적인 이미지로 만들어 청중에게 쉽게 떠올릴 수 있게 한 것이다. 이 성화 주제는 그저 그의 개인적 관심사에 불과한 것이 아니었다. 자신이 몸담고 있었던 한국교회의 강단 정황과 맞물린 주제다.

그가 처음에 들고 나온 물음은 '믿음이 무엇인가' 하는 문제였다. 예수를 믿으면 구원을 얻는다고 할 때, '그 믿음이 구원을 얻는 조건인가, 아니면 하나님이 주시는 은혜의 선물인가' 하는 물음이었다. 그는 그것이 조건이 아니라는 점에서 믿음은 인과율이 아니라고 주장한다. 그리고 더 나아가 구원의 확실성은 하나님의 예정론에 근거한다고 말함으로써 구원의 주도권이 하나님께 있다고 설파한다. 이런 문제를 해결한 다음 '믿음은 어떻게 생기는가,' '좋은 믿음이란 어떤 것인가' 하는 문제로 이동해서 계속 밀림을 뚫고 나가듯 성경을 파헤쳐 나갔다고 그는 회고한다.

이런 과정에서 그가 발견한 사실은 신앙생활이 은혜와 감격으로 시작되지만 신앙 현실은 내내 괴롭다는 것이었다. 하나님이 은혜로 우리를 구원하시지만, 우리가 바라는 대로 형통한 인생을 허락하시지 않는다는 것이다. '그렇다면 신자가 삶의 현실에서 겪는 갖가지 실패나 고난이나 고통은 무엇인가' 하고 묻는다. 그것은 하나님께서 그의 자녀를 기르시는 과정에 속한 문제들이라고 본 것이다. 그래서 그는 신자의 무수한 실패조차도 하나님 편에서 본다면 삶의 '훈련'에 속한 것이라고 이해한다. 신자는 실패를 통해 자신의 무능을 깨닫고 은혜로 하나님을 의지하는 자리로 한 발 더 다가설 수 있다는 것이다. 이것을 가리켜 그는 '성화의 신비'라고 말한다. 그것은 성숙으로 나아가는 다음 걸음이기 때문일 것이다.

우리의 실패는 그에게 하나님의 일하심 바깥에 있는 문제가 아니었다. 이런 이해에 따라 그는 후기 설교에서 우리에게 일어나는 신앙생활의 잘잘못을 심판과 정죄가 아닌 '명예'와 '수치'라는 시각에서 바라보라고 외친다. 그런 시선 교정을 요구한다. 신자는 이미 심판과 정죄에서 벗어나 은혜 아래 있기 때문에 그의 잘잘못은 명예이거나 수치라는 것이다.

그가 후기에 접어들어 크게 주목한 주제는 자유와 사랑이었다. 그는 이 양자를 어떤 맥락에서 이야기하고 있는가? 물론 이 주제들도 사람이 커가는 문제와 관계가 있고 그의 설교가 다음 단계로 넘어가게 된 한 지점이었다고 말한다. "저는 이제 '하나님은 뭘 원하시는가', '우리는 왜 그 문제에서 실패하는가' 하는 문제를 생각하게 되었고, 저의 설교도 그다음으로 넘어온 셈입니다. 하나님이 우리에게 무엇을 요구하시는가를 아는 데는 시간이 꽤 걸렸습니다."

믿음이 그에게 하나님과 인간의 인격적 신뢰 관계에 관한 것이었다면, 사랑은 하나님 사랑, 이웃 사랑과 관계된 정서적인 관계의 문제였다. 그는 사랑이 자유와 어떻게 연결되어 작동하는가를 이렇게 설명한다. "성부 하나님과 성자 하나님이 사랑으로 묶여 있듯이, 하나님이 우리보고 사랑을 나누자고 하십니다. 사랑을 나누고 믿음을 나누려면 상대는 자발성을 가지고 있어야 합니다. 하나님이 우리에게 자유를 주셔야 합니다. 우리는 이 자유를 자신의 권리로 쓰게 되는데 거기에는 책임이 따른다는 것입니다. 여기에서 수많은 갈등들이 생기는 것입니다." 하지만 이 "자유의 최고의 경지는 순종"에 있다고 말한다. 왜냐하면 "순종은 권리를 포기하는 것이 아니라, 자신을 최고의 자리에 가져다가 접속시키는 것"으로 그는 이해하고 있기 때문이다.

'부정과 반발'로 시작한 그의 외침은 이제 '약속과 명예'를 말하는 적극적인 쪽으로 분명 옮겨 왔다. 구원에 관한 이해에서도 로마서를 다시 보면서 "구원 이해의 기준점을 '영광'으로 보게" 되었다고 회고한다. 하나님이 "우리를 영광으로 부르는 것"이 구원의 목적이라는 것이다. 결국 신자의 성숙이란 그의 인생 속에 믿음과 사랑을 결실시키는 하나님의 작품일 것이다. 하나님의 창조 목적은 우리가 예수 안에서 '하나님의 영광의 찬송'이 되는 것이다.

사람이 커 간다는 것은 어떤 것일까? "어느 날 보이지 않던 것이 보이게 된 것은 키가 커서 담벼락 너머가 보이기 시작했다는 뜻이 될 것입니다." 그리고 성숙이란 '이미 그러나 아직'이라는 구원 현실, 하나님 나라의 현재적 성격을 벗어나 있는 것이 아니다. "하나님이 하시고자 하는 바는 이 땅에 완전한 천국을 이루는 것이 아니라, 성숙한 인간이 되어야 한다는 것입니다." 이렇게 성숙은 한계를 갖는다고 한다.

그의 설교에는 많은 질문이 들어 있고 성경을 통해 찾아낸 그의 답들로 가득하다. 그 내용은 위에서 살핀 대로 '신자의 성숙이 어떤 과정을 거쳐 일어나는가' 하는 여러 가지 문제들을 설교한 것이다. 그래서 그의 설교는 큰 흐름으로 볼 때 논리적이며 체계적이다. 그가 탐구한 구원의 삶에 관한 가르침은 독특하고 창의적으로 보인다.

설교자의 자리: 다수의 삶의 과정의 문제

그의 설교 콘텍스트는 한국교회의 초보적 신앙과 부흥 시대였다. 여기서 출발한 그는 설교를 무엇이라고 말해 온 것일까? '설교는 하나님을 편드는 것이다'(초기). '설교는 삶의 현장을 담아내는 것이라야 한다'(중기). '설교는 하나님의 뜻을 인간 현실과 연결하는 것이다'(후기). 이와 같은 정의들은 설교자의 연륜과 함께 구체화되어 나타난 것이다.

그는 설교자로서 자신의 자리가 어디인지도 명확하게 알고 있었다. 그는 수많은 일반 신앙 인생에 초점을 맞춘 설교였다고 말한다. 하나님은 필요하시면 한 인물을 어느 시대에 우뚝 세우실 수 있지만, 그런 인물은 다수를 섬기도록 그렇게 세우시는 것이라고 이해한다. 그래서 그는 '이 다수가 어떻게 신앙생활을 해야 할 것인가' 하는 문제에 집중하게 되었고, 그 문제를 풀어내는 것이 그의 책임이요 자리라고 인식했다. "내 배는 내가 조종해야 한다는 것입니다.……나로서는 하루하루 살고 또 책임져야 할 사람들이 있다는 그런 실존적 자세가 저한테 굉장히 강합니다."

일반 신자의 삶에는 실패, 의심, 분노, 절망, 체념 등이 따라다니기 마련이다. 다수의 설교자들은 이 실존적 문제들을 외면해 온 것이 사실이지만, 그는 그런 문제들에 매달려 적극적으로 해명해 나가는 수고를 마다하지 않는다. 그래서 그런 것들조차 하나님이 우리를 만들어 가는 과정에 속한 '훈련'이라고 말할 수 있었다. 이것은 그의 경험과 분리시켜 결코 생각할 수 없을 것이다.

하지만 그가 관심을 갖는 이런 부분에 대해 이야기하는 사람들이 애석하게도 거의 없었다고 술회한다. 그것은 설교 초기에도 그랬고 후기 사역에서도 마찬가지였다. "제가 관심을 갖는 부분에 대해 이야기하는 사람들은 거의 없었습니다. 달라스 윌라드나 오스 기니스 같은 기독교 사상가들은 이미 어느 단계에 올라가서 그런지 제가 문제로 삼았던 과정을 그렇게 구체적으로 설명하지는 않았습니다." 하나님과 신자의 인격적 관계는 인간 현실과 기나긴 인생 속에 항상 존재하는 것인데, 이것이 삶의 과정 속에서 구체적으로 어떻게 펼쳐지는지를 성경으로 풀어내는 것이 그의 몫이자 자리임을 인식한 것이다.

이런 인식이 아마도 '문맥'을 그의 은사로 알게 하는 자리로 이끌었을 것이다. 이것도 신자가 커 가는 문제와 떼어 놓고 생각할 수 없을 것 같다. 왜냐하면 성숙의 과정을 풀어내려면 성경을 통해 끊임없이 삶에 관해 묻고 답해야 하기 때문일 것이다. "설교가 전부 단어에서 그치고 단어를 명분과 묶어 버리니까 문맥이 없었던 것입니다. 문맥이 없으면 줄거리가 없잖아요. 그러나 줄거리에는 질문이 들어 있습니다. 거기에 질문이 감춰져 있기 때문입니다. 이런 식으로 한 가지 이유를 찾아보면 질문과 답이 있고 질문과 답 사이에 많은 단계가 있다는 것을 하나씩 알게 됐습니다." 이 문맥의 문제는 그의 설교가 기승전결 방식을 취한 것과도 연결되는 것으로 보인다.

그는 이번 대담에서 설교자의 명예를 이렇게 표명한다. "제가 설교를 한다는 것은 하나님이 오늘 일하시겠다는 것이고, 저에게 하나님이 일하시는 것을 선포하라고 하시는 것입니다." "하나님이 일하신다는 것을 청중에게 가르쳐 주는 것입니다. 하나님이 인간과 인간의 운명과 가치와 신분과 지위에 대해서 얼마나 큰 약속과 목적을 가지고 계시며 지금 일하고 계시는지를 저는 설교할 때마다 전합니다. 이것이 저의 자랑입니다."

노년에 이르렀을지라도 그는 성경에 대하여 무한이 열려 있어야 한다고 말한다. 왜 그렇게 말하는 것일까? 신앙의 충만한 내용은 "너무나 많고 끝이 없어서 멀리서 바라볼 뿐이었고, 그중에서 우리는 어떤 열매 하나를 맛본 것에 불과합니다. 그런 측면에 대해 우리는 다 열어 놓아야 합니다."

2023년 9월
조주석 목사

은혜의 설교자

은혜에 목말라하는 사람들

"집사님, 믿음이 참 좋습니다." "목사님, 오늘 참 은혜 많이 받았습니다." 교회 안에서 흔히 잘 쓰며 또 심심찮게 오가는 말이다. 이러한 덕담에서 '믿음'과 '은혜'라는 말이 흔히 오용된다. 꼭지만 틀면 쏴 하고 나오는 수돗물처럼 아끼지 않고 마구 쓰면서도 성경의 것과 많이 다르게 쓰는 게 사실이다. 믿음은 '열심'이라는 말로 이해되고, 은혜는 '감동'이라는 말로 이해되니 말이다.

40여 년 전에 한 청년으로 그 두 단어가 무슨 뜻인지 알려고 몸부림쳤을 뿐 아니라 한 번도 거기서 눈을 떼지 못한 채 평생 그것과 씨름한 외로운 목회자가 있다. 박영선 목사다. 남포교회에서 25년 넘게 설교 사역을 감당해 온 시니어 사역자다. 목회 시작 전부터 그는 믿음이란 무엇일까 궁금해했었는데 설교 사역에 들어서자마자 성경 이곳저곳을 추적하며 그 문제를 풀기 시작했다. 그렇게 해서 나온 설교집이 『하나님의 열심』이다.

이 책은 1980년대 초반에 나온 이래 지금까지도 각계각층의 사람들로부터 많은 사랑을 받아 온 게 사실이다. 어느 온라인 쇼핑몰에 들어가 뒤적거리다 찾아낸 눈에 확 들어온 도서평들에서 그것을 확인할 수 있었다.

이를테면, "80년대 대학생들 사이에서 공전의 히트를 쳤다는 책", "이제는 기독교 서적의 고전이 되어 버린 책", "대학 시절 읽었다. 지금은 이 책으로 권찰 신앙교육하고 있다", "『하나님의 열심』이란 대한민국 대표 서적입니다. 국민가수가 있듯이 하나님 나라 국민서적입니다"…….

왜 이런 찬사들이 쏟아져 나왔을까? 그때나 지금이나 여전히 믿음이 무엇이며 은혜가 무엇인지 좀체 풀리지 않는 자신들의 답답함이 일시에 싹 풀린 까닭이 아닐까! "벌써 이 책을 접한 지가 10년이 넘은 듯하다. 인과론적인 사고 안에서 자유롭지 못하여, 그냥 은혜로 얻은 구원을 받아들이기가 어떤 부분에서인가 힘들었던 나에게 참 자유함을 주었던 책이다." 은혜에 목말라하는 이런 아우성은 과거나 지금이나 늘 있기 마련이다. 기독교가 은혜를 상실하면 근본적으로 기독교이기를 포기하는 것이 되기 때문이다.

박영선 목사의 신앙론

계몽주의 이래 사람들은 보이는 것과 합리적인 것 외에는 믿지 않았다. 그런 확신은 서양에서 점차 주류 전통으로 확고해졌고 아직도 그 위력은 감소되지 않고 있다. 20세기 들어 그 대표적 인물로 등장한 회의주의자 버트런드 러셀이 기독교 신앙을 비과학적이라 하여 주변주로 몰아내려고 여간 애쓴 게 아니다. 그런 의중이 고스란히 드러난 한 마디 그의 명언이 있다. "아무리 진실처럼 보여도 근거가 없는 제안을 믿는 것은 바람직하지 못하다." 보이고 손에 잡히는 것만 믿으라는 것이다.

뒤늦게 근대화를 시작한 우리는 학교 교육을 통해 서양의 정신들을 배우기 시작했다. 그리하여 점차 무엇이든 원인이 있어야 결과가 있다는 인과관계로 설명해 나가는 것들이 중심부에 서게 되었다. 인과율이 우리의 사고방식과 세계관에 영향을 주는 주요한 원리가 된 것이다. 이러한 시대정신은 부흥기에 들어선 한국교회의 성장을 설명하는 수단으로 얼마든지 쓰였을 것이다. 근대 교육의 한 수혜자로 자란 박영선 목사는 자신의 신앙과 교회의 신앙을 그런 식으로 설명하는 것에 크게 반발했다.

그가 들고 나온 '신앙'이라는 화두도 이러한 시대정신과 교회 현실을 떠나서는 설명하기 어렵다. '믿음이란 무엇인가'에 대한 그의 일차적 해결책이 '믿음이란 인과율이 아니다'라고 한 명제만 봐도 금방 알 수 있다. 한국교회가 급속히 외적 성장으로 가면서 신앙적·신학적 반성 없이 질주가도를 달려온 게 사실이다. 이런 현실에서는 신앙이 무엇인지 깊이 생각해 볼 여유가 없었을 터. 그러나 그러한 교회적 현실에 역류하면서 우리 내부에 깊숙이 들어와 있는 이 인과율이라는 과학적 믿음과 정면으로 대결해야 할 사람을 하나님은 세우셔야 했다. 그것은 근대정신의 산물이지 성경의 믿음이 아니라고 외쳐 댈 당신의 종 말이다. 성경이 말하는 믿음이란 하나님의 선물이요 은혜라고.

그는 여기서 더 나아가 믿음이란 하나님과 우리의 인격적 관계라는 데까지 확대시킨다. 믿음을 관계라는 차원에서 이해하는 것은 언약 개념을 반영하는 것으로 보인다. 즉 "나는 너희의 하나님이요 너희는 내 백성이다"는 언약의 본질이 그 표현 속에 짙게 깔려 있다. 그는 성화를 이해함에 있어서도 신앙을 떠나서 생각할 수 없었다. 신앙인은 믿음으로 살아가지만 많은 실패를 할 수밖에 없다. 그는 이 실패가 무엇인지 답을 찾아냄으로써 청중을 격려한다. 실패란 실패로 끝나지 않고 그 실패를 통해 자신의 무능을 더 철저히 깨닫게 되어 하나님을 더욱 의지하게 된다고 가르쳤다. 이러한 일상적 삶의 과정이 바로 시간이며, 하나님은 이러한 시간 속에서 일하시는 분이라고 그는 배우게 된다.

어느 서평자가 그의 설교에 대하여 쓴 평가에 공감이 갔다. "아무튼

시간 속에서 일하시는 하나님

지금까지 한국교회 강단에서 성화 설교보다 칭의 설교가 보편적이었던 것은 사실이고, 그 폐단을 과감하게 지적하여 칭의 설교 외에도 성화 설교도 있다는 새로운 시각을 제시해 주었다. 바꾸어 말하면, 한국교회 설교의 한계를 뛰어넘어 설교의 지평을 한 차원 넓힐 수 있는 길을 제시했다고 생각한다." 이런 긍정적 평가와 더불어 그는 쓴소리도 마다하지 않는다. "저자가 제시하는 설교는 지식층이나 부유한 계층에서는 이해되고 납득될 수 있으나, 가난하고 병들어서 당장 현실적으로 어려운 사람들에게는 귀에도 들어오지 않을 내용이다."

이 부정적 평가에 대하여 당사자인 그는 뭐라고 대답할지 모르나 분명 '열심'과 '감동'으로 오해된 '믿음'과 '은혜'가 무엇인지를 성경적으로 쉽게 해명하여 우리로 하여금 기독교 신앙의 본질에 주목하게 한 설교자가 아닐 수 없다.

사적 영역에서 공적 영역으로

믿음과 성화라는 그의 설교 주제는 개인의 경건과 일상의 삶이라는 테두리 안에 오랫동안 머물러 있었다. 다시 말해, 사적 영역에 국한되어 있었다. 그런 주제가 개인의 영역보다 더 넓은 교회와 사회와 문화와 시대라는 영역에서 인간의 문제에 답하시는 하나님의 해결책이 되는지는 풀어냈다고 할 수 없다. 그런데 이제 사적 영역에 갇혀 있던 그의 설교가 마침내 공적 영역으로 이동하는 고무적인 변화를 보이고 있다.

아마도 그런 답보 상태는 그의 신학 세계가 자신의 관심사에 지나치게 눌려 있었던 것이 아닌가 하는 생각이 든다. 그러나 기독교 신앙이 이 땅에서 꽃을 피우고 열매를 맺으려면 교회라는 영역을 떠나서는 생각조차 할 수 없다. 기독교 신앙이 개인에게서 아무리 크게 나타난다고 해도 교회를 능가할 수 없기 때문이다.

어느 한 독자가 던진 질문에서도 그런 의문의 단초가 보인다. "하나님의 열심으로 모세는 위대한 일을 할 수 있었다.……그렇다면 이 땅은 하나님의 열심이 있다면 왜 아직도 바뀌지 않는가?" 이 질문의 의도는 기독교 신앙이 공적 영역에서도 작용해야 하지 않겠느냐 하는 데 있었을 것 같다. 이 추론이 틀리지 않다면 그의 설교가 뒤늦게나마 거기에 부응한 것이 아니겠는가. 이제 우리는 그의 설교에서 기독교 신앙이 공적 영역에서도 진리라고 선포하는 것을 보게 되었다. 인터뷰어인 나는 은혜의 설교자를 하나님께서 그렇게 쓰시려고 인도해 가시는 중에 있다고 생각한다.

이 자리를 빌려 함께 수고한 분들도 거론해야겠다. 녹음된 수많은 대화를 글로 풀어쓴 이윤정·문선형 자매, 그 고마움을 전하고 싶지만 아직 얼굴 한 번 보지 못했으니 말이 안 된다. 원고를 꼼꼼하게 읽고 형광펜으로 밑줄을 긋고 옆에 코멘트까지 친절히 달아 준 강선 목사도 빼놓을 수 없다. 이런 모든 일들이 가능하도록 늘 옆에서 챙겨 준 남포교회 편찬실의 이동익 실장도 있다. 여태 책 한 권도 내지 못한 나에게 이 대담집을 내보자고 선뜻 제안하고 2년이나 기다려 준 박종현 대표와 '복 있는 사람' 출판사에서 함께 일하는 실무 담당자들의 수고도 빼놓을 수 없다. 용서가 무엇이며 타인을 비판함으로 자신의 정당성을 확보하려는 우리의 부패가 무엇인지 깊이 가르쳐 주신 인터뷰이인 박영선 목사께도 감사드린다.

2010년 11월
조주석 목사

시간 속에서 일하시는 하나님